大陸對臺研究精粹：政治篇

孫雲 編著

目錄

總序

第一篇 「憲政」體制與決策過程

    臺灣「憲政」變遷中的「國安會」與「總統」權力

        一、「國安會」的設立及其在兩蔣時期的角色與功能

        二、李登輝時期的「總統」權力、「國安會」與「修憲」

        三、陳水扁上臺後的「總統」權力與「國安會」

        四、結語

    陳水扁執政以來「總統」權力的演變

        一、「修憲」後的「中央政府體制」與「總統」權力

        二、陳水扁與三位「閣揆」的權力關係演變

        三、陳水扁對「總統」權力機制的其他建構與運作

        四、結語

    從「罷免案」看臺灣政治的結構性矛盾

        一、「罷免案」形成的政治過程

        二、「罷免案」的結構性根源

        三、罷免案：權謀與體制之爭

        四、扁「政府」走出困境的多種選擇

        五、結語

    臺灣當局的決策系統與決策過程

        一、決策系統

        二、決策過程

        三、現象與本質

第二篇 省籍族群矛盾與臺灣社會

　　臺灣政治的「省籍──族群──本土化」研究模式
　　　　一、省籍、族群、本土化的概念
　　　　二、「省籍──族群」問題是臺灣社會的一大特點
　　　　三、「省籍──族群──本土化」研究模式的要點
　　　　四、「省籍──族群──本土化」模式的驗證與預測
　　臺灣「省籍族群」的結構功能分析
　　　　引言
　　　　一、「省籍族群」研究的理論視角
　　　　二、「省籍族群」的結構變遷
　　　　三、「政治革新」前的「省籍族群」功能演變
　　　　四、「政治革新」以來的「省籍族群」功能變遷
　　　　五、「省籍族群」結構功能的發展趨勢
　　臺灣省籍矛盾的社會歷史根源
　　　　一、社會文化根源
　　　　二、文化意識根源
　　　　三、戰後歷史根源
　　　　四、現實政治根源
　　　　五、結語
　　臺灣的非營利組織與公民社會建構
　　　　一、理論概述
　　　　二、臺灣社會力的興起與非營利組織的發展
　　　　三、臺灣非營利組織參與治理的兩個事例
　　　　四、結語
　　臺灣的社區總體營造政策及評析
　　　　一、社區的定義及臺灣早期的社區發展政策
　　　　二、社區的回歸與社區總體營造政策出臺的背景

三、社區總體營造的參與者與主要內容
四、社區總體營造的政治本質：建構新「國家認同」

第三篇 「總統」選舉與政黨政治
2000年臺灣「總統」選舉評析
　　一、選舉的特徵分析
　　二、陳水扁當選的原因分析
　　三、選舉結果的影響分析
　　四、臺灣新政權何去何從？海內外中國人拭目以待
臺灣3・20選舉評析
　　一、3・20選舉特徵分析
　　二、民進黨勝選與國民黨敗選的原因
　　三、選後政局與兩岸關係走向
　　四、充分認識和平統一的艱巨性
臺灣政治轉型後政黨體制的演變及發展趨勢
　　一、政治轉型後臺灣政黨體制的發展演變
　　二、臺灣政黨體制演變的內在動因
　　三、未來發展趨勢
略析民進黨的派系問題
　　一、派系在民進黨發展過程中的作用
　　二、民進黨內派系結合的基礎及存在方式
　　三、民進黨派系多元化及共治的運作方式的正面意義
　　四、現階段民進黨內派系的基本格局
民進黨新潮流系的政治影響力
　　一、對選舉的影響力
　　二、對決策的影響力
　　三、對黨內的影響力

四、對政治動員的影響力
　　五、影響力的評估與發展的瓶頸
民進黨執政之後的困境與走向
　　一、民進黨面臨的困境及因應之道
　　二、民進黨自身各方面的調整與建設
　　三、民進黨全力以赴投入2001年的「立委」及縣市長選舉
評析民進黨執政之後政黨轉型的兩項舉措
　　一、提升《臺灣前途決議文》的位階
　　二、陳水扁兼任黨主席
　　結語
民進黨的世俗化趨向及其困境
　　一、分析概念與相關理論
　　二、民進黨的「臺獨教義化」與世俗化
　　三、民進黨世俗化之體系文化層次
　　四、民進黨世俗化之過程文化層次
　　五、民進黨世俗化之政策文化層次
　　六、民進黨世俗化面臨的三大困境
民進黨發展變革的組織行為模式分析
理論架構和分析途徑
民進黨發展變革的成長模式
民進黨發展變革的動因模式
民進黨發展變革的問題和趨勢
民進黨對媒體及民調的政治運作
　　一、1948-2000年國民黨對臺灣媒體的控制與黨外、民進黨的抗爭
　　二、民進黨上臺後對媒體的資源控制和強制性控制
　　三、陳水扁「形象工程」的媒體運作

四、民進黨對民調及文宣的操作
　　五、結語
民進黨與臺聯黨關係分析
　　一
　　二
　　三
信任危機對臺灣政治生態發展的影響
　　一、信任危機產生的原因
　　二、信任危機對政黨政治和民眾政治參與的影響
　　三、幾點結論

第四篇 「去中國化」與「臺獨」
　試論百年來「臺灣認同」的異化問題
　　　一、鄉土認同變遷與國家認同
　　　二、日據時期的臺灣認同異化
　　　三、戰後的臺灣認同異化（之一）
　　　四、戰後的臺灣認同異化（之二）
　　　結語
　臺灣政治文化「脫中國化」現象芻議
　　　一、政治認知「脫中國化」現象
　　　二、政治情感「脫中國化」現象
　　　三、政治評價「脫中國化」現象
　　　四、「脫中國化」現象成因分析
　　　五、「脫中國化」的危機與出路
　論「臺獨運動」的階段性及其轉化
　　　一、「臺獨運動」的歷史階段性
　　　二、民進黨「脫臺獨化」之虛實性

三、「臺獨運動」轉化之趨勢

淺析「文化臺獨」的實質與影響
　　一、「文化臺獨」的內涵及本質
　　二、海內外分裂勢力在文化領域的「臺獨」主張及活動
　　三、臺灣執政當局近年來在文化領域推行為
　　　　分裂主義路線服務的政策
　　四、關於「文化臺獨」的若干思考

「臺獨」勢力的「制憲」活動與主張分析
　　一、「臺獨」勢力「制憲」活動的歷史回顧
　　二、「臺獨」勢力「制憲」主張的歷史檔
　　三、「改革」與「建國」：「制憲」主張與活動的雙重屬性
　　四、「公投制憲」的政治本質

第五篇 亞太安全與美臺、日臺關係
　冷戰後的亞太安全與臺灣問題
　　一、冷戰後亞太安全的特點
　　二、臺灣問題在亞太安全中的地位
　　三、兩岸和平統一與亞太安全
　「9・11」事件後中美關係的變化及對兩岸關係的影響
　　一、中美關係取得的進展及原因
　　二、布希對華政策的本質和基本取向
　　三、對兩岸關係的影響
　布希臺海政策的變與不變
　　一、布希臺海政策的微調
　　二、原因與背景
　　三、「不統不獨不武」仍然是美國臺海政策的基調

冷戰後的中日關係與臺灣問題
　　一、冷戰後日本提升日臺關係
　　二、日本希望兩岸維持現狀
　　三、中日在臺灣問題上存在著衝突的隱憂

總序

　　1980年7月9日，廈門大學臺灣研究院的前身廈門大學臺灣研究所成立，這是大陸方面提出「尊重臺灣的現狀和臺灣各界人士的意見，採取合情合理的方法，不使臺灣人民蒙受損失」的對臺政策新主張後，海峽兩岸第一家公開成立的臺灣問題綜合研究學術機構。從那時起，以專業的學術眼光和深厚的人文關懷觀察和研究臺灣問題，就成為一代又一代廈大臺灣研究學者的神聖使命。

　　在過去的歲月當中，廈門大學臺灣研究團隊湧現出陳碧笙、朱天順、陳在正、陳孔立、范希周、黃重添、翁成受、韓清海、李強、林長華、林仁川等一大批知名學者，沒有這些曾經為廈大臺灣研究嘔心瀝血的學者專家不懈的努力，就不會有廈門大學臺灣研究院今天的格局。在此，我們要特別紀念陳碧笙教授、朱天順教授、范希周教授、黃重添教授等故去的學者，他們為廈大臺灣研究做出的重大貢獻，早已鐫刻在海內外臺灣研究界不朽的豐碑中。

　　廈門大學的臺灣研究最早可以溯及1960年代的「鄭成功研究」。臺灣研究所成立後，研究觸角迅速擴展到臺灣的歷史、經濟、政治、社會和文化研究各個領域，最近由陳孔立教授撰寫的《臺灣學導論》公開出版，標誌著廈門大學的臺灣研究開始朝嚴謹的學科體系建設方向發展。無庸諱言，廈門大學的臺灣研究與海內外許多成熟的研究機構一樣，有自己的風格特色，因此也得到社會各界的普遍讚譽。但在眾多「溢美」之詞中，我們始終對各種以「某某派」相稱的戲謔之言敬謝不敏，因為廈大臺灣研究的特色遠非這些簡約的語彙所能準確描述。首先，廈大臺灣研究團隊有一個比較寬鬆自由的學術環境，團隊內部向來「百花齊

放、百家爭鳴」，如果有誰要以「某某派」自稱，在研究院內部就會立刻招致非議；其次，廈大臺灣研究團隊一直注意吸收海內外臺灣研究學者不同的思想精華，廈大臺灣研究學術生命的延續離不開海內外同行的「知識加持」。個人認為，廈門大學臺灣研究的最大特色，就在於有完整的學科體系為依託，注重基礎研究，特別注意研究的學術規範性。廈門大學的臺灣研究還得益於多學科綜合研究優勢，政治學、經濟學、歷史學和文學等不同學科之間的交叉滲透，打造了廈大臺灣研究最堅實的知識基礎。

最後要感謝長期以來關心和支持廈門大學臺灣研究院的各位領導和朋友們！

劉國深

第一篇　「憲政」體制與決策過程

臺灣「憲政」變遷中的「國安會」與「總統」權力

王茹

　　臺灣「憲政」變遷一些關鍵的地方如「總統」權力與「國安會」之間關係的演變，是值得關注的。蔣氏父子統治時期，特務情治（報）機構是其專制統治的重要方面，〔1〕「國安局」在其中扮演了不可忽視的角色，而「國安會」則是蔣介石以「動員戡亂體制」抹殺「憲政」的產物。到了1980年代，臺灣社會中的政治反對運動和社會運動一道形成了巨大的反抗國民黨統治的力量，推動了臺灣的政治轉型，這當中政治體制最重大的問題就是要廢除「動員戡亂體制」，恢復「憲政」，使權力制度化和受到監督。但是，李登輝掌權時期不顧社會輿論的反對，一意孤行地保留了「國安會」，並將其納入合法的「憲政」體制中去，再加上幾次「憲改」所產生的其他方面，例如「總統」直選的確定、取得「行政院長」的任命權和對「行政院長」副署權的廢除等等，並透過對「國安會」和「國安局」的實際運作，為其權力的穩固與擴張、「總統」權力的「合憲化」乃至政府體制在這一階段向「總統制」的演進提供了制度及運作機制上的條件。首次「政黨輪替」之後，民進黨陳水扁上臺，又由於「國安會」是唯一架設在「總統」權力與「行政院」之間的正式管道，所以它又成為其建構「總統」權力的一大機制，「國安會」功能擴張為「政務會議」的布局正在進行中。這樣的一個演變進程雖然未必能夠最終確立，〔2〕但已經揭示了「總統」權力與「國安會」

之間無論是制度上還是實際運作中都存在著難解的連帶關係。

一、「國安會」的設立及其在兩蔣時期的角色與功能

「中華民國憲法」設計的原則傾向於內閣制，「總統」的權力在「憲法」文本中顯示其具有虛位性，但是這樣的「憲法」規則從來沒有被遵守過，「動員戡亂時期臨時條款」和「戒嚴令」將「憲法」束之高閣，在國民黨敗逃臺灣後，「動員戡亂體制」使「總統」的選舉、權力的範圍和實際運作都沒有依據正常的「憲法」程序與規定來實行。1948年公布的「動員戡亂時期臨時條款」授予「總統」享有不受「憲法」限制的緊急處分權，1966年3月這個「臨時條款」經過「國民大會」第四次會議修改後又增加了「『總統』為適應動員戡亂需要，得調整『中央政府』之政府機構、人事機構及其組織」和「『總統』得設置動員戡亂機構，決定動員戡亂有關大政方針，並處理戰地政務」兩個條款；以此為依據，蔣介石於1967年初以「總統令」的方式直接頒布了《動員戡亂時期『國家安全會議』組織綱要》，綱要第一條規定「『總統』為決定『國家安全』有關大政方針，設『國家安全會議』」。「國安會」繼承了「國防會議」，其決策內容包括「動員戡亂」大政方針、「國防」重大決策、「國家」建設計畫綱要、總體作戰之決策及指導、「國家」總動員之決策與督導、戰地政務之處理及其他有關「動員戡亂」重要決策事項。〔3〕而在「國安會」裡，「總統」是該會議主席，「行政院」正副院長及有關部會首長、「總統」指定人員為其成員，該會議做出的任何決議，經過「總統」核准後交有關機構實施。依該組織綱要，「國安會」分為「經常會議」和「特別會議」，其中後者召開時，「中央政府」所有重要官員都包括在內。「國安會」的下屬機構有「國家建設研究委員會」、「科學發展委員會」和「國安局」，其中「國安局」是最重要的。「國安會」的成立使蔣介石多年來實質上控制最高行政權力，在名義上有了一個機構與機制，而在「國安會」決定的重大決策有1967年設置「行政院」人事行政局、1968年實施九年國民教育、1967年「中央公職」人員增補選辦法和1972年增加「中央民意」代表名額選舉辦法等。在蔣介石死後1975-1978年嚴家淦續任「總統」時，

嚴名義上擔任「國安會」的主席，但他很自覺地不妨礙蔣經國的權威，因為只有蔣經國才能掌握與指揮「國安局」等情治（報）機構，此時身為「行政院長」的蔣經國才是權力的中心，而到了蔣經國擔任「總統」之後，比較重大的決策有1979年通過的將領海和經濟海域分別擴展為12海里和200海里的決定，而到後期「國安會」只是每年象徵性地召開一次會議，審核的唯一議案是「政府總預算歲入歲出核計情形報告」。

「國安局」是蔣氏父子逃臺後，對大陸時期的特務組織如「軍統」、「中統」等經過整改後，於1954年成立的。「國安局」名義上透過「國安會」向「總統」負責，實際上是直接受命於「總統」，「國安會祕書長」並沒有管轄「國安局局長」的權能。〔4〕在1960、1970年代，「警備總司令部（警總）」是最高的治安防保單位，很多「匪諜案」、「叛亂案」都是由其出頭，一般人印象更深，然而「國安局」雖不經常直接出頭，但實際上「警總」及其他情治機構的情報卻由其整合控制，此外它還控制著調查局（隸屬「法務部」）、情報局（隸屬「國防部」）等機構的高層人事，因此是在幕後起著一個更高的統合決策作用。〔5〕

蔣氏父子的統治，實際上是以國民黨的黨政一體為架構，同時以「軍、警、憲、特」的暴力與監視網路為實體，他們是這些「黨、政、軍、警、憲、特」等部門的實際最高首腦，操縱整個威權體系的運作，把特務情治系統的控制滲透到各個層面。在白色恐怖時期，當局接連頒布了《懲治叛亂條例》、《戡亂時期檢肅匪諜條例》等法令，發動了所謂的「防諜肅奸」等活動，在民眾中製造「匪諜就在你身邊」的恐怖氣氛，民眾只要被檢舉或遭到員警特務機構懷疑，即被列為危險分子，被審訊、坐牢、監禁，甚至無聲無息地被殺。不僅普通民眾生活在恐怖中，就是在統治系統內部，除了蔣氏父子以外的任何人，都對特務情治機關心存恐懼，「AB檔案」和「人二資料」讓他們聞之色變，就是李登輝，也曾經被抓去審訊，〔6〕並在「國安局」的機密檔案裡存有厚厚的一疊資料。〔7〕

總之，在這一時期，「國安會」在制度、角色和功能上有如下的特徵：（1）它是「動員戡亂體制」的產物；（2）雖從制度規則的設計上看，「國安

會」可總攬有關「動員戡亂」和「國家建設」等範圍廣泛的大政方針，「不但是『戡亂』時期政府的決策機關，而且是決策的中樞所在，在其決策範圍內，『行政院』倒退而成為執行其決策的機關」，〔8〕但在實際上，它與「總統」權力的關係並沒有制度化。如上所述，它在蔣介石、嚴家淦、蔣經國三任「總統」時期的實際功能是不一樣的。在蔣介石手中，它是獨裁權力力圖取得制度上的認可的表現（雖然是由「違憲」的「動員戡亂時期臨時條款」而來）；而嚴家淦根本無力掌握它；至於蔣經國，似乎更重視統治之實而少用「國安會」之名。實際上，「總統」是不是最高的領導者，是取決於是否能夠控制黨政一體下的「軍、警、憲、特」組織，換句話說，大家服從的是獨裁者或政治強人，而不是服從制度或「國安會」。「動員戡亂時期臨時條款」於1991年廢除，但「國安會」卻獲得了保留，並與「總統」權力一起另有發展變化。這些變化不僅體現在制度上的「修憲」而且也體現在實際運作上。

二、李登輝時期的「總統」權力、「國安會」與「修憲」

蔣經國統治末期，情治（報）機構的特務統治對社會的控制威懾能力處於下降之中，但對於國民黨內部的權力鬥爭仍然有其不可忽視的作用。李登輝繼任後到1990年代初期，最高權力的繼承處於不穩定時期，國民黨內其他權勢人物合縱連橫，進行角逐，李煥、林洋港、俞國華、蔣緯國、郝柏村等人先後與李登輝鬥爭等十分激烈。掌握「國安會」和「國安局」，在蔣經國死後權力過渡的不穩定時期，對李登輝尤其顯得重要，當時的「國安局」局長宋心濂是在蔣經國生前任命的，在幾場權力鬥爭中，李登輝控制情治機構的手法非常細緻，公開場合按兵不動，私下裡與宋心濂頻頻會面，籠絡於他，宋心濂因此被認為是李系人馬，到最後竟然讓非主流派喊出「除掉兩宋（另一個是宋楚瑜）」。〔9〕但是在李登輝的內心，對他其實非常防備，還曾小心謹慎地避免自己被監控。〔10〕到了1993年12月「立法院」三讀通過了新的《「國家安全會議」組織法》，而《「國安局」組織法》已經定稿但尚未送交「立法院」通過之前，宋心濂的利用價值已經完畢，鳥盡弓藏，李登輝就換上自己的心腹殷宗文。〔11〕

廢除「動員戡亂時期臨時條款」後，李登輝費盡心機地將一些不合「憲法」的「總統」權力，由修訂後的「憲法」正式給予或偷渡。因此他精心地布置了「國安會」和「國安局」這兩個機構所謂的法制化進程，以便他無論在法律的名義下還是在實際運作中都能夠確實地掌握大權。在修法、「修憲」的時候，「警總」被撤銷，而「國安會」這個由「動員戡亂時期臨時條款」而來的機構本來更應該撤銷。然而李登輝先在1991年4月第一次「修憲」時將其正式列入了「憲法」增修條文第二條，規定「總統」決定「國家」安全有關大政方針，得設「國安會」與「國安局」〔12〕，而且其最初是想將「國安會」定位為實權機關，但因為「立法院」和社會輿論的反對，沒有成功，改為諮詢機關，即規定「國安會」之決定，作為「總統」決策之參考；但是李登輝並不甘心，在1993年的《「國安局」組織法》裡夾帶了私貨，規定「國安會」領導「國安局」，而「國安局」領導著「行政院」下屬所有的情治機關，這樣「國安會」實際上就對行政系統有所控制，再加上《「國防部」組織法》以及《參謀本部組織法》裡的一些具體規定使得「總統」在兩岸、「國防」、「外交」等方面擁有絕對的權力。〔13〕對於這些情況，當時在野的民進黨很清楚，認為「依『憲政體制』最危險的就是『國安局』」。〔14〕接著，在1997年第四次「修憲」前，李登輝又授意國民黨所提的修訂版本裡，建議將增修條文第二條第四項具體修正為「『總統』為決定『國防』、『外交』、自由地區與大陸地區關係及其他有關『國家』安全大政方針，得設『國安會』及所屬『國安局』，……『總統』就該大政方針所做之決定，由『行政院』依法執行之。『國安會』由『總統』主持……」。〔15〕這個修正其實就是要經由「國安會」將「行政院」轉化為「總統府」的執行機構，但它也沒有為當時的「國大」第四次「修憲」所接受。然而，在這年年底，李登輝召集連戰、蕭萬長到「總統府」會商，制定了一個「國安會議事規則」，規定「國安會為『總統』行使『統帥權』、『外交權』、宣布戒嚴權之諮詢機構，議題包括『國防』、『外交』、『國家統一』及其他有關『國家』安全之重大事項，由『總統』主持」〔16〕。這就基本上將其上述意圖實現了。因此，「國安會」名義上是「總統」的諮詢幕僚機構，但實際上卻成為了一個實權性的決策機構，然而，「總統」擁有了上述的「大政方針」權力，卻不必受到

「立法院」的監督。總之，在李登輝「修憲」的設想中，只是想獲得「總統制」中「總統」的權力，而不想受到相應的監督。到李登輝後期，像應對臺海危機、拋出「兩國論」和一系列「外交」活動都是在「國安會」裡主導的，可見其重要性，它與國民黨內李登輝一人大權獨攬的「中常會」構成李氏權力的兩個制度性支柱。

然而，李登輝大權獨攬，常常使用體制外的幕僚去研究重大的決策，然後由其專斷，「中常會」也好，「國安會」也好，都只是李登輝決策時的體制上「殼資源」，他們中大多數的成員對於李登輝的決策經常並不知情，像李登輝1999年發表「兩國論」時，「國安」體系的絕大多數成員事先就未被告知或知悉，只是事後在「國安會」上替李登輝承擔「善後」的一系列事項。〔17〕

李登輝時期，「總統」選舉雖然在1994年7月「修憲」時改為直選，並通過了其他一系列制度，但卻居然沒有能夠明確其「中央政府體制」到底是屬於「總統制」、「雙首長制」還是「內閣制」，因此對「總統」的權責及監督制約仍然是不明朗的。實際上李登輝權力的大小、內容以及大部分的運作方式，長期以來卻仍然是按照國民黨以往的方式而行之的，即透過國民黨的黨政一體，掌握軍警情治系統，控制「行政院長」。特別是到中後期，他在國民黨內部沒有強有力的對手，外又有「李登輝情結」護駕，因此幾乎成為有權無責、為所欲為的「超級總統」。因此，社會和民眾所期望的以「修憲」達到將權力制度化和使其受到監督，從而不再由獨裁者或政治強人的意志主導的目的，在李登輝時期根本就是落空的。陳水扁上臺後所暴露的情治（報）機構的一系列醜聞，尤其是由「潘希賢案」、「劉冠軍案」等牽扯出來的祕密經費問題，已經毫無疑問地說明了在所謂的法制化外衣下，李登輝利用「國安會」、「國安局」的資源，去進行穩固其權位、爭取國際地位的「金錢外交」、推動「元首」出訪、製造「兩國論」等等的活動，根本沒有受到任何監督。〔18〕

在政治轉型期的這一關鍵時期，「國安會」（1）經由李登輝操控下的「修憲」正式引入「憲法」內，因此獲得了過去不曾有過的合法性，因此對「總統」權力的「合憲性」方面有所助益；（2）在制度規則上，不再總攬過去那麼寬廣

的大政方針，只是決定有關「國家安全」方面，但是在現實上，「國家安全」所涵蓋範圍被過度地解釋以便運作「總統」權力；（3）雖有制度規範，但是其諮詢機關的定位經過一系列的操作，而實際上成為實權性決策機構，並且有在李登輝決策時作為體制上「殼資源」的情況；（4）「國安會」所屬的「國安局」雖然減少了情治（報）統治的色彩，但對於最高權力的傳承在關鍵時期仍有不可忽視的影響力。「國安會」的這些情況就表明，在臺灣政治轉型的關鍵時期，在「憲法」的制定與遵守方面，並不盡如人意。

三、陳水扁上臺後的「總統」權力與「國安會」

首次「政黨輪替」，環境已經發生了巨大變化，國民黨的「黨國同構」體系徹底瓦解，民進黨也不能夠如國民黨提供給李登輝那樣的黨政條件與機制予於陳水扁，「總統」的權力的大小、內容以及大部分的運作方式，陳水扁必須在政局變化中去重新確認或建構。

情報機關、機密檔案在首次「政權」轉移時期對「總統」權力的重要性是不言而喻的。而這其中隱祕性很強，故陳水扁上臺後，在人事上，繼續任用了李登輝時期的「國安局」局長丁渝洲，以及「國安」體系其他的一些主要的成員如現任「國安會」副祕書長張榮豐、海基會祕書長許惠祐、「陸委會主委」蔡英文等李系人馬。但李登輝顯然沒有把情報機構的核心內情告訴陳水扁，而陳、李、丁之間的關係也很微妙。據《新新聞》披露，2000年「總統」大選結果出來後，李登輝要求將「當陽專案」、「奉天專案」等祕密帳戶「安全保密」地歸位，但他並沒有告知陳水扁，而是丁渝洲將此事告訴了陳水扁，「新政府」仍然繼續使用一段時間，直到由於「國安局」內部人事鬥爭的問題，爆發出醜聞與紛爭才扯出這一內幕。〔19〕後來在李登輝於2001年年底組織「臺聯黨」的時候，陳水扁及其幕僚就多次抱怨李登輝並沒有將全部資料告訴他，只是良心的、口頭的移交而非制度的、清冊的移交，說「國安會」移交時，沒有任何檔，完全沒有存檔等等。〔20〕

陳水扁要獲得朝「總統制」方向的「總統」權力，關鍵是必須將「行政院

長」變成自己統治「行政院」的幕僚長，才能夠確實將最高的行政權力掌握在手。陳水扁上臺後在民進黨不是「立法院」多數黨的情況下，雖然可以控制「行政院長」即「閣揆」的任免，〔21〕但是因為其「憲法」第五十三條第一項明文規定「『行政院』會議由『行政院長』主持，『總統』不得出席」，換句話說，只有「府院聯席」的「國安會」是陳水扁在正式的制度內可以直接領導「內閣」的唯一合法的管道與機制。上任兩年來，陳水扁在具體的行政決策權力運作機制的建構上，一方面，他致力於整合「國安會」系統與「行政院」各部會，以「國安會」在形式上的正式參與決策的機制為依託，以「國安局」來掌握重要的資料資訊，以及讓相關幕僚系統承擔決策的準備工作，而他本人做出決定後，再告知「府、院、黨」的有關高層，大致上是這樣的一個決策過程。〔22〕但是「國安會」這一機制限於種種條件，還不足以使陳水扁掌握並協調「府、院、黨」的運作，這三方面在決策時經常出現很不協調的聲音，因此，另一方面，陳水扁先是於2000年11月中旬整合出「府院黨擴大決策會議」，即所謂的「九人決策小組」，其效果甚微之後，又於2002年4月20日推動民進黨通過了「總統」兼任黨主席，另設三位副主席負責黨務、「國會」、行政的改造方案。〔23〕兼任黨主席的黨政運作機制一旦形成並圓熟，不僅對於民進黨有巨大的影響，而且對於陳水扁在形成其「總統」的權力機制上將是很關鍵的一步。〔24〕陳水扁這樣整合的目的，就是要達到「總統府」確實能夠掌握並運作最高的行政權力，讓「國安會」和「民進黨的中常會」成為其權力運作的平臺，而「府院聯席」的「國安會」要變成這樣的平臺，就要把規定主要負責「國家安全、外交、情報」等工作的「國安會」功能擴大，改造得具有管理內政事物的功能，類似於某種「政務會議」，並建立「總統」可以直接領導「內閣」的政治遊戲規則。在2000年5月陳水扁尚未就職前，就曾經表示要召開「國安會」邀請相關部門的首長與縣市長討論財政收支劃分的問題。這實際上直接突破了法律上對「國安會」功能範圍的規定，也直接將「總統」權力及於「憲法」規定之外〔25〕，而島內輿論對此並未有所重視。2000年9月陳水扁又召開「國安會」討論財經議題。這些關於經濟方面的問題要在「國安會」決策就表明了這一點。陳水扁出臺「一邊一國論」後，在「國安會」的運作下召開「大溪會議」和「三芝會議」，它們

以所謂的度假會議的形式召開，正是為了掩蓋「總統」擴權的事實。

　　但是，有幾個因素妨礙著陳水扁利用「國安會」形成「政務會議」的權力工作平臺。一是，陳水扁整合收編情報系統還不順利。民進黨的「臺獨黨綱」以及情報機構過去與民進黨的恩怨情結，在情報系統裡產生了更多的不安，加上陳水扁對於情報機構的收編與調整，在這些機構內部又引發了過去積累下來的人事派系上的恩怨衝突與矛盾鬥爭，因此，接連爆發了一連串的醜聞與案件，「潘希賢潛逃案」、「劉冠軍潛逃洩密案」等幾乎打擊了臺灣整個情報機構在島外的布局，弄得陳水扁焦頭爛額，所以一再出言抱怨李登輝沒有給予他足夠的資訊〔26〕。因此，陳水扁起用邱義仁這個民進黨內最有謀略的「軍師」幫他收拾局面，並對情報系統的首長全面施行「臺籍化」〔27〕；二是，陳水扁在整合具體的溝通協調機制上也一再調整，「九人決策小組」之前，還存在著「黨政協商會報小組」、「扁長會」、「府院黨」三大祕書長的「行政、立法協調會」等，然而它們都不能使陳水扁的意志很好地貫徹下去，而「總統」兼任黨主席的機制未來如何成型與完善，還需要摸索一段時間。從2002年7月陳水扁兼任黨主席後，所發生的挪用「國民年金開辦準備金」來擴大發放敬老津貼的風波來看，民進黨所謂的「黨政同步」的「黨－政」運行模式，仍然相當粗糙，居然能夠將陳水扁的黨主席意志，以及尚停留在民進黨黨內決策的方案直接地轉化為正式體制內的決策，而沒有與「行政院」有關部門的互動和中間的相關程式；三是，「國安會」的運轉機制因為內部的爭鬥和俯仰「總統」及「總統府」高層的意思，而會出現運作上的空轉。在李登輝時期就常有繞過「國安會」而由體制外幕僚先行的前例，而在陳水扁的執掌下，「國安會」的運轉機制也存在著一些問題，例如內部成員之間缺乏溝通、互有不滿，也有相當部分成員處於狀況外，這套機制「事務官化」的情形更嚴重〔28〕；四是，「國安會」由於諮詢機關的定位，因此組織和編制等方面都還不能夠滿足陳水扁的需要。這些都在一定程度上打擊了陳水扁的權力布局與企圖，因此兩年來「國安會」還沒有能夠體現出其過去在李登輝後期所具有的那樣重要地位的效果，陳水扁的「總統」決策仍然較多地體現了「一人決策」的隨意性，外觀粗糙，決策的執行也有很多地方遭受抨擊。

然而，因為「國安會」在「憲政制度」上是「總統」唯一正式的參與行政決策的機制，所以陳水扁對「國安會」和「國安局」的處理是儘量不損及這兩個機構的特權。本來醜聞顯示的是「國安局」等情報機構運作沒有制度化，沒有受到應有的監督管理，處理的方向應該是在制度上完善監督機制，但是目前處理的結果卻是，除了情報機構的人事異動以外，〔29〕「當陽」「奉天」等專案的經費「就地合法化」，〔30〕對揭露弊案的記者及媒體反而進行明目張膽地搜查與羅織治罪，〔31〕制定所謂的公務人員品德及忠誠查核辦法的條例，〔32〕對臺商大肆地進行政治偵防〔33〕等等。這種處理結果不但沒有觸動這些機構，反而輕者是讓它們在所謂的「國家安全」的名義下繼續享有不受監督的特權，重者則是讓臺灣老百姓的人權受到嚴重侵犯。

民進黨過去對「國安會」、「國安局」的制度化的態度是與此截然相反的，過去民進黨人由於深受特務統治的迫害，因此對「總統」權力與「國安會」、「國安局」的關係，持特別強烈的批評態度，認為如果是「總統制」，應該仿效美國國會，讓「立法院」擁有對「國安局」的審計、預算、撥款、政務官的人事同意權等等的監督權力，如果不是「總統制」，那麼「國安會」、「國安局」都應該劃歸「行政院」。〔34〕在李登輝時期，民進黨的主張或許是實力不夠而難以有反對的效果，但陳水扁上臺後的上述做法使人看到，民進黨並不能擺脫「換了位置就換了腦袋」和「權力腐蝕理想」的政治染缸。

在首次「政黨輪替」後，「國安會」與「總統」權力的互動體現了如下的特徵：（1）陳水扁在民進黨不存在過去國民黨「黨政一體」的權力運行結構的情況下，有意將「國安會」往形成「總統制」下的「政務會議」靠，但受制於多種因素，還不能如願達成；（2）「國安局」在李登輝時期的弊案的被揭露，顯示了「國安會」、「國安局」在制度化方面仍然有很大的壓力，但陳水扁為了其「總統」權力，並不願意加以規範，而進一步修法、修「憲」的可能性也不高。

四、結語

研究臺灣的「憲政」變遷，「憲法」條文的變化只是一個顯像，事實上，在

實際運作中的某些權力的變化軌跡及其與制度變遷之間的關係更值得關注，特別是在有關「總統」職權的方面。「國安會」與「國安局」的角色與功能的變化表明，無論是在蔣氏父子的威權統治時期，還是在李登輝時期和首次「政黨」輪替陳水扁上臺後，由於掌權者對不受監督的權力的渴求或穩固自己權位的需要，都對「國安局」或「國安會」是情有獨鍾，難以捨棄，雖然李登輝時期的「修憲」將它們都納入了正式體制，但其運作卻從來沒有被納入正常的制度化軌道，「國安會」和「國安局」在「總統」權力的實際運作布局中占有不可或缺的地位。在野時民進黨雖然對此曾經大肆抨擊，而在其上臺後，「國安局」還不斷地有巨大的醜聞弊案爆發，但因為陳水扁的「總統」權力的需要，「國安局」不受任何監督的特權還能依舊存在。當前臺灣「總統」權力的演變軌道，在某些方面，就在這樣的缺乏相應的比較有力的制度監督或制約的情況下進行，因此，至今為止，臺灣所謂的「憲政」在「總統」權力這個面向上，還需要花費相當的努力才能夠使權力的制度化及其監督機制能夠達到滿足臺灣民眾和和臺灣政治發展所要求、所需要的程度。但是，由於「十年六修」的「憲法」沒有能夠明確其「中央政府體制」到底是屬於「總統制」、「雙首長制」還是「內閣制」，也無法形成「憲政」慣例，至今還留下了相當大的灰色地帶和修改空間，所以，「總統」權力在制度上的變化和實際上權力到底能大到何種程度、「國安會」到底能朝「政務會議」方向演進到什麼地步仍然是值得進一步觀察的。〔35〕

注釋：

〔1〕一般我們習慣的用詞是情報機構（或）情報機關，而臺灣方面是情治機構，我個人認為前者比較中性，而後者含有特務統治的意味，故此在論述兩蔣和李登輝時期都採用後者，而陳水扁時期則用前者。

〔2〕見結語和注解〔35〕的說明。

〔3〕齊光裕：《中華民國的憲政發展——民國三十八年以來的憲法變遷》，臺灣揚智文化股份有限公司，1998年第1版，第13-14頁。

〔4〕張茜紅：《簡析臺灣「國安局」》，《臺灣研究集刊》1997年第2期，第84頁。

〔5〕同上。

〔6〕上阪冬子：《虎口的總統》，駱文森、楊明珠譯，臺灣先覺股份出版社，2001年6月出版，第103頁。

〔7〕臺灣《新新聞》593期，第42-47頁。

〔8〕臺灣羅志淵：《中國憲政與政府》，臺北中正書局，1979年第三版，第496頁，轉引自《中華民國的憲政發展——民國三十八年以來的憲法變遷》（同注2）中的第14頁。

〔9〕臺灣《財訊》第242期，2002年5月，第141-142頁。

〔10〕鄒景雯（採訪記錄）：《李登輝執政告白實錄》，臺灣成陽出版股份有限公司出版，第78頁，提到1990年時李登輝對情治系統的動向還沒有把握，擔心其會站在另一邊，不料對方竟先懷疑起「國安局」。這或許是蔣氏父子使得這些人和機構長期以來互相猜疑的後果。

〔11〕臺灣《新新聞》，第332期，第26-27頁；和第334期，第42-43頁，揭露李登輝實際上在1993年5月就已經動手準備撤換宋心濂。

〔12〕「國家建設研究委員會」、「科學發展委員會」被撤銷。

〔13〕臺灣《新新聞》第340期，第34頁。

〔14〕臺灣《新新聞》第343期，第56頁。

〔15〕臺灣《中國時報》1997年5月21日，第3版。

〔16〕臺灣《中國時報》1997年12月24日，第2版。

〔17〕臺灣《中國時報》2002年8月5日，第2版。

〔18〕臺灣《新新聞》第784期，第4頁和第6頁。

〔19〕臺灣《新新聞》第784期，第30頁。

〔20〕陳水扁：《世紀首航——政黨輪替500天的沉思》，臺灣圓神出版社2001年12月出版，第89頁，和《新新聞》765期，第26-27頁。

〔21〕王茹：《陳水扁執政以來「總統」權力的演變》，《臺灣研究集刊》2002年第2期，第22-27頁。

〔22〕同〔16〕。

〔23〕臺灣《中國時報》，2002年4月21日，第1、2版。

〔24〕林勁：《評析民進黨執政之後政黨轉型的兩項舉措》，《臺灣研究集刊》2002年第3期，第59-62頁。

〔25〕但李登輝時期「國安會」其實就已經微妙地突破了原規定的「國家安全、外交、情報」的框架，如1999年在「國安會」討論臺灣加入WTO問題。

〔26〕臺灣《新新聞》，第749期，第14頁和第22頁，提到了陳水扁在情治機構的人事布局，而第786期的第35-37頁和第792期的第43頁，揭露「劉冠軍洩密案」是「國安局」內部人馬不滿「監察院」彈劾時未將「最高領導人」李登輝納入追究責任的範圍，或是「國安局」內部人事鬥爭，被集體創作出來，目的是要丁渝洲的「好看」。

〔27〕臺灣《財訊》第241期，2002年4月出版，第139-141頁。

〔28〕臺灣《新新聞》第802期，楊舒媚，《蔡英文大權獨攬，『國安』體系劍拔弩張》。

〔29〕臺灣《聯合報》2002年6月17日，第1、3、4版。

〔30〕臺灣《新新聞》第792期，第40頁。

〔31〕臺灣《新新聞》第786期，第30-33頁和第35-37頁，指出李登輝時期以陰柔的手法對媒體和記者恫嚇施壓，媒體和記者容易吃暗虧，現在陳水扁是擺明軍馬，大張旗鼓地搜查治罪於媒體。

〔32〕臺灣《新新聞》793期，第23頁；《中國時報》2002年6月9日和11日的第2版的社論。

〔33〕臺灣《中國時報》2002年6月16日，第4版。

〔34〕臺灣《新新聞》343期，第56頁。

〔35〕從李登輝到陳水扁，都是在朝「總統制」方向擴展「總統」權力，現在連宋「國親合」，宣布當選後會採取「雙首長制」，如果2004年大選結果是其勝利，依其說法及實際的政黨版圖等方面來看，「總統」、「行政院長」的權力及其與「國安會」之間關係的演變恐怕就會不一樣。

陳水扁執政以來「總統」權力的演變

王茹

臺灣在「動員戡亂體制」結束以後，到目前為止，乃至今後較長的一段時間裡，都經歷著並將繼續經歷著政治權威的重新樹立過程和所謂的「民主憲政」的確立與穩定運行過程。

「修憲」發動以前，就「憲法」本身而言，應該是「內閣」制，但蔣氏獨裁之下，根本就把「憲法」擱在一邊，蔣氏父子無論是擔任「總統」還是「行政院院長」，都是權力的中心。威權體制解體，「修憲」應有的一個重要目標就是將「中央政府體制」和權力制度化，從而不再隨獨裁者或政治強人的意志起舞。但到了2000年4月，臺灣已經六次「修憲」，其「中央政府體制」究竟是「內閣制」、「總統制」、還是「雙首長制」，卻依然未能明確。李登輝大體上仍然是在國民黨原有的體制內建構成自己的「超級總統」權力，其權力運作雖然突破「憲法」，但沒有引起體制上的衝突。首次的「執政轉移」之後，體制環境已變化，陳水扁的「總統」權力如何建構與運作對陳水扁和民進黨都是一個新課題。觀察其上臺至今對「總統」權力的建構運作，雖然有很多並不順暢甚至若干的硬拗之處，引發了體制上的衝突，但傾向於「總統制」的權力機制建構已有所進展，這對於臺灣「中央政府體制」今後的走向是重要的一步。

一、「修憲」後的「中央政府體制」與「總統」權力

2000年4月25日第六次「修憲」之後，臺灣的「中央政府體制」呈現如下局

面：

1.「立法院」權力增加，成為實際上的「國會」，但並沒有「組閣」權。「國大」虛極化，轉為任務型「國大」以後，「立法院」成為唯一的實質性「國會」機關，職權大幅增加，可以說擁有了相當於「內閣制國會」的權力；但是「立法院」卻不像常規「內閣制國會」那樣要承擔起組織「政府」、推動施政等政治責任。

2.「行政院」雖然為「國家」最高行政機關，但「行政院長」地位曖昧，有向「總統」和「立法院」負雙重責任問題，並有可能成為「總統」的幕僚長。

3.「總統」擁有部分的行政權。「憲法」規定「總統」擁有諸如三軍統帥權；締結條約和宣戰、媾和權；宣布戒嚴權；依法任免文武官員權；依法授予榮典權；發布緊急命令權；「院」與「院」間爭執的解決權（例如當「行政院」與「立法院」發生矛盾時，經「行政院」提請，「總統」有核可權，可以要求「立法院」覆議），等等。其中一些表明「總統」握有部分實權。但「總統」的行政權力方面值得注意的有二：其一是，「憲法」增修條文規定「總統」決定「國家」安全有關大政方針，得設「國安會」與「國安局」，雖然「國安會」的「憲法」定位只是諮詢機關，但其下屬的「國安局」卻是所有情報機關的總管，「國安局」組織法以及「國防部」組織法、參謀本部組織法使得「總統」在兩岸、「國防」、「外交」等方面擁有較大的實質性權力；但其二，「憲法」第37條又規定「總統」依法公布法律、發布法令時，須「行政院長」或「行政院長」及有關部會首長之副署，這說明「總統」的行政權力在法理上理應受到相當的限制。另外，「憲法」第53條第一項明文規定「『行政院』會議由『行政院長』主持，『總統』不得出席」，換句話說，「總統」沒有直接領導「內閣」的權力，除了「府院聯席」的「國安會」外，「總統」並無參與行政決策的正式機制。

4.「總統府」與「立法院」的制衡仍然未明晰。這次「修憲」增列了「立法院」對正副「總統」彈劾案的發動權，取消原增修條文中「犯內亂或外患罪」方可彈劾等字眼，彈劾發動權更加寬鬆，但彈劾的複決權卻在所謂的任務型「國

大」那裡，因此要通過對「總統」的彈劾與罷免仍然是非常不容易的；同時「立法院」也無法對「總統」提出質詢，所以對「總統」的監督制約仍然不實在。然而「總統」對「立法院」的制衡也仍然局限於被動的解散權，即「總統」在「立法院」進行「倒閣」時須經「行政院長」提請才有解散「立法院」的權力。這樣，「立法院」就可以以各種方式對抗「行政院」，而不採取「倒閣」行動。因此，在還沒有採取補救措施，或形成制衡的「憲政」慣例之前，衝突與僵局可能一再發生。（從在野黨罷免「總統」、彈劾「閣揆」，到最近的「行政院」與「總統府」的高官逃避「立法院」的質詢，幾乎引發「立法院」罷會的風波，都是這一問題的表現。）

臺灣的「中央政府體制」定位為何種制度，爭執之焦點在於最高行政權力的歸屬。從法理上來講，「總統制」、「內閣制」對於它的歸屬要求比較嚴格，而「雙首長制」比較不那麼嚴格，可以根據不同的情況而有不同的分權選擇，從臺灣「憲法」的上述規定來看，「總統」和「行政院院長」各自擁有一部分行政權力，最高行政權的歸屬並不容易判定，因此，「雙首長制」從制度面來看應該是比較合憲的。但是，由於臺灣「憲法」十年六修，李登輝時期根本沒有過「雙首長制」的實踐，而所謂的「執政輪替」後，國民黨再以「雙首長制」要求分權，就失去了正當性和輿論的支持。實際上，在臺灣政治現實中，權力的歸屬或分享只能在充滿風波的政治實踐中才會獲得逐步的解決。不管怎樣，「憲法」對行政權這樣的安排，留下的灰色地帶很大，一方面容易引發爭議與衝突，另一方面，也留下了創造發揮的空間。

就「總統」職權這方面看，其權力大小、強弱發揮的餘地很大，關鍵在於「總統」必須將「行政院長」作為媒介，變成他領導「內閣」的幕僚長。實際上，陳水扁上臺以來，雖然不無風波，但透過對三位「閣揆」的任職和兩位「閣揆」免職，尤其是對游錫堃的任命表明，在這方面他已經駕輕就熟，此外，在具體的決策領導機制方面經過摸索調整，基本輪廓已經出現。兩年來陳水扁已經初步搭起了自己的「總統」權力機制的架構。

二、陳水扁與三位「閣揆」的權力關係演變

陳水扁上臺後，國民黨當時仍然是在「立法院」占據過半席位的第一大黨，因此可以以「雙首長制」或「內閣制」的名義要求分權。但國民黨這一設想從一開始就難以成功，因為過去長期以來沒有經歷過政黨輪替，也沒有過「內閣制」或「雙首長制」的政治實踐，而陳水扁一當選，國民黨就提出分權，社會輿論因而大為質疑其正當性。陳唐體制的建立雖然有一定的紛擾，且島內有人稱之為「四不像」的體制，但還是較為平靜。可以看出，陳水扁不與國民黨達成黨對黨的分權協商，唐飛等人以個人名義「入閣」，陳水扁也聲明不介入民進黨活動，組成所謂的「全民政府」，其實是力圖將這個體制往「總統制」上靠，以期獲得主導權力。這個「內閣」在權力運作關係上的不穩定和過渡性很明顯〔1〕。「全民政府」運行不到半年，就過渡到張俊雄「內閣」的「少數政府」，期間風波不斷，國民黨儘管在「罷免案」裡顯示了其最大的反擊力量，但不僅沒有撼動陳水扁的「總統」位置，而且沒有能夠阻擋「少數政府」的成軍。可是「少數政府」撐到2001年年底「立委」選舉之前，也已經很不堪了，但陳水扁還強硬地表示「絕對不會交出組閣權，只會透過政黨協商組成聯合政府」〔2〕。可是，選後民進黨成為第一大黨，這使得國民黨根本沒有了要求分權的資格，其他黨派也聞不見「聯合政府」的氣味，游錫堃順利地組成所謂的「戰鬥內閣」。三次「組閣」的過程表明，無論民進黨在「立法院」是否是第一大黨，陳水扁都牢牢掌握了主動權，堅持往「總統制」方向發展，在這過程中，他與三位「閣揆」的權力關係也有著微妙的不同。

在所謂「全民政府」裡，人事的主導權在陳水扁手中，絕大部分「閣員」和各部會的正副首長都是陳水扁口袋裡的名單，因此這些下屬對於誰是真正的老闆，是很清楚的。一些高官以有陳水扁的旨意而自行其是，與唐飛相抵觸。在這種情況下，唐飛無法很好地領導團隊，幾次以辭職表達了他的困境。但在一個時期裡，陳水扁直接走到前臺的次數還不多，仍對唐飛存有尊重之意。然而，這種態度在「八掌溪事件」後發生了微妙的變化。在這事件中，陳水扁比唐飛還早得到了消息，但他既未親臨一線去處理，也未督促唐飛去處理〔3〕，說明他認為這是該由唐飛處理的事件，界線感還是把握了的。但是這件事情由於資訊和溝通系統的失誤，耽擱了救援時間，而慘劇卻在電視媒體的鏡頭下為千家萬戶所目

睹，造成了極大的負面影響，陳水扁的聲望開始由高滿意度急劇下跌。而到了「核四」興廢爭議愈演愈烈的時候，陳水扁就越來越撇開唐飛。顯然，在此爭議中，陳水扁對唐飛並沒有推心置腹的交流〔4〕，而所謂的准許其辭職的事件，就是搬走阻礙其執政的「石頭」——唐飛〔5〕。

陳水扁對唐飛可能是「相敬如賓」，不能很坦率地發出自己的指令，而張俊雄對作為陳水扁領導「內閣」的「幕僚長」的角色是充分領會到了的，表現出與陳水扁絕對配合的態度〔6〕。2001年3月「內閣」改組事件說明了張俊雄根本沒有主動用人的權力。雖然陳水扁在「核四」案爭議風波中因為沖到了前臺而引發了「罷免案」，受傷不小，一些人如謝長廷也曾經建議陳水扁「不要再站到第一線，應該扮演最後仲裁者的角色」〔7〕，但陳水扁直接干預有關部門運作卻還是比唐飛時期顯著得多，時有越過張俊雄直接對其屬下發令，或不知會張俊雄和有關部會而直接向外放話的事發生，例如在離島設立賭場、小林善紀簽證事件等等。可能是張俊雄的忠誠和順從以及本黨同志的身分，讓陳水扁少了顧忌，可以直接把「行政院」當作「總統府」的下屬單位，在「行政革新會議」上，公然放話痛批「行政院」五大缺失。看來，陳水扁到張「內閣」時期可能才真正有了「總統」大權在握的感覺。

張俊雄在2001年年底「立委」選舉後的去職，應該不是因為不聽指揮，而是因為陳水扁著眼於兩年後的「總統」選舉的布局而來，游錫堃是舊人新任，曾經因為主動承擔「八掌溪」事件辭職為陳水扁擋了一箭，這種忠誠度也許是陳水扁除了能力之外的重要考慮，而游「內閣」的「閣員」名單不必說，自然更全部由陳水扁的意志決定。雖然陳水扁在2002年4月說出「領導人要懂得往後退，不一定總是站在第一線」的言語〔8〕，但如果整合溝通機制運行不良，預料他越過游錫堃直接對「閣員」或「行政院」政策發號施令只會更多。

對於陳水扁來說，他在「閣揆」的任免權問題上，獲得了主導權。這種主導權雖然沒有遇到很大的挑戰，但很難說是穩固的，不尊重「立法院」在野黨的政治實力硬拗的結果就是在這兩年裡造成了諸多的紛爭和施政效果不彰。

三、陳水扁對「總統」權力機制的其他建構與運作

從陳唐體制到陳張、陳遊體制，在形成「總統」的權力機制上，陳水扁不僅成功地將任免權掌握在手，而且在具體的行政決策權力方面也有相當的進展。一方面，陳水扁透過整合幾方面的協調溝通機制——先是形成所謂的「九人決策小組」，後則運作「總統」兼任黨主席——形塑「總統府」對「行政院」和「立法院」民進黨黨團之間的上傳下達的架構；另一方面，又透過「國安會」與「國安局」等機構及有關的幕僚系統將決策權力牢牢地控制在自己手裡；此外，陳水扁還試圖透過經發會等體制外方式穩固自己的聲望和地位。

陳水扁上臺後就致力於整合「國安會」系統與「行政院」各部會。他以「國安局」和「國安會」來掌握「行政院」的重要資料資訊，讓相關幕僚系統承擔決策準備工作，而他本人作出決定後，再告知「九人決策小組」或「府院」有關高層，這樣來完成政策的決策過程。〔9〕如此，「國安會」系統和「行政院」各部會之間透過「九人決策小組」或其他的管道就有了緊密聯繫，在某種程度上，「總統府」對「行政院」可以直接下達命令。陳水扁透過主導「閣揆」的任免權和這些措施，將「府院聯席」的「國安會」變成為「總統」決策的重要機制，把規定主要負責「國家安全、外交、情報」等工作的「國安會」改造得具有管理內政事務的功能，類似於某種「政務會議」，建立了「總統」實際上領導「內閣」的政治遊戲規則。當然，這一切是建立在李登輝打下的基礎之上的。「國安會」雖早在兩蔣時期就有，而且地位重要，在「修憲」的時候，這個由「動員戡亂時期臨時條款」而來的機構本來應該撤銷，然而李登輝不僅在「修憲」時將其正式列入了增修條文，而且曾經想將其定位為實權機關，但在「立法院」和社會輿論的反對下，改為諮詢機關，不過實際上李登輝時期「國安會」的功能還是相當強大，因為其所屬的「國安局」領導著「行政院」下屬所有的情報機關，因此，「國安會」與國民黨中常會構成李氏權力的兩個支柱。由於「國安會」限於定位，並且其組織和編制等方面還不能夠滿足陳水扁所需，預料它的角色或功能可能有進一步的發展。

張俊雄「內閣」產生之後，形成了「正副總統」屬於正義連線，「行政院院

長」與黨主席屬於福利國,「行政院」、黨中央的三大祕書長為新潮流的民進黨黨內派系共治格局。唐飛「內閣」時期,有一個「黨政協商會報小組」,到張「內閣」後,這個小組除了原有的民進黨黨主席謝長廷、黨祕書長吳乃仁、「立法院」黨團幹事長彭紹謹以外,新增加了「行政院」祕書長邱義仁和「總統府」祕書長游錫堃。而黨主席謝長廷與陳水扁之間還有每週三的「扁長會」,每週二早上民進黨「立法院」黨團會議之前,也有一個有「總統府」、「行政院」、黨三大祕書長參加的「行政、立法協調會」。但是這些機制分散,在「罷免案」最為關鍵的時期裡,紛擾不清,無法很好地應付,而且陳水扁此時面臨著所謂的「童子軍治國」的抨擊,因此在2000年11月中旬將它們整合並擴大為「府院黨擴大決策會議」,即所謂的「九人決策小組」,定在每週二舉行。〔10〕但是,這個所謂的「九人決策小組」名義上為「決策」,實際上僅僅是個溝通協調機制,在大多數情況下只有被告知的功能,而沒有真正的決策權力。民進黨黨內派系鬥爭和對權利的爭奪仍在進行。

　　2001年年底的「立委」與縣市長選舉,年初民進黨舉行黨內初選,掌握行政資源的「總統府」與掌握黨機器的新潮流系互相競爭激烈,新潮流系的大老吳乃仁抱怨「總統府在幹什麼?我們完全不知道」,邱義仁發出「江湖險惡,明哲保身」的感歎〔11〕。因此,「九人決策小組」運作亦漸不聞聲息了。2001年年底「立委」選舉,國民黨的失利和民進黨成為「立法院」第一大黨讓陳水扁在建構自己的權力機制上消除了大部分阻力。在「立委」選舉的操作過程中,陳水扁的嫡系人馬獲得了較大的空間,在「立法院」頗成氣候,但在選舉「立法院正副院長」的「龍頭」之爭中,由於民進黨內部派系對陳水扁有所不滿而出現的「放水」使其意圖不能夠實現。因此,陳水扁加快了對黨務改造的步伐,2002年4月20日民進黨通過了「總統」兼任黨主席,另設三位副主席負責黨務、「國會」、行政的改造方案。〔12〕一旦形成了陳水扁兼任黨主席的黨政運作機制,不僅對於民進黨有巨大的影響,而且對於陳水扁在形成其「總統」的權力機制上是很關鍵的一步,不但是「總統府」、「行政院」、黨三方面的協調溝通機制基本解決,而且民進黨在這三方面的人馬要完全聽令於他一人。

　　雖然陳水扁在「總統」權力的布局上占據了制高點,但是這並不足以應付島

內複雜的政治形勢，自從他上臺以來，政局亂象叢生，經濟下滑得非常厲害，對他的個人聲望和統治實績也有相當大的損害。實際上，一開始陳水扁就認識到了作為少數「總統」，並面對首次「政權轉移」的局面，他迫切需要擴大自己的統治基礎，因此還試圖透過體制外的方式來穩固權力基礎。上臺以來，陳水扁有過幾次嘗試。例如由李遠哲出面的「跨黨派兩岸小組」、幾次與在野黨領袖會談、欲組織各黨派的協商會議等等。2001年7～8月的「經發會」是其中最明顯的一例。陳水扁並釋放出「經發會」的結論「行政院」必須執行的資訊。當年李登輝召開「國是會議」、「國發會」，開啟了這種透過體制外的管道整合社會共識以促進其體制內權力擴張的途徑，但是這種臨時性的、體制外的決策形式能不能達到目的，取決於決策時的社會輿論傾向、決策能否反映社會要求、事後執行的好壞等多種因素。開「經發會」雖然獲得了社會贊同，但「經發會」結論卻並不盡如人意，「行政院」的執行恐怕也難以達到社會的期望，因而陳水扁並不能夠透過這種途徑達到如李登輝那時的作用。

四、結語

當然，陳水扁在建構「總統」權力的過程中並不是一帆風順，其間風波不斷，「憲政僵局」和政治亂象不時發生，最具威脅性的就是所謂的「罷免案」，但是陳水扁卻還是能夠持續地朝著「總統制」的目標前進。這其中除了當前臺灣政治生態的因素之外，還有其深層的歷史因素。「動員戡亂時期」，蔣氏父子將「憲法」束之高閣，權力中心系於強權者個人，而「修憲」重要目的本來是要將「中央政府體制」和權力制度化，從而不再由獨裁者或政治強人的意志主導。但是，這個目的並沒有如願達成，造成「總統」權力屢有突破制度之舉。首先，十年間六次「修憲」，太過頻繁，過程中也太多權謀，而具有諷刺意味的是，「修憲」中李登輝的個人意志非常突出〔13〕，這些對於「憲政」的落實都非常不利，很難沉澱出有效的規則或形成一些「憲政」慣行做法，尤其是沒有建立起對「總統」權力的制衡機制，造成李登輝的權力越來越大，直至後期成為了有權無責的「超級總統」；其次，在朝在野對「憲法原則」的尊重程度十分有限，都難

以接受暫時於自己不利的規則；三是，「憲政」重要的支撐要素之一——憲政文化無論在政治精英還是在平民大眾那裡，都還是處在發育過程中，尚不成熟。在一項1991-1996年的跟蹤調查中，臺灣民眾認為在決定政治好壞的三個因素——人、政策、制度中，人的因素除了1993年輸給政策外，歷年來都是第一位的，而制度卻一直是最低的，對人的重視程度遠遠超過了制度建設；〔14〕四是，強人政治的傳統造成民眾依賴領袖的心理氣氛更濃，對「總統」的接受度更高；加上臺灣的「立法院」名聲不佳〔15〕，在「總統」與其爭權時，難以形成對自己有利的社會輿論，「立法院」在「罷免案」中就面臨這一局面，而這次雷聲大雨點小的「罷免案」之後，在野黨很難再撼動陳水扁。

實際上，在李登輝主政期間，「總統」權力的行使仍然主要依靠國民黨傳統的「黨政一體」，強人政治色彩依然存留。陳水扁沿著李登輝的路徑（體制內「國安會」的整合、體制外的經發會的召開，兼任黨主席的黨政關係的構造），在目前臺灣政壇的亂局下，建構「總統制」的「總統」權力還是頗有市場的。

但是，從其過程和運轉結果來看，這是否有助於「憲政體制」的長期平穩演進和「憲政」的順利實施，仍然有相當深的問題可追究。這兩年的政治實踐，亂象頻頻，政治風波不斷，連罷免「總統」的戲碼也上過了。目前雖然臺灣各黨派又在醞釀「修憲」，「總統」的權力能否在制度上得到確認，名實合一，這是一個機會，但「修憲」能否進行目前還看不出眉目。因此，「總統」權力機制到底如何，不僅在陳水扁剩下的任期內要經受檢驗，而且還將是一個長期的問題。

注釋：

〔1〕王茹：《試析陳唐體制及其前景》，《臺灣研究集刊》，2000年第2期。

〔2〕臺灣《聯合報》2001年10月27日，第1版。

〔3〕臺灣《新新聞》第699期。

〔4〕臺灣《新新聞》第709期。

〔5〕臺灣《新新聞》第710期。

〔6〕李威仇：《扁張拼裝體制驚險萬狀》，臺灣《財訊》第229期，2001年4月出版。

〔7〕辛原：《跛鴨總統與看守內閣》，臺灣《財訊》第225期，2000年12月出版。

〔8〕臺灣《聯合報》，2000年4月13日，第2版。

〔9〕吳思維：《陳總統完成府院統一大業》，臺灣《財訊》第230期，2001年5月出版。

〔10〕李存春：《民進黨人學習執政內幕》，臺灣《財訊》第226期，2001年1月出版。

〔11〕章綠淨：《『總統府』、新潮流冷戰大內幕》，臺灣《財訊》第229期，2001年4月出版。

〔12〕臺灣《中國時報》，2002年4月21日，第1、2版。

〔13〕參見黃年：《李登輝的憲法變奏曲》，臺灣聯經出版事業公司，1998年1月出版。

〔14〕《臺灣人看政治》，臺灣二十一世紀基金會主編，臺灣中華征信所企業股份有限公司發行，1998年4月初版，第145頁。

〔15〕同上，第105頁，調查顯示1992-1996年，民眾對「立法院」審查法案的效率的滿意度極低，高低在13.5%-23.2%之間，而不滿意度在58.5%-71.4%之間。

從「罷免案」看臺灣政治的結構性矛盾

張文生

自從2000年5月20日陳水扁正式就任臺灣當局的領導人以來，臺灣新政府面

臨島內外政治、經濟和社會方面的諸多困境，這些困境的產生雖然並非完全是新政府缺乏執政經驗所造成的，但是扁「政府」所執行的內外路線、政策卻為臺灣社會政治生活中的積弊打開了宣洩的缺口。特別是2000年10月底以來，臺灣「立法院」在野聯盟要求扁「政府」回歸「憲政體制」，聯名提出「總統副總統罷免案」，使扁「政府」陷入就職以來的最大危機中。「罷免案」反映了臺灣政治生活方面的結構性矛盾，這些矛盾並非一朝一夕所能克服和改變的。

一、「罷免案」形成的政治過程

陳水扁「政府」就任以來，面臨的困境是方方面面的，臺灣新當局在海內外被視作「臺獨」色彩濃厚的「獨派執政」，在島內是處於相對少數的「弱勢執政」，在島內外都面臨較大的壓力。因此，陳水扁要在島內維持其合法性基礎和政治經濟上的穩定，必須處理好各種各樣的內外關係，其中主要包括：（1）臺灣與美國的關係；（2）臺灣與大陸的關係；（3）扁「政府」與民進黨之間的關係；（4）扁「政府」與「臺獨基本教義派」之間的關係；（5）「總統府」與「行政院」之間的關係；（6）執政黨與在野黨之間的關係（主要體現為扁「政府」與「立法院」之間的關係）。處理好這些主要關係成為扁「政府」成立後面對的首當其衝的問題，但是由於島內結構性的政治矛盾，扁「政府」舉步維艱，障礙重重，僅在施政的半年多時間裡就出現了八掌溪案、核四案、罷免案、緋聞案等諸多危機，其中「罷免案」直接衝擊了陳水扁個人的權位和民進黨的執政地位，成為扁「政府」成立以來的最大危機。

1.「全民政府」的破局為「罷免案」的成形確立了政黨政治的基礎

早在當選之前，陳水扁就初步擬定了新政府的組織原則與執政路線，試圖規範新政府與各方面的關係。陳水扁在競選後期曾經表示：不參與民進黨的黨務；超越個人與政黨的利益；組織清流共治的全民政府。這些競選承諾都從一定程度上規範了扁「政府」與民進黨、在野黨以及「臺獨基本教義派」之間的關係。但是在新政府組織的過程中，民進黨強勢主導的政治風格遇到國民黨的激烈反彈，陳水扁邀請國民黨籍的原「國防部長」唐飛「組閣」，國民黨提出黨對黨談判的

原則，被陳水扁拒絕，他認為國民黨是想把「整碗捧去」。在國、民兩黨政黨合作無法成功的情況下，陳水扁以「全民政府」的口號，將新政府的支持基礎直接訴之於民意，唐飛以個人名義出面「組閣」。

但是「全民政府」的組成並未能理順扁「政府」與臺灣各政黨之間的關係，國民黨認為唐飛「內閣」施政責任應由民進黨承擔，唐飛也認為「內閣」成員好壞，責任由「總統」來負，並且陳水扁「要對全民負所有施政最後好壞的責任，而他並不參加選舉，所以對全民沒有責任」〔1〕。但是有些民進黨「立委」認為民進黨並非執政黨，不必為唐飛「內閣」的施政責任背書；民進黨祕書長吳乃仁甚至公開指責唐飛沒有魄力，未能承擔起施政的責任。所謂的「全民政府」與政黨政治之間的矛盾無法調和，政黨責任無法釐清，「立法院」難以履行對「行政院」的監督責任，「行政院」與「總統府」之間的路線衝突難以避免。在政黨選舉競爭激烈的臺灣社會，「唐飛內閣」註定無法長期維持，「全民政府」的破局是必然的結果。「全民政府」破產後，扁「政府」組織了完全由民進黨人主導的「內閣」，並成立了包括民進黨中央、「立法院」民進黨團、「行政院」、「總統府」成員所組成的「九人決策小組」，作為「府、院、黨」之間的協調機制。民進黨獨立承擔了執政黨的施政責任，島內政黨政黨的運作集中表現在「立法院」與「行政院」之間，在野黨在「立法院」充分發揮了對於扁「政府」的制衡作用。

2.「核四案」的爭議成為「罷免案」的導火線

興建核能四廠是涉及島內能源建設、經濟發展與環境保護的重大規劃，「核四案」作為重要公共政策是島內各政黨、政治派別和社會團體歧異的焦點之一，也是扁「政府」成立以來島內政爭的重要議題，成為「總統副總統罷免案」的導火線。實際上島內各政黨出於選舉的考慮，對於「非核化」或「非核家園」的政治理念並沒有太大的分歧，尤其是新黨對於新政府停止興建核四廠明確表示支持，「核四案」與其說是各政黨政治理念的鬥爭，不如說是各政黨圍繞政治權力展開的較量。

在「唐飛內閣」施政時期，新政府內部對於是否續建核四意見分歧，「經濟

部長」林信義執行民進黨的路線，主張停建，而唐飛主張續建。在「總統」與「行政院長」施政路線相反的情況下，唐飛被迫辭職。「唐飛內閣」下臺後，2000年10月27日，繼任「行政院長」張俊雄利用陳水扁與連戰會面的機會宣布停建「核四」。扁「政府」的獨斷專行激起在野黨的強烈反彈，促成了在野黨的結合，11月11日，國、親、新三黨正式組成「在野聯盟」並發表「護憲、救臺灣聲明」，其核心是要求扁「政府」「回歸憲政常軌」、「回歸一個中國各自表述之九二共識」。在野聯盟並針對「罷免案」的「共同作為」提出「理念一致、行動一致」的原則，使「罷免案」的法律程式完備〔2〕。

3.「罷免案」的發展

由於扁「政府」片面宣布停建核四，「核四案」引發了「立法院」的政治風暴，在2000年10月底的短短幾天時間，參與罷免「總統副總統」連署的「立法委員」已經超過了120人，直逼「立法院」通過「罷免案」的2/3法定多數門檻（即147席）。「立法院」將「行政院長」張俊雄列為「不受歡迎的人物」，請出「立法院」，並擱置了預算案的審查。「罷免案」使扁「政府」深陷權力不穩的政治危機中，面臨妥協或是直接訴之於民意的選擇。

為了化解「罷免案」的危機，陳水扁採取了向全民道歉、聲請「釋憲」、召集「立法」和「行政」兩院協商等措施，使「罷免案」的正當性和可能性都降低。12月22日，在野聯盟向「立法院」議事處提交147位「立委」連署的「總統副總統罷免案」，完成「建案」的程式。在野黨派表示希望陳水扁切實遵守「憲法」的精神，能夠回歸《國統綱領》。連署案領銜人、國民黨中央政策會副執行長丁守中表示「將視民意再推出表決」。2001年1月15日，臺灣「大法官會議」針對「核四案」作出「釋字第520號」解釋，但就預算案的法律效力和核四案的決策權未能作出明確答覆，仍引起扁「政府」與在野黨的不同解讀，「行政院」認為「程式瑕疵不等於違憲」，並且「因政黨輪替而變更政策系民意政治之展現、政黨政治之常態」；在野黨認為扁「政府」「未向立法院報告，逕行公布停建核四」，「違反了憲法精神」〔3〕。1月底，「行政院長」張俊雄依「大法官會議」解釋的要求，重新踏進「立法院」，補行核四停建報告。2月14日，經

「立法」、「行政」兩院協商，「行政院」宣布續建核四。扁「政府」暫時拆除了「罷免案」的引信。引發扁「政府」深刻危機的政治風暴告一段落。

二、「罷免案」的結構性根源

「罷免案」的成形是扁「政府」上臺後臺灣社會各種矛盾的集中表現，而作為島內長期存在的「憲政體制」和意識形態中的矛盾是臺灣社會特有的結構性矛盾，也是「罷免案」給扁「政府」造成的深刻危機的結構性根源。

臺灣現行的「憲政體制」是延續南京國民政府依據孫中山的「五權憲法」理論建構的「憲政」架構，臺灣現行「中華民國憲法」是1946年制定的，國民黨政權為了維護其代表全中國的法統，在臺灣仍然維持了原「中華民國」的「憲政」架構。但從1980年代初以來，隨著臺灣社會政治本土化進程的加快，島內統獨意識形態的爭執不斷激化，臺灣「憲政體制」與社會政治生活中的結構性矛盾日益顯現。1990年代以後，臺灣「憲政體制」雖然歷經變革，但即使通過六次「修憲」，臺灣仍舊未能建立穩定的政治運作制度，也未能緩和日益加劇的島內政黨及其意識形態的衝突。

1.位高權重的「弱勢總統」

陳水扁「政府」之所以被稱為「弱勢總統」或「少數政府」主要是基於兩方面的現實原因，其一是陳水扁的當選得票率只有39.3%，是以相對多數當選的「總統」，民意基礎較弱；其二是民進黨在「立法院」現有的席位僅僅只占66席，相對於國民黨的113席，處於絕對少數的地位，作為扁「政府」施政的政黨支持力不足。

陳水扁的「弱勢地位」是臺灣選舉制度的產物。臺灣各項公職人員（包括「總統、副總統」）選舉均採相對多數當選制，這種選舉制度在國民黨一黨獨大時期顯然不至於引起「憲政」運作中的困境，臺灣開放「黨禁」之後，相對多數的選舉制度促成了臺灣多黨制的政黨結構。1990年代以後，國民黨經過兩次大規模的分裂，喪失了一黨獨大的政治地位，反而使民進黨從中漁利，奪得執政

權。陳水扁依賴弱勢的民意基礎當選，卻擁有「總統」職位所帶來的強大行政權力，並且受到的制約相對微弱。

依據「中華民國憲法」的規定，「總統」享有立法、行政、司法、軍事、「外交」等諸多方面的法定權力，行政方面的主要權力包括：「（1）宣布戒嚴；（2）任免官員；（3）發布命令；（4）覆議核可」。「總統」依法並不負責「中央政府」的日常施政決策和行為，其「公布法律」和發布「行政命令」、「人事命令」的權力受到「行政院長」及「各部會首長」副署權的制約。而「修憲」之後，「總統」直接民選，權力進一步擴張，一方面，「總統」不僅可以直接任命「行政院長」，決定「內閣」人事，而且通過「國家安全會議及其所屬國家安全局」直接決定「國家安全有關大政方針」，擴大了發布緊急命令的權力；另一方面，「總統」所受的制約削弱，不僅限制了「行政院」的副署權，也提高了罷免和彈劾門檻。

位高權重的「總統」，相對於弱勢的民意基礎，形成了臺灣政治生活中的結構性矛盾之一。

2.權責不清的「雙首長制」

臺灣的政治體制既非「總統制」，亦非「內閣制」，而是與法國「半總統制半議會制」相近的所謂「雙首長制」，即在「中央政府」中有兩個行政中心，一是「總統」，二是「行政院長」。一方面「總統」負責「中央政府」的大政方針和內外政策，另一方面「行政院長」執掌「中央政府」的日常施政行為並承擔施政的政治責任。「雙首長制」的結構使得「總統」與「行政院長」權力劃分不明；「行政院」承擔政治責任的對象不清。

「行政院長」作為日常施政的核心，承擔著施政行為的主要政治責任，但在負責對象問題上，「行政院長」卻處於一種尷尬的境地。依據「中華民國憲法」第55條第1款的規定：「行政院長由總統提名，經立法院同意任命之」，「行政院長」既要向「總統」負責，又要向「立法院」負責。在「總統」與「立法院」多數為同一政黨時，該體制運作並不成問題，但「總統」與「立法院」多數不是同一政黨時，該體制顯然無法繼續運作。1997年，李登輝主導的第4次「修憲」

將「立法院」同意權取消，而代之以「倒閣權」與「解散權」的設計，無疑進一步提高了「總統」對於「行政院」的控制，削弱了「立法」對於「行政」的制衡能力。民進黨雖然在「立法院」居於少數地位，陳水扁當選「總統」之後，卻可以依據「憲法增修條文」的規定自行任命「行政院長」，組織「少數政府」，而不必然組織「聯合政府」或形成「左右共治」的局面，使得作為「立法院」多數的在野聯盟與「少數政府」衝突不斷。

「內閣」對「總統」或是對「國會」負責是西方國家政體中「總統制」與「內閣制」的主要特徵，而臺灣的「政治體制」介於兩者之間，使得「內閣」權責不清，施政動輒得咎，無所適從。「核四案」由停建到續建的反覆正是臺灣「中央政府體制」結構性矛盾的具體表現。在「內閣」施政負責物件問題上，民進黨與國民黨持不同看法。早在當選之前，陳水扁提出的「憲政白皮書」即主張「建構三權分立的中央政府體制；採取總統制；建構單一國會」〔4〕。陳水扁甚至認為，與美國總統制和法國雙首長制相比，臺灣「總統既無否決權，也無主動解散國會權」，導致新政府運作困難。民進黨認為「總統」決定大政方針，並且任命「行政院長」已無須透過「立法院」同意，承擔了執政的政治責任，因此組成「少數政府」並不「違憲」；況且「民進黨負起完全的政治責任，是現階段不得不與唯一的選擇」〔5〕。國民黨則認為「少數政府」違背了多數統治的民主原則，「總統與立法院多數黨同黨時，體制為『偏向總統制的雙首長制』；不同黨時則為『偏向內閣制的雙首長制』」，因此主張應由「立法院」多數黨即國民黨「組閣」。在野聯盟發表的共同聲明也指出：「行政院長之任命必須尊重國會多數意見，行政院為國家最高行政機關的原則必須確立，行政院必須向立法院負責」。國民黨智庫「國策會」政策委員周育仁指出，陳水扁憑個人主觀意志將政府體制定位為「偏向總統制的雙首長制」，違反多數決原則，違反責任政治原則，濫用民粹主義，製造民意的衝突。〔6〕

「雙首長制」引發執政黨與在野黨的解讀分歧，客觀上，即使組成「聯合政府」或達成「左右共治」的局面，仍然無法解決「雙首長制」權責不清的問題，這是臺灣政治生活中的結構性矛盾之二。

三、罷免案：權謀與體制之爭

「罷免案」並非完全是臺灣「憲政體制」運作不良的產物，與臺灣政黨之間的權力鬥爭和統獨意識形態對立密切相關。臺灣媒體指出「罷免案」引發的朝野對峙，「這是一場權謀與體制之爭」〔7〕。

2000年初「總統」選戰的激烈對峙導致了臺灣社會的分裂，選舉中的對抗性矛盾延續到選後甚至到下一屆「總統」選舉，主要表現在政黨圍繞權力的分配和選舉的布局所展開的政治鬥爭。「核四案」是島內朝野矛盾的聚集，本來依據「憲法增修條文」的規定，「立法院」對於「行政院」的施政不滿，可以提出「不信任案」，但是國民黨基於現實政治利益考慮，既不願因「倒閣」而將「國會解散權」拱手送予陳水扁，也不願讓陳水扁頻繁更換「內閣」而成為實際上的「大總統」（當年袁世凱正是依賴內閣的頻繁更替而架空了責任內閣的實權）。親民黨雖然更願意「倒閣」，但其本身力量不足；新黨支持停建核四，但基於選舉利益考量，必須發揮在野制衡作用。正是因為現實政治利益的考慮和政治力量對比，促進了在野聯盟的政治結合，形成了臺灣政治生活中「朝小野大」的政黨政治結構。

同時，統獨意識形態爭執交織在「罷免案」朝野政爭的議題中，扁「政府」的強勢被視為意識形態治國的表現。統獨意識形態的差異是島內政黨分野的基礎，雖然各政黨都傾向於維持現狀，但對於臺灣前途的未來走向立場不同，對於兩岸關係的現實定位也有差異。在野黨傾向於承認「九二共識」，即所謂的「一個中國、各自表述」；並認為「中華民國憲法」就是「一個中國」的架構。在野聯盟公開要求扁「政府」「回歸一個中國各自表述之九二共識，盡速恢復兩岸對等協商；儘早召開國家統一委員會，凝聚全民共識；要求政府即刻推動兩岸三通之協商，積極調整戒急用忍政策」〔8〕。而執政的民進黨迄今為止沒有放棄「臺獨黨綱」，扁「政府」既不接受「一個中國」原則，也不承認「九二共識」，而提出以所謂「對話、交流、擱置爭議」的「九二精神」取代，甚至提出「國家統一不是唯一的選項」。民進黨在內外壓力之下試圖融合統獨各方的意識形態，民進黨主席謝長廷提出兩岸定位「回歸憲法一中架構」的建議，李遠哲主

導的跨黨小組也建議「依據中華民國憲法……回應對岸『一個中國』的主張」。2001年元旦，陳水扁曾表示「事實上，依據中華民國憲法，『一個中國』原本並不是問題」〔9〕，在一定程度上回應在野黨的要求，但仍未承認「九二共識」，也未接受「一個中國」原則。扁「政府」刻意規避「九二共識」和「一個中國」原則的態度不可能調和島內的意識形態爭議，更不可能化解兩岸的政治僵局。

從表面上看，臺灣朝野政黨圍繞「憲政體制」的運作展開激烈的鬥爭，然而在本質上，難以調和的權力爭奪和統獨理念衝突才是臺灣朝野政黨競逐的核心。

四、扁「政府」走出困境的多種選擇

民進黨在臺灣社會的發展成長經歷了從「體制外」向「體制內」轉變的過程，但是依靠社運和街頭群眾運動起家的民進黨雖然已經成為執政黨，卻仍然保留著「體制外」政黨的特性，具有不易妥協的強勢性格，特別是民進黨的「基本教義派」和社運組織，企求透過「反核四」的街頭運動和「核四公投」向反對黨施加壓力。這種「體制外」的行為只會使「罷免案」和扁「政府」的危機升溫，在現實利益的考慮下，陳水扁不得不表示「尊重憲政體制」。而在臺灣現行的「憲政體制」下，扁「政府」走出困境的方式仍有多種選擇，包括組成「聯合政府」、進行「國會」改選、推動政黨重組、突破兩岸政治僵局和修改「憲法」五種方式，特別是「國會」改選是各政黨全力競爭的焦點，扁「政府」和民進黨必然全力以赴，以此作為走出危機的現實選擇，並為未來幾年順利施政和陳水扁爭取連任掃除障礙。

1.「聯合政府」

「聯合政府」是指「立法院」各政黨的席位均不過半的情況下，由多個政黨組成執政聯盟，聯合組織「內閣」，而「內閣」成員在參加執政聯盟的各政黨之間分配。「聯合政府」的前提在於黨對黨的協商，其「憲政根源」仍在於「行政院向立法院負責」的「憲政原則」，「政府體制」傾向於「內閣制」。「聯合政府」有助於協調「行政院」與「立法院」的關係，透過政黨聯合擴大政府的民意

基礎。但臺灣現有「憲政體制」下，「行政院」並非完全向「立法院」負責，何況「立法院」的在野黨團居於相對多數，民進黨不可能拱手將政權讓予在野黨，依據現有政治力量對比民進黨與在野黨組織「聯合政府」的難度也較大。即使「立法院」改選，各政黨席位均不過半，民進黨首先必須突破在野聯盟，才能結合在野黨組成「聯合政府」。因此，「聯合政府」的可能性雖然存在，但必須以在野聯盟的分裂為前提。否則，民進黨必須釋放權力，陳水扁必須甘心成為「弱勢總統」，「行政院」主要向「立法院」負施政責任，決策權主要歸於「立法院」，「雙首長制」向「內閣制」傾斜，才有可能進一步組成「聯合政府」。

2.「國會」改選

臺灣面臨2001年底「立法院」改選，各政黨均全力以赴，將此次選舉視作政黨資源重新分配的重要部署。尤其是面對「立法院」法定的「罷免權」和「倒閣權」的制衡，民進黨將此次選舉視作政權保衛戰。「立法院」法定的「罷免權」門檻是2/3多數，「倒閣權」門檻是1/2多數，因此，民進黨如果能奪得76席以上，即可以解除「罷免案」的威脅；如果能超過半數113席，則「內閣」及其施政的穩定性可以得到保障。由於民進黨「國會改選」過半的可能性極小，全力確保取得1/3以上多數席位，爭取成為「國會第一大黨」才是民進黨年底選舉的主要目標。透過確保「總統」職位的穩定和「總統」擁有法定的「行政院長」任免權，民進黨仍然操控行政權力和內外政策的決策權。在野聯盟即使擁有「立法院」多數和「倒閣權」，但對於執政黨的制衡能力已經大大降低。但是民進黨如果堅持組織相對多數的「少數政府」，「行政」與「立法」的僵局仍然無法化解，由此而引發的政經亂象難以平息，顯然不利於民進黨執政地位的穩固。

3.政黨重組

臺灣每一次「立法院」和「總統」選舉都是島內政黨力量重劃和政黨結構重組的關鍵時期。2001年底「立委」選舉在各黨均不過半的情況下，民進黨擁有政黨合作的選擇權，選後民進黨透過政黨合作或政黨重組，不排除出現多數政府的可能性。臺灣「國安會」諮詢委員林佳龍曾表示：「年底立委選後，民進黨一定要主導政黨重組，因為如果不爭取盟友組成過半政府，行政立法僵局和現在毫

無二致，則陳水扁三年後總統難選」〔10〕。在島內「罷免案」發展的過程中，臺灣綜合研究院院長劉泰英即表示不排除另組新政黨的可能性。民進黨與國民黨本土派結合以穩定政局的構想在島內由來已久，取決於國民黨是否分裂。

另外，突破兩岸政治僵局，及時「修憲」也是扁「政府」走出困境的選擇。民進黨如果能接受「一個中國」原則，承認「九二共識」，不僅有助於化解臺灣朝野政黨之間的激烈對立，重啟兩岸政治對話與談判，突破兩岸政治僵局，進一步改善島內經濟環境，而且有益於扁「政府」走出朝野政爭和意識形態對立的政治困境。然而民進黨和扁「政府」不願放棄沉重的意識形態包袱，同時寄希望於結合李登輝路線走出政治困境，兩岸政治僵局勢必難以突破。至於「修憲」，以目前島內特別是「修憲」提案機關「立法院」的政黨結構看，各政黨短期內根本無法達成「修憲」的共識，「修憲」並不現實。

五、結語

扁「政府」就任以來內外交困，兩岸關係的政治僵局未解，島內的政黨對立則日益激化。應當說，扁「政府」政治危機的成因是多方面的，包括經濟、政治和社會諸多方面的因素，甚至於民進黨缺乏執政經驗和陳水扁強勢的政治風格也是重要的影響因素。「憲政體制」是一個社會歷史經驗的總結，也是政治現實的反映。臺灣「憲政體制」隨著政治發展不斷變革，仍然無法排除其結構性的矛盾，這在一定程度上反映了臺灣現實政治生活中無法調和的內外衝突。雖然從短期來看，扁「政府」可以透過「國會」改選在一定程度上擺脫政治上的危機，解除「罷免案」的威脅，但是仍然無法消除朝野權力鬥爭和統獨意識形態之間的政治對立，「行政院」施政所受到的制衡和阻力無法消除。雖然陳水扁在就職周年的講話中表示「希望結合理念相同、支持改革的在野力量，形成國會的穩定多數」，而且「不管選舉的結果如何，我們都將在選後籌組聯合政府及國會多數的執政聯盟，共同來改造國會、穩定政局」，但他同時提出了「理念結合、資源分享、臺灣優先、超越黨派」的所謂「結盟理念」〔11〕。一方面，扁「政府」基本上排除了黨對黨協商的可能性，把希望寄託於在野黨的分裂，然而所謂的

「聯合政府」如果無法取得「立法院」的絕對穩定多數，政局穩定的基礎仍然薄弱；另一方面，即使與在野黨組成「聯合政府」或推行「左右共治」，「行政」與「立法」的矛盾將轉化為「總統府」與「行政院」之間的衝突，各政黨基於選舉利益爭奪政治資源的鬥爭仍將延續。扁「政府」代表了民進黨，民進黨第一次執政的成敗無疑決定了民進黨未來的發展方向；反之，民進黨執政路線的方向也影響扁「政府」施政的成敗。民進黨和扁「政府」只有淡化和消除意識形態施政的路線才能走出政黨競爭的困境和化解島內多數民意的反彈。否則，如同「核四案」的反覆，扁「政府」終將不得不因在野聯盟的壓力而交出「組閣權」。

注釋：

〔1〕臺灣《中國時報》2000年9月8日。

〔2〕臺灣《中央日報》2000年11月12日。

〔3〕臺灣中央社2001年1月15日自臺北報導。

〔4〕參見臺灣《民生報》2000年3月19日。

〔5〕臺灣《中國時報》2000年10月5日。

〔6〕臺灣《國政評論》財團法人國家政策基金會2001年1月17日。

〔7〕臺灣《中央日報》2000年11月11日。

〔8〕臺灣《中央日報》2000年11月12日。

〔9〕臺灣《中國時報》2001年1月1日。

〔10〕臺灣《中國時報》2001年2月17日。

〔11〕臺灣《聯合報》2001年5月19日。

臺灣當局的決策系統與決策過程

陳孔立

1996年底，臺灣召開了一次「國發會」，國民黨在會上提出的「基本立場」，有許多國民黨高層人士事先並不知道。連幾個主要改革物件的單位主管，如「省長」宋楚瑜、「立法院長」劉松藩、「國大議長」錢復、「監察院長」王作榮等人，也淪入「事前沒人通知，事後不准討論」的地步。於是，人們提出了疑問：國民黨和臺灣當局的決策究竟是怎樣作出的？我們無法得到國民黨當局決策過程的內部資料，只能就報刊的公開報導進行分析，試圖描繪出一個大體的輪廓。

一、決策系統

　　在決策體系中有決策系統、資訊系統、智囊系統、回饋系統和執行系統。在這裡著重考察決策系統，其他系統則暫不討論。

　　決策系統是決策體制的核心部分。它的主要任務是以大量資訊為依據，運用知識和經驗，對智囊提出的各種方案進行比較研究，從中選出最佳方案，加以執行，並針對出現的問題，提出解決辦法，保證決策目標的實現。在選擇方案時，有單一首長決策和集體決策兩種方式。一般有關全域的重大決策，應當由集體決策；而一般性、經常性的決策，則由單一首長決策。

　　當今臺灣的決策系統究竟是怎樣的？我們先從「體制內」的機構進行考察：

　　中常會國民黨黨章規定，「中央委員會全體會議閉會期間，由中央常務委員會執行職務，並對其負責」。中常會執行全代會的決議，討論及處理黨務與政治事項，但實際上，中常會從來沒有真正成為決策核心。蔣氏父子時代如此，李登輝時代也是如此。就以這次國發會為例，12月18日，星期三，中常會開會，主要是聽取婦工會的報告，沒有討論國發會問題。當天晚上，李登輝召開黨內高層會議，而不是中常會，討論黨對憲政改革的「基本立場」。12月20日，召開黨籍國發會代表會議進行討論，中常會始終沒有參與，甚至連修憲條文資料都沒有發給他們。因此，對於這個「基本立場」，「國民黨內也出現了相當嚴重的歧異，幾位重量級黨內人士都表達了強烈的質疑」〔1〕。由此可見，中常會對重大決策已經不能起什麼作用了。

「七人決策小組」與「五人決策小組」由於黨內有人認為決策不民主，李登輝就在1990年5月，設立了「七人決策小組」，成員是李登輝、李元簇、郝柏村、宋楚瑜、蔣彥士、林洋港、邱創煥。後來又有「九人修憲諮詢小組」，但是「都在政局變化中不了了之，沒有下文」〔2〕。1992年4月，又成立「五人決策小組」，成員是李登輝、李元簇、郝柏村、蔣彥士、宋楚瑜，徐立德、王昭明列席。這個小組也沒有起到決策作用。據郝柏村說，這個小組只是「單向的」，就是只由行政院提出報告，「黨部從來不把他們打算怎麼做提出來」。「事後有人分析，黨政決策非法制化，正是李總統可以運用的空間，他並不願見它制度化」〔3〕。這樣，由李登輝親自指定和組織的決策機構，也只是一種擺設，並不起決策作用。

「黨政高層人士」從「副總統」、黨的副主席、「行政院長」、「立法院長」到其他高官，不妨做一番考察，看看他們在決策中有什麼作用。

李元簇，身兼「副總統」和黨的副主席。1992年2月，李元簇作為「憲政改革策劃小組」的召集人報告了小組的決定：「總統」選舉採用「委任直選」方式。李登輝不同意只提一個方案，主張把「委選」和「直選」兩案並陳，交由中常會決定。結果中常會上意見仍然不同，又採取兩案並陳的辦法，交由國民黨十三屆三中全會決定。這時，李元簇對李登輝突然主張「直選」也感到「唐突」。可見，貴為「副總統」、由李登輝親自指定為修憲小組召集人，經過多方努力，研究出的結論，都還無法得到決策者的採納，對其他問題就更沒有參與決策的可能了。李元簇「因無法確實掌握李登輝的意向，在權力的波瀾中再度成為『沒有聲音的人』」〔4〕。至於不擔任「副總統」以後，李元簇作為黨的副主席，更是遠離了決策核心。

郝柏村，在擔任行政院長期間，也沒有進入決策核心，他自己說，有許多決策，甚至是有關行政方面的決策，他並不知情。例如，「他（李登輝）更認為，外交、軍事和大陸政策等的主導權，應掌握在總統手上」〔5〕。這種看法李登輝對外國記者說了，可是郝卻沒有聽說過；李要「國防部長」陳履安擔任「監察院長」，事先沒有同郝提起；「財政部長」王建煊受到「總統」直接的批評，事

先「行政院長」也不知道；1992年，李試圖叫人安排他訪問美國和日本，「外交部」「行政院」都不知道；諸如此類的「李總統（李主席）的獨自裁決」，郝柏村有特別的切身體驗。所以，即使在「肝膽相照」時期，郝柏村也沒有參與決策核心。後來當了黨的副主席，更與決策無緣了。

林洋港、邱創煥、俞國華，都擔任過或正在擔任黨的副主席，他們基本上沒有參與重大決策。

吳伯雄，黨中央祕書長，在這次國發會中充當的角色也令人覺得有些異常。當然，國發會是「總統府」主辦的，黨中央不是主角。但是六年前的國是會議，同樣是「總統」做東，而當時被賦予「總綰國是會議談判全權」的則是黨的祕書長宋楚瑜。這一次則由不是祕書長的蕭萬長，坐上了總管的寶座。作為祕書長的吳伯雄則被「冷」在一旁。似乎重大決策也沒有他的份。

在這次國發會的過程中，幾位也算國民黨內的「高層人士」同樣受到冷落。

宋楚瑜，國民黨中常委、「臺灣省長」。有關廢省、凍省的問題，早已引起社會上的議論，「中央」有關部門也已在擬訂辦法。「省府」認為那是「黑箱作業」，缺乏民意基礎。到了作出凍省的決定以後，李登輝才打電話給宋楚瑜，告訴他這個決定。在開國發會時，把宋安排在兩岸關係組，而不參加有關廢省或凍省的討論，宋只好報到而不出席。「事前沒人通知，事後不准討論」。國發會後，實質上已經作出凍省的決定，宋楚瑜表示作為「省長」，「不能洞察於先，又不能說服善處於後，情何以堪」，請求辭去「省長」和中常委。這位「高層」在涉及自己的職務的問題上都被剝奪了發言權，更談不上決策權了。

劉松藩，「立法院長」、國民黨中常委。他是在黨的「基本立場」已經定案後才知立法權有什麼增減。在開會前夕，從黨內座談的學者報告中，他才知道「總統」選舉採相對多數制。於是他提出應當採取「二輪投票」的絕對多數制。這時李登輝才聽到劉的意見，提出要「再行研究」。可見劉松藩一直到這次會上才有發表意見的機會，在黨的「基本立場」的決策過程中，劉也被排除在外。

錢復，「國大議長」、中常委。錢復事先不知道「國大代表」改為政黨比例制產生。不但李登輝沒有和他談過，就連蕭萬長也沒有談過。黨的「基本立場」

也沒有向他徵詢意見。他所獲知的「共識」比民進黨人還晚。他和「監察院長」「省長」一樣，都是國發會上被談論的主要對象，可是決策者卻把他們晾在一邊，這使得錢復感到不是滋味，藉口度假，到泰國散心去了。

黨的副主席、「行政院長」連戰，中常委、「立法委員」蕭萬長可能參與了部分決策，但是，有人指出，「不管是修憲策劃小組、諮詢顧問小組，還是連戰、蕭萬長，也都沒有什麼決策權，更何況是國民黨的中常會」〔6〕。「連戰與蕭萬長兩個人在修憲案中所扮演的，都不具有決策功能，只能說是個執行官；真正的決策功能，還是掌握在李登輝手裡」〔7〕。

以上用的是「排除法」，中常會、七人或五人決策小組、黨政高層的多數人，都已經排除在決策核心之外，也就是說，「體制內」的相關機構並不起決策作用，換句話說，黨政的「集體決策」也已被排除。那麼，只能從「體制外」決策和「單一首長決策」的方向進行探討了。

李登輝上臺以後，總感到原有的黨政系統有許多麻煩，用起來並不得心應手。為此，他採取兩種辦法：

一是「另起爐灶」，自己建立一個體制外的不公開的決策系統，它主要由李登輝本人和他的智囊所組成。李「相信體制外的和尚會念經，他的私人親信智囊，這幾年來一直在幕後享有很高的決策地位」〔8〕。智囊的組成也不是固定的，有政治方面的智囊，也有經濟方面或其他方面的智囊。智囊是由李登輝本人物色的，研究什麼問題也是由李登輝決定的。一般認為，政大國關中心、張榮發的國策中心、中華經濟研究院、臺灣經濟研究院以及「國安會」等，在不同時期、不同問題上都充當過智囊的角色。當然其中有一些重要人物，是經常性的諮詢物件。據臺灣有關報刊報導，在「國發會」前提出的黨的「基本立場」完全是由少數學者（智囊）提出的；「改良式雙首長混合制」是由以田弘茂為首的國策中心以及蔡政文等智囊所提出的；「以大陸為腹地」的「重新檢討」則是由張榮豐或某位大企業家提出的建議。

除了智囊以外，根據不同情況和不同問題，也會吸收個別親信官員和個別親近的大企業家，據說還有個別日本人也參與決策，不同時期參與的人員有很大不

同。宋楚瑜、許水德、劉松藩、吳伯雄等等都參與過決策，不過過去的親信現在已經不親了，而且在不少問題上連親信也不得參與。所以，臺灣報刊指出，「憲政規劃案一直在李登輝和少數學者腦袋裡，黨內政治人物也不過是最後談判妥協、附和、反彈這些拉鋸戰中的角色罷了」〔9〕。李登輝依賴私人智囊設計決策，相信體制外的決策。「有權位的人沒有決策權力，而無權位的人卻可以左右決策」〔10〕，以致決策過程相當粗糙，造成不少傷害和摩擦。

二是「以外壓內」，利用「體制外」的力量為自己的決策「背書」，並且藉口「民意」壓制「體制內」的不同意見。這主要是透過不定期的、非正式的會議，如「國是會議」「國發會」，或對少數人的「徵詢」，選取自己可以接納的意見，作出決策；而對任何人提出的不能採納的要求，也可以經過此類會議給予否定。1990年開的「國是會議」就是利用「體制外」的力量排除「體制內」的阻力的一次「超體制」的會議，也是李登輝「運用民進黨，制衡國民黨抵擋改革潮流的保守勢力」〔11〕的一個表現。民進黨人也看出了這一點，陳芳明指出：李登輝希望「透過國是會議所發表出來的社會輿論來向黨內施壓」，「以社會壓力向黨內爭取權力，無疑是國是會議的最大作用」〔12〕。這次會議製造了「修憲」、逼退「資深民代」、「總統直接民選」「混合制」等方面的輿論，對此臺灣當局都可以作出有利於自己的解釋。

1996年底召開的「國發會」，也是要讓「在野黨」和其他人為當局想做又受到阻力的政策「背書」，「雙首長制」、「總統」擴權、凍省廢省等等，在「體制內」受到抵制，就訴之於「體制外」。當然，為此也不得不拿出一點東西進行利益交換。

由此可見，臺灣當局現行的決策系統已經不在體制之內，而是以體制外的決策取代體制內的決策；以個人決策取代集體決策。所謂體制外決策，指的是拋開體制內的決策機構，另搞一套；利用體制外的力量，迫使體制內（包括黨內、「政府」內）接受原本處於少數派、至少是分歧的意見，甚至接受反對黨的意見。所謂個人決策，是指體制內的領導機構和高級官員基本上沒有參與決策。這種個人決策的作風，已經到了相當嚴重的地步。不管是大政方針，還是庶務小

事，他都要管，經常對「各部會」進行干預，甚至連「全民健保」這樣的決策，也是在「總統官邸」作出的。有人做了這樣的描寫：「想到那裡就說到那裡，心情好一點就弄個寬大的政策，碰了釘子後心情惡劣，說不定就來個緊縮的政策」。「政策改變快過翻書」。

「近年來從總統直接或間接選舉開始，一直到年金制、高鐵案、全民健保案、南向政策案、亞太營運中心案，以至於最新的不以大陸為腹地案，沒有任何一個政策是深思熟慮、經過妥當政策形成過程而成立的決策案件」〔13〕。香港的一位政論家也說：「今天臺灣政情很顯然的是一切措置皆在李登輝一念之間，要是他認為廢省有必要，非廢不可，修憲也只是形式了」〔14〕。這種「即興式的決策模式」，正是「單一首長決策」的一種表現。

臺灣當局之所以形成這樣的決策系統，是和島內政局、兩岸關係等客觀因素有關的，此外，決策者也有他的「苦衷」。不過，就現有的決策系統來看，所謂「決策民主」和「民主決策」只是一句空話而已。

二、決策過程

決策過程基本上分為三個步驟：一、確定決策目標：由決策者根據當時的情況提出需要著重解決的問題；二、設計和擬定決策備案：由幕僚作業，擬定若干方案，供決策者參考；三、評估和選擇最佳方案：決策者或決策機構組織專家對不同方案進行比較，作出評估；選出最有利、最可行的方案，作出決策。我們選取四個實例，仔細分析決策的具體過程，看看臺灣當局的重大決策究竟是怎樣做出來的，同時，進一步認識究竟是誰或那些人在決策中起作用。

（一）「直接民選」

關於「總統」應當「直接民選」，還是要「委任選舉」問題，在國民黨與民進黨之間，在國民黨內部都有較大的分歧。這個問題爭議很大，拖延了幾年，最後作出「直接民選」的決策。這個決策過程，有以下幾個關鍵：

在確定決策目標以後，國民黨內成立了以李元簇為首的修憲小組，研究直選

與委選的問題。可是，李登輝早在1990年國是會議以後，就已經接受了直選的觀點，不過，直到當年9月，李登輝與美國《亞洲華爾街日報》記者談話時還說：「直接選舉將使人們以為總統只是由臺灣人民所選出，這是一個代表性及合法性的問題」。可見當時他還不敢貿然主張直選。

可是，到了1991年下半年，李登輝更加積極推動直選，他指定專人成立「五人小組」研究直選方案。這是在「修憲」小組之外成立的體制外的機構，主要由本省籍的海內外法政學者參加。這說明在設計階段，體制內的機構就已經被排除在決策之外。可是，國民黨內的一些人卻還蒙在鼓裡，他們還以為「委選」已經得到多數人的共識。當時，憲改小組的施啟揚、馬英九等人極力宣傳「委選」，國民黨中央祕書長宋楚瑜也表示，「委選」得到黨內最多人支持。可見，李登輝早就已經準備了兩個不同的方案，而且他的主張是與國民黨內多數人不同的。

到了評估和選擇階段，兩種主張的鬥爭便顯現出來了。1992年2月，「憲改」小組召集人李元簇報告小組的結論，以「委任選舉」為宜。這時，李登輝表示不同意，他說，據他瞭解，民間要求公民直選，因而主張把「委選」和「直選」兩案並陳，提交中常會決定。這說明幕僚擬定的備案沒有被決策者採納。決策者另有自己的「資訊系統」和「智囊系統」，提出了不同的方案。決策者為了推翻「憲改」小組的方案，召開了中央委員的分組座談會，可是多數人同意「憲改」小組的意見。決策者便決定進行全面動員，3月間，李登輝帶了宋楚瑜、邱進益南下。當時李已告訴宋，決定直選。他們約見了一些地方人士，企圖以「民意逼迫黨意」，以「地方包圍中央」，爭取在臨時中常會中得到半數以上的支援。可是，在中常會上，兩種意見互不相讓，只好決定兩案並陳提交國民黨三中全會決定。3月，三中全會氣氛凝重。「如果進行表決，變成火車相撞，黨要分裂」〔15〕。會議無法作出決定，只好留待「總統」選舉以前再作決定。

當時就有人質問，決策過程究竟是怎樣的，為什麼是「黑箱作業」？為什麼「憲改」小組不能作出說明？有人問參加「憲改」小組的施啟揚，什麼時候知道黨中央改變為支持「直選」，他說：「根本不知道」。《李登輝的一千天》一書

的作者周玉蔻在一篇報導中寫道：「有關公民直選案的推出，遲至三中全會前一周左右才由李總統公開出面與執政黨內核心人士諮商，而頻遭非議，更是理所當然」〔16〕。這說明李登輝的「直選」主張，在國民黨內受到了挫折。可是，過後李登輝卻說：「修憲」小組達成的只是初步結論，決策要經過中常會及三中全會討論後才能決定。「而經過三中全會熱烈討論之後，終於得到了大家能接受的結論。這才是本黨的決策。我想，這就是民主。」〔17〕實際上三中全會並沒有結論。

緊接著舉行「國大臨時會」，李登輝表示支持「直選」，於是「直選」和「委選」之爭又起。「終至於整個社會力量都被動員到政治力的分歧對峙之中」〔18〕。但「國代」無意也無力在本次會議上作出決定，而建議推遲到選前再行決定。

1993年，透過國民黨十四全的鬥爭，非主流派元氣大傷。年底，由李登輝指定成立第三階段修憲策劃小組，完全由主流派主導。先由「國代」、「立委」和學者專家組成的修憲諮詢顧問小組達成「公民直選」的「共識」，提報策劃小組。1994年2月，策劃小組「在幾乎一致同意的情況下，作成重大政策性決定」：直選。據報導，「與會小組成員包括前行政院長郝柏村等都無異議支持公民直選，過去在委選、直選之爭，曾明確主張應採委選的考試院長邱創煥則表示，他『沒有意見，以大家的意見為意見』」〔19〕。第一、二次修憲都未能通過的直選案，這時已經接近解決了。7月間，召開「國大」臨時會，對於「總統」選舉方式，國民黨內主流、非主流兩派「國代」意見對立，互不相讓。「在朝野國代不斷發生肢體衝突、民進黨國代中途退席抗議的混亂狀態下」，經過國民黨祕書長的協調，雙方達成妥協，終於通過了直選案。對於這個結局，臺灣報刊評論說，這是「一黨修憲」「一人修憲」，為未來的政爭埋下了伏筆。

（二）「戒急用忍」

1996年8-9月間，臺灣當局在兩岸關係上作出一個重要的決策，在經濟上和政治上採取以守為攻的「戒急用忍」政策。這個決策出乎許多當事人的意料，令人頗感不解。我們從決策過程的幾個步驟加以分析：

一、確定決策目標：兩岸關係一向是臺灣當局需要面對的重大問題，全島有許多部門和人力資源為這方面的決策服務。特別是在5月20日李登輝就職之後，企圖在不回應「一個中國」原則下，促使兩岸恢復接觸和商談，造成兩岸局勢緩和的跡象，可是，正因為不回應「一個中國」這個大原則，祖國大陸未予表態。另一方面，當時臺商赴大陸投資的勢頭正在發展。這種「冷處理」的局面，使得臺灣當局力圖尋求對策予以突破。如何突破兩岸僵局的問題，已經成為決策的目標。

二、決策的重大改變：連戰為首的「行政院」本來以亞太營運中心為政經的核心方案。江炳坤擔任「經濟部長」以來，也一貫主張發展兩岸經貿關係，放寬經貿和投資限制。以大陸為腹地，已經成為臺灣當局的重要政策。可是，1996年8月14日，李登輝卻突然提出「以大陸為腹地，建設亞太營運中心的論調，必須加以檢討」，對大陸經貿政策來一個「急轉彎」、「急剎車」，使得大家不知所措。李登輝的講話，等於根本批駁了連戰的政經主軸政策，從此行政部門失去了章法。人們看到政策只「層峰」一人清楚，《李六條》分明主張以大陸為腹地，現在卻反過來批評「行政院」的基本政策。財經官員前一天還通過了9項赴大陸投資案，他們無法瞭解李登輝的意圖，對限制指標更認為根本不可行。但官員們也只好強調自己與李登輝的政策是一致的。

不但官員們搞不清，企業界、學術界、報界也都提出質疑。王永慶指出，無須摒拒大陸，要尊重市場經濟走向。張榮發認為擔心三通會使產業快速流向大陸，是錯誤的想法，應當藉著三通活絡臺灣經貿發展。學者們則認為限制大陸投資比例的作法，與亞太營運中心化、國際化的精神和目的背道而馳。在商言商，強行剎車會使臺商無所適從。有的認為這種「大轉彎」「國人難以適從」。既定方向可以隨時改變，決策體系紊亂不清，是最大的行政危機。

8月底，江澤民主席接見了臺灣工業總會理事長高清願等工商界人士，並就兩岸關係發表了談話，臺灣輿論界普遍認為，這個談話充滿了善意，「由於兩岸經貿有共同利益基礎，如能透過業界務實對話取得共識，或將有助於打開目前兩岸協商管道的僵局」。反之，「在政治分歧下，如果我們在經貿政策上採取降

溫、阻撓的手段與中共抗衡的話，那麼我們將被迫站在對抗市場、逆勢操作的一端，反而使大陸成為順應市場的另一端，如此一來，順逆立見，將來主動、被動形勢一旦被定了性，逆勢而為的一方必然遭遇事倍功半的壓力」〔20〕。顯然，在對大陸的政策上有兩種不同的主張，但是當局並沒有接受多數人的意見，李登輝反而在9月14日進一步提出：「必須秉持『戒急用忍』的大原則，來因應當前的兩岸關係」。這說明不但在經濟上，而且在政治上，要進行全面「降溫」，可見所謂「臺灣希望恢復商談，而大陸卻不予回應」的說法完全是欺人之談。

臺灣當局竟然作出「戒急用忍」這樣違背民意的決策，使人們看出，除了決策者身邊的一些智囊以外，似乎企業界、學術界、輿論界的「民意」以及許多「政要」都被排斥在決策之外。當時有的報紙指出：「最高當局明白揭示這樣一個看法，無異宣告兩岸的政經關係進入一段長時期的『冷凍期』了」〔21〕。有的則認為戒急用忍「是一種撤回善意的倒退性姿態」。「兩岸自從恢復經貿交往以來，雙方早已發展出合作互補的依存關係，貿然欲以戒急用忍為辭，切斷或阻滯雙方經貿關係的發展，既難收實效，而徒然可能坐實或加深了對岸以為我方並無發展兩岸關係誠意的疑慮」〔22〕。臺灣當局口頭上說要「增進兩岸關係」，實際上是「節制」或「扼阻」兩岸關係。

（三）「凍省、廢省」

就這次「國發會」對這個問題的討論過程來說，經過情形大體如下：

1996年6月3日，當時的學者（現為官員）黃德福在國民黨中央總理紀念月會報告《調整政治生態，再造政黨活力——國民黨跨世紀政治改革運動芻議》，提出行政區域重劃的建議，主張設立3個直轄市、5-6個省。他指出，臺灣省人口占總人口80%，面積占90%以上，中央與省的關係緊張，主張行政層進行調整，鄉鎮是黑金和派系政治的溫床，應予廢除。

6月5日，《臺灣新生報》發表社論《臺灣行政區劃再議的探討》，指出黃德福的報告是一個政治氣球，目的是使省長的民意基礎永遠低於總統，以此消除中央與地方的緊張關係。新黨認為這種主張是「為臺獨鋪路」，而民進黨則認為

「相當好」，因為他們早就主張廢省了。另有一些人開始主張廢省或省虛級化。不少學者認為這個問題要慎重研究。

9月11日，李登輝批評「地方政府」出了毛病，他請宋楚瑜「督促改進」。輿論界認為這表明李、連、宋之間的關係發生了問題，也表示省級機構面臨被改革的境遇。

果然，10月8日，「內政部」提出，行政要從4級簡化為2級的設想。李對此持「開放態度」，於是，「內政部」表示，「廢省」或「省虛級化」的可能性很大。這就引起省一級的反彈，他們認為「中央」人事經費的增加是省的22倍，應當精簡的是「中央」；如果地方民代選舉減少，縣市長選舉成敗便會使政治資源發生全面的「改朝換代」。

到了11月5日，出現100多名「立委」連署的「凍省」案，主張凍結憲法條文中有關省的規定。發動連署的國民黨籍「立委」洪性榮公開表示，廢省是來自「高層」的訊息。民進黨主席許信良也表示要把廢省作為社會運動。民進黨國代發起「廢省推動聯盟」，要求國大修憲直接廢省。國民黨政策會也在這時舉辦「民意調查」，說是有59.77%受訪者贊成廢省或省虛級化。宋楚瑜公開反對廢省，他說民意調查與事實不符。廢省案在「立法院」沒有得到通過。

12月18日，李登輝主持黨內高層會議，討論有關省虛級化的問題。由學者蔡政文、田弘茂提出凍結省級選舉的「省虛級化」的報告，提出了「凍省」的十一條理由，並由李作出「裁示」：要研究省政府功能的調整和簡化，表現了省虛級化的基本立場。

在國民黨與民進黨聯手合作的情況下，12月28日，兩黨在「國發會」上達成共識：調整精簡省府之功能與組織，並凍結省自治選舉，鄉鎮市長改為派任。人們稱之為「實質凍省」。對此，作為「臺灣省長」的宋楚瑜只得提出辭職。後來，國民黨內的部分「國大代表」也反對「凍省」的主張。

這是臺灣當局利用與民進黨達成的「共識」，來壓服內部不同意見的一個事例。這個有關「省」的決策，既不徵求「省長」和省一級官員和「民意代表」的意見，也不在黨內討論，企圖透過「外力」予以解決。

（四）「雙首長制」

臺灣現行的「憲法」究竟是「內閣制」還是「總統制」，歷來眾說紛紜。據報導，李登輝早已委託一位學者對此作出研究。1990年有的刊物就發表過多篇論文專門討論法國第五共和憲政體制，為「混合制」製造輿論。1992年，修憲策劃小組曾經討論過雙首長制。據郝柏村說，當年李登輝說「我管國防、外交和大陸政策」，就是表明要採用雙首長制。1993年「國策研究中心主任」田弘茂專門成立了一個「法國憲政體制研究小組」，當年9月他和一批學者前往法國從事研究，並且請了法國憲法會議主席巴登特訪臺，與李登輝見面。1994年，國策中心專門出了有關這方面的專書。這說明智囊系統的工作早已開始進行。

1996年12月18日，在「國發會」召開前，李登輝主持召開了高層會議，由學者田弘茂、蔡政文對「改良式雙首長混合制」提出說明。於是，李指出國民黨主張中央體制朝改良式的混合制度著手。接著，田弘茂和蔡政文在《中央日報》上連續發表《推動憲政改革的大原則》《總統的權責宜與直選制度聯結》《建構具有化解僵局功能的政府體制》等文章，極力鼓吹「雙首長制」，強調要建立「以總統為中心的權力結構」，要「以法國第五共和為參考物件」，主張「總統」有解散「國會」的權力、有任命「行政院長」的權力。有的還主張未來「總統」可以每週主持國務會議；在黨內高層會議上報告憲政議題規劃案；在國發會中擔任國民黨最後辯論代表的角色〔23〕。就這樣，只靠一些智囊進行研究、作出說明，「雙首長制」不經國民黨內的充分討論，也不經過專家論證，就被當作國民黨「黨版」的政治主張而提交給「國發會」討論。

這種做法不僅在野黨提出批評，國民黨內部也有許多不滿。有的認為這是「不折不扣的帝制」，「總統」擴權，卻沒有任何直接監督的機制；有的認為這種「改良制」是「愈改愈不良」，是企圖一手掌握軍政、軍令大權。國民黨籍「立委」30多人公開批評黨中央，指出這種「混合制」是「混亂制」，表示要進行抵制。輿論界也認為這是一種「民主倒退」，「雙首長制」的直接效應是「第一，擁有極大權力的總統，全面排除了有效的制衡；第二，立法院的民意監督機制一落千丈」〔24〕。即使在「國發會」取得「共識」後，還受到學術界

強烈的批評和反對,他們指出,這個對「憲法」的重大改變並未「廣納民意」,實際上是一種「巨無霸」的總統制、「超級總統制」。

三、現象與本質

從以上介紹可以看出,國民黨當局的一些重大決策是十分粗糙的,既缺乏民意基礎,又未經充分論證,而且往往拋開體制內的決策系統,避開許多黨政要員,在不少情況下,採用「獨自裁決」的手段,並且不顧一切責難和反對,而強制執行,在實踐證明是錯誤的以後,還不肯加以改變。當然,這只是一些現象,我們對這些現象加以考察,看看它們究竟說明了什麼?

第一,「體制外決策」。從國民黨中常會到黨政高層人士,經常被排除在決策之外。這當然是不合理,甚至是不合法的,但在國民黨「非主流派」在黨內還占一定地位的時候,李登輝為了減少決策的阻力而這樣做則是可以理解的。可是,在他已經掌握決策大權,有了由他親自點名組成的決策機構之後,還要「另起爐灶」,甚至拋開黨政的一些核心人物,就令人無法理解了。這只能說明他所能信任的人太少了,因此不得不依靠外力,而包括被稱為與他「肝膽相照」的人、「親信」以及為他立過汗馬功勞的「忠臣」「功臣」在內,卻經常是不能參與決策的。可見決策者容不得不同意見,這就違背了科學決策的集體性原則和多樣性原則。重大決策不是個人所能勝任,需要集體研究,廣泛聽取各種意見,針對不同的方案進行爭論,充分權衡利弊得失,才能避免或減少決策的失誤。有時即使只有一個人或少數人反對,就不能輕易作出決策。當然並不是要等到大家一致同意才能作出決定,可是強行決策所要付出的成本和帶來的後遺症則是不能不慎重考慮的。

第二,「黨內是沒有民主的」,這是李登輝對郝柏村說的話〔25〕。從以上決策過程可以證實這一點。國民黨內從中常會到臨全會毫無決策民主化的影子,黨內通不過的,還是要做。所以有人提出疑問:「為什麼他所做的決策,事先都沒有人知道」?有的決策被說成是「天上掉下來的案子」。國民黨「立院黨團」書記長曹爾忠曾經指出:在決定「行政院」的人選時,「所有立法部門推薦

的人選全都不在改組名單內,整個中常會不過幾分鐘,內閣人事竟然就這樣決定了。」因此有些「立委」揚言要退出國民黨以示抗議。報紙也不滿地指稱:「要知道威權領導,違反民主政治,時空已不再」。號稱「民主先生」公然說出「黨內是沒有民主的」,那麼,在黨外就可能有民主嗎?當年參加會議的臺籍學者許倬雲指出,當局把學者當作國是會議背書的棋子,「不許抗議也不許否定」。有關委任選舉還是直選,當時既無投票也無討論,可是最後一天的決議案卻說大家都贊成直選,他認為「這是有點奇怪的事情」,經過他們的抗議,這個決議案才沒有公布。可是後來實行直選時,當局又說這是國是會議的決議。「這等於是第二次睜著大眼睛的強姦民意」〔26〕。還有人問,「國發會的民意基礎在那裡?怎麼知道臺灣民眾的想法」?從科學決策角度來看,這種決策顯然是違背民主性原則和開放性原則的,這才是事物的本質所在。

第三,「他們所有的政策都是我們提供的」,這是民進黨前主席張俊宏說的。臺大教授張麟徵和張俊宏談話時指出:「你們的政策卻都由他(國民黨)落實了」,她舉了總統直選、加入聯合國和廢省這些事例。張俊宏作了以上的回答〔27〕。為了說明國民黨與民進黨政策的關聯性,我們不妨具體介紹一些情況:

關於「廢省」問題,民進黨早就提出過此類主張。在1995年出版的許信良所著《新興民族》一書中就提出:「必須進行行政層級的徹底改造,將目前龐雜的四級政府體制精簡為三級政府體制。這個改造工程的關鍵是廢省。」「廢省就是當前國家機器改造這個結構性變革的杠杆支點」,並且主張把臺灣分為三都十五縣及原住民自治區〔28〕。

關於「中央體制」,許信良在《新興民族》中也已經提出「借鑒法國第五共和」,認為臺灣沒有實行內閣制的條件,也不能實行美國式的總統制,而應當以「總統」為憲政中心,「總統」有統帥權、公民複決提議權、一定條件下的「國會」解散權,不經「國會」同意任命「政府」,使其決定並執行「國家」政策,對「國會」負責,在「總統」、「政府」、「國會」之間建立平衡的權力關係。不難看出,他的許多主張已經被國民黨當局採納,但許信良認為他的主張比國民

黨的「混亂體制」還要高明〔29〕。

由此可見，民進黨的許多主張已經為國民黨所接受，還有一些主張，如「放棄一個中國」「公投入憲」等實際上也已被國民黨當局所接受。不僅如此，國民黨當局在接受民進黨的政策時，還表現出非常積極、不惜代價，令許多人感到驚奇。在「國發會」討論兩岸關係時，許信良主張要做出結論，國民黨代表表示反對，而「總統府」的祕書長黃昆輝卻表示「我們儘量按照許主席的意思好了」〔30〕。12月27日，在兩黨協商時，國民黨一來就把清單拿出來，結果讓民進黨嚇了一跳，國民黨幾乎照單全收，就沒有必要再協商了〔31〕。這些現象說明了什麼呢？張麟徵教授指出：國民黨和民進黨聲稱凍省或廢省是基於行政效率的考量非關獨立，實際上，「所有的帶有分離主義的政策，一向都包裝得很好」；國發會純粹是一個體制外的會議，這樣一個沒有民意基礎、體制外的會議，在匆匆五天會期中就把憲法體制全盤翻修，豈不形同「和平演變」〔32〕？這句話是值得人們深思的。

注釋：

〔1〕臺灣《聯合報》，1996年12月25日社論。

〔2〕王力行：《無愧——郝柏村的政治之旅》，臺灣天下文化出版，第311、314頁。

〔3〕臺灣同上，第314頁。

〔4〕臺灣《新新聞》265期。

〔5〕周玉蔻：《李登輝的一千天》，臺灣麥田出版，第214頁。

〔6〕臺灣《新新聞》528期第19頁。

〔7〕同上，512期第15頁。

〔8〕同上，513期第10頁。

〔9〕同上，512期。

〔10〕同上，513期第10頁。

〔11〕《李登輝的一千天》，第209頁。

〔12〕陳芳明：《臺灣內部民主的觀察》，臺灣自立晚報出版，第209，213頁。

〔13〕臺灣《新新聞》494期第9頁。

〔14〕臺灣《獨家新聞》1996年11月16日。

〔15〕《無愧》，第217頁。

〔16〕臺灣《聯合報》，1992年3月19日。

〔17〕李登輝1992年3月25日與黨籍「國代」的談話。

〔18〕臺灣《中國論壇》379期第3頁。

〔19〕臺灣《聯合報》1994年2月17日。

〔20〕同上，1996年9月5日。

〔21〕同上，9月15日。

〔22〕臺灣《中國時報》1996年10月22日。

〔23〕臺灣《新新聞》512期。

〔24〕臺灣《聯合報》1996年12月21日。

〔25〕《無愧》，第222頁。

〔26〕臺灣《新新聞》512期第53頁。

〔27〕《傳真》，創刊號，1997年3月，第38頁。

〔28〕許信良：《新興民族》，臺灣遠流出版，第280-285頁。

〔29〕同上，第268-278頁。

〔30〕臺灣《新新聞》513期第44頁。

〔31〕同上，第48頁。

〔32〕臺灣《傳真》，創刊號，第39頁。

第二篇　省籍族群矛盾與臺灣社會

臺灣政治的「省籍——族群——本土化」研究模式

陳孔立

在研究臺灣政治時，可以採取各種不同的研究模式或研究途徑，而「省籍——族群——本土化」則是其中一個具有臺灣特色的研究模式。

在中國各省中，沒有一個省份如同臺灣一樣，有這樣突出的「省籍」問題。1949年，由於國民黨政權敗退臺灣，隨之而來的有100多萬外省人湧入臺灣，這種大量「政治移民」的現象十分特殊，形成了一個令人矚目的外來群體。於是，原來（指1945年8月臺灣光復之前）已經居住在臺灣的一部分人，被稱為「本省人」，而在戰後進入臺灣的則被稱為「外省人」。這本來只是不同省籍的區分，但由於政治的原因，卻形成了不同「族群」的界限。這個問題直接影響著臺灣政治、當代臺灣本土化的進程，已經成為觀察臺灣政治的一個重要指標，可以說，把上述三者聯繫起來的「省籍——族群——本土化」模式已經成為研究臺灣政治不可忽視的一種途徑。

一、省籍、族群、本土化的概念

關於「模式」，需要先做界定。美國政治學者奇爾科特（R.H.Chilcote）指出：「在比較政治學研究中使用模式有廣泛的含義。模式形成架構，把部分聯繫

63

在一起，並說明其關係。模式往往把現實世界的表現加以簡化。它們為理解提供方便，但並不作說明。」「模式具有局限性。它們是思想架構而不是理論。」〔1〕我們用「省籍——族群——本土化」模式，試圖把臺灣各種政治現象聯繫起來，分析出現這些現象的共同的、普遍的、本質的原因，但要強調的是這只是採用一種宏觀的架構和簡化的方式，去掉了複雜的因素，所以它不能說明所有的原因，要深入研究某一特定的政治現象，還需要進行具體的微觀的分析。

現在需要對幾個概念加以說明。

「省籍」指的是「本省籍」與「外省籍」的區分。所謂本省籍是指1945年光復以前就住在臺灣的居民及其後代，外省籍則是指1945年以後進入臺灣的居民及其後代。把本省籍當作一個整體，不分福佬、客家和原住民；把外省籍當作另一個整體，不分是來自哪一省。這本來不是一個科學的區分，但卻是在臺灣歷史上形成的，已經成為約定俗成的說法了。

「族群」有兩種含義，一種是指建立在共同文化（語言、文化、心理素質等）基礎上的群體，這種族群認同是與生俱來的；一種是把族群看成是一種社會組織，族群的成員主要由「自我認同」（同時也為「他人認定」），歸屬於某一個「我群」，而與「他群」相區分。在臺灣，通常分為四大族群：福佬人，客家人，原住民，外省人，或簡化為本省人和外省人。

對於以上的分類，臺灣學者曾經提出疑義。石之瑜認為分為四個族群是漢族沙文主義的表現，把福建閩南人與臺灣閩南人分成不同族群，把廣東客家人與臺灣客家人分成不同族群，把滿蒙回藏與漢人放在同一外省族，都不妥當。而所有的混血者卻必須自行「選邊」。〔2〕江宜樺也認為四大族群並不符合嚴格的定義，實際上本省人、外省人、客家人都屬於一個民族。〔3〕這是根據第一種含義做出的判斷，有一定道理。張茂桂認為「臺灣人」或者「外省人」的族群分類是十分人為的、有特殊時空、特定政治涵義的。大約是在1989年才出現。張麟徵更明確地指出，「族群問題」的說法是國民黨統治時期「在野異議人士」提出的，有其政治目的，他們主張「臺灣人不是中國人」，創造臺灣「新興民族」的概念，以族群動員的手段，爭取本省的支持者，贏得不少選票。所以，她說：

「把省籍間的差異誇大為『族群問題』，基本上是著眼於政治利益」〔4〕。正因為有上述不同的看法，有些學者不同意用「族群」來取代「省籍」。不過，現代臺灣社會確存在本省人與外省人之分，習慣上也採用「四大族群」的說法，在許多場合，「省籍」和「族群」是混用的。為方便起見，我們暫且借用這個約定俗成的概念，來討論臺灣的政治問題。

「本土化」的概念，有廣義和狹義兩種解釋：廣義的是指，朝向適合本地、立足本地、認同本地的方向發展，或發展成為具有本地特色的事物，同時含有逐漸削弱或去除外來的（如殖民地的）影響的意思。例如，在引進外來的科學、技術、文化、產品、制度等等的同時，實現科學、技術、材料、管理等的本土化，例如社會科學本土化、學術本土化、管理學本土化、教材本土化等，又如企業本土化、技術本土化、設備本土化、產品本土化、軟體本土化、網站本土化等等。狹義的是指在社會生活層面的本土化。

在社會生活層面，也有廣義與狹義的不同。廣義的是指，在政治、經濟、文化等各個領域實現適合於本地的政策、制度等等。特別是指文化的本土化，即文化傳播中的本土意識，或文化研究中的本土價值取向，主要表現為對本土文化的重新提倡與肯定。狹義的是指，當地居民在肯定其主體性的前提下，追求自主利益的相關活動，包括官員本土化、幹部本土化，即選拔占人口多數的本地人擔任本地各級官員中的某些職位，直至擔任多數職位、主要職位、最高職位。

在臺灣，政治方面的本土化也有兩種不同的理解。一種是李登輝的說法：「民主化等於本土化」，本土化就是要去掉「外來政權」，要「擺脫大中華主義」，「臺灣人不要再讓別人管」，這實質上是「去中國化」，「臺獨化」，有人指出按照李登輝的意願是要走向「日本化」。另一種是要求讓占臺灣人口絕大多數的本省人參與政治，當家作主；政治人物要深入基層，植根基層，反映本省大多數的民意。

本文所討論的臺灣本土化，主要指政治上的本土化，即官員本土化、民意代表本土化而言。

二、「省籍——族群」問題是臺灣社會的一大特點

臺灣地區本省籍約占人口總數85%，外省籍約占13%，可是1945年（特別是1949年）以來，在國民黨統治下，本省人只是在省以下地方政權和民意機構中占有多數席位，而「中央」一級的黨、政、軍主要職位則被外省人所占據。從1950年以後，7屆「內閣」的「行政院長」和重要「部會」首長沒有一個是本省人。外省人壟斷政治權力，造成不同省籍之間的關係緊張，有人把它稱為「省籍問題」，進而歸結為「族群衝突」。這種情況對於國民黨的統治是不利的，因此，1970年代蔣經國擔任「行政院長」時，便重視這個問題，大量延攬本省籍「青年才俊」進入國民黨與「政府」體系中擔任一定的職務，李登輝、林洋港、施啟揚、連戰、邱創煥、許水德等分別進入黨政高層，其目的顯然是為了籠絡一些本土精英，緩和國民黨與臺灣省籍民眾的矛盾，鞏固國民黨的統治。但那時本省籍精英在高層中仍占少數，直到1987年，「國民黨中央黨部、『內閣』、『立法院』等機構的重要職位，有四分之三以上為內地人所把持」，軍隊將領中外省人占84%。〔5〕

由於外省精英長期壟斷重要職位，這個問題成為臺灣政治上的一個嚴重問題。臺灣學者朱雲漢指出：「在面對政治體制改革時，對國民黨自下而上構成最大威脅的是潛在的省籍矛盾。」「民主化過程必然會引發政治權力由外省集團手中重新分配給本省人的改革訴求」。〔6〕

大家知道，1947年「二二八事件」發生以後，形成了本省人與外省人相互對立與隔閡的局面，經過幾十年的相處，目前在一般社會生活層面，基本上已經走向融合，本省人與外省人通婚的情況相當普遍，彼此關係融洽，敵對情緒基本上已經消除。但在政治態度上卻仍然存在差異，特別是在選舉時，往往由於省籍情結的影響，在某些政客的有意挑動下，省籍矛盾就會顯現出來。有的學者說：「臺灣的民主化過程，相當程度是建構在族群間的意識形態衝突上，每次的選舉不論政黨還是政客為了選票，都以巧妙的包裝在社會上動員省籍情結」。〔7〕宋楚瑜認為：「每到選舉就用省籍做訴求，不但不會給社會帶來快樂，更不會帶來希望。」學者瞿海源則指出：「候選人挑動族群和統獨情結，或因這類情結而

相互大張撻伐，都是政治性格不成熟也是不誠實的表現。」〔8〕有一位基層幹部更加直觀地做出概括：「省籍情結平時還不容易發現，有趣的是，在選戰期間卻特別容易發酵」。〔9〕

有許多事實可以證明，在選舉中「省籍情結」確實發揮了作用，例如：

1992年第二屆「立委」選舉的結果，根據陳義彥教授的研究，認為存在省籍情結強化的現象，「外省籍選民極高程度支持國民黨及新國民黨連線，極少支持民進黨；而民進黨的支持者幾乎清一色是本省人」。〔10〕

1994年臺北市長選舉時，有69%外省選民投票給新黨的趙少康，在市議員的選舉中，外省選民支持新黨的有62%。〔11〕「成為臺灣歷年來兩岸關係議題上最激烈的對抗」。

1996年民進黨在「總統選舉」中失敗，在總結失敗教訓時，民進黨祕書長邱義仁指出，「臺灣潛在的族群問題非常嚴重」。〔12〕

1998年臺北市長選舉時，陳水扁公然提出「年底市長選舉是臺灣民進黨的陳水扁對抗中國新黨的馬英九」，並且提出所謂「新賣臺集團」進行煽動，挑起了族群對立。當時國民黨的蘇志誠認為：「這是一種激起省籍情結的策略，因為50～70歲之間的選民占全體選票的百分之十幾，這群票源才是輸贏的關鍵，而這個年齡層的人比較能挑動省籍意識，所以民進黨用『新賣臺集團』的訴求來穩住這群票源。」〔13〕陳水扁陣營還刊登廣告指責趙少康不敢說自己是臺灣人，新黨競選總經理趙少康表示，他是一個外省第二代的子弟，既是臺灣人，也是中國人，但他要反問陳水扁，敢不敢說出自己是臺灣人，也是中國人。接著，陳水扁宣稱「二十天內不挑起族群話題」，新黨臺北市長候選人王建煊則指出，陳水扁是「打人不准喊疼」，其實他早已挑起族群、省籍話題。這次選舉結果陳水扁失敗了，身兼陳水扁總幹事的臺大教授李鴻禧竟然也從省籍、族群角度來分析失敗的原因，他說：「省籍因素、意識形態及陳水扁得罪既得利益者是最主要的因素。臺北市有將近30%的外省人，其省籍情結很重，不管陳水扁做得多好，會投給陳水扁的只有10%上下。」幾位學者在討論「陳水扁為何敗選」時，都認為「省籍因素是勝負關鍵」〔14〕。瞿海源在觀察當時選舉情況時指出以下事

實:「支持民進黨的外省人非常少,而支持新黨的閩南人相對來說也是少的。」〔15〕

從1998年開始,在議論下一屆「總統選舉」時,國民黨的邱創煥就提出:下屆「正副總統」應當由連戰和宋楚瑜搭配,如果宋楚瑜堅持選「總統」,「到時會不會有省籍的問題發生?國民黨禁得起省籍風險嗎?」〔16〕同時,王作榮在其自傳《壯志未酬》一書中寫道,他曾經建議李登輝,請宋楚瑜和連戰搭檔,作為「副總統」候選人,為團結中生代,及平衡省籍政治資源,在連戰當選「總統」時,將國民黨主席一職給宋楚瑜。可見,即使在國民黨內部也不得不考慮「省籍平衡」問題。無獨有偶,民進黨的謝長廷也承認存在省籍情結問題,他指出:「省籍情結未來恐將成為大選的重要變數,可能對宋楚瑜最不利。」〔17〕

實際上,後來在準備「大選」時,國民黨和民進黨都打出了「族群牌」。周陽山指出:「國民黨過去一向以『族群包容』自豪,但最近黨主席(指李登輝)與總統候選人(指連戰)卻主動挑起族群意識,不斷強調『正港的臺灣人』『臺灣絕不能被出賣』等語彙。」〔18〕同時,臺灣農村流傳這樣的說法:如果宋楚瑜當選,李登輝一定會被清算,如果陳水扁打贏選戰,李至少還有黨主席可做。有人表示:「宋楚瑜最後可能還是白忙一場,因為這次是選國家領導人,省籍情結會發生作用。」有人認為宋楚瑜最要命的是,讓自己變成是「國民黨極度打壓的受害者」,於是便成了「外省人支持的候選人」,一旦外省人團結對外,省籍情結就自然激發,農業縣的選民看到外省人擠在宋楚瑜的場子裡,很自然會反彈。民進黨籍的高雄縣長余政憲明白地說,即使最後連戰先出局,「李登輝會支持誰,大家都清楚,難道會是宋楚瑜?」〔19〕呂秀蓮則指出,連戰、宋楚瑜都不是「正港臺灣人」,要讓「水(扁)(秀)蓮配」這正港臺灣人「正港出頭天」。〔20〕呂秀蓮又說:「你別看連戰是臺灣人,他是大陸西安出生的,他怎麼有資格當臺灣人的『總統』,並代表臺灣去與中共談判。」呂秀蓮呼籲選民,絕不能選一個「北京的代言人」當「總統」。〔21〕根據王甫昌的研究,自1998年第二屆臺北市長選舉過後,本省籍民眾的族群意識產生很大的變化,過去高教育程度的本省人常表現出較低的族群意識,現在卻有升高趨勢。王甫昌

指出，這顯示本省族群的反彈心態，原本本省族群中的高教育者多視族群動員為負面做法，族群意識更與個人的教育程度呈反比，但由於外省人投票給外省候選人的趨勢一直居高不下，因而激起本省族群的族群意識，導致去年大選中陳水扁的勝選。〔22〕

在2001年「立委」和縣市長選舉時，仍然有這樣的情況，臺灣《中央日報》指出，「這次選舉是族群動員最赤裸裸的一次，不少候選人為了選票，不斷地往族群融合這道傷口上灑鹽。」香港《文匯報》報導：「李登輝、陳水扁及民進黨每逢選舉都要挑起本省人與外省人的對立，以獲取本省人的選票。臺灣中山大學廖達琪教授接受記者訪問時說，在臺灣，本省人超過八成，外省人不到兩成。省籍對立是從身分認同的情緒出發，是不論是非、沒有對錯的。事實也正是這樣。記者在臺南問兩位選民為何投票給民進黨的候選人時，他們想也不想就回答：本地人選本地人，外省人選外省人。當地輿論批評說，李登輝他們為了選票挑起這種非理性的省籍對立，給臺灣社會的族群關係造成嚴重創傷。」〔23〕

選後，臺灣各界人士在討論選舉的影響時，提出：認同臺灣本土意識，或認同臺灣本土路線的政治力量有所增長〔24〕；在認同掛帥的情況下，「省籍問題」被上綱為「族群問題」，不同族群間的文化差異被凸顯成政治上的對立〔25〕；「臺灣選舉要擺脫統獨、族群之尖銳對立，恐怕還有一段很長的路要走」〔26〕。海外媒體也指出：在選舉中，臺灣當局長期推動的本土化運動起了很大作用。選舉的結果標誌著島內政治生態本土化趨勢的進一步強化。〔27〕

以上之所以要羅列這麼多事例，是為了證明「省籍族群問題」確實存在，並且在選舉過程中發生了重要的作用，同時也是為了以事實、以臺灣不少政界學界人士的親身體驗來反駁「省籍沒有影響」的說法。「省籍族群問題」既然存在而且長期發生作用，我們就有必要對臺灣社會這一特殊的現象給予應有的重視，並且對它做出合理的解釋。

三、「省籍——族群——本土化」研究模式的要點

我認為，可以把「省籍——族群——本土化」作為一種研究模式或研究途徑，用以觀察、分析臺灣的種種政治狀況，並且做出適當的解釋。為此，有必要先把這個模式的要點加以概括，從中提煉出若干論點或帶有規律性的觀點，然後再以臺灣的政治現實進行驗證。

（一）省籍、族群關係有其形成、演變的過程，本土化是一個必然的趨勢

省籍、族群關係是在一定的歷史條件下形成的。如上文所述，從1947年二二八事件導致省籍關係的緊張，在1949年國民黨當局遷臺以後，外省人占據統治地位。「在解嚴以前，（臺灣）省籍人士不要說對『中央』政策，甚至連省政也少有置喙的餘地。至於部隊與黨務系統那更清一色是外省人的天下。」「在戒嚴體制下，臺灣同胞雖名為『中華民國』的國民，卻只有納稅與服兵役的義務而已，談不上當家作主的權利。」〔28〕在這種情況下，本省人感到壓抑，省籍、族群矛盾逐漸加深。所以，省籍、族群關係緊張完全是國民黨統治的結果。

到了1970年代，國民黨不得不採取「本土化」政策，第一，透過增額選舉，增加臺灣省籍民意代表的人數。第二，選用一些本省籍的「青年才俊」。第三，在「內閣」和國民黨中常會中增加臺籍人士的比例。〔29〕這樣做的目的，顯然是為了鞏固國民黨對臺灣的統治。可見，「本土化」是在蔣經國時代開始的。1997年12月，當時的民進黨祕書長邱義仁會見當時的國民黨祕書長章孝嚴時說道：國民黨辛苦推動本土化政策，這個方向沒有錯。並說，本土化「在令尊晚年的時候就開始了」。所以有人認為「蔣經國是臺灣政治『本土化政策』的工程師」〔30〕。「本土化」體現了本省人要求參與政治的權利，於是，省籍、族群問題便與「民主」掛上了鉤，本土化便帶有民主化的色彩，呈現出其合理性的一面。

在「解嚴」後，特別是李登輝執政以後，國民黨加緊實現本土化。以「行政院部會首長」為例，1984年本省人只占33.3%，1998年增加為50%〔31〕，1993年以後，「五院院長」中有4人是本省人。作為國民黨非主流派的外省籍代表人物逐漸被驅出權力核心。在「民意機構」中，1989年本省籍「立委」占82.35%，1992年占80.8%。〔32〕後來，臺灣當局以「出生地」取代「籍

貫」，在「中選會」和民意調查中心的資料中，都缺乏「省籍」的相關資料。但是，本省籍「立委」的比重仍在增加。2001年「立委」選舉後，省籍結構又發生變化，在225名「立委」中，外省籍只有35名，本省籍有190名，占總數的84.44%，體現出本土化進程的加速。〔33〕

本土化是一個必然的不可逆轉的發展趨勢，占臺灣人口絕大多數的本省人理應獲得當家作主的權利，過去長期由外省人主導臺灣政治的局面必然需要改變。臺灣學者指出：「從蔣經國時代拔擢臺籍人士參政、擴大開放增額中央民代選舉開始，到李登輝時代以建構合理而民主的國會結構、推動各級首長直接民選、調整過去遭到扭曲的政經資源配置，以及建立臺灣優先理念，重視臺灣主體意識，加強臺灣歷史文化教育，回應臺灣人民需求等等目標，都是本土化運動的具體展現」。〔34〕因此，「本土化」與民主化成為臺灣社會改革的重要動力，幾十年的臺灣現代史已經顯示了這種發展趨勢，現在尚未到頭。

在今後一定時期中，特別在選舉時，這個問題仍然會浮出檯面，有時競爭還會相當激烈。但是，本土化的進程不可阻擋，今後相當時間內，臺灣政治權力的分配將由本省人主導，外省人主導臺灣政治的局面已一去不復返了。外省精英只有認同本土，與本土結合才能獲得民眾的支持。可能還要經過若干年、若干次選舉，政治上本土化基本上實現，並且得到鞏固以後，這個趨勢才會終止。同時，經過相當長的時期，真正意義上的「外省人」（即所謂「外省第一代」）基本上退出了政治舞臺，所謂「省籍、族群」問題也會自然消失。所以，「省籍——族群——本土化」有其形成、發展、消亡的過程，而不是一個永久存在的問題。換句話說，「省籍——族群——本土化」研究模式有其適用的期限，即適用於20世紀後半期到21世紀初期，對其他年代並不適用。

（二）省籍、族群的劃分與籍貫有關，但籍貫不是唯一標準

按一般的劃分方法是以籍貫為標準，分為本省人和外省人。但這裡存在複雜的問題，例如，外省人與本省人結婚所生的第二代，往往跟隨父親的籍貫來確定，本人只好「命中註定」，而不能自行選擇。又如，有些外省人自我認定是中國人，也是臺灣人；有些本省人自我認定是臺灣人，也是中國人；但有些本省人

只認定是臺灣人，而不是中國人；也有些外省人則自我認定是臺灣人。1990年代很長時間內，自認為「既是臺灣人又是中國人」的占多數，後來認同「我是臺灣人」的上升為首位，有人認為這種認同度與兩岸關係的緊張與緩和有一定的關係。〔35〕由於我們所界定的省籍、族群不純粹是社會學上的含義，而強調其政治上的涵義，所以不能單純用籍貫來劃分，而應當根據個人的「自我認定」和「他人認定」綜合起來考察。

（三）省籍、族群的劃分在平時與在政治場合有不同的作用

在平時，不同省籍、族群的民眾生活在一起，已經相當融洽，互相通婚的情況相當普遍，所以在社會生活中並沒有很大隔閡和衝突。但是，在政治問題上，省籍的差別有時可能導致矛盾衝突，有時則可能成為緩和矛盾的工具。例如，1992年底，當時的「財政部長」王建煊因為有關當局散布「外省人部長搶本省人土地」，而招致無情的政治排擠。〔36〕2000年陳水扁上臺時，啟用唐飛擔任「行政院長」，則是利用外省人的「省籍情結」，暫時化解省籍矛盾、減少阻力的一種策略。當時臺灣媒體指出：「即使堅決站在反『臺獨』立場對民進黨執政不放心的人士，也承認這是阿扁當前可能出的不能再好的一著棋。因唐飛是外省人，他的拜相可化解臺灣社會長期存在、遇著大選更為突出的省籍情結，增進族群融合。」〔37〕至於在選舉中的作用則更加明顯，挑起省籍、族群的對立，更是政客們為了撈取選票所慣用的伎倆，上文所舉的許多事實已經證明了這一點。

（四）不同的省籍、族群在政治上有不同的訴求

本省人強烈要求當家作主，「臺灣人出頭天」反映了這個要求（但它被「臺獨」所利用成為分裂主義的口號），他們要求參與政治，在政治上有發言權，有主導權，要求改變長期由外省人主導臺灣政治的局面。具體地說，就是在政權機構、民意機構中本省人要占較大的比重。這本來是合理的要求，因為臺灣省籍的民眾占臺灣人口的大多數。但是，一旦挑起了省籍情結，就容易有出軌的言行。在這方面李登輝扮演了煽風點火的角色，他曾經舉著宋楚瑜的手，高喊「大家都是臺灣人，不要分芋仔（外省人）、番薯（本省人）」，也曾經舉著馬英九的手

高喊「臺灣人悲哀已經過去了,現在大家都是新臺灣人」,可是,在2001年選舉時,他卻以「愛臺」「賣臺」「本土」「非本土」進行族群動員,挑起族群仇恨。於是,有人提出「不選外省人」,有人提出「中國人回中國去」等等,引起社會的嚴重不安。

外省人的訴求是:自己也是臺灣社會的一員,有參與政治的權利。在當前處於弱勢的情況下,他們不要求恢復以往的主導地位,但有「危機感」,擔心被排擠出政治舞臺而任人宰割,因此強烈要求保持相當數量的外省籍民意代表和政府官員,維護他們應有的權益和地位。同樣的,在選舉時受到煽動,也會造成省籍對立和社會衝突。不僅這樣,在國民黨內部,在本土化的過程中,也發生相當激烈的政治鬥爭,部分外省籍政治精英被排除出國民黨決策核心,導致新國民黨連線的出走和新黨的成立。

(五)省籍、族群與「政黨支援」有關,但情況正在發生變化

據歷年民調資料表明,支持國民黨的民眾從1994年的30.4%,下降到2001年下半年的15.2%;支持民進黨的民眾則從1994年的12.7%,上升到2001年下半年的23.5%,而中立和無反應的民眾則有45%~50%左右。吳乃德認為「族群身分卻是決定政黨支持的重要變數之一」〔38〕,範雲也指出:「不論民進黨或新黨再如何地辯稱,不可否認地,現階段這兩個政黨各自的群眾基礎,皆含著濃厚的省籍族群色彩」〔39〕。這說明不同省籍在政黨支持上有其傾向性,但並不是絕對的,並不是本省人只選本省人,外省人只選外省人,有少數外省人還參加了民進黨。過去,民進黨的支持者多數是本省人,外省人支持民進黨的不及5%;國民黨的支持者則包括多數的外省人和較多的本省人;新黨的支持者則多數是外省人。據1994年統計,本省閩南人有21%支持國民黨,9.2%支持民進黨,本省客家人有29.7%支持國民黨,4.5%支持民進黨,外省人有36.9%支持國民黨,2.4%支持民進黨,原住民則有38.8%支持國民黨,幾乎沒有人支持民進黨。〔40〕1995年選舉時,「大陸各省人士比較傾向支持國民黨(39.4%),然後是新黨(23.8%);臺灣閩南族裔比較傾向國民黨(26.3%)與民進黨(14.1%),客家人則分別比較傾向國民黨(37.2%),傾向民進黨(9.2%)和

新黨（6.6%）的比率相對差不多。當然，在政黨傾向上保持『中立』立場的民眾的比率達到1/3，其中『臺灣人』（閩南族裔、客家）保持政黨『中立』的，普遍較大陸省籍人士為多。」〔41〕

現在，民進黨的得票率沒有較大的變化，估計支持者基本上照舊而略有擴大，而國民黨的得票率則下降，原有的支持者中有一部分改變為支持親民黨或「臺聯黨」。國民黨和親民黨的支持者主要是本省人，其次是外省人，而「臺聯黨」的支持者基本上是本省人。

（六）「本土化」從維護本省籍民眾政治權益的民主要求，正在部分地轉變為本土與非本土勢力的政治鬥爭工具，這個趨勢尚未終止

上文已經指出，本土化體現了臺灣本省民眾要求當家作主的民主權利，有其正當性的一面。所以，「本土化」一開始就帶有民主化的色彩，可以說，本土化是和民主化聯繫在一起，同時並進的。本土化與民主化相隨，同時也與「壓迫者」和「被壓迫者」的區分相聯繫。李遠哲指出：「由於當時『中央政府』的大官幾乎都是外省人，而老百姓卻以本省人居多，所以『壓迫者』與『被壓迫者』之間的衝突，也漸漸形成『外省人』欺壓『本省人』的緊張關係」。〔42〕有的學者認為：「臺灣的本土化趨勢，既有其過去的歷史根源，也就有其今後的發展必然。它存在的客觀必要，體現在兩個方面。其一，透過促進融合，來化解不同省籍之間的對立情結，經由民主改革，來解決各個階層之間的利益差別。其二，以認同臺灣這塊土地為共同家園的共識，愛家愛島，來最大限度地集結民眾的力量，為寶島的未來打拼。平心而論，這樣的本土化，宣導的是族群和諧，熱愛鄉土，不僅無可厚非，而且值得大書特書。事實上，這也是大多數善良的臺灣民眾所持的願望。」〔43〕

正因為「本土化」有其民主性、正當性，它在一定意義上也造成外省族群的困惑，成為一種「無形的壓迫」。他們如果投票給國民黨或新黨，就會被認為不支持「本土化」、民主化，就會「立刻就變成民主運動人士之敵人」，從而激起本省籍人士「強烈的省籍情結」。〔44〕

由於本土化又是與選舉聯繫在一起的，是與政治權力再分配聯繫在一起的，

這就必然存在誰勝誰負、誰得誰失、誰主導政治局勢,以及互相間力量的強弱、消長的複雜關係。所以,就有較量、爭奪、排擠、攻擊等等。每當選舉時,政客們便進行省籍、族群的動員,煽動「強烈的省籍情結」,把省籍、族群的意識、分歧和矛盾說成是在民主問題上的對立,利用本來是民主要求的「本土化」口號,作為打擊外省勢力的政治鬥爭工具。

在2000年選舉時,許信良指出,「臺灣的政治人物始終喜歡拿省籍問題當成取得政治資源的武器,他呼籲政治人物應該向前看,不要在選戰中繼續不道德的批評」。李敖指出:有人說宋楚瑜是「利用臺灣人罵臺灣人」,無異在挑撥省籍情結,而陳水扁等人喊出「臺灣人大團結」口號,是否在影射臺灣島上有些人不是臺灣人,這樣的說法都是在挑起省籍糾紛,相當可惡。〔45〕陳文茜在分析這種現象時指出:李登輝所謂「本土化」,其意思是「我是本省人,你是外省人。所以我有資格在這裡主張臺灣一切事情」。因此,有一些不錯的人才,被貼上外省人標籤,不純正的血統仿佛標誌發言的不正確。於是,「本土化」「變成一個很殘忍的利刀,它砍向很多人,變成一個政治鬥爭的工具」。〔46〕她還提出勸告:「在族群問題上,民進黨要從抗爭的政黨邏輯中反省過來,瞭解『在族群仇恨的世界中不會有勝利者』。」〔47〕

現在,有人認為臺灣已經「徹底本土化」了,「整個國家機器早就本土化了,臺灣人早就出頭天了」;也有人認為現在再提「本土化」是「不道德」的,或說「本土化不一定就是好事,也不一定是壞事。問題是現在總把本土化當成一個正面的字眼」。其所以有這樣的看法,是由於存在上述的現象,引起人們模糊的認識。實際上,作為民主化的表現形式之一的本土化,仍然存在,仍在進行,尚未到達終點。問題是已經有人利用本土化作為政治鬥爭的工具,造成社會的動盪和不安。在2001年選舉時,李登輝強調「本土化」,把選舉說成是「本土」與「非本土」、「愛臺」與「賣臺」的抗爭;最近,「臺聯黨」有人提出「不是臺灣出生的人不能當總統」,實際上是指在大陸出生的連戰、宋楚瑜和在香港出生的馬英九都無權參選,這樣,在下一屆選舉中,陳水扁就沒有「敵手」了。這是公然把「本土化」當作政治鬥爭工具,煽動「省籍情結」,排斥政敵。有人指出:別有用心的人企圖把「本土化」變成「臺獨」的萬靈丹,應當引起臺灣公眾

的關注和警惕。

正因為「本土化」是一個必然的發展趨勢，不僅民進黨、「臺聯黨」在利用它，國民黨、親民黨也十分重視，它們極力要擺脫「外省黨」的形象，也強調「本土化」。例如，在李登輝當權時，「隨著本土化的深入，國民黨內傾向臺灣獨立的力量也會進一步強化，事實上，現在的國民黨主流已不是中國國民黨，而是臺灣國民黨」〔48〕。2000年國民黨在選舉失敗後，提出要進行改造，蕭萬長建議，未來國民黨改造委員會應注重本土性，尤其選舉是靠張張選票累積，未來本省籍應占改造委員會成員的三分之二，外省籍占三分之一。他表示他沒有省籍情結，但基於黨的前途考量，國民黨應要反映主流社會及選民的結構，與社會相結合。〔49〕現在國民黨已經提出「年青化」「本土化」的發展要求，提出了「臺灣第一」「臺灣優先」「厚植本土力量，促進發展動力」等口號。

有的學者指出：「從政治學的視角上來看，重新提出『本土化』一詞，其目的不外乎，一、鼓吹特定的政治價值與偏好，以增進候選人的正當性與市場價值；二、轉移政治話題或重新切割社會群體，以促使利己的政治動員，避免不利己的市場切割。」〔50〕只要這種利害關係仍然存在，「本土化」作為政治鬥爭工具的特性就不會消失。

（七）「本土化」是「雙面刃」，既有「當家作主」的正當性，又對臺灣政治的發展發生負面影響，並且有導致「國家認同」衝突的危險性

「本土化」的正當性與合理性，在上文已經做過論證，把本土化看成洪水猛獸，不分青紅皂白地進行批判是不對的。現在需要強調的是另一面，即它的負面影響。首先，它對臺灣政治發生了不良的影響，「本土化路線的擴張造成黑金政治的氾濫」，1980年代國民黨為了實現本土化路線，實際上「壯大部分本土黑金人士，作為反制外省勢力的本土力量，但也造成黑金政治尾大不掉的結果」；「政治人物已經習慣性地以本土意識作為攻擊對手、回應批評的工具，並作為包裝個人特定利益取向的訴求，而頗多民眾也以本土意識作為公共議題取捨與好惡之標準」；「本土化路線阻礙兩岸關係正常發展，是形成當前臺灣經濟困境的主要原因之一」。〔51〕

其次，更嚴重的是有導致「國家認同」衝突、導致分裂主義的危險性。朱雲漢在研究這個問題時指出：蔣經國未充分意識到省籍矛盾背後的國家認同與民族認同的衝突。主流派與非主流派表面上是權力分配與路線之爭，本質上是國家認同衝突。「臺灣人認同」的強大凝聚力，讓李登輝不僅可以獲得多數的本省籍黨內精英的支援，並且可以得到民進黨的適時配合與支持。〔52〕陳明通在為「臺灣民族主義」作辯護時指出：「臺灣人」要從「中國人」這個民族中剝離出來，而絕大多數「外省人」以及不少「閩南人」「客家人」所認同的國族是「中華民族」，而不是「臺灣民族」。所以臺灣民族主義者批判不認同臺灣民族的「臺灣人」，並把他們的領導者打成「新賣臺集團」，要讓大家看清楚這是「敵我矛盾」。〔53〕還有人提出：「要解決臺灣『國內』族群之間隱藏的緊張關係，最根本的方法是早日確立一樣的國家認同，意即各族群都能認定我們腳踏實地的臺灣是一個主權獨立的國家，我們都是臺灣人，大家有同一個心志建構臺灣為一個生活共同體與命運共同體」。建國黨主席何文杞更明確地提出：「本土化的落實正可以『去中國化』，有助於臺灣住民對於臺灣的國家認同」。〔54〕「本土化不是本省人當政，而是原本外來的政權屬性的政府轉化為本土屬性，把以大中國為架構的觀念改為以臺灣本土為架構的觀念」。此類言論相當普遍。根據蕭新煌的分析，「當前臺灣社會的族群意識在社會文化層面呈現多元，也無對立，但在政治領域裡，尤其是面對政治權力轉型和在『中國因素』的干擾下，則出現國家認同的不一致問題，甚至容易被不同的政治力量所動員，而滋生族群間莫須有的緊張；這種緊張，與其說是族群意識對立本身的問題，不如說是透過族群所暴露出來的國家認同尚不一致的問題。」〔55〕由此可見，確實有人企圖把「省籍——族群——本土化」引向「去中國化」，引向分裂主義的道路。

許多學者已經看出這種傾向的嚴重性，張麟徵指出：「架構兩國論的支柱之一就是本土化」，「以李登輝、陳水扁為首的這些政客，標榜的本土化政策卻是撕裂的」。劉念夏認為「李登輝式的本土化」已經走向一種狹隘的本省化，他們認為，「只有與大陸儘量保持距離，不與大陸進行過度的交流，臺灣才能保有自己的生存空間，臺灣人的利益也才能得以確保；只要是常跑大陸者、常與中共人士接觸者、主張兩岸應積極交流者、主張兩岸未來可共組國家體制者，都不免會

被此等人士視為中共代言人,被其冠上『聯合中共、打擊臺灣』的口號。」〔56〕海外學者許貽波也認為過去「兩國論」的出爐和今天臺北當局不肯承認「一個中國」原則的立場,表明「本土化成為他們分裂國家的一種寶貴資源」。〔57〕這說明「本土化」正在被人利用,作為分裂主義的工具,所以,在肯定「本土化」的正當性的同時,不能不注意到它「挑起臺灣族群衝突,分裂祖國領土」的危險性。

四、「省籍——族群——本土化」模式的驗證與預測

上面說過,模式只是一種思想框架,是把現實世界的表現加以簡化,以模式說明政治歷史和現實,只是用某種本質特徵進行解釋。以「省籍——族群——本土化」模式說明臺灣的政治歷史與現實,也是一種「簡化」,即所有提供驗證的歷史與現實,都可以用「省籍——族群——本土化」這種思想框架做出解釋。選舉是最能體現「本土化」進程的政治事件,在各級政權機構和民意機構中本省籍人士比例的增加,也充分說明了這一點。現在我們再從以下幾個方面進行驗證。

(一)新政黨的誕生與舊政黨的重組

民進黨的出現,是臺灣「黨外」力量長期爭取民主、反對國民黨「一黨專制」鬥爭的成果,也標誌著第一個本土政黨的誕生。同時,民進黨的成立也可以看成是在長期省籍矛盾鬥爭中本省人所取得的一個勝利,從此,本土一部分政治勢力可以團結在一個政黨的周圍,對外省勢力(他們的主要政治代表是國民黨,儘管國民黨也在「本土化」之中)開展有組織的抗爭。

新黨的出現則是國民黨內一部分反「臺獨」(針對民進黨)、反獨裁(針對李登輝)勢力的集結,同時,也是國民黨內部分外省籍人士面對本土勢力茁壯成長的一種因應對策。儘管新黨也團結了一部分本土人士,但它的主體是外省人,因此被說成是「外省黨」,事實證明,支持新黨的主要是外省人。正因為新黨沒有「紮根本土」,它的削弱與「泡沫化」是難以避免的。

親民黨並不因為它的領袖是外省人而自我定位為「外省黨」,恰恰相反,它

極力排除任何外省的色彩，極力與新黨區隔開來。親民黨以本省籍人士張昭雄為副主席，顯然是出於「省籍平衡」的考慮。當張昭雄對李登輝進行批評時，當時李登輝的心腹蘇志誠便聲稱，宋楚瑜是要讓「臺灣人打臺灣人」。親民黨也強調本土，表示自己是「以臺灣為第一、以人民為第一的黨」，要成為「新臺灣人的新希望，新臺灣人的最好選擇」〔58〕。實際上，它集聚了相當部分反對民進黨的本土勢力，並且企圖取代國民黨的地位，成為一個立足本土、並與民進黨抗衡的政黨。

「臺聯黨」更是自我標榜為本土政黨，強調「本土化」，用李登輝的話說：「愛臺灣，就要宣布自己是臺灣人」「外來政權未消滅，臺灣人無幸福，只有臺灣人自己管自己，才是幸福的開始」。排外色彩十分濃厚。

國民黨曾經被稱為「外省黨」，國民黨政權被李登輝稱為「外來政權」，這對它是一個沉重的打擊。國民黨提出「改造」的口號，其重要策略之一就是「本土化」，目的是要與民進黨、親民黨爭奪本土政治資源。

當然，各個政黨之間的角逐，取決於各個方面的因素，但可以肯定，奪取最大的本土政治資源，爭奪占人口絕大多數的本省選民的支持，將是各個政黨的重要奮鬥目標。

（二）國民黨內部鬥爭的發展進程

就以李登輝上臺以後的情況來說，早期，國民黨內的外省籍人士還占優勢，李登輝是由李煥、宋楚瑜等人協助下登上黨主席寶座的，所以，他不得不先後讓外省籍的俞國華、李煥擔任「行政院長」，後來他要換掉李煥，曾經考慮由本省籍的連戰、林洋港擔任，但又認為外省籍核心無意於快速本土化，「行政院長職位過早轉移至本省籍人士手上，恐怕引發另一種藉口的爭鬥」〔59〕。所以，只好用外省籍的郝柏村繼任。李郝之間曾經說是「肝膽相照」，可是，不久便出現了主流與非主流之爭，李登輝決定用連戰取代郝柏村，完成了「行政院長」的「本土化」。臺灣著名評論家南方朔指出：國民黨內主流與非主流的鬥爭，「它是一種暗藏著的『省籍鬥爭』，『李俞鬥爭』『二李鬥爭』，一直到『李郝鬥爭』，愈演愈烈」〔60〕。

再從國民黨推出的歷屆「總統」人選來看，1990年李登輝提名李元簇作為「副總統」候選人與他搭檔競選，這也出於「省籍」的考慮，《李登輝的一千天》指出：「李登輝明白省籍考量的重要性，湖南省籍的李元簇並無問題」〔61〕。而當時國民黨內的非主流派則提出「林（洋港）蔣（緯國）配」，顯然也想用本省籍的林洋港來與李登輝相抗衡。王甫昌指出，這次國民黨內主流派與非主流派的權力鬥爭，「主要是沿著省籍的族群界線在進行，它使得國民黨內的省籍情結全面白熱化」〔62〕1996年選舉時，李登輝提出「李（登輝）連（戰）配」，兩人都是本省籍；而非主流派提出「林（洋港）郝（柏村）配」，郝是大陸籍的；當時民進黨提出的「彭（明敏）謝（長廷）配」，兩人也都是本省籍的。在選舉期間，省籍、族群因素起了作用，當人們看出「彭謝」實力不如「李連」時，就出現了「棄彭保李」的效應，終於保證了本省籍的「李連配」當選。2000年國民黨提出「連（戰）蕭（萬長）配」，就是要打省籍牌，用兩位本省籍人士對抗民進黨本省籍的「陳（水扁）呂（秀蓮）配」。至於親民黨提出外省籍的宋楚瑜之後，不得不提名本省籍的張昭雄為副手，因為在當前情況下，單純外省籍的搭檔不可能得到很高的支持率。

（三）民進黨的發展進程

民進黨作為第一個本土政黨，早期突出「臺獨」主張，因此其支持者主要是那些支持「臺獨」或對國民黨不滿的本土人士，選票大約保持在30%左右。後來，「臺獨」黨綱嚴重受挫，開始轉向體制內的選舉路線，淡化「臺獨」主張，以爭取更多本土民眾的支持。但是，「臺獨黨」的形象並未改變，面對國民黨「本土化」的壓力，迫使它不得不進行「政黨轉型」，對「臺獨」黨綱做出重新解釋，並強調「新中間路線」，目的就是要與國民黨爭奪廣大的本土選民，這種策略已經取得了一定的成效。

在選舉過程中，民進黨極力突顯其本土色彩，企圖得到過半選民的支援，但這個策略並未造成國民黨本土派的大量出走，民進黨也未獲得絕大多數本土選民的支持。這說明，各個政黨都以占人口絕大多數的本省籍中間選民為主要的爭奪對象，得到不同程度的支援，本土的選票並非任何一黨所能獨吞。不過，總的來

看，民進黨得到本土力量的支持還在上升之中，而國民黨對本土力量的影響卻在下降。民進黨與國民黨之爭，包含著多種內容，但以「省籍——族群——本土化」研究模式來觀察，則可以「簡化」為爭奪「本省籍中間選民」之爭，誰上升、誰下降，誰勝誰負，主要以此為依據。

（四）若干重要事件

1960年的《自由中國》事件。以雷震為首的自由派發表有關「反對黨」的文章，在臺灣引起一定的影響，而當他們準備聯絡本土人士組織「中國民主黨」時，國民黨便認為對它的統治構成威脅，而以「配合中共統戰陰謀」「涉嫌叛亂」的罪名，逮捕了雷震等人。當時該黨發言人在聲明中指出，這是一個政治事件，其目的之一是「威脅大陸人今後不敢與本省人合作，搞政治運動」〔63〕。可見當時省籍關係已經成為一個敏感的問題了。

1979年的美麗島事件。12月10日《美麗島雜誌》在高雄組織一場紀念世界人權日的活動，以「民主」「人權」為主要訴求，喊出了「解除戒嚴」「開放言論和結社自由」等口號，但也含有「省籍」「族群」的因素。當年的參加者有如下的回憶：陳菊說：「當時幾萬人都跟著遊行隊伍走，蔡有全在車上就喊著『臺灣人要站起來！』，那種場面是很感動的，眼淚都要掉下來」；何文振說：「呂秀蓮在宣傳車上面，很感性地講：『咱臺灣人今天是應該覺醒的時候，你不可以躲在家裡看電視，臺灣是咱的土地，咱要作自己的主人，決定自己的命運』。」紀萬生說：演講車上的麥克風喊道：「我們要抗議國民黨醜惡的行動，臺灣人起來啦！咱來去抗議國民黨。臺灣人萬歲！臺灣人萬歲！」〔64〕以上事實表明，在這個事件中「省籍動員」已經發生了作用。

「中央民意機構」的改造。在1980年代末1990年代初，圍繞著「國會改革」展開一場激烈鬥爭，國民黨在「國會」中占優勢，所謂「資深立委」「資深國代」多是外省籍人士，國民黨主張「充實」「中央民意代表」，而民進黨則主張「全面改選」。結果「資深中央民代」在1991年底全部解職，外省人士大量退出「國會」，加速了本土化的進程。

「新臺灣人」的提出。「新臺灣人」作為政治口號提出，立刻就有原則上的

分歧。國民黨本來是強調不分省籍、族群，互相融合，目的是使得外省籍政治人物可以取得本省選民的選票。宋楚瑜、馬英九、王建煊都講過「新臺灣人」，李登輝為了替國民黨候選人拉選票，也講過這樣的話。而民進黨人在講「新臺灣人」時，卻有不同的含義，蔡同榮公然提出：「新臺灣人不是中國人」。後來李登輝強調「新臺灣人主義」「可以當成國家認定和共識的開始」，則體現了這個口號的負面含義。由此可見，對同一口號的不同解讀，反映了在「省籍——族群——本土化」這個問題上的不同立場。

　　唐飛、張俊雄的上臺。2000年陳水扁當選後，決定以唐飛為「行政院長」，當然考慮了多種因素，其中就有省籍因素。當時媒體指出，「他（唐飛）的省籍背景，對平衡省籍、安撫族群也有象徵意義」〔65〕。在唐飛下臺時，有人評論說：陳水扁啟用唐飛是著眼於安定政局，「穩定沒有投給民進黨的60%餘的多數選票，拉攏軍心、避免省籍情結在選舉過後持續發燒」。〔66〕後來，陳水扁搬掉唐飛這塊「石頭」，讓張俊雄上臺，除了其他原因以外，也考慮到省籍因素，一是因為民進黨內部的反彈，不少人不能容忍「民進黨執政」卻由外省籍的國民黨人擔任「閣揆」，提出了「民進黨人組閣」的主張；二是因為經過唐飛「內閣」的「過渡」，現在把權力轉移到本省籍「副閣揆」手中已經順理成章，沒有什麼困難了。

　　2002年「立法院龍頭」選舉。2001年底「立委」選舉剛剛結束，國民黨籍「立委」章孝嚴就「發下宏願，進入『立法院』後，要問鼎院長寶座，強烈的企圖心表露無遺」。〔67〕實際上，這是沒有自知之明的表現，因為在民進黨成為第一大黨之後，它已經不能容忍再由外省籍人士充當「立院龍頭」，各政黨在提名競選時也不能不考慮這個因素。好在章孝嚴很快就明白了這個處境，表示支持王金平當院長。當然，由王金平擔任「院長」取決於多種因素，但省籍因素也是不可忽略的。《臺灣新聞報》指出：「因為王（金平）的李系及本土色彩，可以壓制國民黨內反對『國親配』而可能跑票的本土派立委時發揮重要作用」。〔68〕如果國親兩黨不是提出本省籍「立委」，要取得「副院長」選舉的勝利幾乎是不可能的。

以上就歷史與現實的若干實踐為例來驗證「省籍——族群——本土化」研究模式的適用性。同時，這個模式既然在一定時期有其適用性，還應當可以用來對未來進行預測，預測是否正確也是一種驗證。

從臺灣當代的歷史可以看出，「本土化」是不可逆轉的，根據這個規律性的認識，這裡提出幾項預測，只提出看法，不做論證，留待歷史的檢驗。

1.臺灣將經過政黨的整合與重組，出現兩個主要政黨對抗的局面，而這兩個政黨都是立足本土的政黨，代表外省民意的政黨已經沒有存在的空間。外省籍民眾將分別支持不同的政黨，並成為各個政黨爭奪選票的對象。

2.外省籍「立委」還將繼續減少，減少到低於外省人口的比例。然後，外省籍可能成為「弱勢群體」而受到「保障名額」的照顧。

3.2002年底臺北市與高雄市的市長選舉，外省籍政治精英有可能獲得其中的一個職位，但那是最後一次，此後不可能再由外省人擔任了。

4.2004年是外省籍政治精英爭奪「總統」的最後機會，但外省籍的「總統」候選人一定要與本省籍人士搭檔，才有可能取勝，如果提出「宋馬配」，必輸無疑。

如果事實證明以上的預測基本上符合實際，那就可以說明，「省籍——族群——本土化」模式是可以用來對臺灣政治做出某種「簡化」解釋的研究途徑；如果預測不正確，則要對這個模式進行修正，或推翻這個研究模式，重新尋求其他更為適用的研究模式。

注釋：

〔1〕R.H.奇爾科特：《比較政治學理論》，北京，科學文獻出版社，1998年版，第515頁。

〔2〕臺灣《中國時報》1998年10月27日。

〔3〕臺灣《中國時報》1997年3月3日。

〔4〕張麟徵：《歧路上的臺灣》，臺北，海峽出版社，2000年版，第327

頁。

〔5〕田弘茂：《大轉型》，臺北，時報文化出版社，1989年版，第54頁。

〔6〕朱雲漢：《國民黨與臺灣的民主轉型》，www.cuhk.edu.hk/ics/21c/issue/issue65c.htm，2001年6月。

〔7〕臺灣《中國時報》1998年6月5日。

〔8〕臺灣《中國時報》1998年10月15日。

〔9〕臺灣《中國時報》1999年12月25日。

〔10〕陳義彥：《選民的集群分析及其投票傾向預測》，《選舉研究》第1卷第1期，33頁。

〔11〕王甫昌：《族群意識、民族主義與政黨支持》，《臺灣社會學研究》第2期。

〔12〕臺灣《中國時報》1996年4月24日。

〔13〕臺灣《中國時報》1998年10月9日。

〔14〕www.new7.com.tw/weekly/old/614/614-064.html.

〔15〕瞿海源：《選戰挑動族群、統獨情結》，臺灣《中國時報》1998年10月15日。

〔16〕臺灣《中國時報》1998年1月14日。

〔17〕臺灣《中國時報》1999年8月13日。

〔18〕臺灣《中國時報》1999年11月22日。

〔19〕臺灣《聯合報》2000年2月1日。

〔20〕臺灣《聯合報》2000年2月10日。

〔21〕臺灣《聯合報》2000年2月25日。

〔22〕臺灣《中時電子報》2001年11月6日。

〔23〕香港《文匯報》2001年12月8日。

〔24〕臺灣《中國時報》2001年12月3日。

〔25〕臺灣《中國時報》2001年12月2日。

〔26〕臺灣《聯合報》2001年12月3日。

〔27〕新加坡《聯合早報》2001年12月11日。

〔28〕朱高正：《獄中日記》，臺北，學思出版社，2000年，第10頁。

〔29〕王震寰：《誰統治臺灣》，臺北，巨流圖書公司，1997年版，第140頁。

〔30〕張茂桂等：《族群關係與國家認同》，臺北，業強出版社，2001年版，第243頁。

〔31〕施正鋒：《臺灣族群結構及政治權力之分配》，www.epilepsyorg.org.tw，1998.

〔32〕同注〔30〕，第146頁。

〔33〕外省籍的35人中，包括金門縣1人，僑居海外8人。

〔34〕陳華升等：《揚棄本土之爭，回歸理性論政》，臺灣《中央日報》，2001年6月18日。

〔35〕臺灣《中央日報》1998年8月10日。

〔36〕臺灣《聯合報》2000年2月10日。

〔37〕臺灣《聯合報》2000年3月30日。

〔38〕同注〔30〕，第43頁。

〔39〕吳乃德：《分裂歷史記憶下的臺灣認同》，www.isi.edu/chiueh/old-version/fanyun，1996年7月6日。

〔40〕同注〔11〕。

〔41〕張茂桂：《臺灣的政治轉型與政治的『族群化』過程》，bbs2.nsysu.edu.tw，1999年5月2日。

〔42〕李遠哲：《從當家作主到和平繁榮民主的未來》，臺灣中央社2000年9月2日。

〔43〕新加坡《聯合早報》2001年12月11日。

〔44〕蘇友瑞：《族群問題在當前臺灣社會的糾葛關係》，life.fhl.net/society/ps3.htm.

〔45〕臺灣《聯合報》2000年2月10日。

〔46〕陳文茜：《本土化變成政治鬥爭工具》，2001年10月3日「文茜小妹大」播出。

〔47〕臺灣《中國時報》1998年5月24日。

〔48〕鄭學和：《臺灣面臨新世紀的存亡危機預測淺釋》，www.strait-bridge.net。

〔49〕臺灣《聯合報》2000年3月24日。

〔50〕未署名：《認識本土化的真正意涵》，www.tsen.com.tw，2001年7月22日。

〔51〕同注〔34〕。

〔52〕同注〔6〕。

〔53〕臺灣《中國時報》1998年10月15日。

〔54〕何文杞：《本土化與臺獨》，www.libertytimes.com.tw/2001/new/mar/6/today-01.htm.

〔55〕臺灣中央社政治新聞，2001年6月26日。

〔56〕劉念夏：《走出狹隘本土化臺灣路更廣》，臺灣《中央日報》2001年9月30日。

〔57〕許貽波：《如何看待臺灣的本土化趨勢》，新加坡《聯合早報》2001年12月11日。

〔58〕宋楚瑜：《給臺灣一個希望，給臺灣人民一個機會》，親民黨中央。

〔59〕周玉蔻：《李登輝的一千天》，臺北，麥田出版社，1993年版，第220頁。

〔60〕南方朔：《李登輝時代的批判》，風雲時代出版公司，1994年版，第265頁。

〔61〕同注〔58〕，第153頁。

〔62〕同注〔11〕。

〔63〕轉引自楊錦麟：《李萬居評傳》，臺北，人間出版社，1993年版，第319頁。

〔64〕《高雄事件與美麗島大審》，臺北，時報出版，1999年版，第99，105，134頁。

〔65〕臺灣《中國時報》2000年3月30日。

〔66〕臺灣《民眾日報》2000年10月4日。

〔67〕www.taiwanunion.com/candle.htm，2001年12月。

〔68〕www.tsen.com.tw，2002年2月3日。

臺灣「省籍族群」的結構功能分析

劉國深

引言

長期以來,「省籍矛盾」一直是影響臺灣政治和諧與社會穩定的一個相當棘手的難題,「本省籍」群體與「外省籍」群體之間的矛盾與衝突不僅廣泛存在於政治、經濟、社會等行為面,而且滲透到人們的心理面和文化面中。1970年代以來所謂的「臺灣結」與「中國結」、「中國意識」與「臺灣意識」、「中國認同」與「臺灣認同」乃至於「統獨」問題等爭議,都與「省籍矛盾」有著或多或少的關聯性。1980年代中後期以來,「省籍」作為一種特殊的群體認同符號,成為影響島內政治權力再分配的神奇的「政治魔術方塊」,在這一「省籍魔術方塊」面前,所謂的民主和理性原則往往顯得徒具虛言。在「省籍」政治符號之下,交織著兩大社會群體之間的衝突以及人們對臺灣社會公平正義的期待。

在學術界和輿論界,「本省籍」與「外省籍」兩大社會群體常常被稱作兩大「族群」,這一名詞雖然在很大程度上已經約定俗成,但並非一個嚴謹的概念。在政治學的術語中,將這兩大「族群」定義為「非社團性利益集團」或「社群」[1]似乎更加貼切。從臺灣的實際政治生活來看,「省籍族群」確實是以一種非社團性利益集團的結構形態,扮演著重要的政治功能。

一、「省籍族群」研究的理論視角

臺灣的「省籍族群」意識肇因於「省籍矛盾」,而所謂的「省籍矛盾」,指的是由於1947年「二二八事件」及此後國民黨當局的錯誤政策,臺灣本省籍人士與抗戰勝利後赴臺的大陸各省人士之間產生的情感隔閡與利益衝突。在現有的相關研究成果中,有的是從文化認同的角度、有的是從權力分配的角度、還有的是從階級分析的角度來觀察,這些研究各有所長也各有所短。從整體上看,或許是研究方法取向上的局限性。例如:以族群文化認同角度來說,則難以解釋「本省族群」中原住民與漢人之間的差異,也不能解釋「外省族群」中諸如閩南人與江浙人之間的差異性,這兩大所謂的「族群」內部的差異實際上遠遠大於他們之間的整體差異;而權力分配之說雖然很直觀,也很有現實感,但在說明遠離權力結構的選民在投票取向上為何會出現省籍偏好的問題上就顯得格外蒼白無力;至於階級分析的視角雖然深刻,卻很難解釋為何同一階級階層的本省人與外省人在

選舉中會作出兩種截然不同的選擇。

　　本文認為，臺灣的「省籍矛盾」十分複雜，在不同的歷史階段「省籍族群」的結構與功能也不盡相同，因此除了靜態的研究之外還必須有動態的行為的觀察，並運用交叉分析的研究方法進行綜合研究。本文擬以結構功能主義理論為基本分析框架，結合運用政治系統論、政治變遷理論、階級分析以及政治文化理論等觀察面向，多視角分析「省籍族群」的結構功能變遷現狀。依政治系統論的原理，臺灣區域政治系統為中國政治體系下的一個相對獨立的次體系，該次體系是由政黨、政治性社團、宗教團體、利益集團、社會階層等龐雜多樣的政治結構群所組成。根據結構功能主義理論，本省籍與外省籍兩大「族群」為其中兩個「非社團性的利益集團」，在強調兩大集團有著許多一致性的同時，我們也不得不看到它們之間在情感、記憶、經歷、地緣認同甚至價值觀念等方面的差異性，這些差異雖然只是相對存在，不一定有一個很清晰的界線，但卻依稀呈現兩種不同的「政治亞文化」形態。正是由於這種「政治亞文化」的差異性，以及一定的特殊利益區隔，加上階級與權力鬥爭等因素的滲入，兩大「非社團性利益集團」在不同的時空、在體系維持、利益表達與利益綜合、政策制定與評價等不同方面所扮演的政治功能也就有所不同。

　　作為「非社團性利益集團」，臺灣的「省籍族群」是建立在共同意識到的政治、經濟、文化利益連續性基礎之上的地域性、語言性、心理性兼具的社會群體。其構成既不像「非正規性利益集團」（如請願團體、遊行集會及騷亂組織等）那樣的短暫和不穩定性；也不像政黨、工會、政治性基金會、官僚機構、黨內派閥組織等「社團性」、「機構性利益集團」那樣有一個專門化甚至綱領化、章程化的組織結構。這些特點決定了「省籍族群」並非臺灣社會中一個暫時性政治現象，但由於缺乏有組織性，其整體政治功能的發揮也就相對局限於群體意識的口耳相傳（政治社會化）和個人的投票行為（精英甄補）兩個方面，這兩種功能都屬於維持與改變政治體系的功能。當然，透過媒介與精英代理，「省籍族群」也可以有利益表達、利益綜合及政策回饋的功能，這種間接性功能本文暫不討論。

二、「省籍族群」的結構變遷

臺灣的「省籍族群」雖然有一定的利益連續性和結構穩定性，但是，隨著時空環境的變化，其結構內涵也會發生相應的變化。由於「本省人」與「外省人」兩大族群的劃分是以「光復前來臺」或「光復後來臺」為區別，而這兩大族群內部的構成實際上都很鬆散且多元——「本省族群」內部可細分為閩南人族群、客家人族群、原住民族群；而「外省族群」是由來自大陸各省人士構成的鬆散聯合體。50多年來，「本省族群」與「外省族群」的二分結構雖然大體保留了下來，但必須指出的是，由於通婚、交流、世代交替、政策調整等因素，臺灣的「省籍族群」結構已經出現很大的變化，這一變化的趨勢在今後若干年裡還有可能加快。

1. 自然變遷

「本省籍」與「外省籍」是臺灣人口結構中最主要的兩個部分，介於這兩者之間的金門、馬祖地區人口僅數萬人。光復前父祖輩即為臺灣籍的為「本省籍」，光復後去臺，父祖輩為大陸各省籍的人士為「外省籍」。光復初期，除部分赴臺接收的國民黨軍隊外，外省人口很少。直到「二二八事件」發生之初，外省籍人口比例還是很小。1949年到1950年間，100多萬的大陸軍民入臺，外省人口比例急劇增加。根據臺官方的統計資料，1956年時的本省籍與外省籍人口比例約為九比一，其後外省籍人口比例繼續增加，到1970年時，外省籍人口比例達到最高峰；1970年以後，外省籍人口比例開始出現明顯的下降趨勢，相對地，本省籍人口比例明顯上升。根據1992年臺修改「戶籍法」取消原籍規定前的最後一次人口普查統計資料〔2〕：在1970年到1980年十年間，外省籍人口占臺灣總人口的比例從16.7%下降為14.6%；1980年到1990年的十年間，外省籍人口占臺灣總人口的比例下降為12.7%，本省籍人口比例上升到87.1%，這十年間臺灣總人口增加了約244.83萬，而外省籍部分僅增加584人。由此可以看出，1970年代以來外省籍人口占總人口的比例幾乎是以每10年約2個百分點的速度在遞減中。

在這一自然的人口結構變遷中，有一個必須特別予以強調的特點是，「本省族群」中經歷過「皇民化」教育的人口比例逐漸減少，目前仍健在的這部分本省人大多已年近古稀。同時，在「外省族群」的人口結構中，在祖國大陸長大成人的外省人口比例也在減少之中，目前仍健在的至少也在花甲之年。

2.政策性變遷

族群問題在臺灣歷史上一直都存在。根據可考資料，臺灣歷史上的不同時期先後發生過「原原之爭」、「漢原之爭」、「閩客之爭」、「漳泉之爭」甚至是宗族之間的大規模「械鬥」。「二二八事件」以來「省籍矛盾」可以說是臺灣族群矛盾史在現代社會中的延續。但有所不同的是，歷史上的族群矛盾基本上是以土地、水資源的再分配為核心，政治敏感性較低，更無涉國家認同；而省籍矛盾則是以政治權力的再分配為核心，在兩岸對峙和外國勢力介入等因素下這一矛盾甚至映射到國家認同。國民黨政權退踞臺灣後，為了從形式上繼續維持其「中央政府」法統地位，臺灣當局長期供養其在大陸時期「選」出的各省「中央民意代表」，政治權力再分配也往往以「省籍」平衡為重要的考量因素，致使臺灣本省籍民眾在政治上產生強烈的「被剝奪感」。因此，省籍因素被直觀地簡化為臺灣的「省籍族群」矛盾的禍根。

為了從根本上解決「省籍問題」，島內不少人主張必須以取消「本籍」的方式從根本上解決省籍矛盾。如臺「立委」林志嘉所說：「我們都瞭解，自從二二八歷史悲劇發生後，居住在臺灣的住民、居民多多少少都蒙受到所謂的省籍情結陰影，而這項陰影也一直延續到現在；我們一直希望這個陰影能消除，打破所謂的省籍圖騰，讓所有中華民國炎黃子孫都能沒有隔閡，和諧相處在一起，所以，本席認為，將戶籍登記口之『本籍』刪除，而以『出生地』替代，應更有助於國內所有民族感情的融合」。〔3〕另一國民黨籍「立委」蔡壁煌也表示：「鑒於最近這段期間以來，省籍情結的存在造成社會上許多不必要的嫌隙與隔閡，此一不當的省籍標籤作用，徒增社會困擾，不但對個人不見任何辨識意義，反造成社會團結與和諧的障礙。」〔4〕

根據修改前的臺《戶籍法》相關規定，公民的籍貫從父本籍。因此，大多數

戰後在臺出生的外省籍第二代、第三代都保留了其父祖輩的籍貫——一個湖南人後代，可能從未到過湖南，但他的籍貫仍必須填寫「湖南」。1992年6月24日，臺朝野「立委」不分省籍一致三讀通過《戶籍法部分條文修正案》，刪除《戶籍法》中有關「本籍」規定，改採「出生地」規定。取消本籍規定後，凡在臺灣出生，無論其本籍在臺灣還是大陸，其戶籍一律改填臺灣出生地，如某人父親的籍貫為浙江省杭州市，而他本人出身於臺灣彰化，根據修改後的「戶籍法」，他的戶籍不再填寫浙江省杭州市，而是填臺灣省彰化縣。這一政策的出臺對臺灣的省籍族群結構造成了重大且深遠的衝擊。目前，法理上的「外省籍」人口已經大幅減少。我們可以發現，這幾年來的選舉登記已很難找到「外省人」的痕跡，以現在的實際世代構成，「外省族群」事實上正走向「沒落」，法理上、地域上、語言上的本省籍、外省籍劃分很快就會在臺灣成為歷史。

當然，因政策性影響發生變化的不僅是「外省族群」，「本省族群」內部結構也受到一定的政策性影響而出現變化，最明顯的就是原住民人口比例的相對減少。以阿美族和卑南族為例，1968年時，兩族人口約18萬人，1978年時仍有15萬人，1989年則僅剩12萬人〔5〕。而對原住民實行的「平地化」政策則是另一重要原因。

總體上看，「本省族群」相對於「外省族群」是一個「上升」的族群，「外省族群」則充滿沒落的感覺。

三、「政治革新」前的「省籍族群」功能演變

作為一種體制外的政治結構，「省籍族群」如同其他政治團體一樣，政治功能的發揮受到特定政治時空環境的制約，而在臺灣的特殊政治環境中，「本省族群」與「外省族群」在不同的歷史時期受到政治環境的影響程度又有明顯的不同，其政治地位與政治功能自然也就不一樣。在光復初期，外省籍民眾人數極少，恰如戴國煇所說，「的確是沒有省籍矛盾或對立的問題存在」〔6〕。但「二二八事件」的爆發卻開啟了日後臺灣「省籍矛盾」的先河，當時掌握公權力的「統治者」基本上是從大陸來臺的「外省人」，而「被統治者」基本上由本省

人構成，國民黨在臺統治集團與臺灣當地民眾間的矛盾關係因此被折射成外省人與本省人之間的群體矛盾。當然，1949年後越來越多的大陸軍民湧進臺灣，不可避免地會與當地臺灣民眾之間產生政治社會資源的排擠效應，這也是臺灣「省籍矛盾」的原因之一，兩大「省籍族群」之間的矛盾與競爭關係由此形成。

在整個1950年代和1960年代，省籍意識被認為是一種離經叛道的觀念，國民黨當局一直否認有什麼「省籍問題」。〔7〕因此，政治意義上公開的「省籍」衝突並不顯著，以「省籍族群」為單位的政治功能行使也較有限。在「動員戡亂體制」之下，民間政治力受到嚴格壓制，無論本省還是外省民眾，充當「政治順從者」是一種無奈的選擇。但就兩大族群的總體政治地位來說，差別還是存在的：由於外省人不僅在來臺前就大多依附在黨政軍公權力周圍，而且背負著國民黨「全國性」政權「法統」的象徵，因此，他們對公權力依附性較強，對國民黨政權安危存亡的敏感也較強。與「本省族群」相比，「外省族群」無論是政治參與的途徑還是政治錄用的比率方面都居於優勢地位，當時「國民黨候選人多半考量省籍，其中絕大部分是外省籍」〔8〕，因此，他們對政治體系的支持度也較高，對於早已「空洞化」的「中華民國」法統的維繫起了關鍵的作用。自然地，「外省族群」在政治認知、情感、價值觀念的傳承方面基本上與政府當局保持一致。

相反，「本省族群」大多與國民黨政權這一來自大陸的「中央政府」沒有多少直接關係，因此，他們在政治上對國民黨政權有相對的疏離感，在政治認知、政治情感、政治價值觀念等方面也與官方政治文化保持一定的距離：基本上是不反對卻有很大的保留。這一時期本省人對政治較冷漠，他們的興趣點主要在土地與傳統社會經濟資源的經營上。本省人有限的政治參與基本上被限制在「地方自治」範圍之內，地方精英的甄補可以說是唯一較積極的政治功能。「地方自治推行二三十年下來，在選舉中的省籍情結卻使得各級民選公職人員幾乎清一色是本省籍，軍方支持的外省籍民代則成為議會中的點綴。」〔9〕在「中央」層級，「本省族群」基本上起「政治順從者」的作用，他們發揮體系功能的條件尚未成熟。

到了1960年代末，由於「萬年國會」開始出現嚴重的老化現象，國民黨政權別無選擇地採取了就地增選「中央民代」的方式，以維繫「法統」地位，「本省族群」的政治地位開始提高。此時的「本省族群」也已在經濟上積累了相當豐厚的資源，進軍「中央」政權的能力大增。「蔣經國組閣以後，臺省籍人士才開始進入中央政府」，「至於財經、國防、外交、及法務、教育等關係政權的部長，還是『不放心』交給臺省籍人士。那時候，臺籍政客在國民黨權力核心中，還只是陪襯的角色。」〔10〕國民黨當局這種局部的政治開放的確贏得了一些支持，但由於開放再分配的政治資源相當有限，根本滿足不了快速膨脹的參與需求，本省政治精英很快就產生了政治失落感，進而對權力分配的公平與正義問題提出質疑。

無論如何，「本省族群」的政治再參與序曲已由此展開。雖然仍處在「戒嚴時期」，但「本省族群」集團式的政治參與要求已經形成。從1970年代初的「大學雜誌」、1970年代中後期的「中壢事件」和「美麗島事件」到1980年代初期不斷膨脹的「黨外運動」等，人們聽到越來越多的本省知識精英在叩響政治之門，新思想新觀念不斷出現，一個飽受壓抑的民間政治亞文化正在復甦。這一時期的事件與政治反對運動雖然多數打著「民主」的旗號，而且也有一些外省人參與其中，但從主流上看，還是一場「本省族群」要求擴大政治參與的運動。正如王甫昌所說：「臺灣反對運動的具體目標長期以來，可以說是為『臺灣人』或『本省人』爭取較多的政治權力，在本質上就有濃厚的族群色彩」〔11〕。此一時期「外省族群」所扮演的政治功能沒有太大變化。

四、「政治革新」以來的「省籍族群」功能變遷

1986年春，在島內外「民主化」的急迫壓力下，國民黨專制獨裁體制風雨飄搖，在蔣經國的直接授意下國民黨中央終於出臺「政治革新」計畫，此一「政治革新」的內容包括政治制度及黨務革新、大陸政策及對外政策等許多方面，但最主要的還是政治制度面的改革，其中包括有計劃地「解除戒嚴」、開放黨禁和報禁等重要內容。當年9月28日，民進黨搶在臺灣當局正式宣布「解嚴」之前成

立,並得到國民黨的默認。自此,臺灣總體政治環境出現重大變化,國民黨當局的政治鉗制逐漸放鬆,以在野黨為代表的民間社會力開始活躍起來,包括「省籍問題」在內的不少「政治禁忌」也被打破。1987年,民進黨籍「立委」吳淑珍在「立法院」就「省籍問題」公開向當時的「行政院長」俞國華提出質詢,「省籍問題才正式進入公共思考領域之中」〔12〕「省籍族群」作為「非社團性利益集團」,其政治功能從此得到全方位的釋放。

1.政治社會化功能

「解嚴」之前的臺灣政治文化明顯地存在著由國民黨當局主導的「官方政治亞文化」與「民間政治亞文化」的疏離或對抗,官方政治亞文化也就是臺灣「解嚴」前的主流政治文化,相對來說民間政治亞文化是受到嚴格排斥的。無可諱言,「外省族群」的主體是官方傳統政治文化的堅定維護者,而維持民間政治亞文化的主力是「本省族群」。這種族群間的政治亞文化差異在「政治革新」開始後便呈現出兩種截然不同的體系功能:「外省族群」是正統官方政治文化的捍衛者,而「本省族群」則扮演著「顛覆者」的角色。(雖然官方政治文化早在「解嚴」前就已經開始受到質疑,但真正受到顛覆還是在「解嚴」以後。)這種「顛覆」與「反顛覆」的較量廣泛存在於政治認知、政治情感、政治價值觀念等方面。筆者認為,這樣的較量正是近十幾年來臺灣政治變遷的心理動力,在相當程度上,這也是臺灣政治體系變遷的深層原因。

長期以來,國民黨政權為維持其在臺統治的「正當性」,刻意用「中國文化」與「大中國意識」粗暴地貶抑臺灣「鄉土文化」與「鄉土意識」。他們以「動員戡亂」和「反攻大陸」為藉口,堅持所謂「法統」,拒不實行民主,臺灣民眾的尊嚴受到嚴重踐踏,政經利益得不到保障,「本省族群」因此積蓄了強烈的「被壓迫意識」。1986年以後,一場以「本土化、臺灣化」為主題的政治運動,夾雜著民主意識與分離主義意識席捲臺灣社會。這場抗爭運動一開始就是以「省籍符號」為工具,以民間政治亞文化對抗官方的主流政治文化。例如,在「立法院」中本省「立委」刻意以閩南方言發言、大學校園中的「反銅像文化運動」、社會運動中的「番薯」與「芋仔」之爭和平反「二二八事件」、知識界的

修改教科書主張等。透過這些「顛覆性」的政治社會化過程,「本省族群」系統地表達了自身的政治態度、政治認知、政治情感、政治價值觀念,甚至是政治符號,以及實現以「本省族群中心主義」取代「外省族群中心主義」的願望。到了1993年前後,這種「本省族群中心主義」基本上占據了上風,「本省政治亞文化」成為臺灣主流政治亞文化,臺灣社會彌漫著「臺灣人出頭天」、「臺灣優先」、「外省人父債子還」等主張;「中華民國」的符號讓位於「中華民國在臺灣」、「反共復國」讓位於「經營大臺灣、建立新中原」,蔣介石的銅像被集中「看管」起來,以「中國」為中心的教科書內容變成了以臺灣為中心……在這一過程中,「外省族群」雖然企圖極力維護官方政治文化,但他們最終還是走向了邊緣化。

斗轉星移,「本省族群」由政治邊緣人變成了壟斷性族群,由官方政治文化的顛覆者轉變成新政治文化的擁護者;相反,「外省族群」則由優勢族群變成了劣勢族群,由官方政治文化的捍衛者轉變成官方政治文化的旁觀者。從1986年到1993年的七八年時間,由於兩大族群對於變遷中的政治秩序都有著明顯的不滿或失落感,因此,這一時期的臺灣政局相當不穩定。但1993年以後「本省族群」完全成為新政治秩序下的主導族群,對政權的認同感、支持度顯著提高,其「顛覆」政治體系的負功能開始淡化,維護政治體系的正功能轉強,大多數人不同程度地成為政治參與者,臺灣政局由此進入一個相對穩定的時期。此時的「外省族群」雖然政治地位急劇跌落,但卻無力回天,自然地也對現政權產生一定的疏離。當前「外省族群」所保留著政治亞文化與新的主流政治文化有明顯的差距,只不過由於該族群內部結構的變遷,新一代外省人在政治認知、政治情感等方面已大不同於他們的前輩,他們雖然仍傳承了部分「大中國意識」與「大陸情懷」,但他們顯然更加認同臺灣這一政治次體系了。

2.精英甄補功能

這一時期的臺灣政治文化變遷為以政治權位為主要目標的政治資源再分配,建立起新的規則與價值取向;而「省籍族群」的另一體系功能——「精英甄補」功能的擴大,又使這一再分配變成了現實。從1980年代後期開始,政治文化的

變遷為「本省族群」政治參與的擴大創造了非常有利的條件，在「本省」「外省」簡單的二分法之下，「省籍問題遂成為政治反對運動中的一項重要的政治動員基礎」〔13〕。在選舉中，與特定「省籍族群」相關的符號也就成為選舉動員的利器，就像費鴻泰所說的：「所有與本土文化、語言相關的事物，均被附加了一層政治意涵，甚至像『說臺語就等於愛臺灣』等似是而非的言論，在選舉中更成了有心政客攫取選票的計謀」。〔14〕一時期的選舉我們確實看到了不少政客喊出了「臺灣人投給臺灣人」〔15〕之類的口號，以求取多數族群的支持。如此，人口居絕對少數的「外省族群」不僅在「數人頭政治」中處於弱勢，甚至連公平競爭資格也受到質疑：「社會學者蕭新煌曾多次表示，在2008年前，曾享受過特權好處的外省人不應參選總統；『民主不是這些人打下來的，怎麼能在威權時代占盡便宜，民主時代也要占好處？』」〔16〕

　　利用「省籍族群」作選舉動員最成功的當推民進黨人，直到1990年代末的「臺北市長」選舉時，還有人喊出「臺灣民進黨的某某某對抗中國新黨的某某某」。在殘酷的選票區隔之下，最沒有條件訴諸「省籍族群」意識的新黨，也不得不在許多場合下以「外省族群」的選票為固守的陣地。政黨競爭如此，黨內鬥爭也一樣。1990年前後，國民黨中央權力結構迅速地由外省籍為主體轉向本省籍為主體，這其中相當程度上是「本省族群」動員的結果，最典型的就是一句「外省人行政院長欺負本省人總統」的政治耳語，竟輕而易舉地讓最後一位外省籍的「政治強人」郝柏村黯然下臺。目前，「外省族群」無論在政黨之間還是在政黨內部，都是弱勢的一群，除了在部分都市地區還能選出本族群的代表之外，在絕大多數地區「外省族群」基本上都扮演政治配角。不過，「省籍族群」的精英甄補功能也有它的局限性，那些最善於運用「省籍動員」的政黨人士發現，他們自己越來越成為「省籍」的受害者：新黨因此無法深入農村社會，民進黨也因此在重大的單一名額選舉中失去了關鍵少數的支持。

　　然而，我們也不得不注意到，現階段的「外省族群」雖然是弱勢一族，但由於政治遊戲規則的變化，他們並不像當年的「本省族群」那樣成為消極的政治旁觀者，他們仍是一群積極的政治參與者，而且在選舉政治中他們的精英甄補功能還有著相當的關鍵性。當國民黨完成「本土化」、「臺灣化」的轉型之後，臺灣

的選舉成了本省人與本省人的戰爭，外省人在沒有自己的代表參與競爭的情況下，其選票流向往往就成了決定選舉勝負的關鍵。1998年12月的「臺北市長」選舉，「外省族群」特殊的「精英甄補」功能得到了淋漓盡致的揮灑。由於國民黨候選人與民進黨候選人在「本省族群」選票方面旗鼓相當，此時的「外省族群」票就成了左右選局的決定性力量。「據TVBS的一項調查，臺北市外省族群的族群投票行為，並不因為陳水扁的施政成績而有所動搖。這引起了包括外縣市陳水扁支持者（本省族群為主）的強烈反彈。令陳水扁支持者不滿的是，外省族群的集體不可動搖性，把一個有才能的本省政治菁英拉下馬」。〔17〕

五、「省籍族群」結構功能的發展趨勢

筆者認為，「省籍族群」的互動是臺灣政治發展，尤其是「政治革新」以來的臺灣政治變遷的重要動力，對政治現實的影響可謂入木三分。但是，我們也必須承認，隨著臺灣政治環境的變遷以及「省籍族群」結構的變化，「省籍族群」政治功能將不可避免地出現萎縮，「省籍族群」因素的重要性將讓位於「本省族群」內部矛盾或階級階層矛盾。儘管如此，臺灣的「省籍族群」因素將會長期存在下去，這是因為，「省籍族群」間的認知、情感、認同等政治亞文化差異並不會像地域性、語言性或政策性因素那樣容易改變，本省與外省兩大「省籍族群」將長期互為兩個獨立的心理性族群。（「所謂心理性的社群，指的是由於參加共同的活動而形成共同的心理體驗，並追求共同的目標的一群人。」「心理性社群在成員的內心深處通常擁有一種共同的社群的善，其行為的準則是社群的公共利益。」〔18〕）

1990年代中期以來，不少臺灣的學者和政治人物都看到了這一問題，於是提出所謂「新臺灣人」的主張，去年12月初的「臺北市長」競選期間，臺灣領導人甚至大力鼓吹「新臺灣人主義」，希望能不分省籍、族群、先來後到，共同認同臺灣，從而根本消除省籍、族群的對立。筆者認為，多數的臺灣民眾，不分本省、外省，都能夠正確處理對中國的國家認同與對臺灣的鄉土認同之間的關係，但是，「外省族群」中的絕大多數人與「本省族群」中的極少數人之間，在

「國家認同」這一「最高的善」的問題上存在著激烈的不可調和的矛盾，而這一矛盾結構對於部分政客來說恰恰是有利可圖，他們可以據此激化兩大族群間的政治亞文化矛盾，從中漁利。在這種情況下，所謂的「新臺灣人主義」主張絕不可能化解「省籍族群」矛盾，「省籍族群」間歧異的政治社會化與精英甄補功能仍將在一定範圍內發揮作用。

注釋：

〔1〕根據德國社會學家斐迪南滕尼斯（Ferdinand Tonnies）的定義，「社群是基於自然意志，如情感、習慣、記憶等，以及基於血緣、地緣和心態而形成的一種社會有機體」。美國哈佛大學教授邁克桑德爾（Sandel M.）認為：「所謂社群，就是那些具有共同的自我認知的參與者組成的，並且透過制度形式得以具體體現的某種安排，主要特徵就是參與者擁有一種共同的認同」。見俞可平：《社群主義》，中國社會科學出版社1998年版，第56-58頁。

〔2〕臺灣《主計月報》1991年第五期公布。

〔3〕臺灣「立法委員」林志嘉有關說明，見於臺灣《立法院公報》第八十一卷第五十期第74頁。

〔4〕蔡璧煌等67位「立法委員」有關提案說明，見於臺灣《立法院公報》第八十一卷第五十期第61頁。

〔5〕李來旺口述，孫大川文《歷史的見證——從平埔族到原住民》，臺灣《中國論壇》第358期1990年8月25日。

〔6〕戴國煇語，葉芸芸主編《當代人物談臺灣問題》，臺灣人間出版社1988年6月版，第95頁。

〔7〕民進黨政策白皮書：《多元融合的族群關係與文化》（張茂桂執筆），民進黨中央黨部1993年8月版，第2頁。

〔8〕謝長廷發言，見於臺灣《立法院公報》第八十一卷第五十期第76頁。

〔9〕陳哲明：《高層權力分配中的省籍因素》，臺灣《新新聞週刊》1990

年7月23-29日。

〔10〕陳哲明：《高層權力分配中的省籍因素》，臺灣《新新聞週刊》1990年7月23-29日。

〔11〕王甫昌：《族群動員與臺灣反對運動的支持轉移》，臺灣《中國論壇》第360期，1990年9月25日。

〔12〕王甫昌：《省籍融和的本質》，臺灣《自立晚報》1992年5月9日第14版。

〔13〕民進黨政策白皮書：《多元融合的族群關係與文化》（張茂桂執筆），民進黨中央黨部1993年8月版，第2頁。

〔14〕費鴻泰：《陳水扁為何大彈本土調》，臺灣《新雙週刊》1998年第69期。

〔15〕周玉山：《臺語成為新的語言霸權？》，臺灣《新雙週刊》1998年第69期。

〔16〕曾燕卿：《透視李連內心深處》，臺灣《財訊》202期，1999年1月號。

〔17〕曾燕芬：《族群問題一碰選舉就杠龜》，臺灣《財訊》202期，1999年1月號。

〔18〕俞可平：《社群主義》，中國社會科學出版社1998年版，第60頁。

臺灣省籍矛盾的社會歷史根源

張文生

臺灣社會由於所經歷的歷史與所處的島內外環境的特殊性，它的社會意識形態和政治文化都有它的特色。臺灣民眾因遷居臺灣的先後差異，產生不同的身分

認同，在政治上遭到各種勢力的利用，使得身分認同即省籍傾向成為政治傾向的重要劃分標準，同時省籍矛盾和統獨矛盾交織在一起，成為臺灣社會意識形態的重要內容，也是臺灣歷次選舉中鬥爭的焦點。

一、社會文化根源

臺灣社會的人口結構被分為四大族群：閩南人、客家人、外省人、原住民。其中閩南人、客家人、原住民是1945年以前就生活在臺灣的，又叫做本省人。外省人是指1945年以後，特別是1949年前後跟著國民黨政權到臺灣的人，當時大約跟去了120萬人，現在包括第二代大約有280萬人，占臺灣人口的13%左右。根據2002年底的人口統計，臺灣現有人口為2252萬人[1]。原住民約38萬人，不到2%，客家人大約為400萬，占18%左右，閩南人是臺灣人口中的絕大多數，占了將近70%。

臺灣長期以來是個移民社會，從大陸先後遷居臺灣的漢民族是臺灣社會的絕大多數。日據以前的臺灣社會，農民階層是社會主體，另外還長期存在著以金錢和名望為基礎的士紳階層，以及眾多的無業遊民，各階層往往以血緣、宗族、地域、職業為紐帶結合成不同的社會團體。民間社會團體往往受到黑道勢力的操縱和影響，成為競爭地方利益的主體。臺灣社會長期無法根除流氓黑社會分子，至今仍然黑道勢力猖獗，各縣市的地方派系和地方角頭操縱著地方的政治經濟資源配置。

臺灣歷史上就存在族群衝突，形成「分類械鬥文化」。早在明朝、清朝的時候，福建閩南人大量移居臺灣，當時先到臺灣的漳州人跟泉州人之間經常發生械鬥，後來廣東一帶的客家人也移居臺灣，閩南人跟客家人之間又經常械鬥，客家人人數較少，力量較弱，被趕到苗栗、桃園等一些山區縣居住。據統計，從康熙22年（1683年）到光緒21年（1895年），212年間總共發生大型的械鬥38次，其中閩粵械鬥9次，漳泉械鬥21次，異姓械鬥5次，異縣械鬥1次，職業團體2次。

臺灣的人口結構和社會習性影響了臺灣不同族群和省籍之間的政治關係，地

方利益的競爭延續到臺灣光復以後，以省籍矛盾的形式表現出來。

二、文化意識根源

1945年臺灣光復後，省籍矛盾成為族群矛盾的主角，本省人與外省人之間由於生活經歷和思想感情都不同，存在著政治上和文化上的隔閡。

在臺灣，外省人的先輩大部分跟隨國民黨政權參加過抗日戰爭，他們具有較為強烈的民族意識。而本省人經歷了日本殖民統治五十年的屈辱歷史，日據前期殖民者對臺灣民眾的反抗進行了殘酷鎮壓。二戰期間，日本為了配合戰爭的需要，在臺灣推行皇民化運動。皇民化運動從1936年底開始，到日本戰敗結束，經歷了八年時間，主要包括四個方面：一、國語（日語）運動；二、改姓名；三、志願兵制度；四、宗教、社會習俗改革〔2〕。日本的皇民化運動並沒有消滅臺灣的中國文化，閩南話仍是臺灣民眾的主要口語，媽祖仍然是閩南人的主要民間信仰，日本宗教的神道信仰對臺灣社會也沒有任何影響。但是臺灣社會多少仍留有日本文化和殖民主義的殘餘影響，主要是在少數知識份子和士紳階層中。現在臺灣的許多老牌「臺獨」分子都曾在日據時期接受過日本的教育，比如李登輝、彭明敏、辜寬敏、金美齡之流，他們成為臺灣光復以後宣揚和鼓吹省籍意識的主角。

臺灣光復以後，極少數「臺獨」分子的心態非常不正常，留戀殖民文化，他們不把自己看作中國人，而是千方百計地鼓吹、宣揚殖民者的「先進文化」。早期跟隨廖文毅搞「臺獨活動」的許朝卿就表示：「我的『臺獨』意識源自我對中國人的看法。我認為中國人真的就像日本人所說的那樣，是個殘忍、自私而貪婪的民族」〔3〕。許文龍在《臺灣論》的漫畫中甚至說二戰時候的臺灣慰安婦是「出人頭地」，李登輝說釣魚島是日本領土，還企圖去日本的大學演講，要去頌揚「日本精神」、「武士道」，為日本的軍國主義招魂。

三、戰後歷史根源

當然，臺灣光復以後本省人與外省人之間的矛盾，跟國民黨專制腐敗的統治也有關係。國民黨在臺灣的統治不僅未能撫平臺灣本省與外省民眾在文化上的識同差距，反而加劇了臺灣社會的省籍矛盾，甚至被扭曲和演變為統獨矛盾。

　　應當說當初臺灣本省人對於回歸祖國，對於臺灣光復是充滿希望，歡欣鼓舞的。1945年日本戰敗，臺灣光復，很多臺灣同胞敲鑼打鼓，放鞭炮，貼標語，歡迎國民黨軍隊光復臺灣。但是國民黨到臺灣後大肆劫收，推行專賣制度，壟斷各級政府職位和經濟部門。1947年臺灣本省人不滿國民黨的專制極權和貪污腐敗，舉行了二二八起義，其後遭到國民黨的殘酷鎮壓，二二八事件中死亡超過3千人，傷害了許多臺灣民眾。

　　1949年以後，國民黨敗退臺灣，蔣介石為了保留「中華民國」的「法統」，把整個南京國民政府包括「中華民國憲法」、「中央政府機構」都搬遷到了臺灣。在國民黨統治時期，外省人長期占據臺灣黨政軍情教各級要害部門，蔣介石藉口「反共」，實行「動員戡亂體制」，成為「終身總統」，後來又培養蔣經國做繼承人，也成為「終身總統」。從大陸帶過去的「國大代表」、「立法委員」則一直到1991年和1992年才全面改選，大部分本省人只能在縣鄉一級政權參政，這些都引起本省人不滿。

　　1950年代前後，臺灣本省籍民眾對於中國共產黨並沒有惡感，也沒有仇恨，許多人把推翻國民黨政權的希望寄託於中國共產黨解放臺灣。但是，國民黨政權在臺灣長期執行「反共複國」的政策，實行「戒嚴法」，推行白色恐怖的政治統治，據統計，1949年以後在臺灣先後被國民黨政府以「共匪」或「通共」等名義殺害的民眾有4000人以上，被國民黨關押的有8000人以上。蔣介石父子在臺灣以延續「中華民國」的「法統」自居，一方面，他宣稱代表全中國；另一方面，進行長期的反共宣傳教育。因此有些臺灣人對國民黨懷有歷史積怨，把國民黨政權稱作「外來政權」，同時又受到國民黨反共宣傳教育的影響，對中共懷有疑慮。1970年代以後，雖然蔣經國意識到省籍矛盾的嚴重性與危害性，開始推動本土化的進程，把李登輝、林洋港等本省籍人士提拔到中央一級的政權機關，但外省人仍然是多數，本省人仍然占少數。

四、現實政治根源

1980年代以來，隨著島內政治轉型，省籍意識被少數政治人物操縱和利用，省籍矛盾成為政治鬥爭特別是權力鬥爭和統獨鬥爭的手段，省籍矛盾在政治鬥爭中日益激化。

1980年代末，李登輝上臺後，成為第一個「臺灣人總統」，李登輝以本土化的象徵自居，透過打擊、排擠外省人來鞏固自己的權力，先後把國民黨內外省籍的元老如俞國華、李煥、郝柏村等人排擠出政壇。1990年代以後，外省人大多失勢，使外省人產生了危機感。國民黨內的主流派與非主流派的鬥爭，以及1993年從國民黨中分裂出來的新黨，是外省人危機意識的產物。

應該說，臺灣的省籍矛盾在日常生活中比較少見，但是在政治生活範疇內經常出現，尤其在選舉中得以集中體現。外省人參加臺灣的選舉，往往被貼上「賣臺」的標籤。省籍意識與統獨意識交織在一起，本省人與外省人的矛盾被扭曲成「臺灣人與中國人」的對立。1994年、1998年的臺北市長選舉，2000年「總統」選舉，以及2002年臺北市長選舉，進一步加劇了島內政治鬥爭中的省籍矛盾因素。2002年陳水扁在為民進黨籍的臺北市長候選人李應元助選造勢時說：「要用臺灣腳走臺灣路，不要用香港腳走香港路」，暗諷馬英九是出生在香港的外省人。帶有省籍矛盾的政治事件在臺灣經常發生。2002年5月，高雄市政府工務局長吳孟德在市議會答詢時，說高雄市鬧水災的原因是「外省人來太多了」，這一言論引起軒然大波，各黨派包括民進黨都一致譴責吳孟德製造省籍衝突，600多名外省人包圍了市議會，高雄市長謝長廷被迫公開道歉，而後吳孟德辭職，才算平息了這場省籍衝突。2000年5月，國民黨老黨員、外省籍退伍軍人史力行在李登輝卸任後首次公開活動時，潑了李登輝一身紅墨水，以示不滿。2003年2月28日臺北市長馬英九在二二八紀念會上被人罵作「狗」，還被吐口水。這些政治事件都是省籍矛盾的表現。

李登輝下臺以後，2001年又出面組織了「臺灣團結聯盟」，仍然打著本土化的旗號，宣揚「去中國化」，公開主張「認同臺灣國、制定新憲法」。李登輝

攻擊國民黨「聯共反臺」，說臺北市有「外省賣臺集團」。「臺聯」在「立法院」取得席位之後，也提出所謂的「臺生條款」，主張只有臺灣本省出生的人才能選「總統」。李登輝還表示，不管陳水扁做得好不好都要支持他連任，因為陳水扁代表本土政權。李登輝從上臺到下臺後都是本土化的最大受益者，把本土化旗幟一直扛在肩上，維持其個人的政治生命。

五、結語

戰後臺灣省籍矛盾的激化，在二二八事件以及1990年代臺灣政治轉型過程中出現兩個高潮。在臺灣光復初期省籍矛盾本質上是臺灣社會階級矛盾的表現，正如臺灣當局科研機構負責人李遠哲曾經指出的：「多年來臺灣內部的『統』與『獨』之對抗，其社會心性的本質，其實正是『壓迫者』與『被壓迫者』對立階層之間的爭執」〔4〕。但是隨著臺灣政治的轉型，臺獨勢力利用省籍意識，有意突出和劃分本土與非本土，「愛臺」與「賣臺」，甚至鼓吹「去中國化」，省籍矛盾被扭曲演變為統獨矛盾。

2002年1月24日，錢其琛副總理在紀念江主席對臺八點講話發表七周年時指出：「我們瞭解臺灣同胞的歷史遭遇、現實環境和心理狀態。我們充分理解和支持臺灣同胞希望當家作主的願望。我們反對的是極少數人借此名義搞『臺獨』。現在，『臺獨』分裂勢力正在挑動省籍矛盾，製造社會動盪，打著『本土化』的幌子進行『臺獨』分裂活動」〔5〕。省籍意識的存在反映了臺灣民眾要求當家作主的願望，本土化一定程度上代表了在臺灣社會占大多數的本省人要求享有相當的政治、經濟權利的要求，應當說這是正常的合法的要求，但是極少數人利用省籍矛盾，宣揚「臺獨分裂」主張，應當引起島內本省籍和外省籍民眾，以及海內外中國人的高度警惕。

注釋：

〔1〕臺灣《中國時報》2003年3月13日。

〔2〕參見周婉窈：《臺灣歷史圖說》臺灣「中央研究院」臺灣史研究所籌

備處1997年10月初版第165頁。

〔3〕張炎憲等：《臺灣獨立運動的先聲——臺灣共和國》上冊，臺灣財團法人吳三連臺灣史料基金會，2000年2月第1版第204頁。

〔4〕臺灣《中國時報》2000年9月3日。

〔5〕《人民日報》2002年1月25日。

臺灣的非營利組織與公民社會建構

王茹

在全球範圍內，非營利組織發展迅速，廣受重視，參與治理公共事物已成為普世性的潮流之一。臺灣的非營利組織經歷了一個長期的發展過程，當前在很多方面都有長足進展，並已開始參與治理臺灣的公共事物，「社區總體營造」和「九二一大地震」的救災及災後重建，就是兩個比較突出的例子。本文試圖在闡述相關的理論與概念的基礎上，對臺灣非營利組織的歷史進行考察，並結合當前實例來初步分析在臺灣所謂的公民社會建構中，臺灣的非營利組織所發揮的功能與作用，及其與臺灣「政府」之間的關係。

一、理論概述

公民社會（Civil Society）理論在1980、1990年代的流行有其國際背景〔1〕。但這並不妨礙其成為一種深化民主的重要的政治思潮。公民社會在一些國家和地區成為熱點話題。公民社會理論的主旨是宣導公民參與政治與社會生活。西方左翼的公民社會理論家一般認為，保持活躍的、強大的、參與性的公民社會，不斷擴大社會自主領域，限制國家活動範圍，對民主至關重要；公民社會內部的民主化和政治民主化是互為條件，相互促進。〔2〕戈登·懷特（Gordon White）定義公民社會為「它是國家和家庭之間的一個仲介性的社團領域，這一

領域由同國家相分離的組織所占據，這些組織在同國家的關係上享有自主權並由社會成員自願結合而形成以保護或增進他們的利益或價值」。〔3〕這樣，仲介性的社團領域所指稱的非營利組織、非政府組織、第三部門、公民社會組織等等就成為公民社會理論進行實證研究的一大熱點。其實，早在托克維爾的著作中，社團對民主社會、民主政治的功能就受到重視，「最值得我們重視的，莫過於美國的智力活動和道德方面的結社」、「在民主國家，結社的學問是一門主要的學問，其餘一切學問的進展，都取決於這門活動的進展」。〔4〕當代美國學者哈佛大學教授普特南對義大利南北兩個社區的研究表明，社團組織的發達與良莠與否對民主和社會的發展有著重要的影響。〔5〕

　　治理理論則進一步地對社團和政治民主、社會民主的關係更深入進行研究。過去人們將公共事物的管理或者説公共物品的提供看成是政府的天然職責。然而，人們經過公共物品的屬性進行研究，發現因為其具有非競爭性和非排他性，如果純粹由市場機制或私人機構提供時，會產生資源配置缺乏效率或公共物品供給不足等問題，這就是所謂的「市場失靈」；〔6〕另一方面，政府也不能夠完全解決問題，現代政府承擔了越來越多的經濟與社會職能，但隨著時間的推移，也帶來了公共支出擴大、財政負擔過重、政策效率低下、「公有地的悲劇」等「政府失靈」的問題。治理理論認為，要彌補這兩方面的不足和缺陷，就需要有活躍的、參與式的第三部門（或稱非政府組織或非營利組織）參與進來，而且政治必須從統治（government）走向治理（governance），理想的政治目標須從善政（good government）轉變為善治（good governance）。統治是自上而下的，其權威只能來自政府，是一元中心式的，而治理則是上下互動，權力雙向運行的合作網路式的過程，其權威並非來自政府，而是民眾的認可。〔7〕治理要揚棄中央集中式的權力機制和組織結構，代之以多組織、多層次、多中心的決策模式和合作參與。善治「就是使公共利益最大化的社會管理過程，本質是政府與公民對公共生活的合作管理，是政治國家與公民社會的一種新穎關係，是兩者的最佳狀態」。〔8〕總之，善治依靠的是公民自願的合作，善治的基礎就是公民社會，因此，從權力關係和權威認同來看，善治實際上就是國家權力回歸於社會。在這個理論框架下，非營利組織就成為治理的核心要素之一，它透過公民自願結社而

成的組織為公民走出私人領域，提供了參與公共事務的機會和手段，也提高了他們的參與能力和水準。在眾多國家和地區所進行的治理變革中，非營利組織參與公共政策已成成為一種潮流。

　　非營利組織，常常與非政府組織、第三部門、公民社會組織、社團等名稱混同使用，而在不同的國家或地區，它所具體指稱的部門與組織如公共慈善組織、自願組織、基金組織、公益法人等等所包括的範圍也不完全一樣。但它大致可以定義為政府、市場之外的民間組織，其本質是個人自願組成團體謀求互利或公益，具有私立、非政府、非營利、獨立運作、促進社會公益、公民自願加入、財務自主、免稅、盈餘不做分配等性質。〔9〕在一些國家和地區，非營利組織的地位和功能十分發達。1990年代中期美國霍普金斯大學的萊斯頓.薩拉蒙教授主持了一個非營利組織的全球比較研究專案，在26個國家進行了調查，發現這些國家非營利組織的支出總額高達112000億美元，為其工作的雇員相當於3100萬全職雇員。〔10〕隨著全球化的進程和電腦網路的發展，非營利組織早成為一個跨國的現象，在全球性治理的問題上例如全球環境與生態、人權、移民、毒品、走私、地區衝突、防治傳染病等方面發揮著自己的作用。

　　「Civil Society」在中文中原本有三個不同的譯名「公民社會」、「市民社會」和「民間社會」，這三者語意存在著一些微妙的差別。〔11〕臺灣學者最初喜用「民間社會」這一稱謂，取其「民間對抗『政府』」之意，〔12〕而1990年代中後期以來「公民社會」的使用頻率漸增。這一詞語使用上的轉變已經稍稍透露出臺灣在政治轉型前後「社會力——『政府』權威」角力的不同途徑或方向。如果說「民間社會」主張對抗，那麼「公民社會」在保持自主性的前提下，則更多主張的是自願參與、合作、競爭。這一時期，臺灣的非營利組織的發展也進入到一個新的階段。非營利組織，根據其與政治、國家之間的關係，可以分為抗爭型和社會服務型兩種類型。在政治轉型的國家和地區，非營利組織的發展及其與政治之間的關係，是比較複雜的。一般而言，在政治轉型發生前後的一段時期，不但抗爭性的非營利組織，甚至連一般的社會服務型的非營利組織，都會捲入到社會政治運動與鬥爭中；到了政治轉型已比較穩定的時期，抗爭型的非營利組織發起的運動與鬥爭雖然時有發生，但力度不如以前，而且自身還可能會

朝社會服務型轉變。1990年代中期臺灣就經歷了這樣的一個轉變過程。臺灣「政府」開始吸納一些非營利組織參與某些公共政策。建構公民社會自1990年代以來也成為臺灣「政府」、學界、社運界探討和實踐中的議題。

二、臺灣社會力的興起與非營利組織的發展

迄今為止，臺灣的非營利組織發展歷程，大致可以分為三個階段。

第一階段是威權統治時期，直到1970年代末期，非營利組織受到國民黨政權的嚴厲壓制和控制，自主性的社團幾乎不存在。國民黨威權統治期間，「戒嚴體制」是一個對社會實行高壓與滲透性統治的體制，社會的自主性被擠壓得幾乎不存在。國民黨實行「黨禁」，雖沒有正式地否認人民的結社權利，但是實際上卻將各種結社全部地納入到國民黨的「黨政」體系裡，幾乎所有的社會團體或組織都必須在官方的控制之下，或由官方包辦。所有的職業性公會及工會都由「政府」出面成立，國民黨壟斷其代表成員的產生。非職業性的社團每一類型僅僅只能組織一個，而且被限制在單一區域的層次上。這些團體實際上由國民黨的特種黨部組織負責其運作，工會、商會、農會、漁會、婦女等社團組織基本上都由國民黨把持。其他零星存在的一些慈善性組織如紅十字會、基督教兒童福利基金會等，獲得了生存，因其顯然不會觸及政治敏感線；而一些聯誼性組織如青商會、扶輪社、獅子會等，則屬於工商業精英進行社交聯誼等活動的機構。許多公共政策的制定過程，缺少公開的參與和辯論，所有相關公共政策的形成只能依賴於國民黨的一黨偏好。對於普通民眾而言，根本沒有機會也沒有什麼興趣進行政治與社會結社。

第二階段是1980年代到1990年代中期，臺灣的社會力破土而出，出現了大量的社會運動型的社團，不僅社會運動迅猛發展，而且「社會力對抗『政府』權威」的態勢明顯。1970年代，臺灣島內外環境也發生了巨變，國民黨統治的合法性遭到了沉重的打擊。〔13〕同時，臺灣社會已經從農業社會發展到價值多元的現代工商業社會，本省籍的工商精英已經在經濟上占到了上風，各群體各階層尤其是新興的中產階級，要求對政治權力和政治價值進行重新分配，要求社會

改革。1970-1980年代臺灣一些突出的社會問題或促使受害者自發地起來抗爭，或使一些人出於公益，組織起社團，發動社會運動，向當局施加壓力。消費者組織如「消費者文教基金會」和一些反環境污染的社運團體是其中比較突出的。勞工、農民、婦女、學生、知識界、原住民等社會群體也逐漸擺脫國民黨的控制，初步形成了一些具有較強政治參與和社會參與意識的團體。總之，社會力已經不可阻遏地突破高壓政治的封鎖。隨著社會力的釋放，臺灣民眾的結社行為大為增加，1980-1990年間參加社團的人數增加了2倍，達到2700多萬人次。〔14〕研究也發現1980年代中期臺灣民眾的政治參與態度正處於轉型階段，多數民眾對政治參與的自主性權利意識正在發展。〔15〕臺灣民眾結社行為的增加和自主性權利意識的興起，表明他們透過對自身利益和社會公益的關切，走出了狹隘的私人領域，改變了過去對公共生活的漠然態度，顯示了參與公共生活的熱情，這也是當時臺灣社會運動頻頻發生的一個重要因素。在「解嚴」之前的1980-1986年，消費者運動、反污染自力救濟運動、環保運動、婦女運動、原住民運動等運動就已經出現。而各種運動和自力救濟行動中的肢體抗爭與暴力對抗，諸如擋街、阻路、圍攻、騷亂等等不時見諸於社會各個角落，社會秩序難以為繼。這讓國民黨感到了過去可以任由其支配的社會正在發生巨大的變化，不得不調整政策，1986年開始政治改革，隨後又解除「戒嚴」。然而控制支配的體制一旦鬆動，社會力就更加猛烈地爆發出來，不僅原有的各種運動在繼續發展，而且新出現了勞工運動、教師人權運動、殘障及福利弱勢團體、政治受刑人人權運動等政治性更強的運動，連一向保守的農民也在1987-1989年發動多次規模較大的街頭抗議行動。〔16〕1987-1989期間，社會抗議運動共同形成了強大的合力，不僅數量規模不斷地擴增，而且與政治反對運動的聯繫越來越深，政治衝擊力更強，推動著民主運動向高潮發展，這趨勢一直延續到1990年代中期。民進黨在這個過程中，也不斷挑起並吸納其他社會抗議運動的力量，壯大自己。因此，在這一階段，民間社會這個詞語，正是體現了「民間對抗『政府』」這一指向，社會運動團體和民眾反動的各種大大小小的社會抗爭運動和示威活動，在總體上都指向反抗國民黨的統治，因此，「社會力——『政府』權威」在相當的程度上是處於對立的狀態。這對臺灣政治轉型的發生當然有其重要的意義。

第三階段是1990年代中期以來，非營利組織回歸常態，並參與公共治理。隨著臺灣政治發展的進程，臺灣的社會運動也進入了一個轉變時期。據臺灣學者研究，約在1993年左右，抗爭和示威遊行大量減少，從街頭行動轉變為專業遊說，抗爭的發動者由民眾轉移到專家，發生了所謂「社會力的馴化現象」。〔17〕臺灣很多社會運動組織對於發動抗爭運動的興趣在下降，並開始試圖擺脫強烈的抗議性格，回歸到比較常態的民間社會及社會服務的運作軌道上來，轉型為正式的非營利組織。除了臺灣威權體制瓦解、民主化有所進展等政治制度因素外，有人認為，這一轉變與社會運動的組織化、組織技術有很大關係，以往上街、阻路、圍攻、騷亂等街頭抗議運動衝擊社會秩序，抗爭的民眾和社團背負著製造「亂象」的壓力，不僅在實踐過程中因為組織化和組織技術的成熟而越來越「理性」，而且隨著組織化與組織技術的發展使得精英成為了領導者、運動者，而他們大多數屬於專業經理階級，更偏好專業路線。〔18〕自1989年《人民團體法》修正後，臺灣的非營利組織，發展勢頭一直不減。現在臺灣以基金會形式存在的財團法人，有3100多家，而以人才為主的社團法人，更達到了19500多家。臺灣的非營利組織已經不僅僅是引領民眾政治參與和社會參與的主要動力之一，並且已經開始在公共政策的制定中扮演一定的角色，因為它們多數能夠深入民間或紮根於社區基層，又具有公益的性質，更能動員民眾，將民眾的實際需求與建議反映給當局。在臺灣，非營利組織參與公共政策方式主要有政策宣導、遊說、訴諸輿論、自力救濟、涉入競選活動、策略聯盟等等。1990年代中後期，臺灣當局在施政過程中，開始注意吸收一些非營利組織參與公共政策的規劃與執行；非營利組織也越來越多地尋求與「政府」合作，或承辦各種「公辦民營」的施政措施，或積極介入立法、修法，如在消費者保護、環保、醫療健康、社會福利等方面的公共政策的制定，都可見到非營利組織活躍的影響。所謂建構臺灣公民社會的思潮也在官方、學者和社會中間得到了傳播與認同。公民社會這一詞語也越來越頻繁地見諸於主流媒體和社會輿論當中。

從這樣的發展歷程來看，臺灣社會力的浮現及其集結起來，共同推動政治轉型的發生，為公民社會奠定了一個可供發展的基礎，而非營利組織的蓬勃興起，更開啟了建設公民社會、參與治理的希望之門。但是，非營利組織與「政府」權

威的角力，在建構公民社會、參與治理公共事物的過程中，並沒有停息。臺灣當局力圖吸納、馴化民間社會力，而一些非營利組織和社團，則力圖自主地展開行動。「社區總體營造」就是由官方所主導，一些非營利組織和社區居民共同參與建構所謂的「公民社會」和「國家認同」的社會工程；但在「九二一大地震」的救災及災後重建過程中，臺灣的非營利組織則相對自立地提供了一個建構公民社會、進行治理的一個範例。〔19〕這兩個事例在一定程度上分別體現了官方主導和民間自主不同的方式或路徑。而臺灣非營利組織的自主性與「國家」之間的複雜關係，對於臺灣公民社會的建構是一個非常關鍵的問題。

三、臺灣非營利組織參與治理的兩個事例

臺灣相當多的非營利組織在「社區總體營造」和「九二一大地震」救災及災後重建中的都不同程度地參與了公共事物的治理。

1980年代中後期到1990年代初，社區熱潮開始在臺灣浮出水面。一些社會運動團體紮根社區，培植實力，期望獲得長遠發展；不少地方文史工作者基於愛護鄉土的情懷，想要在社區挖掘培植本土文化；許多鄉鎮與城市的居民則自願結合，發起各種活動，期望改造社區品質，提升生活品質。這是臺灣社會草根力量的顯現，體現了基層民眾對草根民主的要求和對公民社會的期望。但是從1994年起，臺灣當局開始推動「社區總體營造」政策，聲稱要動員民眾參與社區空間的營造過程，參與地方文化並使之精緻化、生活化，以重塑文化認同、建立社區意識、凝聚「國家」公民意識和「生命共同體」意識。這一政策納入了相當多的民間非營利組織。據統計，全臺約有210多個基金會、工作室、學會、協會這樣的非營利組織，參與了這一政策。在這樣社區營造活動中，很多參與的非營利組織或接受相關部門委託輔導社區，或者與社區結盟向這些部門提案申請補助。其中的一些非營利組織為此投入了相當多的精力，協助臺灣當局展開諸如培育社區人才、保護與再造社區環境、振興臺灣的地方文化、發展文化產業、舉辦生活文化活動、保護古跡等等項目和活動，很多地方展開的社區活動也頗為熱鬧。

然而這一政策出臺的大背景是臺灣的「國家」權威和合法性受到衝擊，而

「政治本土化」來勢洶洶，在這種情況下，李登輝等人就要借著這樣一個由官方主導的社會工程去營造「新國家認同」。這一政策的政治本質是要建構「新的國族主義，召喚人民認同新國家，其方法為培養來自土地原始認同的共識，以及建構新的族群」。〔20〕它在整體上就是由當局「由上而下」地貫徹建構「新國家意識」的工具，因此，這是一個重新凝聚「『政府』（『國家』）權威」的過程，並沒有把權力和權威真正回歸於社會。在實際的政策過程中，官方並不會主動將自己「貶低」為非營利組織的合作者，它仍然要居於上位，掌握著資源，優勢是明顯的。非營利組織只能迎合官方的目標，它們中不少忙於弄計畫要經費辦活動，表面上助長了社會參與的風潮，然而無助於社區內居民自主性和自治性的提高，也即建構公民社會最為基本的層面並沒有得到真正的重視。同時，很多非營利組織接受「政府」的資助後，往往更降低了本來就比較缺乏的自主意識和批判意識，往往形同被收編。社區總體營造所鼓吹的「社區意識」，如果沒有輔之以平等交往、民主協商和保護公民個人權益等條件，即使在臺灣社會內部，也會很容易就蛻變為保守主義的溫床，或局限於狹隘的區域意識裡。〔21〕在實際的社區營造的個案中，主要仍然是一些精英在主導，普通民眾雖然被一些公共活動所吸引，有了一些低層次的公共生活，但距離積極地介入公共事物、培養民主參與意識還相當遙遠。因此，在「社區總體營造」中，並沒有顯現出所謂的「第三部門、政府、社區」的民主治理態勢。〔22〕

「九二一大地震」的救災及災後重建，是臺灣的非營利組織自發地參與治理的一個典型範例。1999年9月21日，臺灣以南投縣、臺中縣為中心發生了裡氏7.3級地震，由於是淺表型地震，破壞較大，總共死亡2400多人，房屋倒塌損毀2萬多間。這次大地震中救災及災後重建中，臺灣非營利組織表現亮麗，而臺灣「政府」則多為人所詬病。災後四小時之內，有關的「政府」部門還未有任何的行動，就有慈濟功德會組織了義工和醫療團隊，抵達災區，迅速地開展救援、賑災、安撫工作，發揮了巨大的效用。在救災期間，媒體熱情地呼籲愛心捐款，各團體、組織、學校、公司及媒體紛紛打出捐款帳號，民間捐款達到了375億多的新臺幣。臺灣各地的許多社團組織、社會力量和個人都行動起來，自行集結組織前往災區，紛紛運送民生與救援物資，參與各種救災與重建工作。一些社會福利

團體，除了去做救援與重建工作外，當臺灣「政府」部門還未想到協調資源與管理募款的辦法時，他們在1999年10月7日就已經自主地建立了一個自力的民間的賑災資源監督機制——「『全國』民間災後重建協調監督聯盟」（後改為「『全國』民間災後重建聯盟」），由李遠哲擔任總召集人。〔23〕民間的慈善機構認養、承建的房屋或公共建築不論在品質還是在資金使用效果上都比「政府」高很多，例如王永慶承建的災區學校每坪成本僅2.7萬新臺幣，而公共發包的索價高達20-46萬新臺幣。〔24〕民間普遍對新舊「政府」的救災不力、重建拖遝表示不滿，臺灣「『全國』民間災後重建聯盟」在2000年3月公布的第一次民調顯示了災區民眾針對國民黨「政府」的嚴重不滿，而2000年9月公布的另一次民調中災民也給民進黨「政府」也打了59.12分的不及格分數。〔25〕雖然在救災及災後重建中，從總體上講，臺灣「政府」依然是大頭，非營利組織仍然扮演合作與協助的角色，但是，非營利組織除了表現出令人印象深刻的自動性、自主性和行動力外，其自發地成立「『全國』民間災後重建聯盟」等行為也表明了某種自治性，對「政府」的公權力不無衝擊之處。〔26〕

「九二一大地震」雖然非常殘酷，但是臺灣社會和民眾卻從救災與災後重建中感受到了社會自身蘊涵的巨大能量，臺灣社會之所以能夠歷經劫難而不倒，這種社會力應該說起到了非常重要的支撐作用。在「九二一大地震」之後，臺灣社會與非營利組織在共同受災、救災經驗的實踐、闡述和理解中，一方面對「政府」的無能和缺乏治理之術，提出批判；另一方面不少非營利組織贏得了良好的聲望，獲得了高度的公信力，給以臺灣民眾一定的權威感，超過了當局，而社會對公民社會組織已漸漸有所熟悉，一般大眾也改變了對公共事務漠不關心、疏離、冷落的態度，對由非營利組織進行治理也充滿期待，所謂「義工社會」已成為一個號召。在這過程中，臺灣的非營利組織對自身的「自主性和公共性」有了比以往更為深刻的理解，而且對自身參與治理也更為自信。當前，非營利組織已經成為臺灣學術界一個熱門的研究課題。

四、結語

在臺灣公民社會論述當中，公民社會是一個建構中的、可欲的、努力實踐的方向，也是一種理想狀況。臺灣非營利組織的發展與公民社會的建構，所涉及的關係和所要梳理的層次，相當廣泛和複雜，本文無力一一論及，只是從「社區總體營造」和「九二一大地震」的救災及災後重建兩個典型事例中，可發現非營利組織的自主性對於建構公民社會有重大意義。但實際上臺灣的非營利組織，在其發展過程中，很難做到完全獨立自主，過去在威權時期，就不必贅述，政治轉型後，雖然有了比較寬鬆的環境，但要培育起自身的自主性，仍然是個長期的過程。當前，無論是從財政自主還是組織本身的自主性方面，他們都難免受到「政府」或政治、企業財團的滲透與干擾。相當多的基金會與社團，成為政治人物或黨派、財團勢力的「白手套」，這些團體以公益為名遂行私利之實，這樣的魚目混珠，不僅不易培植公民社會的根基，反而對此有所侵蝕。有人認為，「臺灣非營利組織的最大隱憂，便是『社會自治』的根基尚未紮穩，各種政治、經濟系統的勢力，已投過直接或間接的管道，試圖將『第三部門』『再殖民化』」。〔27〕

其實，這種「再殖民化」的最大源頭便是臺灣當局。我們在「社區總體營造」這樣的一個官方主導的「新國家認同」重建工程中就可以看到，臺灣當局為了重塑「國家權威」，就要從民間汲取資源。李登輝及其周圍的勢力，借此達到了雙重目的，一方面得以消解基層民主的發展對其的威脅，另一方面挪用了民眾參與力量和草根資源，去建構自己設定的「新國家認同」。非營利組織的參與，固然在一定程度上可以達到改良社會的初衷，但在整體上卻是依附於「國家」權威，並自覺不自覺地為重塑「國家權威」而服務，其自主性因此也不可避免地被傷害。我們注意到，臺灣在1993年左右進入社會運動的「低潮期」，發生了所謂「社會力的馴化現象」，而「社區總體營造」政策的提出和開始實行也是在1993、1994年期間，這恐怕不是時間上的巧合，而是有內在聯繫的。因為，非營利組織「被馴化」後如果沒有發展出足夠的自主性，難免被收編被整合。

然而，從「九二一大地震」的救災與再後重建中非營利組織的表現來看，臺灣公民社會的建構還是有值得期待的地方。但我們應該看到，「九二一大地震」是一個特殊事件，非營利組織是在「政府」統治的空隙中得到了偶然的機會，利

用自己累積的社會資本，參與治理，展示了自己的力量，贏得了超過「政府」的聲望。在臺灣這樣的建構公民社會過程中，非營利組織能不能利用這一契機，深化自己，是一個值得探討的問題。在最初參與救災與災後重建的260多個非營利組織中，堅持到最後的並不多，大多數由於種種原因而中途退出，就顯示了這一問題的值得擔憂的層面。「九二一大地震」這一特殊事件在現代媒體的幫助下，能夠在短時間裡刺激一般大眾，激發其熱情，但要培養廣泛而深入的公民意識，顯然需要更長期更廣泛的公共事務參與機會。

總之，在參與公共事物的治理時，足夠的自主性、與「政府」權威之間形成既合作又競爭的關係，是非營利組織進行所謂的建構公民社會中所必需的，在這方面，看來臺灣的非營利組織仍然有相當長的路要走。

注釋：

〔1〕鄧正來：《國家與市民社會：一種社會理論的研究路徑》，中央編譯出版社，1999年3月版，《導論》第3-4頁。

〔2〕當然，社團等仲介機構或者說非營利組織與民主之間的關係，是否一定是正相關，還存在著不同的看法，參見毛壽龍，見其著《政治社會學》第七章第四節《非營利組織與民主》，中國社會科學出版社，2001年1月出版，第242-255頁。

〔3〕戈登・懷特：《公民社會、民主化和發展：廓清分析的範圍》，何增科譯，見《公民社會和第三部門研究導論》，社會科學文獻出版社，2001年。

〔4〕〔法〕托克維爾：《論美國的民主》下卷，董果良譯，商務印書館，1996年出版，第639-640頁。

〔5〕普特南的《讓民主運轉起來》研究了義大利不同地區的市民社會傳統和結構，義大利南部與北部在資源、條件等很多地方是相同的，但兩者的發展存在著巨大的差距，因為北部地方具有公民積極參與社區生活的傳統，而在南部卻彌漫著孤獨、敵意、互不信任。〔美〕羅伯特・派特南，《讓民主運轉起來》，江西人民出版社，2001年版。

〔6〕方福前：《公共選擇理論——政治的經濟學》，中國人民大學出版社，2000年12月，第32-34頁。

〔7〕俞可平：《治理與善治》，社會科學文獻出版社，2000年9月出版，第5-6頁。

〔8〕同上，第8-9頁。

〔9〕鄭國安、趙路等主編：《非營利組織與中國事業單位改革》，機械工業出版社，2002年10月出版，第21-22頁。

〔10〕〔美〕萊斯特·M·薩拉蒙等著，賈西津、魏玉等譯：《全球公民社會——非營利部門視界》，社會科學文獻出版社，2002年出版。

〔11〕俞可平主編：《治理與善治》，社會科學文獻出版社，2000年9月。

〔12〕鄧正來：《臺灣民間社會語式的研究》，見《中國與社會——中國市民社會研究》，四川人民出版社，1997年11月出版，第50、56-57、64頁。

〔13〕衝擊國民黨統治合法性的重大事件有尼克森訪華、聯合國席位被取代、「邦交國」劇減、周邊國家和地區陸續出現了大規模的民主化運動、祖國大陸推行和平統一政策等。

〔14〕王振寰、瞿海源主編：《社會學與臺灣社會》，臺灣巨流圖書公司出版，2000年9月增訂版，第529頁。

〔15〕胡佛：《臺灣地區民眾對政治參與的態度：系統功能的權力價值取向》，見臺灣《變遷中的臺灣社會——第一次社會變遷基本調查資料的分析》下冊，楊國樞、瞿海源主編，「中央研究院」民族學研究所1988年出版，第346-349頁。

〔16〕蕭新煌：《1980年代末期臺灣的農民運動：事實與解釋》，見臺灣「中央研究院」《民族學研究所集刊》，第70期，1991年3月出版，第83-84頁。

〔17〕李丁讚、林文源：《社會力的轉化：臺灣環保抗爭的組織技術》，

見臺灣《臺灣社會研究季刊》，第52期，2003年12月，第59頁。

〔18〕李丁讚、林文源：《社會力的轉化：臺灣環保抗爭的組織技術》，見臺灣《臺灣社會研究季刊》，第52期，2003年12月，第72、81、92頁。

〔19〕「社區總體營造」是一個有著連續性的政策，在「九二一大地震」中的災後重建中，很多地方的社區重建也歸入其中。但這並不妨礙本文所指出的非營利組織在此間的區隔。

〔20〕王振寰、錢永祥：《邁向新國家——民粹威權主義的形成與民主問題》，見（臺）《臺灣社會研究季刊》，第20期，1995年8月，第42頁。

〔21〕李丁讚：《權利與共善：從暨大複學案談對社區主義的反思》，見《邁向公與義的社會——對二十一世紀臺灣永續經營的主張》（下），臺灣時報文化，2000年出版，第66頁。

〔22〕王茹：《臺灣的社區總體營造政策及評析》，見《臺灣社會研究集刊》，2004年第2期。

〔23〕謝國興主編：《協力與培力——全國民間災後重建聯盟兩年工作紀要》，臺灣全國民間災後重建聯盟出版，2001年9月29日，第10-18頁。

〔24〕臺灣《經濟日報》，2000年9月18日。

〔25〕參見謝國興主編：《協力與培力——全國民間災後重建聯盟兩年工作紀要》，臺灣民間災後重建聯盟出版，2001年9月29日，第83、85-86頁。

〔26〕同上，第175-179頁。

〔27〕顧忠華：《公民結社的結構變遷——以臺灣非營利組織的發展為例》，見臺灣《臺灣社會研究季刊》，第36期，1999年12月，第138頁。

臺灣的社區總體營造政策及評析

王茹

一、社區的定義及臺灣早期的社區發展政策

社區是一個源自於西方的學術概念，不同的學科和學者對其的定義各有側重，有人統計過，在1980年代，關於社區的定義就已經有140多種〔1〕，但一般認為社區是「一群具有共同的社會組織、共同的利益關係及相互間存在著心理認同而形成的共同體」〔2〕。社區的範圍與大小並不一致，人們可以將村莊、城鎮、居住區、街道、甚至國家都可稱為社區。在臺灣，社區推行工作上意義上的社區，按照1991年臺灣「行政院內政部」修訂的《社區發展工作綱要》中第二條規定的定義，「本綱要所稱社區，系指經鄉（鎮、市、區）社區發展主管機構劃定，供為依法設立社區發展協會，推動社區發展工作之組織與活動區域」。按此定義，社區就是基層組織之一，其組織為社區發展協會，而協會的屬性是人民團體，所以它本應該與行政上的基層組織村裡有所區隔，但實際上兩者的關係並不清晰〔3〕。很多社區發展協會理事長均由村裡長兼任，高雄市政府在《高雄市各區活動中心設置使用管理要點》中就明文規定「裡內已設有社區活動中心者，不再興建裡活動中心，已有裡活動中心者，不再興建社區活動中心」，這其實就是將社區與裡等同〔4〕，一般人也容易將社區與村裡相混淆。

1965年臺灣「行政院」頒布《民生主義現階段社會政策》，將社區發展列為其中的七大措施之一，並在三年後又發布了《社區發展工作綱要》，規定在「內政部」設立社區發展委員會，下面各級政府也設立社區發展委員會，在社區內設服務中心，內有總幹事和社工員若干名。〔5〕1968年臺灣省政府也公布《臺灣省社區發展八年計畫》。〔6〕1969年臺灣獲得聯合國發展方案的資助〔7〕，聯合國指派社區發展顧問到臺灣幫助其進行有關的社區發展與訓練工作。此前，臺灣還曾實行過「基層民生建設工作」、「國民義務勞動工作」〔8〕去推動地方基層的建設，至此，臺灣當局將這兩項工作合併到社區發展工作中來，並訂立三大目標，即完成社區基礎建設、實施生產福利建設、推行精神倫理建設〔9〕。在《社區發展工作綱要》頒布15年之後，臺灣「行政院」1983

年將其修訂為《社區發展綱領》，工作重點除了維護基礎工程建設，加強社區發展工作與村裡行政的聯繫配合外，還強調在社區中加強推動社會福利。

社區發展自1969年起推動以來至1983年6月，完成的社區達4300多個。所涵蓋的專案方面極為廣泛，包括生產福利建設方面34類專案、精神倫理建設方面28類項目、公共設施建設方面15類專案，其範圍包括了大部分鄉村地區及都市的社區，波及人數約為950萬人。在經費上，從1969年到1981年，總共支出了64.46億臺幣，其中臺灣當局才負擔了39.82億臺幣，其餘來自民間民眾的捐款。

臺灣社區發展所展開的各項活動中，對臺灣社會產生了較大的影響。除了諸多簡易的基層建設改善了社區的公共設施和民眾生活外，還對臺灣經濟發展的形態如「外包工」、「家庭副業、客廳即工廠」等有所影響。臺灣「行政院」經建會所做的《以社區發展工作推行家庭副業》的研究報告就明白指出這可以「緩和工資因人力不足而上漲的趨勢，利用家庭副業生產方式，減少工廠廠房、工人宿舍之投資，降低勞工徵募管理等勞動費用之支出……加速經濟建設」〔10〕，也就是説充分地利用社區中的婦女、老人及幼童的勞動力和家庭資本。1973年，時任臺灣省主席的謝東閔將「媽媽教室」納入為臺灣省的社區發展計畫，「媽媽教室」集學校教育、社會教育、家庭教育及其他多種功能於一身，在臺灣省各地全面開花，成為當時社區工作的一大熱點。臺灣當局還曾將中小學校用來推行社區「精神倫理建設」，使「學校成為社區的文化精神堡壘，以實現中華文化向下紮根」。透過村里民大會、「媽媽教室」、推行「國民生活須知」等組織、場合與形式，全面性的社會教育滲入社區。

臺灣在「戒嚴」時期，社區發展工作偏重於基層建設和倫理教化，配合當局施政，其性質是由國民黨「黨國體系」所發起的「自上而下」的社會動員，功能上有助於國民黨政權進行社會控制。到了1980年代，臺灣的政治和社會都經歷了天翻地覆的變化，各種社會運動如農運、婦運、勞工運動、環保運動等紛紛湧現，威權統治轉型，長期高壓的「戒嚴」廢除了，政治朝自由化、民主化方向發展，這些使國民黨支配社會力量的下降，再加上因為退出聯合國後聯合國援助的斷絕〔11〕，所以官方的社區發展在1970年代末期和1980年代趨於冷落。

二、社區的回歸與社區總體營造政策出臺的背景

到了1990年代初,「社區」卻和「市民」、「公民」等一起成為了熱門的詞彙,社會運動團體說要深入社區,地方文史工作者聲稱要在社區挖掘培植本土文化,都市改革者宣言要改造城市社區品質,在大眾媒體上,大量的社區議題成為必不可少的報導欄目和節目。但這次的社區回潮,有著極為複雜的各種不同的源流。

首先是社區居民的抗爭運動。臺灣當局長期以來偏重經濟取向的發展政策,未能及早注意到其他的社會價值,「客廳即工廠」的資本主義生產模式的擴散,導致生態環境遭到極大破壞,在都市規劃問題上也沒有平衡社區的利益,財團或私人資本常常野蠻地進入社區,使社區居民的福利、生活環境受到侵害。臺灣在「解嚴」前後的自由化和民主化,如媒體開放後公共輿論的湧現,反對黨民進黨的成立,以及社會運動的蓬勃發展,都催生和激發了民眾的自主意識,能夠發動或參與抗爭活動,去爭取應有的權利,因而產生了許多自發性的社區運動。這些運動大多出現在社區發生環境危機或是面臨共同問題的時候。當社區有垃圾場、變電所、捷運、加油站等為居民所嫌惡的公共設施的興建,或是發生水土污染、化學工廠、自然災害等的時候,社區居民就自發地或是在一些環保組織的推動與協助下組織起來進行集體抗爭。1980年代比較有名的例如大裡鄉仁化村反三晃化工、新竹市水源裡反化學工廠抗爭活動、鹿港反杜邦等案件。1990年代初,環境抗議事件達到了高峰,而社區抗爭運動也層出不窮,如僅僅在臺北市,幾年間比較有影響的就有1993年初北投奇岩社區抗議新光集團濫建的案件;1993年底士林芝山岩社區內反對興建加油站的案件,1995-1996年士林芝山、東山社區抗議市政府欲在其社區內的運動公園設立棒球場的案件等等。這體現了社區居民對公共事務的關心和參與,在政治上與所謂的草根民主、落實地方自治相關。

其次是一些社運組織與團體進入社區。它們或把紮根社區作為壯大自己力量的方式,或是以說明提高社區居民的公共參與為己任。很多環保抗爭運動就是以社區為基礎的,不少環保組織也深入到社區傳播環保知識,展開環保行動。婦女運動組織也把觸角深入社區,民間婦女組織或在社區內或是跨社區地進行串聯,

諸如袋鼠媽媽讀書會、各類技藝成長班、愛心媽媽等組織形式，1990年代以來發展得很快。一些專業人士和社運組織結合，認識到深入社區的重要性，期望成為草根社區運動的先鋒，例如1980年代興起的「無殼蝸牛運動」，後發展出「無住屋者團結組織」，他們認識到住宅和都市問題的解決是一項長期的社會改造工作，因此他們在社區廣設分支據點，憑藉服務作為與社區居民接觸的媒介，以推動社區改造；1990年代初期，一些加入這個組織的建築規劃專業人士，還形成了「專業者都市改革組織」，其中的一些成員在專業領域中組織了臺大城鄉基金會、中原建築與都市研究室、淡水社區工作室等，在各地推動、參與社區環境改造的實踐。〔12〕這些非營利組織和社團提倡公民參與。

再次是過去不受重視或被壓抑的地方文化、古跡、聚落、民俗的復興。在國民黨威權統治時期，對於臺灣的地方文化、民俗並不關心，甚至認為鄙俗，需要以改造，在某些政策上，還對其有所壓抑，例如對歌仔戲、閩南語和客家話的抑制。鄉土文化論戰之後，臺灣的一些知識份子和民間文史工作者就有意對地方文化、民俗、古跡等進行重新發現、保護乃至發揚。在一些地方，地方文史團體的文化紮根活動與鄉土重建工作頗為熱鬧。

民間和社會力量的顯現，特別是參與式政治文化的興起，以及建立公民社會、推廣草根民主的呼聲，也使得當時民進黨的一些人，對此有所反應，例如陳水扁在1996年競選臺北市市長時，就提出了「市民主義」的訴求，謝長廷則在高雄提出了「社區主義」的訴求。

而臺灣的社區發展工作從1970年代末期起日漸冷落，又面臨著巨變的政治和社會形勢，有關部門於1991年又一次修訂了《社區發展工作綱要》，將生產建設及大部分的公共建設刪除，1992年6月頒布《臺灣加強社區文化建設工作實施計畫》，首次將「社區」與「文化建設」結合。但是，使社區政策起死回生的還是在一兩年後由「行政院文化建設委員會」提出的「社區總體營造」政策。這樣的變化與李登輝提出所謂的「生命共同體」直接相關，並且與所謂的「臺灣意識」、「本土化」有很大關係。民進黨宣揚各種「本土化」的理念，1993年謝長廷等人多次提出「臺灣命運共同體」的說法，而同年5月，李登輝也提出了

「生命共同體」的說法，「面對一個人人相當肯定自我的社會，要怎麼辦呢？我認為就是要建立生命共同體的整體觀念，透過溝通協調的方式，凝聚這個共同體的共識。」隨後，國民黨上下，積極宣傳「生命共同體」，在黨務工作上也提出了「社區工作即是黨務工作，社區發展即是黨務發展」的口號。時任「文建會」主委的申學庸遂在1993年10月國民黨中常會中提出了報告《文化建設與社會倫理的重建》，端出了「社區共同體」來回應李登輝的「生命共同體」，大獲李登輝歡心，於是「文建會」成為了社區總體營造的主要推動機構之一。時任「文建會」副主委的陳其南（他曾經對清代臺灣社會變遷提出了「土著化」的理論闡述），是「社區總體營造」政策具體成形的關鍵人物，正是他借鑒日本的「造町（街）運動」和「地方文化產業」的經驗，將社區總體營造的目標立為「造景、造產與造人」，為這一政策提供了核心的概念。1994年，臺灣「文建會」正式實施社區總體營造的政策計畫，並展開執行辦理社區文化活動發展計畫等多項具體做法。

三、社區總體營造的參與者與主要內容

從1994年起，臺灣當局開始推動社區總體營造政策。「文建會」在1981年成立時，最初預算才2億新臺幣，到了1999和2000年，則增長到39億和59億新臺幣。臺灣「行政院」在1994年編列了1994-2000年相關文化建設計畫的經費達126.24億新臺幣〔13〕。除了「文建會」以外，「行政院」的其他部門，也趨時而上，各自提出了相關的社區營造計畫，如「內政部」提出「全方位推展社區發展工作實施方案」及「福利社區化」，「環保署」提出了「生活環境總體改造計畫」、「衛生署」有「社區健康營造計畫」，「經建會」的「創造城鄉新風貌行動方案」等等。

除了這些「政府」部門，臺灣還有相當多的社會團體，或稱非營利組織，積極介入了社區總體營造。這些非營利組織通常都冠以「基金會、工作室、學會、協會等名稱，據統計，全臺約有210多個這樣組織。〔14〕這些組織中比較有名的有臺大城鄉規劃基金會、新港文教基金會、淡水工作室、雲林技術學院、宜蘭

縣仰山文教基金會、花蓮新象社區交流協會、臺北社區資源交流中心、滬尾文史工作室、三角湧文史工作室、桃園觀音文化工作陣、臺南赤崁文史工作室、九份文史工作室等等，一些宗教團體，如慈濟功德會也被認為是重要的非營利組織。在社區營造活動中，這些非營利組織多數或接受相關部門委託輔導社區，或者與社區結盟向這些部門提案申請補助。」

社區總體營造的物件林林總總，包羅萬象，關係到居住環境、都市景觀、鄉村地方風貌、環境保護、公共秩序、公共安全、地方文化生活等各個方面。也有人分為社區公共生活問題的解決；社區文化與聯誼活動；社區教育學習活動；社區環境景觀的改善；地方古跡、建築、聚落與生活空間的保存；地方特色產業的開發與地方特有文化的保護發展；地方文史、人物、傳說與典故之整理與呈現；民俗廟會祭典與地方生活文化的展現等等；社區或地方的福利關懷活動等等。「九二一大地震」後災後重建工作中社區營造也有突出表現。

「文建會」在李登輝主政時期，制定了「社區總體營造」四大核心計畫。「充實鄉鎮展演設施計畫」通過縣市文化中心評估，將所轄鄉鎮內現有的閒置建築物，改造為地區性藝文活動展演場所，到2000年2月完成了70處這樣的設施。「輔導美化地方傳統文化建築空間計畫」由「都市專業者改革組織」這個非營利組織起草，將許多富有地方特色的傳統文化建築，進行美化，使之與地方社區生活結合更緊密，形成地方文化產業的基礎，到2000年2月，規劃了32處，美化了17處，完工了12處。「輔導縣市主題展示館之設立及文物館藏充實計畫」，則協助地方政府，設立與地方發展有關的文史人物、特殊產業發展、地方文化特色的主題展示館，到2000年2月已經完成了13處。「社區文化活動發展計畫」的主要內容則是培育社區總體營造基層人才，全面輔導社區文化工作者及民間社團去推動社區營造工作。〔15〕這個人才培養活動，據說辦理場次超過一百場，參與人數達1.5萬人次。

民進黨上臺後，更加重視社區總體營造，任命陳郁秀為「文建會」主委，並且提升了社區總體營造施政的層級，在「行政院」設立了跨部會的「社區總體營造委員會」，有12個「部會」正或副首長參加，在各業務司處也組成了社區總

體營造工作小組〔16〕。工作重點上修正為「人才培育」、「社區環境再造」、「地方文化產業振興」及「生活文化」等，還將原住民社區引入社區總體營造中去。「文建會」將「地方生活文化館」作為重要的施政計畫，以建立「鄉土文化」據點。2001年臺灣島內掀起了社區營造的熱潮，各地文藝活動蔚為熱鬧，各種藝術場館、博物館、古跡建築等的興建改造工程也爭先恐後地提出。2002年，臺灣「行政院」實施「新故鄉社區營造計畫」，宣布未來六年將投入325億經費到活化鄉村社區組織，活化地方文化活動等方案中。

四、社區總體營造的政治本質：建構新「國家認同」

作為基層的社區，在臺灣先後被政權納入社區發展工作和社區總體營造中去，前者是國民黨「黨國體系」所發起的「自上而下」的社會動員，社區是被動的，而後者是在臺灣政治轉型時期民間社會力量已經湧現的背景下，政權力圖消解、收編、誘導與挪用這股民間力量以實現建構新「國家認同」的意圖。1990年代的社區熱是臺灣社會草根力量的顯現，體現了基層民眾對公民社會、草根民主的要求，但臺灣當局一是透過主動地改善與美化環境等做法，部分地消解了社區居民的抗爭，這種「結果消解過程」的辦法在一定程度上阻止了基層民主的深入發展，二是透過對包括社運組織、團體在內的非營利民間組織誘之以各種補貼和政策支持，將之納入到社區總體營造的範圍內，三是利用民眾與生俱來的對自己鄉土文化的親近感，吸引與動員他們參與到活動中來。透過這樣的手段和方式，臺灣當局一方面得以消解基層民主的發展對其的威脅，另一方面挪用了民眾參與力量的和草根資源，貫徹建構新「國家認同」，所以社區總體營造真正關心的並不是社區內居民自主和自治性的提高，其更注重的是建構「新國家認同」所需要的共同體意識的營造。

因此，臺灣當局所實行的社區總體營造政策，對臺灣社會所期盼的發展草根民主和建立公民社會是無益的。其一，這個政策的目的是建構新「國家認同」，是要建立「生命共同體的整體觀念……凝聚共識」，因此政策的主導者，對社區或共同體內部的差異，或視而不見或刻意忽視，弱勢的群體或在權力結構中沒有

地位的社區居民，是裏挾於所謂的共同體裡，其聲音、要求與行動，是得不到顯現的。其二，雖然有不少民間組織已經介入，有些人也聲稱形成了「第三部門、政府、社區」的基層民主治理態勢，但是，在很大程度上仍然是一些精英在主導社區總體營造的各種行動；社區總體營造轟然而上，造成不少社團忙於寫計畫要經費辦活動，雖然表面上助長了社會參與的風潮，然而只是「政府」的案子而已，同時，這些社團接受「政府」的資助，對「政府」公權力部門的批評批判自然就降低了，因此被質疑遭到收編。其三，社區總體營造對一些社區環境有所改善，也在社區的層次增加了民眾參與公共事物的一些管道，然而參與的層次，是極為有限的，只是小規模的修補，系統性的改革並沒有展開。其四，最為重要的是，對基層民主中最需要改革的地方派系和黑金，社區總體營造並無功效。它在推動社區內部權力結構的變革方面，也毫無著力點。因為它很多的方案在資源的分配上，往往不能夠擺脫地方派系和樁腳的糾纏占取，所以它對社區內既有的往往也是具壟斷性的權力關係，很難觸動。社區總體營造雖然標稱要「自下而上」、「動員民眾自主參與」、「培養民眾參與意識」等，然而由於這樣的資源配置與精英主導，普通民眾雖然被一些公共文藝活動所吸引，有了低層次的公共生活，但要積極地參與公共生活、培養民主參與意識，仍然難以達成，而且實際上，主政者和各個層次上的權力所有者，都不期望民眾能夠獲得這樣的能力。社區總體營造已經進行了不少年頭，但無助於基層政治環境的改善和提高社區居民的政治參與品質，這可以從1998年、2002年兩次在村裡長選舉時宣稱社區參與的候選人遭到慘敗，得到證實。〔17〕所以，有人說「臺灣的社會與其說是進入民主時代，不如說是一民粹時代，所有的政策只在象徵政治的層次強調社區，實質利益仍是黨派政治的角力場所。社區行動的出現並沒有真正影響到社會資源的再分配」〔18〕。

臺灣的基層民眾參與力量和草根的資源透過這樣的消解、收編與誘導後，就被李登輝與民進黨等政治勢力，根據自己的需要，挪用去建構與「新國家」意識相一致的「共同體」意識。社區在西方的歷史發展經驗中，具有共同體的含義，事實上，社區的英文Community就可以翻譯為共同體，而國家、民族也是共同體的一種，李登輝等人正是利用了這一詞語指稱的多樣性來做文章。臺灣政治轉型

走的是「本土化——省籍路徑」，引起了臺灣社會內部對「國家認同」的重大分歧，李登輝所謂的「生命共同體」、社區總體營造提出的時間是在1993、1994年前後，這正是李登輝初步穩定地掌握了臺灣的領導權之後，因此有學者評論「國民黨主流勢力在掌握了國家機器之後，除了繼續維繫社會中權勢集團的支持外，還必須設法以新的國族主義，召喚人民認同新國家，其方法為培養來自土地原始認同的共識，以及建構新的族群」〔19〕。作為「社區總體營造」的具體設計者之一的陳其南，他所謂的「造人」目標，就是把原本不具有「共同體意識」的社區居民，透過這項工程鍛造出「國家公民意識」、「共同體意識」，他在《公民國家意識與臺灣政治發展》一書中就明確地提出「共同體意識具有排他性，一個公民只能屬於一個共同體，這個共同體要求別人承認他是個法人團體，即國際法人……這才是共同體的真正意義……是今天臺灣要求國際上承認其為一個政治實體所期望達到的目標」，〔20〕可以看出，他所宣稱的共同體實際上就是「國家共同體」。民進黨和很多「臺獨」分子，對這個政策所蘊涵的「新國家認同」的意味，是很清楚的，民進黨上臺之後，加強了「社區總體營造」的力度，並配合出臺了各種「去中國化」的政策，更明目張膽地為「臺獨」張目。

　　社區總體營造的涵蓋的領域與範圍如此廣泛，而且分散在各個地方、小社區的範圍內進行，粗看起來，其所舉辦的每一個社區活動的政治指向性不是很強，然而正是由於有了上述的建構「新國家認同」的總體目標，所以這就像把許多碎布縫成一完整的包袱皮一樣，每一塊是分散的，政治意義不顯著，但整體上卻散發出濃烈的「新國家意識」。這個「新國家意識」、「共同體意識」，雖然頂著「中華民國」的外皮，但內裡卻是以所謂的臺灣意識或臺灣主體意識來建構的。社區總體營造相當多的層面偏重於日常生活活動中的文化建構，這正是新「國家認同」所極力要發掘的資源，他們企圖透過將文化、歷史、語言、傳統等因素「臺灣化」、「本土化」的方式，建立新「國家認同」或新的「臺灣人集體身分」。過去不受重視甚至受到壓抑的所謂「臺灣本土文化」，確實有其需要發掘、保存、弘揚的一面，但是社區總體營造將其引導為政治性的目的，所以其要義不在於具體的文化要素的維護保存、各項文化活動的參與，而是在於其個別的也好、總體的也好，所營造出的「臺灣意象」，它以源自於土地認同的原始意象

為召喚，可以作為政治上的工具。「文建會」透過對所謂臺灣「本土文化」的精緻化和政治化的弘揚改造，將文化和日常生活的語彙如「臺灣米」、「臺灣水」、「本土」、「故鄉」、「土地」、「母親」、「主人」等等建構出具有濃厚政治意味的象徵，在政治的場合或多或少地都具有區別「敵／我」的功能，這種政治意味濃厚的「臺灣意象」，就成為所謂「新國家認同」的文化基礎。在充滿情感意味的「敵／我」、「愛臺/賣臺」的話語中，其中蘊涵的政治打擊能量是巨大的。

社區總體營造滲入到日常的文化與生活領域，這對於培育「新國家意識」、「新國家認同」而言，其成本代價比是最小的。一位立場傾向於「臺獨」的人對此就評論到「本土意識的落實，必然是要先從日常生活開始，而社區正是最為具體的生活場合，自然是本土化運動的起點，最適合推動本土意識，事實上，『社區意識』便是一般所稱的『在地意識』，亦即指與在地居民發展出共同的歸屬感的過程。」〔21〕它利用臺灣民眾天然的鄉土情感，在日常的大量的活動中灌輸與強化「本土意識」，因此一般普通民眾很難對其有抵抗或批判能力，或是潛移默化地接受了「本土化」的邏輯——「吃臺灣米喝臺灣水要認同臺灣」，或是聽之任之。

注釋：

〔1〕趙辰昕：《城市社區發展與中國政治發展》，當代世界出版社，2001年11月，第2頁。

〔2〕徐震、李明政、莊秀美合著：《社會問題》，臺灣學富文化事業有限公司，2003年2月初版四刷，第121頁。

〔3〕徐震：《社區發展——方法與研究》，臺灣中國文化大學出版部印行，1985年，第10頁。

〔4〕徐震、李明政、莊秀美合著：《社會問題》，臺灣學富文化事業有限公司，2003年2月初版四刷，第132頁。

〔5〕在社區發展工作推動過程中，原依《社區發展工作綱要》規定各級政

府應設置社區發展委員會,因為成效不彰等原因而在「精簡機構」的理由下撤銷。

〔6〕1971年5月改為10年計畫。

〔7〕聯合國社區發展計畫於1951年提出。

〔8〕孫中山在《地方自治實行法》中就提出要運用國民義務勞動來從事地方自治建設。臺灣1953-1964年推行了多項「國民義務勞動」,諸如道路交通、改善衛生環境、防洪工程等等,現在臺灣鄉村道路的架構基本上是那時運用這種方式完成的。但後因聯合國國際勞動組織認為這是強迫勞動而停止。

〔9〕徐震:《社區發展——方法與研究》,臺灣中國文化大學出版部印行,1985年,第119頁。

〔10〕徐震:《社區發展——方法與研究》,臺灣中國文化大學出版部印行,1985年,第222-223頁。

〔11〕因為退出聯合國而少了世界糧農組織、兒童基金會、國際勞工局、世界衛生組織等聯合國相關單位的經費援助,社會福利基金來源及使用分配重點的變化等因素,社區發展經費受到嚴重影響,臺灣的社區發展工作也不再相關單位所重視。

〔12〕劉欣蓉、呂秉怡:《邁向市民社會——臺灣兩個社區專業組織的經驗》,見
http://bbs.nsysu.edu.tw/txtVersion/treasure/tmm/M.855789194.D/M.895514401.A.htr

〔13〕黃煌雄、郭石吉、林時機:《社區總體營造體檢調查報告書》,臺灣遠流,2001年4月,第8頁。

〔14〕黃煌雄、郭石吉、林時機,《社區總體營造體檢調查報告書》,臺灣遠流,2001年4月,第7頁。

〔15〕黃煌雄、郭石吉、林時機:《社區總體營造體檢調查報告書》,臺灣遠流,2001年4月,第10-14頁。

〔16〕《社區總體營造，決策層級提升》，臺灣《中國時報》，2000年8月11日。

〔17〕林純瑜：《98里長選後，社區運動思困再出發——一篇對社區工作者參選的觀察報告》，見http：//bbs.nsysu.edu.tw/txtVersion/treasure/tmm/M.894562045.A/M.906744626.A/M.和尤俊明、陳歆怡《從社區營造的觀點看臺灣基層選舉與社會結構的演變》，見http：//www.ours.org.tw/epaper/020730/020730-2.htm。

〔18〕黃麗玲：《專業者都市改革組織的經驗與反省》，見http://bbs.nsysu.edu.tw/txtVersion/treasure/tmm/M.855789194.D/M.893615205.A.html。

〔19〕王振寰、錢永祥：《邁向新國家？民粹威權主義的形成與民主問題》，臺灣《臺灣社會研究季刊》第20期，1995年8月，第42頁。

〔20〕陳其南：《公民國家意識與臺灣政治發展》臺灣允晨文化出版有限公司，1992年5月，序的第15頁。

〔21〕李健鴻，《新社區運動的意義》，見http：//bbs.nsysu.edu.tw/txtVersion/treasure/tmm/M.872870915.A/M.872871690.A/M.885933428.A.html。

第三篇 「總統」選舉與政黨政治

2000年臺灣「總統」選舉評析

張文生

2000年3月18日，臺灣所謂「中華民國第十屆總統、副總統」選舉的結果揭曉，民進黨候選人陳水扁、呂秀蓮以39.30%的得票率當選為臺灣地區新的領導人，國民黨喪失了在臺灣維持五十多年的執政權，臺灣島內出現了第一次政黨輪替。

一、選舉的特徵分析

此次選舉，共有五組候選人參選，國民黨提名連戰、蕭萬長；民進黨提名陳水扁、呂秀蓮；新黨提名李敖、馮滬祥；以及無黨籍兩組候選人：宋楚瑜、張昭雄；許信良、朱惠良。由於連戰、宋楚瑜、陳水扁三組候選人實力相當，選戰激烈，選情膠著，呈現出「三強鼎立」的態勢。

1.各組候選人均爭打「安定牌」和「改革牌」

既要求安定，又希望改革，是大多數臺灣民眾的心態。因此，三組主要的候選人均爭打「安定牌」和「改革牌」。國民黨候選人連戰始終高舉「安定牌」，聲稱「只有連戰才能讓國家安定」，認為「選擇超黨派就是選擇內憂不安，選擇

民進黨則是選擇災難和戰爭」；無黨籍候選人宋楚瑜則指出「兩國論」是亂源，「臺獨」是禍源，以兩岸和平、政治改革的政見向選民招手；民進黨候選人陳水扁一直批駁連戰和宋楚瑜均是舊體制的產物，一方面以改革者的形象自居，鼓吹「終結黑金體制，創造清流共治」，另一方面忙於為「臺獨」的不安定因素消毒，提出「不宣布『臺獨』、不推動『兩國論』入憲、不搞公投」的政治保證。雖然陳、宋、連三組候選人均爭打「安定牌」，但這次選舉也充分反映出臺灣民眾要求改革的心態，求新求變的心理要超過對不安定的擔心，要求改革的力量超過了要求安定的力量。選舉過後，臺灣地區新領導人陳水扁必須回應民眾的改革要求，國民黨也面臨改革政黨體制的呼聲。

2.三組主要的候選人統獨立場相近，選戰中省籍情結暗流湧動

1999年7月9日李登輝拋出「兩國論」後，牽動了選舉中敏感的統獨和省籍情結，各組候選人先後表態，並發表自身對於兩岸關係定位的立場。國民黨堅持不收回李登輝「兩國論」的政治立場，認為「中華民國在臺灣是主權獨立國家」，強調「中華民國」現有的管轄權僅及於臺澎金馬，而把兩岸關係定位為「特殊的國與國關係」；民進黨及其候選人陳水扁認為「臺灣是主權獨立國家」，由此而把兩岸關係定位為「兩個國家的特殊關係」；宋楚瑜認為「中華民國是主權獨立國家」，強調「中華民國」是「1912成立以來的中華民國」，由此把兩岸關係定位為「特殊關係、互不隸屬，相對主權的准國際關係」，主張兩岸關係定位保留一定的模糊性。從本質上看，連、宋、陳三組候選人的統獨立場並無不同，對於臺灣現政權的政治定位基本上是相同的，即都認為臺灣現政權是一個「主權獨立國家」。

3.選舉文化惡劣，抹黑戰、口語戰、耳語戰滿天飛

由於選舉呈現「三強鼎立」的態勢，選情膠著，三方拉鋸。三組候選人為了當選，不擇手段，選戰中不斷揭出金錢案、緋聞案，相互抹黑；候選人及其助選人員在助選場合或透過傳媒相互攻擊、叫　。選戰最後階段，為了「棄保效應」，候選人透過傳播耳語激化選情，挑動選民的非理性的投票傾向，某個候選人甚至於散布自己是「李登輝的乾兒子」的傳言，指示助選人員假冒「總統府」

侍衛長、「蘇主任」等傳達李登輝指示，以引導選民投票的盲目性。

4.三組候選人都爭取各方面的頭面人物為自己背書

主要的三組候選人均曾經擔任過臺灣政壇的要職，在臺灣政商學界有較深厚的政治基礎。為了營造支持氛圍，各候選人紛紛尋求各方面代表人物的支持，臺灣政界、工商界、學術界甚至於宗教界都紛紛表態，出現選邊站的現象，進一步加劇了島內政治結構的多元化趨勢。宋楚瑜不斷向國民黨陣營招降納叛，爭取國民黨高層的倒戈；連戰則向原國民黨非主流派招手，營造黨內團結氣氛；陳水扁邀請所謂「清流人士」組成「國政顧問團」，為自身的改革形象和安定立場背書。由於選情激烈，選舉動員力量充分激發，島內政治參與空前廣泛，投票率高達82.69%，處於危機選舉狀態，使選後島內政治對立和政治分化更加嚴峻。

二、陳水扁當選的原因分析

這次「總統」選舉幾乎是1994年12月份臺北市長選舉的翻版，在全臺範圍內呈現出「三黨不過半」的政治局面。從宋、連、陳三人的得票率來看，民進黨候選人陳水扁和無黨籍候選人宋楚瑜只相差2.5個百分點，而國民黨候選人連戰則落後宋楚瑜13個百分點。可見國民黨下臺是必然的，而陳水扁的上臺則帶有偶然性。

1.陳水扁能夠上臺的最根本的原因是國民黨的分裂。宋楚瑜和連戰的得票率總和為59.94%，基本維持了原國民黨和新黨的票源。李登輝在國民黨排斥異己，對黨內要求「連宋合」的呼聲置若罔聞，連戰作為國民黨候選人是李登輝在黨內個人專權的產物，「總統府」操縱了「連蕭配」的競選活動，連戰始終無法突破李登輝的陰影，使選民對連戰沒有信心，國民黨的組織動員能力無法有效地發揮作用。

2.選舉結果反映了選民「選人不選黨」的投票取向，充分體現了臺灣島內要求改革的民意。陳水扁、宋楚瑜的支持率均大大超過連戰，說明臺灣民眾求新求變。連戰不僅個人富家子弟的形象不受多數民眾歡迎，而且背負李登輝的包袱，

背負國民黨的包袱,臺灣民眾對國民黨五十多年執政造成的「黑金政治」相當不滿,用選票拋棄了國民黨。

3.在選戰最後一周,李遠哲的表態支持陳水扁,在很大程度上呼應了臺灣民眾要求改革的心理,對陳水扁支持率的上升發揮了重要作用。而且長期以來,李登輝在島內推行分裂主義路線,客觀上為民進黨的上臺營建了有利的政治環境;國民黨採取只打宋不打扁的選戰策略,加上民進黨刻意營造氣氛,導致選前臺灣社會「棄連保陳」的傳言氾濫,陳水扁的聲勢持續上升,積累到最後爆發出來,為陳水扁開拓了中間票源。

4.美國在這次臺灣選舉的角色不容忽視。整個選舉過程中,美國雖然表面上低調反應,但自始至終都在干預,一直起到保護陳水扁的作用,甚至於不能排除美國暗中操盤插手的可能。長期以來,李登輝推行分裂主義路線得到美國的支持,使一些臺灣人民對大陸的警告產生了麻痹心理,認為李登輝已經將兩岸關係搞壞,即使陳水扁上臺也不會超過李登輝,選陳水扁並不一定就代表不安定,對大陸的警告僅僅視為一種威脅。

三、選舉結果的影響分析

臺灣地區領導人的選舉結果對於島內政局和兩岸關係都有較為深遠的影響,使島內政局和兩岸關係進入一個新的發展階段。

1.臺灣地區產生的新領導人得票率不到40%,是所謂的「弱勢總統」,陳水扁標榜「全民政府、清流共治」,必須組織「聯合政府」,但作為反對勢力的國民黨、新黨及親民黨並不一定會主動配合或參加,陳水扁面臨島內整合的困難和反對勢力的制約,內外政策的貫徹及具體施政受到較大的牽制。

2.選舉後,島內政黨重組不可避免。宋楚瑜凝聚選舉中形成的政治力量,組織了新政黨——親民黨,不僅會從國民黨中拉出大批支持者,而且透過參與各級選舉,與國民黨、民進黨競爭,延續「三強鼎立」的政治格局。新黨主要力量被宋陣營吸收,面臨泡沫化的危機。由於國民黨分裂,民進黨反而有機會在「立法

院」及各級民意代表機構處於相對多數的地位。

3.失去執政地位的國民黨,也失去了執政資源,國民黨面臨選後檢討和黨內接班問題,黨內改革派與保守派爭奪政治經濟資源的鬥爭激化。同時民進黨執政後必然清算國民黨的黨產,親民黨也將進一步瓜分國民黨的地方實力。國民黨處於內外交困之中。

4.陳水扁當選「總統」是海峽兩岸對峙50年來的一次重大變化,標榜「臺獨黨綱」的政黨第一次成為臺灣的執政黨,代表國共兩黨內戰的兩岸關係政治格局發生了變化。陳水扁的上臺客觀上會助長島內外「臺獨」勢力的氣焰,使兩岸關係處於不穩定狀態。但他面臨島內外的政治壓力,為了滿足島內民眾穩定兩岸關係的要求,以及緩和外部環境的壓力,也會釋放某些所謂的「善意」。

5.陳水扁上臺並不意味著「臺灣獨立」,也不表示臺灣民眾支持「臺獨」。陳水扁只得到39.30%的支持率,受到島內60%的反對力量的制約,即使是39.30%的支持率中也並不全是支援「臺獨」的選票。同時,民進黨本身也正在轉型,選後黨內出現要求修改「臺獨黨綱」的聲音,民進黨內部的派系鬥爭和路線鬥爭是客觀存在的。

四、臺灣新政權何去何從?海內外中國人拭目以待

選舉激情過後,如何化解臺灣社會的分化和對立?如何重塑臺灣民眾的政治共識?如何重啟兩岸對話和談判的大門?千頭萬緒,都考驗臺灣新領導人陳水扁和執政黨民進黨的政治智慧。

陳水扁得票率不到40%,是所謂的「弱勢總統」。他必須面對島內60%的不支持他的力量,還要面臨反對黨的牽制。在「立法院」,民進黨也並非多數,標榜「全民政府、清流共治」的新政權,必須與反對力量合作。陳水扁就任後,無論是「行政院」的組成,還是預算與政策的通過,都必須與反對勢力討價還價,必須妥協讓步。陳水扁的內外政策,特別是關係臺灣前途的大陸政策,面臨島內整合的困難和反對勢力的制約。因此,民進黨和陳水扁不能不考慮島內多數民意

的立場，也不能不顧及海內外中國人「反臺獨反分裂」的強大壓力。

奪得執政權對於陳水扁和民進黨是一項挑戰，也是一個前所未遇的契機。陳水扁主導緩和性或是對抗性的大陸政策，民進黨繼續推進政治路線的轉型或是向「臺獨」路線倒退，將決定陳水扁和民進黨的執政權是否持續穩定。在海內外中國人的眼裡，陳水扁「臺獨」色彩濃厚，「臺獨」傾向明顯。面對島內多數民意，面對兩岸政治僵局，陳水扁和民進黨都必須改弦易轍。陳水扁在臺北市長敗選後，為了參選「總統」，對自身的統獨立場進行了重新包裝，以圖淡化「臺獨」色彩。其一，提出「新中間路線」，借用西方流行的政治學概念來表述其政治理念，意思是要把「國家安全」放在首位，而不是把統獨立場放在首位；其二，1999年5月份，主導民進黨的「全國」代表大會通過《臺灣前途決議文》，公開承認「中華民國」的「國號」；其三，宣稱民進黨沒有「臺獨黨綱」，只有「公投黨綱」，臺灣前途要由全體臺灣人民投票決定；其四，提出要與大陸方面「善意和解、積極合作、永久和平」；其五，透過李遠哲背書，向臺灣民眾保證要把國家利益放在政黨和個人利益之上。在選舉投票前，陳水扁提出「不推動兩國論入憲、不進行所謂統獨公投、不變更國號、不輕易宣布『臺獨』」的政治保證。然而，所有這些表態和保證都是遠遠不夠的。民進黨的「臺獨黨綱」依然存在，「臺獨萬歲萬萬歲」的呼聲言猶在耳，「確立臺灣國家地位」的「憲政白皮書」的宣示墨汁未乾。這些都不能不引起海內外中國人的疑慮和高度警惕。中國政府的政治立場是一貫而且明確的，必須承認「一個中國的原則」，必須放棄「臺獨黨綱」，一個中國的原則是兩岸關係的唯一政治基礎，臺灣前途只有唯一選擇，那就是統一，除此之外，別無出路。陳水扁的執政如果客觀上助長島內外「臺獨」勢力的氣焰，事實上推行「臺獨」的分裂主義路線，必將使兩岸關係處於持續緊張狀態。

人們對於民進黨1998年臺北市長敗選仍然記憶猶新，對於李登輝在黨內的反對聲浪中狼狽下臺更是彈冠相慶。臺灣新領導人如果不能吸取經驗教訓，難免重演被民眾無情拋棄的歷史。在統一還是分裂的政治立場上，臺灣的新政權何去何從？海內外的中國人正拭目以待。

臺灣3·20選舉評析

張文生

2004年3月20日晚，臺灣地區領導人選舉結果出爐，依據臺灣當局「中選會」公布的資料，民進黨候選人陳水扁、呂秀蓮得票數為647萬1970票，得票率為50.11%；國親兩黨候選人連戰、宋楚瑜得票數為644萬2452票，得票率為49.89%。全臺灣投開票所是13749個，廢票高達33萬多票。投票結果出來以後，泛藍陣營候選人連戰、宋楚瑜認為選舉不公，槍擊案「疑雲重重」，提出「選舉無效與當選無效之訴」。泛藍陣營展開了政治和法律上的抗戰，島內陷入政局動盪的多事之秋。

一、3·20選舉特徵分析

2004年臺灣地區領導人選舉，呈現出兩強對立、藍綠對決的基本態勢。泛藍陣營總結了2000年選舉中票源分裂的經驗教訓，在2003年2月14日國民黨和親民黨即確立了共同推出候選人的政治目標。藍綠陣營雙方為了打贏這場選戰，傾盡全力，不擇手段，一方面對臺灣社會進行了卷地毯式的組織動員，另一方面對臺灣社會進行了極端化的意識形態切割。這是一場政黨惡鬥的選舉，使臺灣社會陷入空前的分化對立狀態；這也是一場挑釁兩岸關係的選舉，使得兩岸關係處於緊張和衝突不斷的時期。

1.挑釁兩岸關係的選舉

陳水扁執政四年，政績不彰，經濟衰退，民生凋敝，打「拼經濟」牌底氣不足，「拼改革」無法取信於民，只好「拼政治」，比賽誰更「愛臺灣」、誰更「反中國」，企圖透過升高兩岸政治對抗局面，操作統獨爭議和省籍矛盾。民進黨強調其本土性以及對「臺灣主權」的堅定性，製造「愛臺」與「賣臺」的謊言，把民進黨與臺灣劃上等號，塑造陳水扁「為臺灣打拼」的形象，似乎只有選陳水扁才是「愛臺灣」。

泛綠陣營在政治上從一開始就把2004年選舉確定為「一邊一國」對「一個中國」選戰，為3‧20臺灣地區領導人的選舉議題攻防定調。民進黨把選舉主軸定位為「一邊一國」對「一個中國」，目的就是把藍綠對決的選情導向統獨對決，對臺灣社會進行極端地政治切割。2003年12月10日，民進黨正式提名陳水扁為候選人，陳水扁隨即發表演說，提出「相信臺灣、堅持改革」的選舉文宣主軸，並把選舉定調為「一邊一國」對「一個中國」、「民主改革」對「黑金復辟」、「相信臺灣」對「唱衰臺灣」的三種競爭。12月13日，民進黨為陳水扁造勢的全代會上，陳水扁宣稱：「2004年總統大選的意義，最重要的是對臺灣民主的責任和歷史的使命，身為臺灣的總統，他最重要的責任就是要『顧臺灣、拼中國』、『顧人民、拼幸福』」〔1〕。其後，陳水扁更進一步宣稱「四不一沒有早就不存在了」，他對於「四不一沒有」的保證，「隨時可以取消」，並狂妄地挑釁：「總統大選不是陳水扁和呂秀蓮的選戰，也不是水蓮對抗連宋的選戰，更不是民進黨對抗國民黨的選舉，而是臺灣人民對抗中國共產黨的聖戰，臺灣不能輸、一定要贏」〔2〕。

陳水扁面對執政的困境，陷入黔驢技窮的地步，把凝聚選票的政治動力和勝選的希望寄託在挑起臺灣民眾對抗大陸的心理基礎之上，千方百計挑起兩岸的對抗和衝突。在陳水扁當局的人為操作和惡意挑釁下，兩岸關係成為陳水扁謀取個人權位的政治賭注，使得兩岸關係從僵持進一步發展為對立，緊張的兩岸關係中潛藏著深刻的危機。

2.操弄臺灣民意的選舉

拋出「一邊一國」的論調之後，泛綠陣營為了操作臺灣民意，炒作「公民投票」的政治議題，從提出「加入WHO公投」、「公投制憲」到具體推動「公投立法」，最後推出「防禦性公投」，舉辦所謂的「和平公投」。陳水扁的「公投臺獨」主張步步升級，從政治口號到具體規劃，從言論到行動，從程式立法到實質內容，不斷地向「臺獨」的目標發展推進，把兩岸關係推向危險的邊緣。泛綠陣營推動「公投」的目的具有雙重性，一方面是要把統獨性質的「公民投票」與選舉掛鉤，從中謀取選舉利益；另一方面是落實「臺獨」主張，為「公投臺獨」

作好法理準備。

2004年1月16日，陳水扁正式拋出兩項公投議題的具體內容，並且把公投粉飾成「深化民主改革」，宣稱「防衛性公投」是要維護臺灣的現狀，防止現狀被改變，辯稱「公投」無涉統獨，也不違背「四不一沒有」，並且美其名曰「和平公投」。然而，陳水扁曾經自我坦白：「為了顧臺灣、拼中國，無論如何明年3月20日，都將行使歷史性第一次公民投票，走出第一步，就有第二步」〔3〕。無論是「防禦性公投」、「防衛性公投」，還是所謂的「和平公投」，都掩蓋不住「臺獨分裂」的險惡用心，都是對一個中國原則與臺海和平的嚴重挑釁。

民進黨從一開始就把「公投」與選舉掛鉤，因此遭到泛藍陣營的抵制，連戰和宋楚瑜公開表示拒領公投票，島內的知名人士李敖、趙少康、陳文茜等人則站出來加入「公投辯論」的反方隊伍，紛紛揭露陳水扁借「公投」打選戰的真實目的。在國際社會，美國、法國、俄羅斯、東盟各國領導人均對臺灣當局挑釁兩岸關係的公投表明了反對的態度。3月20日晚，公投結果出爐，包括「強化國防」與「對等談判」兩項議題均遭到否決，其中「強化國防」的投票率是45.17%，「對等談判」的投票率則為45.12%。公投的破產證明陳水扁當局挑釁兩岸關係、分裂國家的非法行徑不得人心。

3.分化臺灣社會的選舉

居住在臺灣的民眾98%以上都屬於漢民族，都是先後從大陸移居到臺灣的漢民族及其後代子孫。然而由於臺灣社會特殊的政治文化，臺灣民眾被人為地劃分為不同的族群，主要是包括四大族群，即：原住民、閩南人、客家人、外省人。其中原住民、閩南人、客家人是1945年以前就生活在臺灣的，他們及其後代被稱為本省人。而外省人是指1945年以後，特別是1949年前後跟著蔣介石政權到臺灣的民眾及其後代。本省人是臺灣人口中的絕大多數，占了將近87%，外省人占臺灣人口的13%左右。

應該說，臺灣的省籍矛盾在日常生活中比較少見，但是從1990年代以來，李登輝、陳水扁以及島內的分裂主義勢力利用臺灣意識來謀取政治利益。省籍矛盾在臺灣政治生活中被屢屢挑撥，帶有省籍矛盾的政治事件在臺灣不時發生。特

別是省籍矛盾也成為臺灣選舉中的焦點。外省人參加臺灣的選舉，島內就有人企圖挑起省籍衝突，說外省人會出賣臺灣人，甚至罵外省人是「中國豬」。2004年臺灣地區領導人選舉過程中，省籍意識更加強烈，利用省籍矛盾進行政治動員成為最廉價最煽情最有效的動員手段。李登輝公開支援陳水扁，出面組織「挺扁總會」，組織「二二八百萬人手護臺灣」的活動，為陳水扁選舉進行動員造勢，認為不管陳水扁做得好不好都要支持他連任，因為陳水扁代表「本土政權」。李登輝還將國民黨和親民黨打成「外來政權的殘餘」，有意識地挑起島內的省籍矛盾。

由於選舉過程中的人為操作，出生背景成為外省人的政治原罪，外省人在臺灣政治中被排斥被打壓，臺灣社會被徹底地撕裂了。這種無情的撕裂所造成的惡果，在選後全面地爆發出來，勝選的一方強行占據了道德、法律的正當性，敗選的一方被無情地踩在腳下。對未來的絕望和恐懼成為臺北街頭抗議者的內在動力。這種撕裂和無奈不正是對所謂「民主、人權」的反諷嗎？

二、民進黨勝選與國民黨敗選的原因

「連宋」的敗選有偶然因素，其中319槍擊案就是一個突發事件。由於藍綠陣營雙方勢均力敵，因此槍擊事件對於選舉的影響就顯得尤為關鍵。但是「連宋」的敗選也有必然因素。民進黨得票在各縣市基本上是全面成長，陳水扁的總得票數比2000年增加了將近150萬票，這不是簡單的偶然因素所能解釋的。

泛綠陣營對於選舉議題的操作較為成功，一直處於主動進攻的態勢，從加入WHO、高明見事件、「公投制憲」、公投立法、「防禦性公投」等議題，泛藍陣營的因應都相對被動，被民進黨牽著鼻子走。在選舉策略上，民進黨打「安全牌」，主打政治議題，打的是理念戰，強調臺灣的「安全、主權、尊嚴」，牽動島內的省籍、統獨情結。臺灣民眾在「安全」議題上更加傾向於支持民進黨，擔心與大陸距離太近損害臺灣人的「安全」。國親兩黨打「利益牌」，強調兩岸關係的和諧穩定，主張透過促進兩岸「三通」和交流，搭上大陸經濟發展的列車，推動臺灣經濟的升溫。選舉議題的核心是圍繞「安全」還是「利益」的選擇。

「安全」議題事關價值、信念、信仰，帶有非理性的感情色彩；「利益」取向則是經濟人的理性計算。但是在現實政治鬥爭中，對於「安全」價值的選擇往往超過對於「利益」的取向，信仰和理念的動員能力往往超過利益的動員能力。民進黨在選舉中打理念戰，用信仰和理念來號召選民的支持，因此即使有些民眾經濟生活條件不佳，仍然盲目地支持民進黨。

泛藍陣營的最大弱點是缺乏中心思想，在國家認同問題上沒有堅定的政治立場。在「九二共識」、「一中各表」、「一邊一國」、「臺獨」選項之間徘徊不定。國親兩黨試圖以民生、政策、經濟等利益驅動來吸引選民的支持，但是沒有達到開拓票源的效果。泛藍陣營是一個利益聚合的集團，一旦得不到利益，就失去了團結的動因。

此外，泛藍陣營也未能擺脫國民黨政權長期積累的三大包袱：即歷史的包袱、黑金的包袱和省籍的包袱。泛藍內部的官僚習氣沒有消除，對於突發事件沒有一個靈活反應、迅速處理、有效應對的機制，缺乏一個有眼光、有遠見、有謀略的智囊集團為其出謀劃策。

三、選後政局與兩岸關係走向

臺灣在320選後，社會陷入一個動盪衝突的時期，這是所謂「第三波民主化」的一個共性。民主化與政治腐敗、族群對立交織在一起，引發政治不穩定和社會動盪，最終損害經濟發展的目標。

1.選後島內社會動盪，新民主運動開始萌芽

從2004年3月20日晚上開始，泛藍的支持者在「總統府」前的凱達格蘭大道示威抗議。

到了3月27日，50萬的泛藍支持者走上臺北街頭，要求查清真相，提出「要真相、拼公道、救民主」的口號。國民黨主席連戰對數十萬群眾宣示活動三大訴求：（1）立即、公開、集中全面驗票；（2）「立法院」成立槍擊案調查委員會，調查真相；（3）如何彌補成千上萬未投票軍警的權益。

從4月2日起，來自臺灣大學、輔仁大學等多所臺灣高等院校的數十名大學生，陸續在臺北「中正紀念堂」絕食靜坐，提出「要真相、反歧視、爭未來」的訴求，要求以「特別法」成立「槍擊案真相調查委員會」，調查槍擊事件的真相。

4月3日下午，近5萬人參加臺北「中正紀念堂」前的集會抗議。當天晚上有近300人轉到「總統府」前抗議，4日早上被強制驅離，出現流血事件。

4月10日，有20萬人再次彙集「總統府」前進行抗議。親民黨主席宋楚瑜提出「沒有真相、沒有總統」的口號。抗議群眾還推倒了集會舞臺的大幅看板，試圖突破警方的封鎖線。臺北市警方動用了高壓水龍頭、防暴車、防暴員警進行強制驅離，造成警民近百人受傷。

在臺灣各地特別是臺北街頭，參加抗議的群眾主要是臺灣的中產階級、學術界、文化界、社運界和青年學生紛紛投入抗議的行列，他們的訴求在一定程度上代表了臺灣民眾要求改善民主體制、改良政治文化的心聲。隨著抗議運動的進一步深入，運動的目標得到昇華，他們提出了「不問藍綠、只要黑白」的口號，他們還在五四運動紀念日前後成立「臺灣民主行動聯盟」，主張「遏止民粹極權的狂潮」、「促成海峽兩岸的對話」〔4〕。

2.泛藍陣營的抗爭不太可能持久

3月26日，臺灣「中選會」已經公告當選人，美國白宮、日本涉臺部門等都已經向陳水扁、呂秀蓮表示祝賀，臺灣選舉結果在島內完成了行政上的確認程式，在國際上也得到局部確認，可以說大局已定。雖然泛藍持有異議，但是在選舉戰場上得不到的，在法庭上更不可能得到。

泛藍陣營的街頭抗爭不太可能持久。第一，泛藍陣營的抗爭目標不明確，沒有長遠的整體的戰略眼光。「當選無效和選舉無效」勝訴的可能性較低，陳水扁當局作出一定程度的妥協之後，泛藍陣營抗爭的合理性、正當性也會受到質疑。第二，泛藍陣營的內部步調不一致。國民黨和親民黨之間，馬英九、王金平和「連宋」之間，本土派與非本土派之間，在鬥爭策略、鬥爭目標等方面看法均不同。第三，泛藍陣營的抗爭日益受到臺灣民眾的批評，民意基礎正在逐漸喪失。

臺灣的主流民意是要求社會安定，恢復正常的社會生活，持續的抗爭得不到大多數民眾的認同。第四，隨著2004年底「立委」選舉的臨近，國親兩黨的政治人物不能不考慮「立委」選舉的布局，「立委」參選人也不能不考慮選區民意的走向。

3.陳水扁當局的合法性和正當性基礎受到質疑

319槍擊事件「疑雲重重」。一是槍擊時機選擇得如此準確，對選情產生了關鍵性的影響；二是槍手使用的武器殺傷力如此之小，目的明顯是為了影響選情而不是政治謀殺；三是在層層防範之下居然被兇手脫逃，實屬罕見。槍擊案查明真相的可能性很低。陳水扁將一直受到臺灣社會甚至國際社會以不正當手段當選的質疑，其合法性基礎和正當性的政治基礎都會受到削弱。

民進黨和陳水扁利用槍擊事件奪得執政權，短期內，民進黨和陳水扁掌握了島內政治經濟資源的支配權，贏得了權力鬥爭的勝利。但是從長期看，民進黨和陳水扁卻受了沉重的內傷，而不僅僅是皮肉之傷。

其一是賠上了臺灣當局「不公不義」的政治形象。民進黨的勝選無法使泛藍的支持者心服口服，對民進黨當局不信任的氣氛在島內外彌漫，臺灣社會對民進黨當局失去了基本的信任感。可以預見，民進黨當局未來四年的執政將不可能有效團結和統合臺灣社會，臺灣選舉中形成的藍綠對立、南北分化、省籍衝突在未來四年將不斷衝擊島內政局。

其二是進一步惡化臺灣的選舉和政治文化。民進黨不擇手段以求勝選的操作，不僅使藍綠陷入不道德的政治競賽，而且其他政治人物難免「上行下效」，為了政治利益，不擇手段。

其三是民進黨為了一時的勝利，為了個別人的權位，犧牲了整個政黨的形象。民進黨在臺灣政治的發展過程中，一向以民主的推動者自居，可是跌跌撞撞的選舉過程卻使民進黨的形象備受損傷，民進黨與「民主」、與「人民」之間的距離將越來越遠。如果不能查明真相，「透過不正當手段當選」的質疑就會如影隨形地一直成為民進黨發展歷史中的陰影。

4.島內政黨力量重組不可避免

選後，島內政黨力量會出現重組的局面，泛綠陣營的政治力量有可能趁機擴大，而泛藍陣營的政治力量則出現萎縮的局面。民進黨有可能乘勝追擊，維持「立法院」第一大黨的優勢。「臺聯黨」則乘機坐大，從國民黨中進一步策反個別人物。泛綠陣營在「立法院」的總席次超過半數的可能性是非常大的。

為了維繫泛藍陣營的團結，連戰和宋楚瑜目前均無意卸任黨主席。「連宋」一旦退出泛藍的領導層，國親兩黨以及國親內部的團結均不易保持。可以預見，泛藍陣營會出現一個群雄並起的時代。一個沒有中心思想的政黨，如果再出現沒有中心領導，沒有中心機構，沒有中心組織的情況，其分化瓦解就是一個必然趨勢。從長遠來看，泛藍陣營的出路在於世代更替，但是王金平、馬英九能否順利接班，國親是否合併，均對於國民黨的發展起著重要的影響。由於藍綠陣營得票數相接近，泛藍陣營如果能夠團結一致，積極協調和布局「立委」選舉，對於民進黨的制衡能力仍然相當有效。

5.兩岸關係僵局中存有危機

民進黨將是未來四年島內政局與大陸政策的主導者。臺灣當局基本上不可能在「一個中國」與「九二共識」的問題上回頭，「四不一沒有」的承諾也將進一步虛化。民進黨在選舉中大力鼓吹「一邊一國、公民投票」，使得臺灣意識在臺灣社會進一步得到擴張。民進黨因為主張「一邊一國」贏得選戰，票源大幅擴張，對民進黨及其島內分裂主義勢力無疑是一種政治鼓勵。可以預見，民進黨的政治立場將更加頑固，島內分裂主義的氣焰更加囂張，「去中國化」的「文化臺獨」更加全面、進一步深化。

選後，陳水扁頑固堅持「臺獨」主張，不斷強調貫徹「公投制憲」，絲毫沒有妥協退讓的意思。2004年3月20日，陳水扁發表當選感言，說什麼：「選舉的結果，不是個人或政黨的勝利，而是臺灣民主的勝利，臺灣人民的勝利」。3月29日，陳水扁接受《華盛頓郵報》專訪，陳水扁在講話中提出：「對於二千三百萬的臺灣人民來說，不管叫做臺灣或中華民國，都是一個主權獨立的國家，並非地方政府，我們現狀是一個國家，要維持這樣的一個現狀，所以不希望目前臺

灣現狀被片面改變」。華盛頓郵報一針見血地指出：陳水扁是「不管戰爭風險繼續積極推動臺灣成為獨立主權國家」。4月1日，日本《讀賣新聞》也專訪了陳水扁，陳水扁宣稱：「中國與臺灣一邊一國的主張已成為臺灣社會絕對多數的民意，臺灣的人民不能接受中國主張的所謂一個中國」。4月20日，陳水扁在會見美國學者譚若思時表示：「『一中』只是一個政治神話」。

陳水扁的連任給兩岸關係增加了危險性，在島內政治鬥爭中民進黨是不擇手段的冒險主義者，在兩岸關係中民進黨也將不斷地製造和增添麻煩，尤其是「公投制憲」成為民進黨當局的政治主張之後，貫徹實施的客觀條件已經具備，不能排除其鋌而走險，利用「公投制憲」衝撞兩岸關係「一個中國」法理架構的可能性。在「公投制憲」的問題上，危險在於兩個方面，一是修改「國名、國號、國旗、國歌」，凸顯「臺灣國」的政治象徵；二是修改「憲法」規定的「領土範圍」，在「憲政體制」中貫徹「一邊一國」的分裂主張。第一種情況「臺獨」動作鮮明，可能性不大。第二種情況在島內外具有一定欺騙性，必須引起高度的警惕和關注。

未來四年，兩岸關係僵局難以打破，不能排除「臺獨」勢力鋌而走險的可能性，兩岸關係存在著深刻的危機，特別是陳水扁強調要貫徹實施「公投制憲」的政治主張，是企圖在法理上突破兩岸關係「一個中國」的政治架構，圖謀「法理臺獨」。

四、充分認識和平統一的艱巨性

從1970年代末1980年代初，以鄧小平為首的第二中共領導人提出「和平統一、一國兩制」的方針以來，兩岸關係發生了巨大的變化，獲得了空前的發展。特別是兩岸經貿交流和民間來往日益密切。2003年，雖然受到非典疫情以及臺灣選情等衝擊，但是兩岸全年貿易總額仍然達到584億美元，比2002年成長31%，其中臺灣對大陸出口494億美元，大陸對臺灣出口90億美元，臺灣對大陸貿易順差達404億美元，比2002年增長89億美元。據臺灣「中央銀行」公布，截止2003年12月，臺灣外匯存底達2066.32億美元，比2002年底增加了449.76億美

元，居全球排名第三，僅次於日本和中國大陸。臺灣是大陸第五大交易夥伴，大陸是臺灣最大的商品出口目的地和最大順差來源，兩岸貿易是臺灣外匯存底增長的重要基礎，是臺灣經濟發展的重要支柱和動力。2003年在大陸新設立的臺資企業有4495個，簽訂合同臺資金額86億美元，實際使用金額34億美元。按大陸實際使用臺資計算，臺商投資名列大陸吸收境外投資的第六位。兩岸經貿交流和民間往來，成為兩岸關係發展的主軸。密切的投資和貿易關係，有利於兩岸經濟的共同發展，是一項互利互惠的事業，然而不可否認的是，兩岸經貿關係是臺灣經濟發展的重要動力，臺灣經濟的進一步提升離不開大陸廣闊的市場。

兩岸關係近年來的發展均呈現出經濟熱、政治冷；民間熱，官方冷的特徵。這與中國大陸堅持不以政治分歧影響兩岸經貿文化交流的務實政策相關，也與臺灣當局違背一個中國原則，推行分裂主義路線相關。臺灣當局的分裂主義路線不僅體現在大陸政策和對外政策中，也體現在對內的教育文化政策中。民進黨執政以來，在教育文化領域推行「漸進式臺獨」路線，2003年，島內分裂勢力不遺餘力的「去中國化」活動仍然相當猖獗。臺灣當局不但正式推出加注「TAIWAN」的「護照」；而且修改「高中歷史課程綱要草案」，將中國近現代史列為世界史；還在官方考試中推出閩南話試題。2003年9月6日，「臺獨」勢力更在臺北市發動號稱10萬人的「臺灣正名」大遊行，李登輝成為「臺獨」勢力的總旗手，宣稱「臺灣必須正名才能真正確立國家發展的目標」。李登輝還出任由民進黨、「臺聯黨」、「511臺灣正名運動聯盟」、長老教會、北社等獨派團體與人物組成的「挺扁總會」總召集人，宣稱目的是為了協助陳水扁順利推動臺灣三大改革：「臺灣正名」、「公民投票」、「制定新憲」。在此同時，泛藍陣營在統獨立場上不斷棄守原有的政治力場，在政治上的制約作用日益減弱。

展望未來，兩岸關係依然嚴峻，在兩岸民間往來的密切關係中潛藏著政治危機。然而兩岸人民體現了前所未有的活力，推動著經貿、文化等各方面的交流向更深更廣的層次前進。人民是決定兩岸關係走向的主體，我們希望兩岸人民共同努力，共同維護一個中國原則，改善和發展兩岸關係，開創兩岸關係的新局面。我們要充分估計到和平統一的艱巨性，和平統一的難度決不比武力統一更容易。但是和平統一對於國家、民族的發展最有利。我們既要有效遏制「臺獨」勢力的

發展，又要確保和平穩定的經濟發展環境，使我們能充分把握發展的戰略機遇期，這是一項重大的現實課題，也是一項戰略性的任務。

注釋：

〔1〕臺灣《中國時報》2003年12月14日。

〔2〕臺灣《中央社》2003年12月29日電。

〔3〕臺灣《聯合報》2003年12月9日。

〔4〕臺灣《聯合晚報》2004年5月4日。

臺灣政治轉型後政黨體制的演變及發展趨勢

孫雲

一、政治轉型後臺灣政黨體制的發展演變

政黨體制，英文為party system，也有人將其稱為政黨體系。對政黨體制的意涵，學者們看法很不一致。法國著名的政治學者莫里斯·迪韋爾熱在其1951年的著作中，把政黨體制看作是政黨「相互作用的形式和模式」。《國際社會科學百科全書》在「政黨」的詞條中沒有對政黨體制做出簡括的定義，但它指明，政黨體制的研究就是研究「政黨組織之間相互競爭作用的形式」。中國有學者指出，政黨體制是狹義的政黨制度，是政黨政治的體制呈現形式，或曰政黨組閣和執政的方式、方法。臺灣學者吳文程雖然將政黨體制稱為「政黨體系」，但他所論述的含義與西方學者有很大的一致性。吳文程認為，「政黨體系」所指涉的乃是以政黨之間彼此的互動關係作為分析的基礎。在研究整個政治運作的過程中，它提供了一種宏觀的分析框架，研究者可借由一種較寬廣且客觀的角度，進行深入的分析，避免片面或個別政黨研究所造成的狹隘缺憾，而這亦正是為何我們強調在研究政黨政治之運作時，需將「政黨」與「政黨體系」二者區分開來談，因

為政黨僅能代表部分,而政黨體系則是由許多部分所組成,彼此互動所產生的結果。此外,政黨的活動方式往往深受政黨體系的影響,因此當我們欲瞭解一國政治運作現象時,自然應從政黨體系的概念出發,如此方可獲致一較全面且較有意義的研究成果。〔1〕

政黨體制的主體是政黨,它所探索的是政黨間的競爭與互動關係,這裡既指政黨的數量,也指政黨的力量。

一般認為,臺灣的政治轉型在1970年代開始醞釀,1980年代中期開始實施。1980年代後期,伴隨著國民黨的黨務革新、解除戒嚴、解除黨禁和報禁,以及終止「戡亂時期」,臺灣的政治體制或政治結構發生了重大變化。國民黨對權力的壟斷開始瓦解,臺灣社會逐漸進入了開放與政治多元以及政黨競爭的時代。而在其中,政黨體制的變化是觀察臺灣政治生態變化的最明顯的指標。

伴隨著政治轉型,臺灣的政黨體制大體經歷了這樣幾個發展過程。

1.一大一小不完全競爭的兩黨體制:(1986-1993)

1986年,民進黨成立。其黨綱和黨章主張,「各政黨和平共存、公平競爭」,建立西方資本主義國家的政治制度。1987年國民黨當局宣布「解嚴」之後,臺灣政黨政治迅速發展。1989年,「立法院」通過「動員戡亂時期人民團體法」。同時,國民黨依該法辦理政黨登記。民進黨則於2月13日同意依法登記為政黨,4月29日向「內政部」正式辦理。

解除「黨禁」後,島內形成了一股組黨熱潮,政黨數目急劇增加。除民進黨外,同期新建的黨還有中國自由黨、民主自由黨、中國民主正義黨、工黨、中國民眾黨、勞動黨、和平統一黨、自由民主黨等,以及僅有招牌、但無黨員活動的中華民族黨。在這些新建的政黨中,除民進黨有一定規模和實力外,其他多為不具備完整形態和規格的小黨,沒有實質的政治影響。因此這時的政黨體制,大體可被稱為國民黨與民進黨一大一小的兩黨體制。

這個兩黨體制,只能稱為不完全競爭體制,這主要是由於競爭目標的不開放。「國民大會代表」與「立法委員」的選舉都只是局部的增額選舉,選舉的結

果影響不了國民黨掌控占絕大多數議席的老代表的事實。新選的委員、代表，並無法真正主導政策。此外，若干職位包括「總統」、「副總統」、省長、北高市長都未開放選舉。因此，我們稱之為不完全競爭的體制。

2.兩黨體制的變形（1993-2000）

1989年8月，國民黨籍的「立法委員」趙少康、鬱慕明、李勝峰發起成立國民黨內一個色彩鮮明的次級團體——「新國民黨連線」，這是一個以促進國民黨的政治革新、維護國民黨的執政地位為宗旨的黨內革新派。1993年，「新國民黨連線」部分核心成員正式宣布脫離國民黨，成立新黨。這是國民黨退臺40多年來首次出現的公開分裂，在國民黨內部和臺灣政壇造成極大震動。新黨的成立，既是受國民黨主流派「打擊的結果」，也是不滿國民黨中央對「黑金」的包庇與李登輝的統獨立場的結果。

新黨成立後，臺灣的政治生態發生了一些變化。有了新黨之後的選舉，一些地方的確出現了國、民、新三黨之間的競爭。例如，1994年的北市市長選舉、北市議員選舉和1998年的北市議員選舉，這種競爭的態勢相當明顯（見下表）。1995年的「立委」選舉和1996年「國大代表」選舉中，新黨也都贏得超過12%的選票。但是，這種情況也僅僅局限於臺北市，而在其他地區並不明顯。故此新黨被認為是「都會政黨」，其力量並未擴散到全島。因而從總體上說，全島的選舉仍然是國民黨、民進黨之間的競爭。新黨的出現，並未從根本上改變國、民兩黨競爭的格局。同時。新黨對兩黨格局的衝擊，不僅在地域上有局限，而且在時間上也很短。1998年之後，新黨的力量急劇下降，並逐漸走向泡沫化。新黨的驟起驟跌，恐怕是這一時期臺灣政黨體制的最大變化。因此，這一時期臺灣的政黨體制，只能說是兩黨體制的某種程度的變形。

3.從多黨競爭到兩大聯盟對峙的格局：2000-至今

2000年「總統」選舉後，伴隨著臺灣政治生態的變化，臺灣政黨體制出現了新的局面。在2000年的總統選舉中，由於原來同屬國民黨的連戰與宋楚瑜同時參選，分割了國民黨原有的票源，雙雙落敗，民進黨陳水扁上臺執政，臺灣實現了政黨輪替，國民黨執政50多年的歷史宣告結束。選後，憑藉其超人氣，一

些人擁戴宋楚瑜成立了親民黨。宋的支持者也主要是從國民黨分裂出來的，標誌著國民黨的再次分裂，力量進一步下降。臺灣出現了國、民、親三黨競爭並主導臺灣政局的局面。2001年立委「選舉」前，在李登輝的光環下，激進「臺獨」勢力成立了臺聯黨。隨著新黨的泡沫化，國、民、親、臺聯黨成了臺灣政壇的要角。2001年「立委」選舉成了多黨之間的競爭。當然，在這多黨競爭中，國民黨、民進黨仍然是主角。實際上，從意識形態來看，國、親、新三黨具有比較相同或相近的意識形態，而民進黨與臺聯黨位於意識形態與統獨光譜的另一端。隨著2004年「總統」選舉的到來，兩大勢力實現了整合。2004年「總統」選舉成了泛藍、泛綠兩大勢力的對決。從某種意義上說，臺灣出現了兩黨政治的力量基礎。伴隨著選舉制度的改革，臺灣走向兩黨政治的趨勢非常明顯。

從以上我們可以看出，政治轉型後，臺灣政黨體制變化的曲線不大。一開始是國民黨與民進黨的兩黨體制，政壇上政黨數量的增加，也主要是來自於國民黨的裂變。現在又出現了政黨力量的聚合趨勢，並且仍然是國民黨與民進黨之間的競爭，將來有可能形成以這兩黨力量為基礎的兩黨體制。從力量上看，政治轉型後，民進黨的力量一直處於上升狀態，而國民黨的力量不斷下降，現在這一趨勢仍未停止，有可能形成民進黨長期執掌政權的局面。

二、臺灣政黨體制演變的內在動因

政黨體制是特定民族國家社會生態環境的產物，並且是在與動態的社會生態環境的聯繫中演化的。各國政黨體制所真正脫胎的母體是特定的民族國家。各國經濟、政治的社會性質，賦予了各國政黨體制以共同的靈魂和精神，而各個民族國家的特殊社會生態環境，則賦予了其政黨體制以具體的形態結構和功能方式。

因此，影響政黨體制形成的原因很複雜與多樣，各國的政治、經濟、社會等情況不盡相同，這是各國政黨體制差異的深層原因。實際上，研究政黨的學者們很早就開始探討各國政黨體制的差異性，並試圖從不同角度加以解釋。法國學者迪韋爾熱指出，政黨體制的形成是由許多複雜的因素所造成，有的因素是各國普遍共有的，有的因素則是由各國獨特的傳統與歷史、宗教與信仰、種族成分與民

族矛盾等等所造成,至於各國共同有的普遍因素則有三個:社會經濟因素、政治思想意識及選舉制度。〔2〕

學者們在分析各國政黨體制的差異性時,比較重視社會因素與制度因素對政黨體制的影響。從社會面向來看,政黨體制的形成在某種程度上可以反映出一個社會的結構與階級特性。通常,當一個社會同質性很高,舉凡在宗教、種族、語言或階級間,皆無明顯的對立或衝突時,則在爭議性問題有限的情形下,社會共識較易凝聚,多數人的政治態度亦往往傾向溫和中庸。而政黨體制在形成時,則較能集中發展,不致出現多黨制。這在美國表現的特別明顯。相反的,倘若一個社會的和諧程度很低,分歧性很高,則多黨制的形成乃是無可避免的。此種情形尤以西歐國家為典型。由於階級與宗教意識的強烈主張,使得政治社會的凝聚力難以建立起共識,長期以來的對立,使得各個政黨皆擁有其特定的群眾與支持基礎,也因此多黨體制的形成乃成為理所當然的發展趨勢。〔3〕

在制度層面,學者們很早就注意到了選舉制度對政黨體制的影響。在為人所熟知的杜佛傑定律（Duverger law）中,即對此種影響有具體的描述。〔4〕在迪韋爾熱的假設中,他指出比例代表制有利於形成一個多數目、嚴格、獨立且穩定的政黨數目;兩輪投票制則有利於一個多數目、鬆散、依賴性且相對穩定的政黨數目;而簡單多數則有利於產生兩黨制。〔5〕以美國為例,在探討美國兩黨制長期存在的原因時,制度論非常流行。制度論者認為,美國的兩黨制是美國選舉制度和政府制度造成的。美國實行「一人當選選區制」和「相對多數票當選制」（得票不必過半數即可當選）,也就是「勝利者得全票」制。這種選舉制度有利於大黨而不利於小黨,從而產生和維護了兩黨制。而歐洲許多國家實行「多人當選選區制」和「比例代表制」,這種選舉制度有利於小黨的存在,故而產生多黨制。〔6〕另外,選舉規則也對一國的政黨體制產生重要影響。在這方面比較明顯的就是有的國家在選舉過程中有選舉門檻的規定。德國是其中的一個典型。德國選舉法規定,凡參加競選的政黨,在第二次投票中,按全聯邦統計必須獲得有效選票總數的5%以上,或者至少在第一次投票中有本黨的3個議員候選人當選,才有權參加根據第二輪投票所得百分比進行聯邦議院總議席的分配。這些條款有力地阻止了新黨和地區性小黨企圖參與政權的行為,並迫使一些小黨向大黨靠

攏，甚至接受兼併。德國從政黨體制上長期維持著兩大政黨（基民盟——基社盟和社會民主黨）和執政小夥伴（自由民主黨），有人將其稱為兩個半政黨制，與德國選舉規則有密切關係。〔7〕

除了社會層面和制度層面的影響之外，國家體制也是影響政黨體制的重要因素。政黨制度是隨著議會制度而逐步發展起來的。因此，議會制度上的種種差別，對政黨體制影響很大。一個特定的國家，實行的是議會內閣制，還是總統制、半總統制，在很大程度上決定了政黨體制的取向。以美國為例，美國是聯邦制國家。美國兩黨制能長久保持穩定的一個重要原因，是多數州的法律對成立新政黨有限制。大多數州的法律都規定，新黨申請成立要經上次州長選舉時若干投票選民或百分之幾的投票選民簽具請願書，當局始予考慮。在大多數州中，這就是指要湊足幾萬人的簽名，例如在加利福尼亞及俄亥俄，約需259000人的簽名。還有一些州的法律規定，必須在新黨的州長候選人獲得投票總數的5%的選票的條件下才承認該黨的存在。因此新黨成立極為困難。〔8〕

以上這些因素具有普遍性和一般意義，當然也是影響臺灣政黨體制演變的原因。

當然，一個國家或地區政黨體制的演變，除了有一般規律可循之外，還受制於這個國家或地區本身的特殊性。這在剖析臺灣政黨體制演變與發展的脈絡時表現得十分明顯。

1.省籍與族群矛盾在臺灣有特殊的意義，並對臺灣政黨體制的發展產生深遠影響

在很長一段時間，臺灣的本省人與外省人之間存在著很深的矛盾與隔閡。這一方面是國民黨當局製造「二二八」慘案，給臺灣本省人的內心和情感上帶來難以撫平的創傷。同時，國民黨長期壟斷著島內政經資源，並以「戡亂時期臨時條款」和戒嚴體制控制及鎮壓臺籍人士，加劇了本省人與外省人的矛盾。這些臺灣籍人本來在歷史上就長期遭受荷蘭、日本等異族統治，現在又受到從大陸來的外省人的統治，因此，臺灣本省人將大陸籍人視為與荷蘭、日本一樣的外來統治者，不僅加劇了省籍對立，而且逐步產生出所謂「大陸意識」、「臺灣意識」，

進而形成了「大陸結」與「臺灣結」，使省籍矛盾成為臺灣社會的一個重要矛盾。尤其自1990年代以來，隨著選舉成為臺灣政治生活的常態，政治人物每逢選舉就拿省籍、族群問題大做文章，借機煽動排斥外省人的情緒，進而製造社會的對立，收割選舉的利益。

臺灣的民主化、政治轉型與本省人希望結束國民黨專制獨裁統治，本省人當家作主「出頭天」的意識相伴隨。我們看到，民進黨成立後，由於其代表本土性的政治力量，因而乘著選舉的階梯一步步坐大，勢力不斷增強。而國民黨的力量不斷萎縮。民眾的歷史情結與本土情結透過選舉發生作用，深刻地改變臺灣的政治生態，改變著政黨之間的力量對比，進而改變著政黨體制。

2.臺灣政黨體制的變化是臺灣過去幾十年政治發展的必然結果

國民黨退居臺灣後，長期維持著威權統治，壟斷著權力和島內政經資源，因此在推進民主化的進程中，國民黨背著保守、威權的包袱。尤其到了李登輝上臺後，國民黨的黑金政治嚴重，官商勾結、貪污腐敗，而且內部矛盾重重，派系爭鬥嚴重，不斷發生分裂，力量不斷下降，因此民眾產生強烈的求變心理，希望換黨換人做做看，對政黨輪替有一種期盼。而民進黨不僅代表著本土性的政治力量，而且代表清新、清廉、改革、反黑金的形象，深得選民的認同。因此，隨著選舉成為臺灣政治生活的常態，民眾根據自己的好惡進行投票，導致政黨支持度和力量對比的不斷變化，深刻地改變著臺灣的政治生態。到了2000年，隨著一個新的世紀的到來，民進黨也終結了國民黨在臺灣50多年的統治。就像有的學者所說，民進黨支持度的上升，並不是這些人都贊成「臺獨」而不畏懼大陸用武者。其中一些民眾出於希望儘快在臺灣形成現代民主政治生態，反對國民黨黑金政治的考量。……從這個意義上說，他們是希望透過政黨輪替實現臺灣的民主改革個社會進步，並非贊成「臺獨」。〔9〕

國民黨的外來色彩，長期的高壓統治及黑金政治，預示著當臺灣實現政治轉型與民主化後，遲早會被替代。從世界走向民主化的國家發展情況看，在政治轉型過程中，大多會出現威權體制政黨的力量下降或組織分裂最後失去政權的情況，以及新興的貼近民意的政黨崛起的過程。人們也高度評價政黨輪替在民主化

進程中的意義。

3.臺灣的民主化與「本土化」也推動了臺灣政黨體制的演變。

所謂「本土化」，應有兩層含義。廣義而言是指在政治、經濟、社會各層面建設的根植臺灣取向，即政策臺灣化；狹義而言，是指重要黨政部門增加臺籍人士的比例，即人士臺籍化。〔10〕1980年代初以來，蔣經國為鞏固國民黨政權而推行的「政治本土化」，反映了臺灣本省人當家作主的願望和要求，符合臺灣政治發展的潮流。本土化以臺灣意識為基礎，對民眾有很強的號召力，很快就從政治層面擴展到文化各方面，1990年代達到高潮。臺灣的本土化與民主化緊緊結合在一起，顯示出很強的力量，任何政治力量只能去適應它、順應它，否則就很難有發展的空間。但1990年代以來，臺灣的本土化在政治人物的誤導之下，已經發生了扭曲。本土化逐漸發展為從對中國化的排斥，到臺灣主體性與主體意識的強化，從而使得從臺灣意識中異化出「臺獨」意識。尤其民進黨上臺後，透過在選舉過程中的不斷操弄，這些意識都大大強化了。似乎本土與非本土已經成為檢驗政治力量「愛臺」還了「賣臺」的尺度，似乎越去「中國化」，越鼓吹「臺獨」，越對抗大陸，就越本土、越愛臺灣。在這樣的誤導之下，具有外來色彩的國民黨就在選舉中很被動，而由於島內非理性的選舉文化，本土性政治人物以及政黨更容易受到選民的認同。民進黨在本土化的過程中，不斷地操弄這樣的議題，並不斷地獲得政治上的好處，致使臺灣的政治生態不斷發生變化。

三、未來發展趨勢

2004年「總統」選舉後，臺灣政黨似乎處於一個新的盤整期，政黨之間處於分化組合期，臺灣的政治生態處於深刻的變化當中，這些都會對臺灣未來的政黨體制產生深遠影響。同時，臺灣又處於新一波的「憲政改革」當中，這會從更大的意義上影響臺灣政黨體制的發展。展望未來，臺灣的政黨體制似乎出現了這樣幾個明顯的趨勢。

1.從政黨的數量上看，出現了政黨的集中化趨向，兩黨政治的趨勢相當明顯

政治轉型後，活躍在臺灣政壇的主要政黨並沒有發生很大的變化。國民黨與民進黨一直是其中的要角，而其他主要政黨則基本上都是從國民黨內部分裂出來的。2004年「總統」選舉，促進了意識形態相近政黨之間的互動與整合，政黨的集中化趨向非常明顯。2004年「總統」大選前，國親實現了合作，國親合作使民進黨感受到了壓力，啟動了民進黨與臺聯黨的選舉合作。因此2004年「總統」選舉，產生了泛藍、泛綠兩大陣營的對決。這兩大陣營的產生，不僅是以意識形態為基礎，也是以選舉利益為考量。這樣，使臺灣逐漸成型了兩黨政治的力量基礎。長期以來，臺灣一直有人提倡兩黨政治，但由於缺少選舉制度的配合和政黨之間的聯合，兩黨制的走向並不明顯。近來，臺灣「立法院」臨時會，審議表決通過了「憲法」增修部分條文提案，其中有關「國會改革」部分，會對臺灣走向兩黨政治起到推動作用。「國會」改革的主要內容包括：議席減半，由現時的225席減為113席，選制由「複權選區一票制」改為「單一選區兩票制」，任期由三年改為四年。「國會」改革的內容，會影響臺灣政治生態的進一步變化。因為，選舉制度對政黨體制有重要影響。單一選區兩票制對處於執政地位而掌握行政資源的民進黨及在基層擁有厚實組織基礎的國民黨有利，而對既無行政資源，又缺財政實力，更缺基層組織的親民黨、臺聯黨以及無黨聯盟等小黨派不利。這些黨的從政人員為了尋求政治出路，不得不投靠大黨，這就使其他黨逐漸式微，客觀上推動了政黨的集中。臺灣兩黨政治的趨勢更加明顯。

2.從政黨的力量上看，民進黨的力量會進一步發展壯大，國民黨的力量還會削弱，民進黨與國民黨的力量對比會進一步發生變化

實際上，從1986年民進黨產生起，臺灣的政治生態變化的主要表現就是，民進黨的力量不斷崛起和壯大，國民黨的力量不斷下降，直到2000年臺灣實現政黨輪替，民進黨登臺執政。從2000年民進黨上臺後的各項選舉來看，民進黨的勢力繼續擴張，國民黨的力量加速萎縮。2004年的「總統」選舉，雖然呈現出藍綠雙方旗鼓相當的局面，但從投票結果來分析，藍綠的基本盤發生了一些挪移，藍綠在迅速接近。選後，藍消綠長的態勢似乎仍在繼續發展。從地域上看，民進黨以往號稱是代表閩南族群的政黨，只在南部稱霸。經過這次選舉，民進黨在地域上也有所擴張，在中部和北部選票有所成長，而且許多傳統的國民黨票倉

如客家、原住民也逐漸瓦解、變色。臺灣的政治版塊開始發生變化。從泛藍的情況看，繼2000年大選後，國親合作仍不敵民進黨，對泛藍內部產生了強烈的衝擊。選後的半年多，泛藍仍未走出「3.19」槍擊案的悲情和迷亂。泛藍內部，圍繞本土與非本土之爭重新凸顯。同時，後連宋時代提前來臨所引發的世代交替的呼聲和權力矛盾越演越烈，加上資源匱乏，士氣低落等問題的困擾和省籍間的猜疑揮之不去，國親之間圍繞合併，國民黨內部如何調整路線、綱領、政策，如何實現世代交替，如何找回希望，找回願景，如何在痛定思痛的省思後重新出發，這些都使給外界留下不好印象，泛藍的選民似乎仍在流失。民進黨長期執政的趨勢比較明顯。

3.政黨的趨同化趨勢加劇

在其他國家或地區，一般是依各階級或政治勢力對推動社會進步的政治態度或行為準則，將政治勢力分為左中右派。但冷戰後，政黨綱領、政策的趨同化、政黨差距的縮小或界限的模糊，成為西方政黨政治的一個新特點。例如，冷戰後，美國兩黨政治差距縮小，在具體政策上，兩黨在政策方針的實質性內容上，沒有根本性差別，在內外政策主張上大同小異的趨勢日趨明顯，美國政治出現了「向中間靠攏」的突出現象。〔11〕臺灣的情況有些不同。像日本學者若林正丈所指出的，「臺灣的意識形態結構與一般工業社會不同，『左右』因素不明顯，代替『左右』因素而成為主要排列標準的是所謂『統獨』因素。『左右』因素並非沒有，但是極其微弱，處於附庸地位，從屬於『統獨』因素」。〔12〕不過，隨著臺灣本土化的推動，主要政黨在綱領政策等方面的趨同化也相當明顯，在統獨光譜上的差距在縮小。這在國民黨表現得更加明顯。為了選舉的利益，國民黨愈發本土化，弱化其中國色彩，不再堅持統一的取向，反對一國兩制，不排除不反對「臺獨」選項等。這一切都使其與原來的國民黨表現出很大的差異性，與民進黨表現出某種趨同。貼近本土、「去中國化」，強化「主權」與主體意識，強化對臺灣的認同，似乎成了臺灣政黨的未來趨勢。這些不僅對政黨本身產生影響，也會對兩岸關係產生深遠影響。

注釋：

〔1〕吳文程著：《政黨與選舉概論》，臺灣五南圖書出版公司，1996年1月初版，第125頁。

〔2〕Duverger, M.：Political Parties.（New York：John Wiley，1954），P.204.

〔3〕同上，第135頁。

〔4〕Alan Ware：Political Parties and Party Systems.（Oxford University 1996）.P.191.

〔5〕Duverger, M.：Political Parties.（New York：John Wiley，1954），P.205.

〔6〕李道揆著：《美國政府和美國政治》，中國社會科學版社，1990年版，第163-164。

〔7〕傅金鐸等主編：《國外主要國家政黨政治》，華文出版社，2001年第1版，第136頁。

〔8〕同上，第37頁。

〔9〕香港《中國評論》，第28期。

〔10〕孫代堯著：《臺灣威權體制及其轉型研究》，中國社會科學出版社，2003年8月第1版，第211頁。

〔11〕參見劉麗雲等著：《美國政治經濟和外交概論》，中國人民大學出版社，2004年8月第1版，第99頁。

〔12〕〔日〕若林正丈編著：《轉型期的臺灣政治》，紐約《聯合日報》1988年6月25日。

略析民進黨的派系問題

林勁

一、派系在民進黨發展過程中的作用

政黨內部派系政治的形態與派系權力鬥爭的程度，不僅決定了該政黨未來的發展趨向，也足以影響其政治競爭的能力，甚至關係到一個社會政治的健全發展以及政治民主化過程的順利進行。1990年代國民黨內的主流非主流鬥爭，影響該黨的競爭力及發展，也影響臺灣政局的穩定；目前民進黨的派系鬥爭影響黨政關係及黨的兩岸關係政策，從而影響臺灣政經局勢及兩岸關係的緩和與發展，就是兩個有力的例證。

派系是在一個團體之中，為了取得控制團體的政治權力，彼此相互競爭，甚至敵對的任何組織化的次級團體。派系的出現與發展，乃是任何政黨無可避免的事實。派系影響政黨內部的政治與決策過程，常是經由派系的運作與互動，決定了政黨控制權的歸屬，領導精英、幹部與政策的選擇以及各項公職候選人的名單。

派系為一個有組織的政治競爭單元，是指具有意見與態度的一群人的集合體。具有以下的特徵：意識形態取向，建制化的領導方式與核心幹部，定型的技術專家與溝通網路，能夠獲得政治經濟資源及有意識的自我組織。相對於政黨而言，派系是一個較高程度組織化的團體。

民進黨內派系基本上具備了以上所有的特徵，各個派系的組織化程度略有差異，這就很大程度影響其各自的競爭力。民進黨的派系不管以往如何形成，現階段已都是制度化型派系，建立於平等與非個人化的組織機制，即有正式的幹部、運作規則和程式、名稱或政治符號、定期的活動，等等。派系在民進黨成立及發展過程中起著極為重要的作用：

1.民進黨是黨外若干團體聯合成立的，而這些團體其後成為民進黨創立初期的派系基礎，美麗島、新潮流、康系、前進系、黨外公政會、黨外編聯會，多數以雜誌名稱命名，經過一段時間的分化整合，成為黨內初期的兩大派系。使民進

黨形成派系聯盟式的權力結構，派系競爭公開化、制度化。

2.派系鬥爭、協商、妥協以至競爭、合作、共治，民進黨逐漸形成了一套運行機制，成為黨內政治生態和運作模式，這對於民進黨各方面的發展都具有重大決定性的作用。黨的各級權力機構的產生，各級公職人員候選人的出線都必須首先透過派系內部協商產生後再進入黨內派系之間的競爭互動。黨的各項制度的形成、黨務改革的推行、黨的路線及相關政策主張的確立及修訂、乃至黨的重大決策和政黨轉型的步驟都與派系之間的爭議辯論、協商、妥協、折衝密切相聯繫（1998年2月中國政策大辯論就是以派系為基礎）。黨中央與民意機構黨團關係，執政時期的黨政關係都必須靠派系互動以獲得協調，權力、資源的分配無不要考慮派系的利益及其平衡。與其他政黨的抗爭、合作及互動，採取何種路線，各種重大事件的朝野互動，各項政策主張的制訂與出臺，都必須在派系協商基礎上由黨中央最後協調產生的，各級公職人員的競選必須依靠派系的動員、組織作為基礎的。

3.民進黨內的派系共治與運作是依靠黨內民主制度（運行的遊戲規則）來維繫的。這是該黨優於臺灣其他政黨的方面。建黨以來，沒有任何一個派系可以完全凌駕於所有派系之上的，即使無派系的孤鳥型人物，不論其知名度再高、形象再佳，亦需要獲取一定派系的支援，才能在黨內及政壇有所作為。陳水扁是一個派系的龍頭人物，若是離開自身派系及其他派系的支持，他無論如何不可能獲取2000年大選的勝利，目前他所處的地位及所掌握的權力資源可以為自己派系的發展壯大起促進的作用，亦可借此協調派系之間的關係及矛盾，甚至可以行政資源拉攏利用其他派系人士，但是，他也必須考慮平衡各個派系的利益，調動各個派系的力量，才能理順黨政關係及府院關係，順利有效地處理朝野矛盾、推動政策、做出績效，才能有足夠的實力爭取連任。

民進黨內重大的路線調整及黨務改造的爭議背後都有著派系利益及矛盾的角逐及交錯，並不完全是意識形態、理念、意見的對立與分歧。

一個時期以來，涉及民進黨轉型的修改「臺獨」黨綱問題多次於臺灣重大事件前後在黨內引發爭論，其中不可否認有著黨內對「臺獨」黨綱對該黨發展影響

認識的差異，但相當程度有著派系矛盾及利益衝突等成分的交纏。

一個時期以來，涉及民進黨黨務改造的一系列議案，最終交集到「總統兼任黨主席」這一核心問題，這實際上反映了各派系對執政以來黨政關係問題的癥結、陳水扁獨斷專行的不滿，表面上雖然是各派系一致，但其中更深層的涉及黨的發展的隱憂將會逐漸呈現。陳水扁勝選，民進黨似乎並未真正成為執政黨，陳水扁表示脫離黨務，他的意志決定一切，重大決策和人事任命都完全由他說了算數，所謂「九人決策小組」實質上只是一個協調會報機制，為陳水扁的決策背書而已，許多決策連民進黨主席及祕書長都不知道，而他們又只能窩囊地強裝知情。政府施政不好，民眾社會責怪民進黨，黨主席有責無權。在此狀況下，誰當黨主席都很難，解決的途徑只有「總統兼任」才能理順黨政關係，從而由以黨輔政——以黨強政——黨政同步，亦既不是「以黨領政」，也不是「以政領黨」，可稱為「黨政合一」，「黨政一把抓」。黨內各派系基本形成共識，主張由「總統」兼任黨主席，相當程度包含了派系鬥爭的因素，2001年底「二合一」選舉後，民進黨已成為「立法院」第一大黨，但在新內閣組成及相關人事布局上，其他派系所獲利益及資源有限，一時引發了強烈反彈。選後「立院」黨團希望黨中央推動黨務改造朝向「內造化」發展，增強黨團在中央決策的地位和分量，甚至希望將黨的決策核心轉移到立院黨團，「總統兼任黨主席」及其相配套的改革必然會增強黨團在中央決策的地位。種種因素交纏，正因如此，有人認為由「總統兼任黨主席」的主張是「陷陳水扁於不義」境地，呂秀蓮更是高喊這是「民主退步」，周伯倫認為陳水扁不要為了「爽兩年」而貽害無窮，斷了連任的希望。

二、民進黨內派系結合的基礎及存在方式

民進黨內派系結合的基礎在各個時期、各個派系都有差異，但總體上脫離不了利益結合這個基本點和共同點，在黨外時期及建黨初期主要是依靠路線主張、意識形態的認同相聯結，同時也與職業、歷練、世代相關連，主要有兩部分：公職人員、家屬、律師等；編輯、作家、從事學運、工運的人士及公職助理人員等，當然也有相當部分是具有依附性質，同時也包含了歷史、傳統的恩怨因素。

自黨的五全大會將「臺獨」條文列入黨綱後，黨內路線、意識形態的鬥爭逐漸平息下來，派系開始出現多元化發展，隨著黨的轉型推動，進入體制，採取選舉路線，中間派系崛起，各派都朝務實方向發展，利益結合遂成為派系結合的根本和基礎，對派系的認同就很難以意識形態和理念來進行區分，而反映在政策主張上的分歧和對立，實際上很大程度是派系利益的爭奪與衝突，有時甚至是個人恩怨，目前黨內除了已勢力式微邊緣化的「臺獨聯盟」可稱得上「臺獨」激進派之外（實際上來自美日的兩批人也有差異，美國部分趨於務實，諸如李應元、陳唐山、張燦鍙等。日本部分則較為保守頑固，諸如許世楷、黃昭堂、金美齡等），其他派系在意識形態、理念、政策主張都無本質差異，也無地域的區分。

早期美麗島系組成主要是地方山頭頭面人物、公職人員及家屬等，新潮流系組成主要是編輯、作家、公職人員助理、學運工運社運的積極分子，正義連線與福利國連線性質相近，是以陳水扁、謝長廷為核心的一批人凝聚而成，臺獨聯盟則是從海外遷回臺灣依附到民進黨旗幟下展開活動的。

民進黨內派系存在的方式也有多種，在1992年黨內呈派系多元化後跨派系的情況較為嚴重，許多民進黨人士同時加入兩個派系以期獲得利益，也有臺獨聯盟的成員加入其他派系，但新潮流系始終未有成員加入其他派系，也不允許其他派系成員加入，隨著黨內派系共治運作機制逐漸完善，派系利益界限區隔明顯，跨派系的情況已逐漸消除。但黨內派系存在仍有三種較為特殊的狀況：〔1〕跨黨派系——臺獨聯盟，有部分成員加入建國黨、臺聯黨；〔2〕派系結盟——2000年大選後成立的主流聯盟；〔3〕跨派系的新生代結合形成的團體——六〇社、野百合學運。

民進黨成立以來明顯形成三個世代：第一代即以黃信介、施明德、許信良、張俊宏、姚嘉文、林義雄、江鵬堅、余陳月英等為代表，第二代以陳水扁、謝長廷、邱義仁、沈富雄、吳乃仁、張俊雄、游錫堃、陳定南、柯建銘、陳忠信、蘇貞昌、尤清等為代表，第三代正在急速崛起，諸如李文忠、李俊毅、林佳龍、郭正亮、劉世芳、段宜康、高志鵬、賴勁麟、陳其邁、羅文嘉、馬永成、邱議瑩、劉一德、肖美琴、周奕成、田欣等，目前主要有兩個鬆散的小團體：一是「六〇

社」即1960年代後出生的「民代」、各級公職人員；二是「野百合學運」骨幹力量，即1980年代末1990年代初學生運動積極分子。第三代既沒有第一代「悲情包袱」和理想主義，也沒有第二代的意識形態及功利主義，他們較為務實，注重現實利益取向，較能接受新生事物和面對新的形勢。第三代已有不少人已位居要津，「立委」、行政官員、中執委、中常委、中央黨部的一級主管、地方黨部主委等，他們在1996年大選後曾在黨內發起路線大辯論，發表了「新世代運動綱領」，2001年初曾發表「新政綱宣言」，呼籲民進黨中央對該黨自我重估及推動轉型，調整意識形態及組織結構。第三代有著明顯的基本特點：〔1〕超越悲情看待臺灣政治發展；〔2〕務實地面對大陸及兩岸關係；〔3〕熟悉及運用媒體造勢；〔4〕參與及結合多元化的社會關係。第三代分散於各個派系之中，若干年後將逐漸上升成為各個派系的頭面人物及中堅力量。目前主導黨內三大派系都是第二代（中生代）代表人物，第一代已盡數退出黨的權力核心及派系領袖位置。

民進黨在「立院」的次級問政團體一般是以派系為基礎建立起來的，有些派系實質上是在「立院」由次級問政團體演變向外發展而成立的，各個派系的核心人物都是全臺性「民意代表」（「立委」、「國代」等）和各級行政首長，中堅分子也是掌握一定資源的各級公職人員，各級公職人員無疑都必須具有一定的黨員支持及選民基礎。因此各派系實力的衡量以公職人員數量為標準是有一定依據的，也切合實際情況的，其他國家及地區也是以此作為衡量標準的，這一方面反映社會支持基礎，另一方面體現該派在政壇的地位。

三、民進黨派系多元化及共治的運作方式的正面意義

派系多元化及共治的狀況是民進黨發展到一定階段的必然結果，是與該黨的形態、性質、體制及其演變相適應，派系共治的運作方式至今已有近10年，對民進黨的發展所具有的正面意義遠大於負面意義，今後將持續並逐步完善。

1.派系多元化及共治方式，由派系共同協調黨內事務，黨的決策程式，人事配備，公職人員提名，社會活動將依循妥協形成的規則進行，有助於黨內民主的

發展。

2.派系多元化及共治方式,透過派系妥協、協商決定黨的重大政策主張及活動,各個派系充分表達自己的意見,異中求同,有利於降低非理性因素,避免鬥爭極端化,同時避免黨的重大決策的偏激而缺乏迴旋空間。

3.派系多元化及共治方式,依循一定的規則,派系圍繞權力和資源配置進行競爭,力爭鞏固和發展自己各方面資源,既有對內鬥爭,甚至激烈惡鬥的一面,同時另一方面,各個派系發揮各自的性格和特點,發揮各自的優勢和積極性,向外拓展,吸收不同的社會資源,擴大社會基礎,既可增強該黨的包容力,又可壯大黨的實力。

四、現階段民進黨內派系的基本格局

自六屆黨代會以後形成派系共治,這已成為民進黨內政治運作的正常機制,事實證明這對於黨內生態平衡及總體發展都有正面的意義。

在1998年底第四屆「立委」選舉後,民進黨內有福利國連線、正義連線、新潮流系、新世紀辦公室、新動力辦公室、臺獨聯盟六個派系,新世紀與新動力是原美麗島系分裂形成,新世紀在2001年4月黨內「立委」、「縣市長」候選人初選嚴重受挫後已停止運作,相當部分成員被正義連線所吸收。新動力在邱議瑩投靠正義連線後更為削弱,臺獨聯盟自始在黨內的發展空間就非常有限,原因是其與新潮流的同質性太強,後因其立場的極端性,目前它實際上在民進黨內已是名存實亡。

目前主導民進黨的主要派系就是正義連線、福利國連線、新潮流系,其龍頭人物現階段把持臺灣當局及民進黨的重要職務,占據絕大多數民進黨籍的公職人員,中執委、中常委的席次基本上呈「三強鼎立」的局面,在2001年底「二合一」選舉後,三大派系爭相拉攏無派系或其他派系的「立委」加入,更使其他派系在黨內呈邊緣化。

目前民進黨派系格局的顯著特點是正義連線和新潮流系實力上升迅速,令人

刮目相看。

作為陳水扁在黨內的嫡系隊伍「水漲船高」及「西瓜偎大邊」效應，正義連線的迅速發展勢所必然。陳水扁親信團隊中分為兩幫：一是夫人幫，即吳淑珍插手推薦的一批人；二是馬永成為首的童子軍（羅文嘉實際上已淡出陳水扁的執政團隊）多數年齡低於馬永成，屬於陳水扁嫡系的嫡系。正義連線另一龍頭人物沈富雄，此人常與陳水扁意見相左，思維敏捷，很有個性。高志鵬為陳水扁心腹，缺乏歷練，尚難成領軍人物。

新潮流系依靠自身的組織嚴密、紀律嚴明、團結協作，內部注重民主協商，注意培養梯次人才，扎實經營而逐步發展。該派系重要人物已占據「國安會」祕書長，黨中央祕書長，中央黨部幾個部門主管及海基會副祕書長等要職。在2001年選舉中取得驚人成績，實力大增，引發黨內某些人士的公開抨擊以及其他派系的警惕和不滿。新潮流的發展壯大還在於近年來逐步朝務實、理性的方向調整，在新生代之中有較大影響力和吸引力。平心而論，該派系的壯大對民進黨的今後發展具有重要的意義和作用：

1.新潮流有較強的組織動員能力，有一批理論水準較高、熱心黨務工作的中青年黨工，對民進黨的組織發展具有重要作用。

2.新潮流有豐富的基層工作經驗，有一批長期從事社運的工作者，有一批長期為公職人員輔選、助選的人才，有一批為「民意代表」擔任助理的青年幕僚，這有利於民進黨進一步開拓社會基礎，擴大支持力量，尤其是更廣泛地爭取中下層工農群眾的支持。

3.新潮流與臺灣各界各階層青年有較為廣泛的接觸，聚集了一大批年輕的支持力量，包括相當數量的外省籍第三、四代，這在中央黨部的正副主管以及基層黨部內都占有一定的分量。

4.新潮流是陳水扁、謝長廷以及黨內某些無派系背景的重量級人物不能不借用及聯合的力量，而該派系憑藉自身優勢，左右逢源，利用各種矛盾及長扁之爭獲取最大的派系利益。

但是新潮流內部仍然還有少數諸如林濁水之流的具有強烈意識形態的激進分子，這將不利於該派系及民進黨的進一步轉型，儘管這股勢力已在逐漸衰微，影響有限。同時該派系的發展迅速將逼使其他派系逐步剛性化，引發新一輪黨內派系的激烈鬥爭。

一個時期以來，民進內派系鬥爭的主要內容包括：一是，黨的各級領導權的爭奪與公職候選人黨內提名的競爭；二是，黨的重大政策主張的分歧引發的爭論，這背後實際涉及各自的派系利益。

現階段民進黨派系的基本格局顯示：黨內務實派系已完全主導民進黨，溫和派已見邊緣化，基本教義派日漸式微，這在「臺聯黨」成立之後更為明顯。三大派系呈鼎立之勢，新潮流的發展備受矚目，該派系的務實、理性及利益取向日益顯著；福利國連線實力發展略顯後勁不足；正義連線實力繼續上升勢頭猶存，尤其是借陳水扁兼任黨主席的東風。

民進黨新潮流系的政治影響力

陳孔立

新潮流系是民進黨中的一個重要派系，它在民進黨內乃至臺灣政治中都具有相當的影響力，因而引起了人們的重視。但是，多數論者都是從它在黨政系統及民意機構中占有多少席位來說明它的影響力，顯然，這種把政治影響力簡單地等同於「政治資源擁有量」的看法是片面的。本文根據現代政治分析中有關「政治影響力」的概念進行探討。

所謂「政治影響力」是指「行動者之間的這樣一種關係：一個或更多行動者的需要、傾向或意圖影響另一個或更多其他行動者的行動或行動傾向。」〔1〕考察政治影響力不僅要瞭解其政治資源的擁有量，而且要分析其使用資源的目的、使用資源的技能和效率以及影響力的範圍與領域等等，並對其正面和負面的影響做出評價。

本文探討新潮流系對民進黨內、陳水扁及臺灣當局、兩岸關係、對外關係等方面的影響力，著重從對選舉的影響、對決策的影響、對黨內的影響、對政治動員的影響等領域進行分析。〔2〕重點考察的時間是「政黨輪替」前後，特別是陳水扁上臺以後。重點考察的範圍是新潮流系對陳水扁及臺灣當局的政治影響力。

早在民進黨成立之前，新潮流系就已經存在，2004年是他們的「創系」20周年。在這個漫長的歲月中，新潮流系雖然沒有擔任過任何一屆的民進黨主席，但卻在歷屆黨主席的競爭中發揮巨大的作用，在很長時間裡掌握了黨內的實權，曾經成為民進黨內參與決策和實際運作的主導力量。

新潮流系是「臺獨」論述的急先鋒，1987年民進黨通過的「人民有主張臺灣獨立的自由」，體現了新潮流一貫鼓吹的「自決」主張；1988年所謂「四個如果」則是新潮流系與陳水扁妥協與合作的產物；1990年新潮流提出「我國主權不及中華人民共和國及蒙古人民共和國」的主張，經過陳水扁的協調，獲得「全代會」的通過；1991年的「臺獨黨綱」更是由新潮流系「催生」、在派系矛盾激化、「狗急跳牆」（民進黨內使用的語言）的情況下，由陳水扁加以文字修改而最終通過的。這一切說明了新潮流系對民進黨的政治影響力。在一定的時間裡，新潮流系主導了民進黨的路線。

當然，新潮流的理念和路線也有改變和轉型，它更多地透過與黨內高層的妥協、聯盟與合作，力圖主導或影響黨的路線，但有時成功，有時失敗。美麗島系在黨內當權時期，新潮流系不能不受到一些挫折。在陳水扁當權下，新潮流的處境也不如意。這就體現出其政治影響力的局限性。

一、對選舉的影響力

在臺灣，選舉成為政治生活中的一件大事，幾乎年年選舉，投入大量人力、物力、財力，大家樂此不疲，因為選舉是政治權力再分配和奪取執政權的必要途徑。一個政黨只有透過選舉才能取得執政地位，因此，參加選舉成為臺灣各個政黨最重要的活動之一。

新潮流系需要參加的選舉有：黨內代表、地方黨部主委、中執委、中常委、中評委選舉及公職候選人黨內初選，地方縣市議員、縣市長選舉，北高市長選舉，「立委」選舉和「總統選舉」。參加選舉一方面可以擴大本派系的影響，另一方面還可以透過輔選，幫助本黨的某些成員當選，擴大民進黨的影響，包括取得政權，成為執政黨。

　　新潮流系在過去黨內的選舉中以熟悉各派實力、善於「精算」和「配票」著稱，對於上述各種選舉的「勝選」發揮了重要作用。他們所支持的候選人多次當選為黨主席，新系在代表、中執委、中常委選舉中所獲得的名額，往往超出其所能掌控的黨員（據估計約2萬名以內，比重不及5%，「流員」則不及300名）的比例。目前在第11屆30席中執委中占有7席，10席中常委中占有2席，實力強勁。〔3〕

　　最重要的選舉是所謂「總統大選」。新潮流十分重視這種「一對一」的選舉，即由不同政黨各提出一人進行競選，因為民進黨只需要贏過一人，就可以取得政權。這可能是走向執政之路的一條捷徑，而透過其他途徑奪取政權則要困難得多。

　　以下從2000年和2004年兩次選舉中，考察新潮流系的影響力。

　　2000年選舉，民進黨的「選戰指揮中心」由新潮流系的邱義仁擔任「執行總幹事」，在選戰三方（連、宋、扁）勢均力敵的情況下，由於策略運用和選戰運作得當，對選舉的成功起了重大作用。以下是兩個實例：

　　1.「擺脫臺獨黨綱的束縛」：當時黨內普遍認為「臺獨」主張會引起選民的疑慮，因此有人提出要「廢除臺獨黨綱」，但有人擔心會失去基本票源的支持。邱義仁認為在統獨議題上與連、宋相較，民進黨無法得分，因而設定「以不失分為原則，但也不會幻想去得分」。後來在邱義仁的主導下提出「陳七項」，用以回應大陸提出的「錢（其琛）七條」，其中提到不宣布「臺獨」，不變更「國號」，「兩國論」不入憲等，因此引發外界對其是否修正「臺獨黨綱」的質疑。在最後時刻，邱義仁多次打電話給在南部的陳水扁，建議他表態「當選後不再參加民進黨活動」。陳水扁接受了這個建議，這就造成了他有意「擺脫臺獨黨綱束

縛」、要做「全民總統」的印象。事後的民調證明，陳呂的支持度有所提高。〔4〕

　　2.處理「興票案」的策略：「興票案」是打敗宋楚瑜的致命一擊。當民進黨取得有關興票案「黑資料」時大家十分興奮，但邱義仁則擔心「中計」。他認為「三強鼎立」對扁有利，連、宋任何一方出局，對扁都不利。如果民進黨「打宋」，宋的票可能回到聯手中；如果由國民黨去打宋，形成「連宋對決」，就會對扁有利。因此決定不打「興票案」這張牌。不久，國民黨利用「興票案」使得宋楚瑜陷入困境，這時，邱義仁決定「全力打連」，造成「連宋都屬於黑金體制」的效果。邱義仁指出運用這個策略的目的是「維持均勢」，這就使得陳水扁成為這個事件中最大的獲利者。〔5〕

　　有人在回顧2000年大選時指出：「阿扁相信：2000年大選聲勢由弱轉強的關鍵，就在於邱義仁接手掌管總部大大小小事務，並且取代了原本阿扁身邊的幕僚，成為選舉策略的實際規劃者。」〔6〕當然，除了邱義仁以外，新潮流系也做出了貢獻，因此，有人指出：「2000年選舉，民進黨首度拿下執政權，當時便有『陳家天下邱家軍』的說法出現，意思是天下雖然是陳水扁的，但真正帶兵打仗，幫陳水扁立下汗馬功勞的，卻是由邱義仁領銜的民進黨新潮流大軍。」〔7〕不僅如此，在以後的選舉中，新潮流仍然扮演舉足輕重的角色：「2001年『立委』選舉，吳乃仁精確操盤，贏得難見的大勝；2002年北市長選舉，李應元選舉班底內訌，最後被徵召收拾善後的是新系人馬鐘佳濱；2003年花蓮縣長補選，儘管功敗垂成，但其中鉚力輔選的關鍵幕僚：文宣部副主任鄭文燦、政策會副執行長梁文傑都是新潮流子弟兵。」〔8〕

　　以上事實說明，新潮流系在選戰決策過程中和實際運作中都發揮了重大的作用，對民進黨戰勝國民黨、實現「政黨輪替」，對陳水扁上臺執政，對臺灣政局的變化具有相當大的影響力。

　　再看2004年的選舉。民進黨組成「競選委員會」，邱義仁是五個委員之一，但是，五人之中「負責實際操盤」的還是邱義仁。有人指出，陳水扁把邱義仁拉到「總統府」擔任祕書長，其用意就是要他擔任選戰的總指揮，而新潮流的

另一位大老吳乃仁則辭去「台糖」董事長，擔任選舉文宣的總負責人。2000年邱義仁可能為了「避嫌」，沒有讓更多的新潮流成員參加選戰工作，在6個副總幹事中只有一個是新潮流的人。2004年，除了邱吳兩位大將以外，新潮流系的「行政院祕書長」劉世芳、「立委」洪奇昌、「主席室特助」陳俊麟以及鄭文燦、梁文傑等黨內骨幹也都投入選戰。在文宣方面更有許多新潮流的子弟兵參與作戰。

這次選戰最重要的戰術是邱義仁所主張的「割喉戰」。他認為這次選舉能夠改變選民思考、選擇的議題很少，把力氣花在議題上是浪費，應當把時間和精力用到可能爭取到的選票上，目標是「追求險勝，一票一票斤斤計較地去搶」，只要能從藍營中「挖出」60萬票，陳水扁連任就能成功。當初這個策略受到許多人的反對，因為他們企圖在選戰中大顯身手，而不願意採取這種偏於「組織戰」的「低調」的做法。選舉結果，民進黨得票比2000年有較大的增加，在中部和客家地區也得到更多的選票。據估計，「割喉戰」使陳水扁增加了10.1%的選票。

對於新潮流在這次選舉中的作用，人們有不同的評價。有人認為新潮流起了很大的作用：「阿扁連任之役，新潮流主導選舉基調，主控競選節奏，扮軍師、當轎夫，連扁嫂買賣股票漏報動態交易資料，都是邱義仁站出來道歉。」〔9〕可是，有人卻表示懷疑，據說「高層」對新潮流的輔選感到不滿，對文宣也不滿意，因為陳水扁最終只以2萬多票險勝，「如果不是因為那兩顆子彈，是否篤定勝選，根本沒有人敢打包票」。〔10〕可是，不管怎樣，新潮流畢竟為保住民進黨的執政地位、為陳水扁連任出了力，在這次選舉過程中仍然表現出了它在選舉中的政治影響力，這是無人可以替代的，也是無法否定的。令人不解的是，新潮流出力為陳水扁輔選，選後卻遭到冷落，這種下場不知是否早已在他們的意料之中？

二、對決策的影響力

首先，要看新潮流對決策機構的影響。當代臺灣的決策機構，集中在黨、

政、府、院4個方面。新潮流系從來沒有在這4個方面擔任主要領導，因此對決策機構的影響就不能不受到限制。不過，新潮流系長期占據民進黨祕書長的職位，對民進黨中央的決策起過重要作用。2000年以後，新潮流系的吳乃仁曾經擔任祕書長，這位「強勢」的祕書長，對於黨中央的決策有較大的發言權。不過自從吳乃仁退出這個職務後，固然還留下一些新潮流系的骨幹，但對民進黨決策影響力已經減弱。在「政府」方面，新潮流系的邱義仁、劉世芳先後擔任「行政院祕書長」，對行政的決策也有一定影響，但現在新潮流已失去這個職位，只占有幾個不是關鍵性的職務，影響不大。在「總統府」方面，邱義仁曾經擔任「國安會」祕書長和「總統府」祕書長，估計有機會參與某些決策。至於「立法院」，是由「立委」投票進行決策的，各政黨需要透過該黨的「立院黨團」來影響決策。新潮流系長期未能取得民進黨「立院黨團」的領導職位，影響力也有限。有人認為到2002年，「新潮流已淡出府、院、黨權力核心」。〔11〕

不過，應當説，目前臺灣的重大決策集中在陳水扁一人身上，所以，對決策機構的影響力主要體現在對陳水扁的影響上。從這一點來看，新潮流系基本上未能直接進入決策核心，參與決策的機會不多。過去，陳水扁曾經拋開民進黨主席（謝長廷）、中常委、「副總統」以及其他黨政高層人士，而由他本人與一些貼心幕僚做出決策。號稱最高層次的「9人小組」也不是決策機構，最多只能提供決策參考。在民進黨內，「總統」是否兼任黨主席問題，要兼不兼，都是陳水扁一個人説了算。在「大選」時，要誰當「副手」，也是陳水扁一人決定，其他人的意見不起任何作用。新潮流系只能透過其主要領導人（邱義仁、吳乃仁）與陳水扁的接觸，施加一定的影響，由於不同時期邱、吳二人所處的地位不同，對陳水扁的影響力就有很大的差別。因此，可以説，新潮流對主要決策者陳水扁的影響處在間接的、非制度化的、不穩定的狀態。

其次，要看對決策過程的影響。在這個方面很難取得直接的資料，只能從側面的間接的情況進行分析。從陳水扁上臺以後的一些重大決策中，似乎可以隱約地看出新潮流的主張產生了一定的影響。例如：

1.鞏固政權。多年前，包括新潮流領導在內的民進黨骨幹就議論過，上臺以

後首要的任務應當是「鞏固政權」，不要讓辛辛苦苦奪取的政權輕易地喪失掉。為此，陳水扁上臺以後，新潮流系雄心勃勃準備長期執政，他們估計陳水扁可以執政8年，認為8年以後國民黨要從他們手中奪回政權就更困難了。他們策劃從各個方面部署鞏固政權的工作。例如，「行政院」系統，陳水扁剛上臺時，不得不用唐飛以及一些國民黨籍的「部會首長」，不久以後，便由吳乃仁帶頭發難，把「石頭」搬開，換上民進黨人或親民進黨的官員，使民進黨成為名副其實的「執政黨」。「國安會」系統，由邱義仁親自出任祕書長，把原來掌握在國民黨手中、主要對付民進黨的情治系統，收編在民進黨的麾下。軍隊系統，利用任期屆滿進行整頓，換上一些「自己人」或對陳水扁「表忠」的人，使國民黨在軍隊中的影響力大大削弱。此外，對公營事業系統、金融系統、新聞系統以及基層，甚至連宗教團體、各大寺廟（關係到爭取選票）都想方設法加以控制。以金融系統為例，吳乃仁成為掌管臺灣上市公司的證券交易所董事長，一上臺就引進不少自己的人馬。其他金融機構如「金監會」「兆豐金控」「第一金控」「華南金控」「臺灣銀行」「合作金庫」「土地銀行」「中小企銀」等等都已經掌握在民進黨或「泛綠」手中，於是，有人指出，陳水扁實際上已經成為「超級金控」的董事長。

民進黨在各個系統中安插「自己人」，不僅是像一些人所說的只是為了「酬庸」，其目的還在於打擊對手，壯大自己。它要「斬斷」國民黨的根子（包括「政脈」和「金脈」），使民進黨能夠在各個領域紮根，以保「長治久安」。幾年來，很多人批評民進黨拿不出什麼「政績」，實際上他們把許多心思和精力放在鞏固政權上。這樣的謀略運用，估計脫不開新潮流的影響。

2.研究對手，戰勝對手。既要鞏固政權，就需要研究對手與制定戰勝對手的策略。實際上在陳水扁上臺後不久，新潮流就著手準備2004年的「選戰」，並且著重研究了自己的主要對手：國親兩黨。他們認為連戰「東山再起」的可能性不大，他與宋楚瑜合作有很大困難，即使連宋合作，民進黨也有辦法對付。至於國民黨中生代也沒有太大實力，可以「擺上桌面」的不外是「馬立強」三人（即馬英九、朱立倫、胡志強），2004年如果提出馬英九來和陳水扁抗爭，他們也研擬了對策。起初，他們認定宋楚瑜是頭號對手，可是，「興票案」使他難以招

架」，暴露了他處理問題的能力並不強；「組黨」（指2000年選後組織「親民黨」）久拖不決，暴露了他的優柔寡斷；組織「在野聯盟」和「國親合併」暴露了他患得患失，因而聲望下跌；如此等等，經過多次的「考驗」與「較量」，新潮流得出結論：這位被認定是「大內高手」的對手，存在自身的「軟肋」，也不見得多麼難以對付。

顯然，類似的「敵情分析」，對於提高民進黨的自信、制定戰略決策肯定有相當的影響。在2004年選舉過程中，民進黨故意炒作「馬立強」，目的是造成國民黨內部存在外省籍精英「壓倒」本土精英、「中生代卡位」的印象，既可以分化國民黨，又可以煽起本省籍民眾的不滿情緒。這就是上述策略運用的一個實例。

3.研究大陸，對付大陸。新潮流對兩岸關係是比較用心的。有人指出：「新潮流在兩岸關係上著墨甚深，除了邱義仁自己在對美、對日和兩岸等國安領域下苦功，新系也刻意栽培顏萬進（海基會副祕書長）、梁文傑、張國城（前民進黨中國事務部副主任）等人朝中國事務精進，甚至由派系提供獎學金讓年輕人出國進修，學成後再安排往黨職、行政職發展。」邱義仁二度擔任「國安會」祕書長的工作，兩岸關係納入他的管轄範圍，即使他不擔任這項職務，其對兩岸關係決策的作用也不可低估。

早在1998年「民進黨中國政策研討會」時，邱義仁、吳乃仁就發表《迎向新世紀的挑戰：建構平等、廣泛、健康、互惠的臺中雙邊關係》，立論的前提是：「應以確立臺中雙方為國際體系下的兩個國家為原則」。在「一邊一國」的前提下，提出如下主要觀點：（1）美國的臺灣政策是「提升臺灣國際地位」與「節制臺灣激怒中國」；國際社會對兩岸的要求是：維持現狀、降低敵意、保持對話、發展關係。因而主張要建立和處理「兩國之間」的平等、廣泛、健康、互惠的正常化雙邊關係。（2）兩岸展開對話和談判，「談判時最忌諱由對方設定議題，如此，我方將淪為被動的不利局面」，因此要主動提出議題，但要避開「敏感問題」，否則「既改變不了既存的現實，又無濟於事」。（3）「發展中程飛彈，建立阻嚇能力」，用以「維護臺灣的主體性，確保國家整體利益」。

（4）「以時間換取空間是現階段臺灣發展對中國經貿關係的重要策略原則」，要妥善利用以戒急用忍為代價換取之時間，推動產業轉型，提升「國家」競爭力。此外，林濁水提出：主權問題不能談，因為「臺灣早就是主權獨立的國家」；「我們應當致力於雙方和平架構的建立」；洪奇昌提出：「最低限度要追求維持現狀，在形勢有利於臺灣時，要追求國家自主性的極大化」等等。〔12〕這些觀點體現了新潮流系對兩岸關係的基本立場和態度。

事實證明，回避主權問題，把兩岸關係說成是「兩國」關係，避開「一個中國」原則，追求自主性的極大化，一面宣稱建立「和平架構」，一面購買軍事裝備，以武拒統，以及戒急用忍，等等，幾乎已經成為民進黨內的共識。

陳水扁上臺初期，邱義仁、吳乃仁就認為大陸不會相信陳水扁，兩岸各自堅持自己的立場，「一個中國」原則短期內無法得到妥善處理。因此，在重大問題上難以解決，務實的態度只能是從具體事情做起，一步一步地推動。在對待大陸的態度上，邱義仁主張：「既不示弱，也不挑釁」，〔13〕吳乃仁認為雙方應當採取這樣的態度：對方做不到的事，不要強求；對方在意的事，不要故意找麻煩。總之，他們企圖在不認同「一個中國」原則下，維持兩岸緩和的局面，以利於鞏固他們在島內的統治。

上述主張是否對陳水扁的決策發生影響，透過把它與現行政策相比較，可以看出，確實有一定的影響，但並非完全被接受。例如，這個時期，民進黨的「中國事務部」與「陸委會」互相配合，新潮流對蔡英文沒有提出多少批評，估計邱義仁在其中起了一定的作用。又如，在兩岸關係上，一方面，陳水扁對臺商表示：兩岸之間「你不動我，我也不惹你」，似乎體現了「不挑釁」的態度，而另一方面則在實際行動上不斷地進行挑釁，特別是向「一個中國」原則挑釁。大陸所在意的許多「臺獨」言行，他照做不誤，從而造成兩岸關係十分嚴峻的局面。

4.依靠美國，對付大陸。新潮流系的骨幹如邱義仁、吳乃仁、林濁水、洪奇昌等人，對於美國在兩岸關係中的地位與作用，有自己的共識，他們認為，美國一方面與中國大陸加強交往，另一方面又壓制中國大陸動用武力，甚至把自己的「假想敵」「隱然指向中國」；「美國無意壓迫臺灣與中共談判」。他們主張

「加強與美國、日本維繫良好關係」，一旦臺海有事，「依臺灣關係法規定，美國必須予以援助」。他們極力爭取與美國建立良好的互動關係。邱義仁提出的「臺灣不抱美國的大腿行嗎？」已經成為一句「名言」，它成為臺灣當局的戰略決策。有人稱之為臺灣當局的「唯一絕招」。與此同時，根據美國有「節制臺灣激怒中國」的一面，主張儘量不要向大陸「挑釁」。可是，陳水扁並沒有接納這個建議，不時出現「脫軌」的言行，惹起麻煩，導致美國不斷地給予「關切」和警告。

新潮流系不僅對美臺關係的決策有一定的影響力，而且在執行過程也發揮了重要影響。邱義仁曾經擔任民進黨的駐美代表，後來多次「銜命」赴美進行斡旋活動，有關陳水扁520講話、公投制憲、採購軍火、過境安排等等，都由邱義仁出面進行溝通，以便「修補美臺關係」。於是，臺灣「官方」有人指出：「邱義仁是臺方與美國溝通最理想的管道」，據說，美方也認為他是最能接受的臺灣官員，他實際上取代了「美國在臺協會」和臺灣所謂「外交部」的功能。難怪有人抨擊說：「邱義仁操持了對美外交大權」。正因為這樣，美臺關係發生問題，新潮流也是難以推脫責任的。

以上主要講新潮流系對當局決策的影響，下面則分析新潮流系在決策上與陳水扁的衝突。幾年來，新潮流從迫使唐飛下臺、主張「少數政府」、反對「核四」複建、反對「統合論」、批評「新中間路線」、反對停止農漁會金融改革、主張強化中常會、反對指定黨主席、反對呂秀蓮擔任副手、反對「土增稅減半」，到反對「防禦性公投」和「制憲公投」等等，竟然有這麼多的問題與陳水扁發生分歧和衝突，其中有的經過協調互相妥協，有的只好服從陳水扁的決策。這一方面可以看出，新潮流系力圖對陳水扁的決策發揮影響力，曾經一度造成「似乎凡是新潮流反對的事就無法推行」的印象。另一方面，在許多決策中，新潮流的主張是不被採納的，這也說明了新潮流影響力的局限性。

以下專門以有關「公投」的決策為例進行討論。

當陳水扁悍然決定在大選時進行「防禦性公投」時，不僅受到島內許多人士的反對，在民進黨內以新潮流為代表的一些成員也提出了不同的主張。林濁水認

為這種做法「混淆了代議政治與直接民權的分際，並不可取」；他還明確地指出，所謂「防禦性公投」，實際上就是「統獨公投」。李文忠、段宜康等批評「防禦性公投」「缺乏正當性與緊迫性」，認為需要「說服社會大眾為何現在國家主權有改變之虞，否則防禦性公投只成為方便推動公投的工具」。〔14〕段宜康擔心「防禦性公投」遭到誤用，「可能一次就用完了」。林濁水則警告：防禦性公投是維護臺灣安全的重要武器，「要等到危急時刻寶劍才能出鞘」，而現在還不是動用的時候。

針對陳水扁提出「憲改」和「催生新憲」，並且要在2006年實行「制憲公投」的主張，民進黨內部雜音不斷，許多人私下對陳水扁「屢屢不經過黨內民主程序就做重大政策宣示」頗為不滿。吳乃仁公開批評說：「憲改」是最需要社會高度共識的議題，但臺灣還沒有這樣的條件，現在社會對立嚴重，應當設法「與民生養」，不要因為堅持「憲改」而引發新的衝突。段宜康認為這種做法「顯然是選舉策略」。李文忠批評陳水扁不習慣黨內民主，而且常說出自相矛盾或和政策相反的談話。林濁水表示：「如是制憲，則已超越法律規範。」他說：「希望不要讓外界認為是一黨修憲、一人修憲」。

由於陳水扁堅持要舉辦「公投」，並決定派出「公投宣達團」前往美國等處遊說，後來迫於形勢又不得不「喊停」。對此，李文忠指出：「國安外交體系一團混亂，必須有人負責。身為總統要為臺美關係、國家安全、大選結果負終極責任。」李文忠、段宜康等還直接指名陳水扁「應為臺美關係陷入谷底負責」。新潮流系甚至認為「公投牌」氣數已盡，「等於宣布陳水扁敗選」。

陳水扁提出「公投」處處受到新潮流系的抵制和反對，顯然，新潮流企圖影響和改變陳水扁的「公投」決策，但並沒有成功。這一方面表明陳水扁有自己的目標和企圖，他不願意受到新潮流系的干擾，不讓它有太大的影響力；另一方面表明了新潮流政治影響力有限，它既缺乏足夠的實力，又與陳水扁的理念存在距離，在處於劣勢的情況下，不可能發揮更大的作用。同時，還可以看出，在整個過程中，邱義仁處在「總統府」祕書長的地位，他表示堅決支持陳水扁的主張，極力為「公投」辯護，並且親自出面說服，呼籲黨內團結，成為名副其實的「保

皇派」。他的言行不得不與新潮流系其他成員有所差別。而當邱義仁聲稱「現階段不會更動國旗、國號、領土」時，卻受到民進黨內一些人的批評，認為陳水扁並沒有這樣的主張，邱義仁「反而把空間限死了」。這種情況說明，新潮流系內部不一致，使它的政治影響力受到了極大的限制。

總之，從以上陳水扁當局決策的過程可以看出，新潮流的精英確實產生了一定的影響力，至於作為派系的新潮流其影響力則是不很明顯的，相當有限的。

三、對黨內的影響力

對黨內的影響力，本來主要應當從對進入政府內的黨員的影響來考察，從而說明一個政黨或一個派系對政府內外本黨力量的影響力或控制力。由於作為一個派系，新潮流並沒有成為執政的主要力量，因此對於「從政黨員」的影響力是有限的。不過，上面已經說過，新潮流作為一個派系，它對民進黨的路線、決策、人事安排直到奪取政權、上臺執政等等都有重要的影響力；而且，新潮流系作為民進黨內最有凝聚力的派系，如果沒有新潮流的存在，民進黨就會顯得渙散無力。這是新潮流對黨內影響力的主要方面。

此外，還可以考察它對黨內各派系、對陳水扁的影響力。

首先，對黨內派系。從正面來說，由於新潮流系具有團隊精神、紀律嚴明、「計算」精密、務實低調、論述犀利、改革形象、實力強大、富有凝聚力和影響力、努力培養和提拔新生力量等特點，使他們人數雖少卻能在黨內擁有相當重要的地位。在民進黨執政以後，新潮流系「當官的比例大」，儼然成為民進黨內一大派系。這種情況不能不讓其他派系感到相當羨慕。據報導，黨內其他派系如正義連線和福利國的成員都「不禁佩服」，還有人私下表示，「不如跳槽到新潮流去」。

但是，新潮流在黨內更多的是負面的影響。有人指出，新潮流「在派系利益至上的最高指導原則下」，為了競選不惜與昔日盟友決裂。它的「冒尖」，更使它成為黨內的眾矢之的。其他派系往往稱新潮流為「他們」，可見「我群」「他

群」的界限是相當分明的。各個派系對新潮流「既愛且恨，又嫉妒又害怕」，2000年「大選」以後，黨內各派系在「立法院」組成「主流聯盟」，便是制衡新潮流的一個重要舉措。洪奇昌表示，他感受到新潮流系處在「人人喊打」的困境。

各個派系對新潮流扣上如下的罪名：「只為了搶奪黨內資源，占了許多重要位子，讓其他派系新生代無法出頭」；「新系早已在各重要戰略位置部署兵力，遠遠甩開其他派系的糾纏」；「民進黨的長久執政計畫，最後會不知不覺變成『新潮流永續執政』」；「以派系治國」；有人甚至指責新潮流是「癌細胞」「紅衛兵」。總之，他們所關心的是政治資源的分配問題。有人公開提出要「解散黨內派系」，顯然也是針對新潮流而來的。

其次，對陳水扁。有關新潮流對陳水扁決策的影響力已見上述。這裡討論雙方關係出現問題而導致影響力的變化。新潮流雖然為幫助陳水扁上臺立下「汗馬功勞」，但是「功高震主」，他們之間的關係從來並不和諧、融洽。新潮流名為「保皇派」，而從陳水扁看來還不是一件「得心應手」的工具。更嚴重的是，陳水扁擔心新潮流會利用他來壯大自己，最終成為他的心腹之患，因此他寧可扶植自己的「嫡系人馬」與之抗衡。所以，有人指出，陳水扁過河拆橋，把新潮流拒在核心之外，新潮流只是陳水扁「又痛又愛的盟友」，「不穩定的盟友」。有人預言，「未來三年將是陳水扁與新系的鬥爭期」。當討論解散派系時，陳水扁決定：一級主管退出派系運作，不得擔任派系職務與參加派系活動。這對新潮流來說，可以算是一項「斬首行動」。

新潮流早已預計陳水扁上臺以後，「不會看派系的臉色行事」。實際上，「新潮流擔憂的，陳水扁都做了；新潮流不滿的，陳水扁按兵不動」。他們估計新潮流可能被視為「絆腳石」，成為被開刀的對象。現在臺灣輿論普遍認為陳水扁是「一人決策」，對民進黨（當然包括新潮流）「用完即棄」。面對這樣的局面，邱義仁公然表示：陳水扁「是一個沒有vision（遠見）、沒有方向、眼中只有權力的人，但是我們能做什麼呢？我們什麼都不能做，也不能離開，我們能做的只有damage control（控制損害）。」〔15〕新潮流「政協會議」多數人認

為，凡事與陳水扁對立，對雙方都沒有好處，所以，要與他維持一個「適當的改革距離」。這是一貫奉行「老二哲學」的新潮流系「無奈心態」的表露。

雙方採取戒備的態度，幾乎沒有什麼互信可言。民進黨執政幾年來，新潮流無法擴大它的政治影響力，這應當是它的挫折和失敗。今後，新潮流對陳水扁的影響力有極大的可能是：漸行漸遠，每況愈下。

四、對政治動員的影響力

新潮流從群眾運動起家，本來善於政治動員，善於透過大型「造勢」活動，吸引民眾支持民進黨的主張。「吸引選民」是政治動員的重要內容之一，現在這個「看家本領」仍然在選舉中得到充分的表現。除了選舉以外，新潮流還在青年學生中開展工作，舉辦各種講習營、培訓營等等，吸引他們參與活動，有不少外省籍子弟成為新潮流的骨幹力量。不過，在其他方面的政治動員似乎有所削弱。

早期，新潮流標榜自己的理想：民進黨應當是一個臺灣的社會民主黨，他們提出「三面大旗」，一是臺灣獨立，二是走組織化的群眾路線，三是傾向中間偏左的社會民主主義。經過20年的變化，按照段宜康的說法：「如今除了臺獨，左派與群眾路線都已漸行漸遠。」

過去打著「社會民主主義」的旗號，從事勞工運動，得到一些支持，也得到一些選票。後來逐漸放棄了，特別是民進黨上臺以後，關心的是鞏固政權，保住權位，不關心民眾疾苦，脫離了廣大群眾。有人批評說：「臺灣俗諺說：吃果子拜樹頭。今天我想問，民進黨如果失去廣大人民的支持，失去社會改革的活水，那民進黨到底和國民黨有何不同？弱勢族群又為何要支持民進黨？權力使人腐化，不僅是阿扁，連新潮流也腐蝕了創黨理想。」「臺灣勞工陣線」也批判新潮流「踏著勞工的血淚換取政治資源」。曾經是新潮流「流員」的簡錫堦說：新潮流當年以體制外改革揭開臺灣社會運動的發展，但現在卻「汲汲於政治權位」，看不到過去理想與堅持。

有人尖銳地批評說：「新系最大的道德瑕疵是對於社會運動團體的操弄，對

於學運、工運、婦運、原運以及環保運動，甚至媒體，進行收編、滲透，或是乾脆汙名化，今天民間社會積弱不振，除了說民進黨的執政外，新潮流的保險套用完即丟的手段厥功甚偉。」〔16〕有人乾脆說，新潮流過去是激進的工農階級立場，現在卻壓迫工農階級，它已經「變質」了。

上述情況表明，新潮流由於脫離了群眾，它在政治動員方面的影響力必然下降。可是，直到現在還沒有看到他們對此有什麼檢討。

五、影響力的評估與發展的瓶頸

從以上分析可以看出，新潮流系的政治影響力主要表現在以下幾個方面：在選舉方面，向來具有較大的影響力，今後仍然可能發揮相當大的影響，但現在已經有人提出質疑；在決策方面，也有一定的影響力，主要是透過對陳水扁的影響發揮作用，但在某些重大問題上無法對陳水扁產生牽制作用，從發展趨勢來看，它的影響力正在下降；對黨內的路線、決策、人事安排、奪取政權等都有相當大的影響，對於民進黨的凝聚力有正面和負面作用，目前正在受到其他派系的圍攻，處於相當孤立的境地；對政治動員的影響力，由於脫離了勞工群眾，有相當大的衰退。總之，新潮流對當前臺灣當局和臺灣社會具有一定的政治影響力，但也受到很大的限制，不宜估計過高。

新潮流政治影響力的衰減影響到它的發展。在新潮流成立20周年時，人們主要關心的是兩個問題，一是「缺乏思考與嚴肅討論是當前新潮流最大危機」；二是「希望未來能改善新系在民進黨內人緣，不要受排擠」。後者涉及民進黨內的相互關係問題，暫不討論。前者則是政治理念問題，是新潮流系發展的瓶頸所在。

有人批評新潮流在執政後開始「向右轉」，洪奇昌答覆說：「30歲有30歲人要做的事，50歲有50歲人要做的事」，以此解釋新潮流政治、經濟立場的衝突和轉變。實際上，新潮流原來所標榜的「理念聚合、人才甄補與派系民主三大組織特性」，〔17〕其中「理念聚合」似乎已經淡化了。有人指出，新潮流逐步喪失中心價值，應當「尋找新的方向」。那麼，現在新潮流的政治理念還剩下

什麼呢？段宜康坦承除了「臺獨」以外，原來的理念幾乎不存在了。因此，洪奇昌也表示，新潮流應當「思考未來和方向」。

其實，制約新潮流發展的瓶頸正是「臺獨」理念。本來，在民進黨內部「臺獨」是新潮流的「專利」，而當1991年通過「臺獨黨綱」時，新潮流系意識到「臺獨」變成了民進黨的「公共財」，自己手中沒有別的「王牌」。那時他們就應當「尋找新的方向」，可是為了忙於向國民黨奪取政權，並沒有切實解決這個問題。

原來的「三面大旗」，自己丟棄了兩面（社會民主主義、群眾路線），剩下的一面也被別人扛走了。現在，在「臺獨」的光譜中，新潮流的色彩既不如「臺獨聯盟」，也不如「建國黨」、「臺聯黨」、李登輝，推行「臺獨」的能力則不如陳水扁，新潮流失去了「臺獨」旗手的地位。有人指出：「新系早期高舉臺獨巨擘，近年的言論則與其歷年來批判的物件有所聚合，卻未見往日周延的說服工作，也不免讓民進黨的忠誠支持者懷疑他們是否不顧政黨立場、甚至於國家利益。」〔18〕是的，那些「基本教義派」確實懷疑新潮流對「臺獨」的忠誠，「外獨會」甚至公然指責新潮流「背叛」、「內奸」，揚言要「剷除新潮流」。李文忠也承認，新系被質疑在「臺獨」立場上轉向，自打嘴巴。可見，對新潮流而言，「臺獨」已經成為「雞肋」，可是他們至今還抱住這個「神主牌」，而捨不得丟掉。

原來新潮流是一個「理念-利益」的共同體，現在卻沒有自己獨特的理念，照這樣下去，正如他們自己所擔心的，很可能「淪為只算計多少席立委、中常委或中執委等職位，工於政治謀略卻失去中心價值的政治派系」，即單純的「利益共同體」，或「公職人員俱樂部」。如果這樣，新潮流未來的政治影響力也就可想而知了。

注釋：

〔1〕勞勃・道爾：《現代政治分析》，上海譯文出版社1987年版，第37頁。

〔2〕參閱王長江：《現代政黨執政規律研究》，上海人民出版社，2002

年,第5章。

〔3〕2004年12月臺灣第六屆「立委」選舉結果,新潮流系獲得23席,加上親新潮流系的「立委」,一共近30席,成為民進黨內最大派系。

〔4〕〔5〕〔13〕張俊雄、邱義仁等策劃:《破曉——2000陳水扁勝選大策略》,臺灣時報出版社,2000年,48,193頁、171,177,193頁,193頁。

〔6〕張世嘉:《邱義仁兵法》,臺灣《新新聞》863期,2003年9月。

〔7〕李濠仲:《扁式風格四年如一日》,臺灣《新新聞》881期,2004年2月。

〔8〕楊舒媚:《昔日紅衛兵,今之保皇黨》,臺灣《新新聞》863期,2003年9月。

〔9〕林瑩秋:《新潮流永續執政?》,臺灣《財訊》,2004年7月。

〔10〕楊舒楣:《新潮流被打入冷宮》,臺灣《新新聞》896期,2004年5月。

〔11〕劉政平:《正義連線成阿扁御林軍》,臺灣《財訊》2002年2月。

〔12〕以上均見「98民進黨中國政策研討會」相關資料。

〔14〕《新潮流有異議》,臺灣《中國時報》2003年12月1日。

〔15〕楊舒媚:《阿扁與新潮流相敬如冰》,臺灣《新新聞》726期,2001年2月。

〔16〕施正鋒:《新潮流老二哲學的背後》,臺灣《聯合報》,2004年8月1日。

〔17〕邱太三:《剖析新潮流的政治實踐》,臺灣《中國時報》,2001年4月14日。

〔18〕施正鋒:《總統大選以來的民進黨與泛綠陣營》,臺灣《臺灣民主》第一卷第三期,2004年9月。

民進黨執政之後的困境與走向

林勁

在2000年3月臺灣「總統」大選中，民進黨籍候選人陳水扁在國民黨發生空前分裂的情況下以微弱優勢勝選，民進黨在未有充分準備的情況下僥倖上臺執政，政壇地位的演變使之掌控的資源及面對的形勢隨即發生巨大變化，同時對臺灣政局和兩岸關係都產生了結構性衝擊。本文將就民進黨成為執政黨之後面臨的一系列問題及困境、自身的調整與建設及今後走向作一概略分析。

一、民進黨面臨的困境及因應之道

從政治學理論及臺灣政治制度考察，陳水扁依靠民進黨的提名和支持以及全力輔選而獲勝上臺，民進黨無疑成為執政黨，但是選後的政治現實卻使民進黨面臨尷尬的定位問題以及相關的政黨之間關係、黨政關係、「臺獨」黨綱與「憲政」體制關係等問題。

1.所謂「全民政府」

陳水扁勝選後宣布辭去黨職，不參加民進黨的黨務活動，宣稱「國家利益高於政黨利益」，籌組「跨黨派政府」，標榜「全民政府，清流共治」，不僅要求入閣的民進黨員辭去黨職，退出黨務活動，而且在新內閣42名成員中民進黨僅占12名。作為弱勢領導人，陳水扁一方面企圖擺脫民進黨的政治包袱，刻意與民進黨保持距離，不讓民進黨主導「新政府」的政策，另一方面，在民進黨占「立法院」少數席位的狀況下，拒絕與占「立法院」多數席位的國民黨組織「聯合政府」，分享行政權，選擇以「全民政府」應對，這既無法凸顯民進黨的執政角色，也使民進黨未能介入「聯合政府」的運作，這一結構性問題導致行政與立法的政治對抗，產生了嚴重的「憲政危機」和政策癱瘓，造成政壇的一系列亂象。陳水扁這一舉措有違西方政黨政治所謂「責任政治」原則，也與其競選中頗具號召力的「政黨輪替」相背離。在此情況下，正如臺灣學者所言：「對民進黨

而言,叫執政黨太沉重,對國民黨而言,叫在野黨太謙虛。」〔1〕臺灣報紙社論呼籲「新政府先把執政黨找回來。」〔2〕

2.所謂「少數政府」

由於在核四興建問題上的立場對立,唐飛擔任閣揆僅137天就辭去職務。選擇國民黨籍的前任國防部長擔任「行政院長」,陳水扁有其多方面的考量,不排除美國方面的暗中操盤。在唐飛主掌行政院的四個多月裡,使新政府在穩定國際關係、兩岸關係及臺灣軍隊等方面渡過最艱難的階段。然而,行政與立法對立日益尖銳,以及內閣在施政上的各說各話、難以協調的局面無法克服,使陳水扁改變原本以「全民政府」形式與在野黨僵持、拖延至2001年底選舉後再行攤牌的計畫,唐飛內閣似乎已完成其過渡性的使命,演變成陳水扁推行政策的絆腳石,這也是所謂「石頭已經搬開」的真義。至此,一方面陳水扁推出以民進黨主導的「新內閣」,即所謂的「少數政府」,另一方面透過體制外與在野黨領袖的會面,力圖緩解行政與立法的衝突,並力促政黨領袖圓桌會議的召開,以解決當前臺灣政治、經濟、社會等方面的一系列問題,但這一舉措形式意義大於實質意義,在野黨領袖的配合均有各自的利益考量。新內閣迫不及待地宣布停建「核四」,引發政壇「核爆」,打亂了陳水扁的通盤計畫,其中的原因有待探究。三個在野黨聯手推動罷免陳水扁及彈劾張俊雄,造成臺灣空前的政治危機。而陳水扁過早在核四興建問題上的前臺活動,使之失去迴旋空間和協調地位,已到無計可施的地步。儘管其低調反應及公開道歉,但是只能寄希望於在野黨發生分歧或內部整合失敗;只能訴諸於民粹主義的體制外的社會運動以及對在野立委的威脅和利誘,民進黨在這一過程中疲於奔命,大損形象,同時引發黨內的分歧和矛盾,最終以「大法官會議」解釋而宣布續建「核四」。不管結果如何,都對陳水扁的新「政府」造成程度不同的打擊,同時臺灣付出了很大的社會成本,政壇的對立與分化更為嚴峻。

3.所謂「以黨輔政」與「以黨強政」

陳水扁勝選結束了以往國民黨「以黨領政」的「黨國體制」,民進黨與「新政府」的關係一直無法明確釐清,其後謝長廷當選黨主席將之定位為「以黨輔

政」，實際上缺乏必要的運作機制而出現黨政分離的異象。陳水扁所宣示的政策與民進黨既定政治主張界限清楚，「新政府」的政策與民進黨的路線差異頗大，內閣成員理念、作風各異，各說各話。雖然民進黨在名義上已成為執政黨，但卻未能對「新政府」運作產生有效的影響，也無法在政策上系統地體現民進黨的意志。儘管陳水扁在此問題上玩弄兩面手法，一方面鼓吹「跨黨派全民政府」，另一方面宣稱「全民政府」是在民進黨執政下籌組的，施政後果由民進黨負責；儘管前主席林義雄叫嚷，若不遵守民進黨綱領，主張落實「統一」和支援「核四廠」建設的「閣員」要滾蛋〔3〕，但實際上民進黨無權干涉新「政府」的運作。因此，黨內不可避免出現「民進黨不是執政黨」，「對閣揆唐飛沒有期待」等論調〔4〕，社會上更出現「執政黨不見了」的評論〔5〕。

此外，長期以來在民進黨內與陳水扁有著「瑜亮情結」的謝長廷在沒有競爭對手的情勢下當選新一屆黨主席，這使黨政關係更為微妙。謝長廷當選後力圖強化黨中央的領導，以「全民政黨」與陳水扁的「全民政府」相呼應，並將協調「總統府」、「行政院」與「立法院」黨團之間關係作為主要任務，建議成立「黨政協商會報機制」，由府院與黨政代表定期溝通協調，同時要與其他政黨共同建立制度化協商管道，以最大限度發揮執政黨主席的能量。但這些構想在黨內未得到熱烈呼應。在「全民政府」破局、「少數政府」出臺後，這一機制總算應運而生，加大了民進黨參與高層決策的空間，也加強了中常會的內部整合能力，此時謝長廷進一步提出「以黨強政」的黨政關係。擁有相當行政資源及黨內一定派系支持的謝長廷當選黨主席後即與陳水扁互別苗頭，出現幾個回合的過招。尤其在高雄與廈門兩市市長互訪問題上，謝長廷把握先機，試圖突破兩岸政治僵局，儘管為「新政府」所扼殺，但無疑對陳水扁構成了壓力。其後，謝長廷針對陳水扁「統一不是唯一的選項」的論調，提出「民進黨不排斥統一的選擇」〔6〕，儘管他一再解釋為兩種提法邏輯一樣，但實際上二者的出發點完全對立，是從兩個截然不同的方面提出的看法，對陳水扁造成一定的衝擊，黨內由此質疑謝長廷在兩岸政策上「走在總統前面」、「壓縮陳水扁的空間」〔7〕。長扁有著各自的仕途規劃和利益需求，但就總體而言，他們有著共同的歷史使命和利益聯結，長扁合作具有奠定民進黨「後美麗島時代」穩定發展的重要性，肩負

著民進黨未來執政成敗的重任，尤其是2001年「立委」和縣市長選舉能否達成預定目標的關鍵。

4.關於修改「臺獨黨綱」問題

過去一個時期，民進黨推行的「政黨轉型」就是調整路線、淡化「臺獨」主張，改善社會形象，這歷經相當一段的量變過程已達到質變的臨界，修改「臺獨黨綱」愈來愈頻繁地困擾著民進黨。民進黨在三月大選中以微弱優勢僥倖獲勝，一夕之間躍上執政舞臺，歷史戲劇性地把背負「臺獨」包袱的民進黨推到直接面對兩岸關係的第一線，迫使其不可推卸地承擔起解決事關全體臺灣民眾福祉的兩岸關係問題，迅速紓緩由「兩國論」造成的臺海高度緊張狀態。民進黨所宣導的「臺獨」主張的歷史條件和社會背景已發生根本性變化，失去了其存在和發展的基本依據。「臺獨」主張與民進黨執政所依據的《中華民國憲法》以及掌控和運作的臺灣現行「憲政體制」是相對立的，這種不正常的狀況無法長期延續。同時，作為執政黨，修改「臺獨黨綱」是與大陸展開直接互動的必要前提。這就決定了民進黨調整「臺獨」路線、修改「臺獨」黨綱比之於以往更為迫切，也更具現實條件。因此，三月大選之後，黨內即有人士提出相關動議，九屆黨代會前亦有人士提出議案，但都遭到黨內「臺獨」基本教義分子的強烈抨擊，也引發黨內種種不同聲音，因此「修改臺獨黨綱」的主張都無疾而終。修改「臺獨」黨綱的最大障礙是黨內普遍存在的認識偏差和錯誤，主要有以下方面：

（1）認為民進黨並未修改「臺獨」黨綱照樣走上執政地位，似乎臺灣民眾對於「臺獨」主張已不再有以往強烈的疑慮和恐懼，修不修「臺獨」黨綱已無礙大局。

（2）認為「臺獨」黨綱可以解釋為「公投」黨綱，實際上也曾經做過，政黨性質可隨之發生變化，也可消除大陸和臺灣社會的疑慮。

（3）認為陳水扁當選後已不參與民進黨的黨務活動，而且「以黨領政」的局面不復存在，「臺獨」黨綱對「新政府」政策走向影響不大，不至於造成困擾。

（4）認為大陸必須有善意的回應，民進黨才能考慮修改「臺獨」黨綱。

（5）認為陳水扁已在「5·20」演說中提出「四不一沒有」，這也是民進黨的政治主張，「臺獨」黨綱修不修改已無關緊要。

（6）認為「臺獨」條文已成為歷史文獻，民進黨八屆二次全代會已通過《臺灣前途決議文》作重新詮釋，修改「臺獨」黨綱並不重要。

這一系列看法的錯誤是顯而易見，有的違背事實，有的一廂情願，有的倒果為因，有的自相矛盾，但都是客觀存在的。雖然「以黨領政」局面已告終結，但民進黨成為執政黨的現實與認定標準無法改變，陳水扁所謂「全民總統」僅僅是一種自我標榜，無非是代表民進黨執政。毋庸置疑，民進黨應當成為陳水扁就任後與大陸直接溝通和互動的賴以依靠的基礎及建立穩定互動機制的不可替代的構成部分。正如謝長廷所言：「如果黨內各派系能達成共識，一舉修改臺獨黨綱，對陳水扁來說，將讓他在兩岸議題上有更大的施展空間。」〔8〕然而，「臺獨」黨綱成為民進黨無法展開與大陸直接溝通和互動的最大障礙，只能面對兩岸政治僵局而袖手旁觀，而把兩岸互動的籌碼及由此可能獲取的利益讓與他黨。誠然，修改「臺獨」黨綱這一重大轉變，不僅需要民進黨內的互動，而且需要臺灣政壇的互動，甚至需要兩岸之間的互動等綜合作用，必須經歷一個政治現實衝擊和角色轉換調適的過程，其間最為關鍵的是民進黨內部的互動及共識的形成。

二、民進黨自身各方面的調整與建設

1.民進黨的路線調整與陳水扁「政府」的政策推行

儘管結束「以黨領政」局面及出現「黨政分離」的狀態，但是陳水扁「政府」推行的政策總體上符合現階段民進黨的政治主張和路線，某些方面出現偏差和距離是無法避免的。一個時期以來，民進黨與國民黨在階級及社會基礎上並無太大差異，各方面的政策主張逐漸趨同。在當今臺灣政黨政治制度下，各個政黨為了攫取政治資源，提升政治地位，擴大社會基礎，必須竭力爭取民眾支持，其政策主張的立足點就是迎合民意、引導民意、利用民意、爭取民意，即所謂代表社會主流價值，才能透過選舉獲取更多的選票來爭奪政壇的地位，執政黨施政的目標亦是如此，以維護自己的地位。陳水扁「政府」在內政、「外交」、經濟、

「國防」、文化教育、社會福利等方面延續李登輝時期的政策,以所謂「新中間路線」為執政指導原則,不可能作重大調整,以至於無法兌現競選期間的某些承諾。內政方面著力於順乎民心的清除國民黨腐敗的黑金政治;經濟方面欠缺經驗豐富的行政班底,面對巨額財政赤字,矛盾重重,引發社會信心危機;在兩岸關係方面則必須刻不容緩地紓解由於「兩國論」引發的危機,因此以小心謹慎的姿態,避免刺激大陸,並釋放所謂的善意,但實際上仍然延續李登輝的兩岸關係政策且不至走得更遠,在重大問題上採取迴避、低調、模糊的手法刻意拖延與觀望,以至於在兩岸經貿政策上亦無所作為,由此給社會未有明確的政策方向的感覺。

目前民進黨在兩岸關係政策方面似乎有滯後於「新政府」的狀況,最主要的原因就是「臺獨」黨綱的束縛,如何擺脫這一羈絆,黨內未有明確的主流共識,總體上亦是採行模糊、拖延、觀望的處理辦法。今後一個時期,以謝長廷為首的民進黨中央在兩岸關係方面能否採取更為理性、務實的態度,是改變無所作為的現狀的關鍵。正如臺灣報紙社論所言,陳水扁上臺是民進黨「贏了選舉、輸了路線」〔9〕,這是必然的結果。

2.民進黨內的權力機構重組、組織功能調整及派系共治的維持

(1)中央權力核心完成世代交替,政黨形態尚未改變。謝長廷當選黨主席及九屆全代會改組中央領導機構,標誌「美麗島政團」時代的大老淡出權力核心,中生代全面接班主導黨中央,新生代進而大批湧現。新的領導核心比之於老一輩,增多了務實、理性的態度及現實利益的考量,減少了意識形態和理想信念的強烈執著。這必將有利於民進黨的進一步轉型及對兩岸關係政策主張的調整。

三月大選之後,黨內主流聯盟提出「虛級化黨中央」,「政黨內造化」等黨務改革的主張,引發激烈的爭論。但在謝長廷當選黨主席並延聘新潮流龍頭人物吳乃仁出任中央祕書長之後,黨的決策機制與結構仍然保持,在現階段黨政關係未有明確定位的情況下,謝長廷無疑致力強化黨中央的領導地位,黨務改革將朝與執政黨地位相適應的方向推行。然而黨的逐步「內造化」則是必然趨勢,尚需一個發展過程,有待該黨在「立院」實力的提升。

（2）強化黨的協調功能。陳水扁「新政府」就職後，在「總統府」、「行政院」、「立法院」黨團及民進黨中央這四個部門中，只有黨中央能夠扮演協調角色。謝長廷當選黨主席及新一屆中央領導機構產生後，著手強化黨的協調功能：一是，加強與「新政府」的協調互動關係，以體現「以黨輔政」，同時協助「行政院」推行政策，擴大黨的支持基礎，這一功能在「少數政府」上臺後「九人決策小組」成立得到一定的發揮；二是，建立與「立法院」黨團的協商機制，由於民進黨在「立法院」席位不過三分之一，為了推動「新政府」政策，與黨團的協商機制尤顯重要；三是，著手與在野黨的交流溝通，在目前臺灣政壇的行政與「立法」對抗的狀況下，以此緩和緊張氣氛，減少激烈衝突，同時也為陳水扁宣導的政黨主席「圓桌會談」製造氣氛，此舉形式重於實質，效果畢竟有限，其主要意義在於向社會的宣示作用。但是這一舉措隨著「停建核四案」的宣布而無法實施。

（3）派系共治將長期維持。儘管五屆黨代會後形成的派系多元化及共治的運作方式產生了種種弊端，某些時候甚至出現惡鬥的狀況，但是總體而言，這種運作方式有助於黨內多元化及民主化的發展，各個派系共同協調黨內事務，黨的決策模式、人才配備、公職提名、社會活動依循妥協形成的規則來進行，各個派系發揮各自的特點和積極性，鞏固發展自己的各方面資源，既壯大自己的勢力，也擴大黨的社會支持基礎，增強民進黨的包容力。這種運作方式歷經近10年漸趨成熟而穩定，為黨內普遍接受，將得以長期維持。目前黨內的派系有：福利國連線、正義連線、新潮流系、新世紀辦公室、新動力辦公室以及臺獨聯盟。新世紀辦公室與新動力辦公室都是由原美麗島系分化成立的，臺獨聯盟在民進黨內勢力最小，發展空間有限，所謂「主流聯盟」是黨內四個派系在「立法院」的鬆散結合。今後一個時期，民進黨將由福利國連線、正義連線以及新潮流系聯合主導，實際上也就是長扁聯合主導，雖然陳水扁表面退出民進黨的黨務活動，但是他的影響力無所不在，有時甚至是起決定性作用的。黨內派系鬥爭主要是圍繞權力資源配置的競爭，兩岸關係方面的政策主張爭議仍然時而發生。近一個時期以來，新潮流系的實力發展迅速，在黨內引起一定的非議和反彈，但有著豐富黨務工作經驗及較強組織動員能力的新潮流系參與主導民進黨，既有利於黨內派系實

力的平衡及相互制約與協調，又有利於該黨黨務工作的進一步制度化，同時也有利於提升新生代在黨內的地位，總體上對民進黨的發展具有正面的意義。

　　3.民進黨實力仍有繼續上升的勢頭

　　民進黨在三月大選的獲勝，使黨內士氣大振，同時其資源劇增，湧現了一股入黨風潮。其後一個多月內，有5萬人完成入黨程式，其中年輕人占大多數，主要在中南部縣市。選後加入民進黨的還有部分國民黨籍人士，其中不少是鄉鎮市長，「西瓜偎大邊」的效應在各地基層發酵。隨著2001年「立委」和縣市長候選人黨內提名競爭的展開，帶動新一輪入黨高潮，有意角逐公職黨內提名者無不抓緊擴大自己的勢力，因此爭相拉攏選民入黨勢在必然，勝選氣勢使民進黨進入迅速發展時期，目前黨員人數已超過40萬。至於解決行政人才匱乏的問題，民進黨將強化黨內基層新生代行政人才的培養，邊實踐邊學習；同時延攬一批其他政黨和無黨籍的政界、學界以及工商界人士為己所用；吸收原其他黨派的公職人員入黨，尤其是軍、警、情、調部門，臺中市「政府」一批部門主管集體加入民進黨便是一例；從而逐漸形成以民進黨為主導的「政府」，逐漸形成一支行政部門專業人才梯隊，這必須經歷一個調適過渡的階段。歷經十五年的艱難成長，民進黨已建立了較為堅實的社會基礎，挾著執政之勢及資源劇增，其進一步發展有著客觀必然性，能否迅速躍升為臺灣政壇的第一大黨，則取決於該黨的繼續轉型和路線的調整，取決於該黨執政的績效。

三、民進黨全力以赴投入2001年的「立委」及縣市長選舉

　　這次選舉對於民進黨的發展至關重要，意義非同尋常。

　　1.在「國大虛級化」以後，「立法院」權力大增，已成為臺灣政治運作的重心，亦是政黨競爭的核心舞臺。目前臺灣政治僵局正是因為成為執政黨的民進黨在「立法院」居少數，而在野黨完全控制著「立法院」，造成「行政」與「立法」的對抗，致使政壇亂象叢生，陳水扁在「三黨鼎立」的狀況下，面臨政黨互動的困難，且不讓在野黨分享權力，因此採取「全民政府」形式予以應對，這完全是權宜性、過渡性體制，並且具有高度的不穩定性，拼湊而成的「內閣」，缺

乏明確的執政方向，更使政治危機加劇；在「全民政府」破局後又一意孤行地組成「少數政府」，以至於政局持續動盪。在這種情況下，在野黨不願意發動「倒閣」，致使陳水扁無法解散「立法院」而提前選舉。2001年底第五屆「立委」選舉是各政黨攤牌解決政治危機，擺脫政治困境的時機，民進黨若能在選舉中獲得無論是接近半數或者勉強過半，都將大大穩固陳水扁的執政地位，屆時即可組成以民進黨主導駕馭的「內閣」，即使民進黨無法單獨「組閣」，也為組織「聯合政府」掃除一定的障礙。

2.此次縣市長選舉是「凍省」之後、同時亦是民進黨執政之後的地方政治版圖的重新劃分，是兩大在野黨力爭搶奪地方政治資源，擴大及穩固社會支援基礎，為下一屆「總統」選舉奠定基礎的至關重要的選舉。民進黨更是爭取保持現有過半執政縣市，鞏固全臺執政的基礎，避免出現在野黨「地方包圍中央」的壓力。

3.這兩項選舉的結果都關係到陳水扁能否順利連任下屆「總統」的重要前提之一。一般而言，在任領導人尋求連任的關鍵在於任內後半期的執政績效。兩項選舉若能達成民進黨預定的目標，陳水扁將能在其後兩年改變弱勢地位，較有力掌握政府運作，紓緩「中央」與地方的矛盾，順暢地推行自己的政策，展現較為顯著的政績。否則，政治危機勢必加劇，亂象迭生，臺灣社會將在政治動盪和顛簸中煎熬，這無疑使陳水扁尋求連任無望。

4.這兩項選舉的結果直接檢驗民進黨新一屆中央的主導、協調、運籌、指揮的能力和各級黨部的組織動員能力，也直接關係到黨主席謝長廷個人政治生涯的規劃。

因此，以謝長廷為首的黨中央未雨綢繆，從2000年底即展開黨內的相關部署和運作，整合派系力量，斡旋、物色、選拔人才，展開提名作業，陳水扁亦全力介入。謝長廷表示，2001年「立委」選舉，民進黨贏得過半席次，是黨推動的目標。如果民進黨能順利成為「立法院」第一大黨，即可領銜「組閣」，扭轉「新政府」被動的局面。由此民進黨不排除在競選中支持原無黨籍或其他政黨「立委」尋求連任者，以換取今後的「帶槍投靠」及相關合作。影響此次民進黨

選舉結果的主要因素包括：

1.兩岸關係互動的狀況。危機是否得以解除，政治對話是否恢復？兩岸關係政策最終將成為此次選戰的焦點議題之一，這正是民進黨與陳水扁最感棘手且無法迴避的，因此必須考量在政策、路線上適度調整以有所作為，不排除在兩岸經貿、民間等方面交流上作重大政策調整。

2.經濟困境擺脫的狀況。如何在朝野對抗的政治僵局中，解決面臨的財經問題、巨額財政赤字與兌現社會福利的競選承諾的矛盾；掃除黑金與經濟遭受衝擊的矛盾。而「新政府」的財經政策混亂、反覆不定，甚至彼此矛盾，造成投資人缺乏信心及民眾對「新政府」的疑慮，以至於股市一直下跌的嚴重後果。財經問題如果不能短期內尋求解決之道，直接影響民眾的利益和社會穩定，無疑將衝擊民進黨的選情。

3.黨內提名的協調整合的狀況。由於「立法院」政治地位的提高，又加上民進黨執政後實力上升的氣勢，原「國代」及各級公職人員和黨工轉戰「立委」將是普遍現象，參選爆炸不可避免，縣市長候選人提名競爭更是短兵相接，各個派系無不力爭維護和擴充政治資源，提升實力。如何確定與自身實力相適應的「立委」提名額度，推出較具競爭力的縣市長候選人，整合協商各個派系，避免發生激烈衝突和局部分裂，影響組織動員能力，衝擊選情和競選目標，是民進黨首先面對的艱巨任務。儘管黨內競爭激烈，但該黨在4月初已較順利地完成兩項選舉黨內候選人的初選。而且民進黨依據實力原則提名較為適當，又可充分利用執政資源，整體組織動員能力明顯強於以往。

4.國民黨與親民黨互動狀況。親民黨與國民黨的社會支援基礎有很大的重疊，如果兩黨在「立委」選舉各選區提名中有所默契，避免「鷸蚌相爭、漁翁得利」，如果兩黨的基層組織及支持群眾在某些地方縣市長選舉自發合作形成棄保效應，那麼將相當程度地衝擊民進黨的選情。誠然，在現階段臺灣政黨及政治勢力處於劇烈動盪、分化組合的過程中，上述情況亦不排除出現在國民黨與民進黨之間的可能性。此外，李系政團成立後參與選舉對民進黨的影響程度目前尚未明瞭。

考察今後臺灣政經局勢的發展趨勢，儘管民進黨與陳水扁「新政府」將是一路坎坷，但是，倘若未有重大突發事件發生，民進黨在此次「立委」選舉中可能有較大的斬獲，席位不能過半，因為根據提名額度已明顯無法過半，關鍵在於能否成為第一大黨。民進黨在此次縣市長選舉中要保住現有執政縣市的難度很大，因為某些尋求連任的民進黨籍縣市長的民眾滿意度和支持率較低，或者涉案在身，已相當程度缺乏競爭力，也影響民進黨在這些縣市的形象，國、親、新三黨在某些縣市長選舉中的合作可能性相當大，民進黨因此在這些縣市無法與之匹敵。此外，臺灣民眾對於政黨實力與資源平衡及朝野制衡的要求將起一定的作用。

注釋：

〔1〕臺灣《中國時報》，2000年7月24日。

〔2〕〔5〕臺灣《聯合報》，2000年8月21日。

〔3〕臺灣《中國時報》，2000年5月4日。

〔4〕臺灣《聯合報》，2000年8月17日。

〔6〕臺灣《民眾日報》，2000年9月7日。

〔7〕臺灣《聯合報》，2000年9月12日。

〔8〕臺灣《中國時報》，2000年7月23日。

〔9〕臺灣《聯合報》，2000年8月17日。

評析民進黨執政之後政黨轉型的兩項舉措

林勁

2000年3月，民進黨以微弱的優勢贏得了大選，成為執政黨，為了適應地位和形勢的變化，民進黨必須繼續推動自身的政黨轉型。兩年多來，該黨經過一個

醞釀、協商、籌畫的過程，先後採取兩項重大舉措：一是為了消除臺獨政黨形象，解決「臺獨黨綱」問題的困擾，提升了《臺灣前途決議文》的位階，以此作為該黨其後處理兩岸關係的指導原則；二是為了解決黨政關係無法協調，嚴重影響黨政事務的順利推動的問題，決定由陳水扁兼任黨主席，實施黨政合一，並推動政黨朝內造化方向發展。本文將對這兩項舉措的背景、內容及影響作一評析。

一、提升《臺灣前途決議文》的位階

2001年10月20日民進黨召開九屆二次全代會，會議通過了《開創臺灣經濟新局決議文》和「提升全代會決議文位階案」〔1〕。

為配合陳水扁及臺灣當局主導召開的「經濟發展諮詢委員會議」所達成的共識，民進黨中常會通過了政策會研擬的《開創臺灣經濟新局決議文》草案，交付九屆二次全代會討論而獲得通過。此決議文宣示，「戒急用忍」政策在國際社經環境劇變下，缺乏有效管理規範，臺灣資本仍然快速流失，民進黨主張以「積極開放、有效管理」的新觀念突破老舊經濟體系。這是民進黨高層為因應全球化時代及兩岸經貿環境改變而對該黨經貿政策的調整。由於此次全代會也通過決議文效力等同黨綱的議案，因此《開創臺灣經濟新局決議文》代表民進黨兩岸經貿政策的調整及進行經濟政策轉型的決心。該決議文從一個側面批判和否定「戒急用忍」政策，這與民進黨在1998年2月召開的「中國政策研討會」所達成的「強本西進」的共識有著很大差異，顯示民進黨執政之後在兩岸經貿政策方面的重大轉變，誠然這是在內外環境變化壓力下作出的選擇。決議文主要內容包括「知識產業建國」、「經濟開放自由」、「社會公平福利」、「政府廉能效率」、「全球經貿布局」等方面，同時將多項當局政策列入決議文，以拉近黨與政府的政策距離。

最為引人注目的是，民進黨九屆二次全代會通過主席謝長廷的提案，修正黨章第十四條第二項，「經全國黨代表大會就國家重大政策所做之決議文，視為本黨綱領之一部分」。此案討論過程中引發贊成與反對雙方的激辯，最後在贊成者力主民進黨應進行二度轉型，有驚無險地得以通過。這一提案主要是針對《臺灣

前途決議文》的,它的通過意味著1999年5月民進黨八屆二次全代會通過的《臺灣前途決議文》將具有和民進黨黨綱同等地位的效力。會後謝長廷向媒體進一步解釋,根據「新法優於舊法」的原則,《臺灣前途決議文》將取代「臺獨」黨綱的指導地位〔2〕。這一舉動遭到「臺獨」激進派的強烈反彈,被臺灣媒體稱作是民進黨「務實轉型的又一重大步驟」,在野黨也普遍表示「樂觀其成」。

《臺灣前途決議文》是民進黨於1999年5月召開八屆二次全代會通過的。

(一)通過《臺灣前途決議文》的原因和目的

在1998年底「三合一」選舉中,民進黨受挫再次衝擊該黨路線,提出兩個帶有戰略性的問題:一是,在選民結構特殊且出現大規模分裂投票行為的臺北市,為什麼擁有顯著政績和頗高施政滿意度以及豐沛在任資源的陳水扁無法爭取到新黨的支持票源而敗北?極為明顯的是省籍及族群的區隔,而省籍及族群問題的根源是什麼?二是,在「立委」選舉中,為什麼民進黨又重蹈以往這一層級選舉的覆轍,無法衝破固有得票率的局限,而在建國黨及新國家連線分裂票源的情況下得票率和席次率均為下降?而國民黨在大量違紀參選分散票源的情況下能挖走新黨的部分票源和原本傾向民進黨的中間游離票源?顯而易見的是選民結構問題,而選民結構形成的決定性因素是什麼?這兩個問題所涉及的路線無非是關於臺灣前途問題的主張,直接觸及民進黨的「臺獨黨綱」,歸根到底是如何消除民眾對該黨走向「全面執政」的疑慮和恐懼。選後黨內的反省檢討自然而然將焦點集中於修改「臺獨黨綱」問題上。面對2000年大選,「臺獨黨綱」問題不處理的話,民進黨是決無勝算的機會,這是主流共識;但對於如何處理「臺獨黨綱」則引發了激烈的爭論,後經協商及妥協達成不直接修改本文而採取「決議文」加以詮釋的方式。

此次會議通過的決議文是因應一個時期以來國際形勢演變帶來的壓力和兩岸關係發展的需要,目的是為了因應2000年大選,而對「臺獨黨綱」進行修飾和包裝,力圖在一定程度上消除臺灣民眾對民進黨「臺獨」主張的疑懼,並且抵擋其他政黨在選舉中挑起的統獨爭議,這種策略性調整顯現十分濃重的功利性色彩。同時,決議文是民進黨內派系關於處理「臺獨黨綱」問題的鬥爭與協商的產

物,不僅與派系之間的權力資源競爭相聯繫,而且與黨內頭面人物的仕途規劃相交纏,遺留有平息黨內相關紛爭的妥協性痕跡。

(二)《臺灣前途決議文》的基本評價

決議文〔3〕分為前言、主張和說明三部分。前言部分宣示該決議文的基本意圖,即自1992年「政治改造工程」推行以來,「臺灣事實上成為民主獨立的國家」,因此要「進一步詮釋臺灣的定位與走向」。主張部分列有7條,首條開宗明義提出「臺灣是一主權獨立國家,任何有關獨立現狀的更動,必須經由臺灣全體住民以公民投票的方式決定。」其餘六條則是以此為核心展開的解釋。說明部分則對所謂「臺灣主權獨立」作進一步闡述,首度表明認同「中華民國」。考察全文內容可作基本評價如下:

1.民進黨「臺獨」性質未變,策略有所調整。雖然決議文的說明部分包含有擱置「臺獨黨綱」的意味,且全代會決議文的位階高於以往中常會決議及聲明而低於黨綱,但是「臺獨黨綱」仍然沒有修改,從這個意義上看,民進黨「臺獨」性質未變。不過,可以看出在形式上策略發生了變化,由積極主動地追求「臺獨建國」轉向消極被動地反對統一。

2.提法與「臺獨條文」有一定差異。在「臺灣是一主權獨立國家」的前提下,提出「任何有關獨立現狀的更動,必須經由臺灣全體住民以公民投票的方式決定。」這一提法是民進黨中常會1998年7月1日聲明〔4〕的核心內容,與黨綱中的「臺獨」條文有一定的差異。表明該黨現階段追求的目標不是宣布「臺獨」,而是努力維持「獨立現狀」,借此表明符合臺灣民意「維持現狀」的主流價值取向。

3.認同「中華民國」,但主權領域界定不同。決議文稱:「臺灣,固然依目前憲法稱為中華民國」,這是民進黨首次明確認同「中華民國」,並主張維持現狀,與國民黨趨於一致,回歸體制。如其「說明」部分所稱,「政黨之間的差異由國家認同轉向安全政策」,這在一定程度上淡化民進黨「臺獨」色彩,有助於消除社會對民進黨執政的擔憂和疑慮。但是,決議文明確表示反對「一個中國」原則,並將所認同的「中華民國」主權領域界定在「臺澎金馬及其附屬島嶼」,

這與所謂「中華民國憲法」界定的主權領域不同，倒是與其後李登輝提出的「兩國論」是一致的。

4.把國家認同的爭議由臺灣內部的政黨之爭轉向兩岸之間，把團結內部對抗祖國大陸的統一主張放在首要位置。

由上可見，以決議文形式對「臺獨黨綱」進行修飾和包裝僅僅是折中的、治標的暫時解決方法，只有務實地、前瞻地處理涉及國家認同與臺灣前途走向的「臺獨黨綱」問題，才能達到治本的最終解套，這正表明民進黨的政黨轉型進入瓶頸而未能持續。執政之後，民進黨所宣導的臺獨主張不僅與之執政所依據的《中華民國憲法》及掌控和運行的臺灣現行「憲政體制」是相對立的，而且，民進黨直接面對及承擔起解決事關臺灣民眾福祉的兩岸關係問題，而「臺獨黨綱」成為該黨與大陸展開直接互動的最大障礙。因此，如何處理「臺獨黨綱」問題更加頻繁地困擾著民進黨。

（三）關於提升《臺灣前途決議文》位階的評估

作為執政黨，民進黨提升《臺灣前途決議文》的位階，將之等同於且優先於「臺獨黨綱」，取代「臺獨黨綱」作為指導兩岸關係政策的基本原則，目的在於消除臺灣社會對民進黨「臺獨黨綱」的疑慮，在事關臺灣人民福祉的兩岸關係上能展開與大陸的有效、良性的互動，毫無疑問，消除臺灣社會的疑慮必須透過民進黨與大陸展開良性的互動得以實現，但是擱置「臺獨黨綱」，提升《臺灣前途決議文》位階並不能達成民進黨一廂情願推動與大陸交流溝通的目的。民進黨在九屆二次全代會提升《臺灣前途決議文》位階，力圖以此回避「臺獨黨綱」的廢除或修改問題及其引發的黨內紛擾不休的爭議，又希冀透過此舉消除臺灣各界對於《臺灣前途決議文》位階的質疑，使這一決議文名正言順的成為現階段民進黨處理兩岸關係的基本原則，進而消弭臺灣社會對於「臺獨黨綱」影響民進黨處理兩岸關係的擔憂，以體現民進黨所謂「與社會主流意見及政治現實的契合」〔5〕。這一舉措有著當年年底「二合一」選舉的考量，但不可否認也確是民進黨審時度勢的務實路線的體現，而且提升決議文位階也為今後民進黨轉型開闢一條可資利用的途徑。但是這一舉措並未能如願以償，無法為「臺獨黨綱」根本解

套,回避問題不等於解決問題,黨綱對於政黨的旗幟、界碑的地位不容置疑,民進黨黨綱的「臺獨」條文涉及臺灣前途及兩岸關係的走向,事關臺灣主權歸屬問題,僅僅以擱置的方式絕不可能為大陸所接受,大陸完全有理由認為《臺灣前途決議文》與「臺獨黨綱」是民進黨不同階段的目標即可視為最低綱領與最高綱領之區別,提升《臺灣前途決議文》位階是民進黨的權宜之計。因此,民進黨並不能達成解套以推動與大陸溝通交流,展開與大陸良性互動的目的。對此,錢其琛在2002年1月24日的講話中明確表明態度,敦促民進黨更多為臺灣人民的福祉著想,徹底拋棄「臺獨黨綱」〔6〕。鑒於此,提升《臺灣前途決議文》位階的舉措作為投石問路,也許可以為今後「臺獨黨綱」問題的根本解套奠定基礎。

二、陳水扁兼任黨主席

2002年4月20日,民進黨舉行臨時全代會,會議通過一系列黨章修正案,推動新一輪的黨務改造,其中備受矚目的是以壓倒性多數通過由陳水扁兼任黨主席一案,此案對民進黨的發展及臺灣政局都將產生一定的影響。

(一)陳水扁兼任黨主席是民進黨此次重大黨務改革的核心

2001年底「二合一」選舉之後,民進黨中央就著手推動新一輪的黨務改革,此次提交臨全會討論表決的一系列黨章修正案均是醞釀已久,有的甚至經過反覆協商折衝,應該說是作了充分的準備,已是志在必得。

此次臨全會通過的黨章修正案〔7〕包括:

1.民進黨執政時,由「總統」兼任黨主席;非執政時,黨主席由黨員直選產生。

2.增補中執、常委4人(即中執委增至35人,中常委增至15人),執政時,該4人由黨主席指定三人加上「立法院」黨團總召集人;非執政時,該4人即「立法院」黨團三長加上黨籍縣市長互推一人。

3.增設副主席1-3人,由黨主席就中常委中提名產生。

此次臨全會未能通過的黨章修正案包括：

1.黨中央祕書長兼任的修正案未能通過，因此，只能維持專任。

2.陳水扁倡議為培養人才而設置的「凱達格蘭學院」，以及謝長廷提出的未經培訓的黨員不得登記參與公職或黨職的議案均未獲通過。

顯而易見，由「總統」兼任黨主席是這次黨務改革工作的核心，其他議案都是圍繞這一核心的配套設施，而這些配套設施中較為重要的是「黨中央祕書長兼任」以讓陳水扁用人時較有彈性的議案卻未能獲得通過；制訂了執政與非執政兩個時期黨的中央領導機構產生方式採取雙軌制，也是這次黨務改革工作的重要特徵之一。

此次民進黨的政黨體制改革是建黨以來最為重大的黨務改革，是2000年民進黨執政以來角色調適轉換的一大舉措，亦即政黨轉型的重要步驟之一。

（二）陳水扁兼任黨主席是民進黨政黨轉型、黨務改造的需要

1.民進黨自我調適轉換，以適應由在野黨到執政黨地位變化的需要，在成為立法院第一大黨後著手採取的重要步驟之一，完成了在未有充分準備情況下上臺執政的過渡，從而成為名副其實的執政黨。

2.民進黨黨務改造的內在要求：

〔1〕主席由黨員直選後的擴權、即中央決策體制由合議制向首長制轉變問題一步到位得到解決。

〔2〕2001年底「立委」選舉成為「立院」第一大黨之後即已醞釀的朝內造化方向的黨務改造的推行。

〔3〕執政與在野在中央領導體制上採取雙軌制的確立，民進黨組織以往設計是以推動民主運動為目標，未考慮到執政之後政黨和政府之間的互動關係，因此，在僥倖執政後無法避免發生黨政互動、協調溝通和政策整合等許多問題，已到非改革不可的地步。

3.根本上解決執政以來黨政關係一直未能得以理順的困擾。從執政開始的

「以黨輔政」，黨中央力圖強化協調功能，到少數政府時期的「以黨強政」，設立九人決策小組，名為執政黨，黨中央卻未能參與行政資源的分配和重大政策的決定，只有為施政背書、承擔失誤的責任，又無參與決策的權力，造成黨內意志消沉，黨務系統陷入「局外人困境」。對此，黨中央及各派反彈強烈，迫切要求迅速改變黨中央有責無權的處境，儘快理順黨政關係及解決決策機制問題，因此即以陳水扁兼任黨主席欲達成所謂「黨政同步」。

（三）陳水扁兼任黨主席是其推行路線、政策，主導臺灣政局，主導民進黨，為2004年競選連任布局的需要

陳水扁之所以不顧黨內外強烈反應而同意兼任黨主席（黨內的意見包括「陷陳水扁於不義」、走國民黨「以黨領政」的老路、「民主退步」、「不利於下屆總統競選連任」等，在野黨的意見包括違背競選時的「不參與黨務活動」承諾、「缺乏誠信」、「黨政合一」、「黨庫通國庫」、「政黨利益高於國家利益」、「一人獨裁」等）。

1.承諾「不參與黨務活動」的形勢已經發生變化。

〔1〕陳水扁在2000年大選中承諾當選後「不參與政黨活動」，是為了拓展中間票源的需要。

〔2〕陳水扁是以不到四成得票率當選的「少數總統」、即弱勢領導人，為了穩定政經局勢，必須兌現承諾，自詡為「全民總統」，只得宣布退出黨務活動。

〔3〕為延攬各方（包括在野黨）人才，組織所謂「全民政府」的需要。力圖克服「立院」朝小野大，施政不順的困境，既不讓在野黨分享權力，又希望得到在野勢力的合作。

〔4〕避免背負民進黨「臺獨政黨」的包袱，降低臺灣社會的質疑和擔憂，緩解勝選時兩岸關係的高度緊張狀態。

總而言之，陳水扁當初的承諾是形勢所迫的一種權宜之計，實際上在「核四停建」引發政治風暴、少數政府出臺後即已開始進行調整。目前形勢已發生了很

大變化，陳水扁的地位已經基本穩定，人事換班也大體就緒，民進黨已成為立院第一大黨，黨政關係、決策機制、政黨互動、兩岸關係等亟待推動的問題擺上議事日程，而基礎性的工程是黨務改造，解決黨政關係及決策機制問題，以利於其「新中間路線」及各方面政策的推行，這無疑是其2004年競選連任的前提條件。此外，臺聯黨的成立及其所推行的極端臺獨路線，以及民進黨《臺灣前途決議文》位階的提升，都相應降低臺灣社會對民進黨「臺獨」路線的質疑，也為陳水扁兼任黨主席創造了相關的條件。

2.當政以來介入干預黨務的正當化、合法化。

從2000年大選競選時作出「不參與黨務活動」承諾，以至勝選後即辭去中常委，前已述及，這有著形勢和環境所迫不得不然的無奈，但在實際運作中，陳水扁從未間斷地介入干預黨務，從少數政府時期的九人決策小組，公開批評民進黨未能跟進執政而進行轉型，參與「二合一」選舉黨內提名的協調工作，在黨內重大決策中始終起著舉足輕重的作用，每次黨的重大活動時到場造勢鼓氣。直到2001年「二合一」選舉親率「世紀首航」助選團風靡全臺，陳水扁幾乎沒有真正退出黨務活動，在「二合一」選舉後，他已成為民進黨實質上的共主。在經過一系列協商醞釀，反覆思辨，達成共識，此次臨全會以壓倒多數通過「總統兼任黨主席」，可以認為，此案已是瓜熟蒂落，水到渠成，陳水扁由幕後走到前臺，名正言順地兼任黨主席，使主導民進黨的共主地位正當化、合法化。誠然，這似乎有違他競選的承諾，但時機與條件的成熟，民進黨實力的上升、角色的調適，陳水扁地位的穩固，面臨形勢的演變，時移勢易，因而採取「與時俱進」的改革，已是順理成章的、合乎邏輯的結果。況且，由黨魁擔任國家或地區領導人，無論從政黨政治的學理與實踐來看，還是從臺灣政治體制的基本精神與運作歷史來看，都是完全符合常理的，無可厚非的。

3.陳水扁兼任黨主席是解決當前黨政關係問題的最佳的選擇方案，有利於陳水扁協調府、院、黨團關係，以推行其路線、政策，有利於陳水扁協調黨內派系勢力，以提升黨的競爭力，增強黨的凝聚力。

陳水扁兼任黨主席，使中常會成為制度化的決策機制，黨中央真正承擔起協

調「總統府」、「行政院」、「立法院」黨團的平臺的作用，有機會真正掌控、有效使用執政資源，從而使民進黨名符其實地成為執政黨，消除黨內派系相關的反彈。同時，陳水扁利用掌握黨機器，可以避免以往無法介入「行政院」、「立院」黨團運作的限制與尷尬，利用中常會這一平臺協調三者的關係，以利於路線、政策的推行，並且以自己的理念推動民進黨的轉型，既可強化黨務系統的功能，又有利於展現執政績效。

4.陳水扁兼任黨主席是為2004年競選連任全面布局的需要，首先釐清黨政定位，強化黨中央，使之成為推動政策的後盾，才能無後顧之憂地打好連任的選戰；其次，他已為自己連任的黨內提名確立了他人無法挑戰的地位，新一屆黨中央將成為他競選的指揮部，祕書長無疑就是其競選的總操盤手，曾任2000年大選的總幹事張俊雄的出任即可明證。

（四）關於陳水扁兼任黨主席影響的評估

此次臨全會對黨章的若干修改是民進黨成立以來的第15次修改，也是該黨建黨以來最為重大的一次黨務改造，無疑將對民進黨的政黨運作、政黨轉型及發展產生極為深刻的影響。同時，作為執政黨，民進黨其後的黨政關係、政策推行以及推行的朝野互動勢必對臺灣政局以及兩岸關係產生一定程度的影響。

毫無疑義，此次中央領導體制的改革的總體目標自應是增強黨的競爭力，擴大民意支持基礎；調適角色，理順黨政關係，提高執政績效；強化對「總統府」、「立院」黨團、「行政院」的協調整合的功能，以利於路線、政策的有力推行；建立強有力的黨中央戰鬥團隊，為下屆大選奠定基礎，通盤部署。誠然，此次黨務改造的方案在程式上已塵埃落定，但實際運作尚未展開，能否達成預期目標尚有待觀察。

1.如何做到「黨政同步」。陳水扁宣示，不可能重蹈國民黨覆轍，不可能「以黨領政」，更會揚棄過去執政者「黨國不分」的現象。並且宣示仍將維持民進黨的多元民主、集體領導與分工合作的傳統模式。如何確立新的決策機制，能否讓中常會參與重大決策，回應其對大政方針的質疑，一定程度限縮陳水扁自身的權力。既然不可能「以黨領政」，那麼又如何運用黨機器作為協調整合的平

臺，而「以政領黨」必遭黨內反彈，如何運作取決於陳水扁的實際需要，抑或游走於二者之間，臺灣媒體認為今後的實際運作將更接近於維持目前的「以政領黨」，但陳水扁已難以獨自作出莫測高深的決策，無法大權獨攬。

2.民進黨的多元民主精神能否保持。陳水扁集黨政軍大權於一身，成為建黨以來最具聲望的領袖人物，1990年代修憲使「總統」權力膨脹，此次臨全會通過的議案又使主席權力擴大，陳水扁已是一個政治強人，加之黨內的依附、崇拜之風興起，勢將相當程度扼制民進黨標榜的多元民主的精神，儘管陳水扁一再宣稱民進黨不會變成「一言堂」，但客觀上卻難於避免。

3.民進黨的政黨功能是進一步強化或是弱化。朝內造化方向改造，政黨是否由此淪為選舉機器，政黨功能是否將隨之弱化，一旦失去執政地位，結局便可想而知。

4.民進黨政治生態及派系格局勢必因此發生演變。正義連線急速發展，水漲船高，除新潮流、福利國連線尚可維持實力外，其他派系逐漸邊緣化，出現新一波的分化組合，中央權力機構將成為各派競爭的重心，惡質的選風亦不可避免地加劇。

5.陳水扁如何負起主席之責，帶領民進黨推動進一步轉型。以往陳水扁在黨務方面進可攻、退可守、運作自如、有權無責。事已至此，身兼黨主席，日後黨內所面臨的問題他便無可推卸地必須承擔責任，首當其衝，緊接著的不僅是中央權力機構的改組，更重要的是政黨體質轉化，提出經得起實踐檢驗的政策主張，尤其是修改黨綱，消解「臺獨黨綱」這一障礙，貫徹其「新中間路線」，以利於把握時機，推動民進黨與大陸的互動。倘若2004年大選形勢所迫，如何以時俱進，以爭取擴大民意支持基礎。正如臺灣學者魏鏞所言「一個兼民進黨主席的總統，一方面固然獲得了整合政府及政黨的權力及資源，但另一方面也責無旁貸的負起了施政得失的責任。這對下一次的總統選戰對決，未嘗不是一件合乎政黨政治及責任政治的好事」〔8〕。

6.如何有效地開展朝野政黨互動，以利於施政順暢，穩定政局。陳水扁兼任黨主席，雖然有利於其直接站到第一線與在野黨的溝通，展開政黨互動。但另一

方面也可能由此進一步刺激在野黨在政策攻防上與行政部門更形對立，以破解其「黨政同步」的設計，如何消解在野黨對其兼任黨主席的「黨國不分」、「黨庫通國庫」、「政黨利益高於國家利益」、「誠信問題」等方面質疑，是展開政黨互動的前提。誠然，民進黨的黨務改造似為「政府改造」與「憲政改造」奠定了基礎。然而，倘若沒有在野政黨的合作，「政府改造」與「憲政改造」都將會窒礙難行。

可以認為，對於民進黨而言，陳水扁兼任黨主席，是該黨發展史上的一次重要轉機，機遇與挑戰並存，可能成為促進發展的有利契機，同時也可能由此引發新的危機，陷入新的困境。黨政雙方任何一方的政策失誤都將使另一方缺乏迴旋的餘地。誠然，影響其走向及其前景的主客觀因素是多方面的，而具有決定性意義的因素無疑是民進黨和陳水扁。如何把握時機，妥適地處理與此相關的各類矛盾，推動民進黨的新一輪轉型，使之成為該黨發展的一次不可多得的有利契機，這也是民進黨成熟程度的一次檢驗。

結語

民進黨執政之後採取的兩項重大舉措，一是政策的調整，一是領導體制的改革，這是客觀形勢壓力下的主觀應對，也是民進黨致力政黨轉型的具體體現。顯而易見，這兩項舉措與政治現實的要求尚有相當的距離，預期的功能和效果畢竟有限，但是，無論如何，這兩項舉措對於民進黨的發展具有重要的意義，同時也將對臺灣政局和兩岸關係產生一定的影響。其意義和影響尚有待形勢發展的實踐性檢驗。

然而，陳水扁在就任黨主席發表演說時的脫稿宣示及其後在世臺會年會開幕致詞中拋出「一邊一國論」、「公民投票」及「走臺灣自己的路」〔9〕等一系列分裂主義的言論，嚴重損害了兩岸關係，再次把兩岸拖進緊張對抗的危機之中，勢必影響臺灣政經局勢的穩定。同時，陳水扁的分裂主義言論也使民進黨的兩項舉措的效應發生急劇的逆轉。「一邊一國論」、「公民投票」均是「臺獨黨綱」的主要內容，這不能不令人擔憂兼任黨主席的陳水扁似乎要把民進黨重新拖

回「臺獨黨綱」，而兼任黨主席的陳水扁的「一邊一國論」、「公民投票」的宣示導致民進黨相關政策轉圜的空間明顯壓縮，致使民進黨在兩岸互動中進一步轉型的前景撲朔迷離。

注釋：

〔1〕臺灣《聯合報》，2001年10月21日。

〔2〕臺灣《中國時報》，2001年10月21日。

〔3〕臺灣《聯合報》，1999年5月9日。

〔4〕臺灣《聯合報》，1998年7月2日。

〔5〕臺灣《中國時報》，2001年10月21日。

〔6〕《人民日報》，2002年1月25日。

〔7〕臺灣《民眾日報》，2002年4月21日。

〔8〕臺灣《聯合報》，2002年4月22日。

〔9〕臺灣《中國時報》，2002年8月4日。

民進黨的世俗化趨向及其困境

劉國深

一、分析概念與相關理論

「世俗化」一詞是政治文化理論中的一個重要概念，其內涵是指：第一，強調以科學和理性的而非迷信或感情的方式觀察問題；第二，樹立普遍的而非褊狹的政治行為標準；第三，注重現實的功效和成就而非虛幻的理想或世襲地位；第四，樂於接受新的經驗和觀點，而非墨守成規與故步自封。

美國政治學者加布裡埃爾・阿爾蒙德認為，世俗化的結果會對政治文化產生重大影響，其主要表現在於：第一，在政策層次，世俗化使人們有可能「慎重考慮政策，按照所需的方式來控制社會和經濟環境」，「世俗化的政治文化就包含著把積極的政治干預作為達到個人和集團目標的途徑這樣一種意識」；第二，「在過程層次上，世俗化指對於政治機會有較強的意識以及利用這些可能改變個人命運的政治機會的意願」；「在世俗的文化中信任和敵視的程度總是受比較直接的個人經歷影響，而不是受歷史遺留的成見的影響。如果沒有發生倒退和挫折等新的情況，那麼這些舊的成見就會在世俗化環境中減弱，亞文化之間的分野也應逐漸消失」；第三，「在體系層次上，世俗化代表性地意味著以習慣和超凡魅力為基礎的合法性標準的削弱，而政府實際作為的重要性日益成為合法性的基礎。儘管對神的信仰可能延續，但世俗文化中的統治者將不得不按照『天助自助者』的格言來行事。」「隨著世俗化的普遍深入，對領導人的束縛似乎也越來越少了」。〔1〕1992年以來，島內的民進黨接二連三出現重新詮釋「臺獨」內涵、重新評估「臺獨」價值以至調整具體的對內對外相關政策等現象，筆者認為，這些現象表明了民進黨的組織結構與意識形態正隨著客觀環境的變化而處於快速的嬗變之中，此一嬗變基本上可以稱之為「世俗化」的過程。本文試圖參照政治文化理論中有關世俗化的概念，從「體系」、「過程」與「政策」三個不同層面探析民進黨的世俗化過程、內容與困境。

二、民進黨的「臺獨教義化」與世俗化

1986年9月，島內「黨外運動」團體等反國民黨勢力聯合成立「民主進步黨」。成立之初的民進黨主要是以反對國民黨為政治目標，雖然已有分離主義傾向，但「臺獨」色彩並不濃厚，甚至也能夠容納主張統一的人士。1987年11月民進黨「二大」以後，黨內的「臺獨」聲勢急劇擴張，「臺獨」主張逐漸成為黨內不容置疑的政治信條，甚至出現對不願跟著呼喊「臺獨」口號的黨員「打耳光、丟雞蛋、戴統戰帽子」的現象。1988年4月，民進黨臨時代表大會通過「417決議文」，公開主張臺灣的「主權未屬於任何一個國家」，至此，該黨內

部的「臺獨」政治土壤已然具備。這一時期臺灣當局對「臺獨」問題的態度日趨曖昧，而「臺獨」主張也戲劇性地搭上了「本土化、臺灣化」的「便車」。隨著「惕獨聯盟」等海外激進「臺獨」組織的先後返臺，「臺獨思潮」在島內快速蔓延，激進「臺獨」團體成了反對國民黨政權的又一股重要力量。由於時值國民黨傳統官僚集團與臺灣地方政治勢力之間的權力鬥爭白熱化之際，為了結合這一新的反國民黨勢力，民進黨中央開始在「臺獨」議題上與激進「臺獨」勢力尋求共識，促使民進黨內的「臺獨」主張進一步教條化。1990年10月，民進黨四屆二全大會通過了所謂「臺灣事實主權獨立」決議，1991年10月，民進黨「五大」更將「臺獨」主張列入黨綱。民進黨的此一步驟最終引發少數群體近乎宗教信仰般的「臺獨狂熱」，使黨內的「臺獨」主張信仰化、教義化。民進黨「五大」後，有九成以上的「臺獨運動」團體被整合在民進黨的旗下，民進黨以「臺獨教義化」輕易地擴大了自己的政治地盤。然而，此後的發展很快就證明了這一「教義化」對民進黨來說是弊大於利，因為它不僅沒能在其後的權力鬥爭中為民進黨帶來更上層樓的喜悅，反而使該黨背上了沉重的政治包袱：在兩個月後的「國民大會代表」選舉中民進黨遭受慘重的挫敗。臺灣《財訊》雜誌創辦人邱永漢認為：「民進黨最後終於將臺灣獨立的主張納入黨綱，作為選舉上的訴求。可是並沒有完全摸清臺灣大多數居民的心理乃期望著『穩定重於獨立』的心理傾向，於是選舉嚴重受挫。只要在訴求上略為過度激進就會讓保守謹慎的中產階級覺得困惑。」〔2〕

從1992年底的「立委」選舉起，民進黨內的不少人已認識到「臺獨黨綱」的「票房毒藥」效應，開始刻意回避「臺獨」議題，並將競選訴求轉向公共政策。黨內有人公開提出「凍結臺獨黨綱」、「修改臺獨黨綱」、「重新詮釋臺獨」等要求，而且這些主張很快在具體政治過程和政黨政策中得到體現。民進黨在政治觀念上有意識的世俗化進程即自此正式開始，其範圍涵括體系文化、過程文化及政策文化各個層面。

三、民進黨世俗化之體系文化層次

體系文化指的是個人或群體對於國家或其他政治組織的認同意識。對於民進黨來說，其「體系文化」層次的世俗化具體表現在：第一，從代表褊狹的群體意識向代表臺灣社會普遍的利益要求移行，重新詮釋「臺獨」的內涵，強調「工具論臺獨」，淡化「目的論臺獨」；第二，以客觀理性的方式面對臺灣的現實政治環境，不再沉湎於往日的政治恩怨與悲情意識，轉而默認現政權的「合法性」。

表現之一是，從代表褊狹的群體意識向代表社會普遍利益移行。「臺獨」主張的產生基礎是不合理的政治秩序，而將對臺灣社會的鄉土認同「異化」成一種虛幻的「國家認同」也只是出現在部分群體中，此一「異化」至今為止都沒有成為多數臺灣人的共識。對於這樣的客觀現實，多數民進黨政治精英是有深刻體會的。因此，在當年辯論是否將「臺獨」主張列入黨綱時，一些較有遠見的人士堅持要附加「應交由臺灣人民以公民投票的方式選擇決定」的但書。近年來的選舉結果也證明了臺灣民眾在臺灣前途問題上對民進黨的疑慮，迫使該黨領導人不得不反復強調「臺灣前途，公民自決」的「但書」。也就是說，他們打算將臺灣最終是否「獨立」的問題推到全體民眾身上。當年力主附加「公民自決」條款的陳水扁近年來也反復強調：所謂的「臺獨黨綱」，其正確提法應是「公投黨綱」，如果大多數人投票支持兩岸統一，民進黨也應該接受。這樣的解釋無疑含有極大的包容性，既包容了「臺獨信仰」，又松解了「臺獨包袱」，為民進黨的世俗化埋下了關鍵性的伏筆。

表現之二是，強調「工具論臺獨」，淡化「目的論臺獨」。對於「臺獨」是目的還是手段的爭議早就存在，但大規模的爭論還是出現在1994年的「臺北市長」選舉以後。1996年4月底，民進黨內圍繞「臺獨是資產還是負債」的問題曾經進行過激烈的爭論，從最後的結論上看，辯論雙方都沒有說服對方，因為持激進主張者根本就不願意面對現實，而持務實態度者又走不出「臺獨」的「道德怪圈」。雙方的主要分歧還是在於對「臺獨是目的還是手段」的理解上。「臺獨目的論」者強調臺獨的「神聖」性、不可妥協性，他們注重「臺獨理念」的傳播與教育工作，不注重實際權力的爭奪。他們認為，民進黨人不能為了官位與錢財而淡化自己的「臺獨」主張。而「臺獨工具論」者則認為，「臺獨」主張本身並非民進黨的最高目標，臺灣的前途要經由全體住民自由投票來決定，而且「公民自

決」也只是手段而不是目的，是程式而不是結果。民進黨追求「臺灣獨立」理想的真正目的是為了臺灣民眾的當家作主與安全福祉，不是為了獨立而獨立。為了達到真正的目的，民進黨必須取得政權，否則一切都是空談。

　　表現之三是，逐步認同現行「憲政體制」。在相當長的時期裡，部分「臺獨運動」的參與者認為，在臺灣的所謂「中華民國」現政權是不具備「合法性」基礎的，必須徹底推翻，從法理上建立起新的「臺灣共和國」。（然而，就是這樣的命題，民進黨內也有著不同的看法，只是為了反對共同的敵人——國民黨，這樣的爭議才在實際政治過程中被簡化與擱置了）。展現在人們面前的往往只是悲情的訴說與對現政權專制獨裁的控訴，建立「新而獨立的國家」也就成了一種道德使命。但是，伴隨著民進黨人對實際政治過程越來越深的介入，伴隨著新體制的建立，民進黨越來越成為新政權的一部分。這就向民進黨自身提出一個嚴肅問題：民進黨將如何在建立「新而獨立的國家」的「道德使命」與認同現政權的「憲政法理」之間作一抉擇？面對大多數「臺獨」組織已進入體制的客觀現實，民進黨沒有太多的選擇餘地。1994年當選「臺北市長」的陳水扁選擇在「中華民國國旗」前宣誓就職就是最典型的例子。

　　1993年「縣市長」選舉前夕，許信良曾公開表示：「即使未來民進黨取得中央執政權，也不代表民進黨會更改國號；如果民進黨執政，會優先考慮的是臺灣兩千萬人民的安全，而不可能片面宣布臺灣獨立，民進黨會非常在意國際上的客觀條件，包括中國的態度和反應」。〔3〕曾經因為反對國民黨被長期囚禁、並擔任過民進黨主席的施明德就曾公開在「國家認同」問題上展現出相當大的靈活性，他說：「對民進黨來說，名稱本身並不重要，是叫中華民國或臺灣共和國的意義不大，在國際法上，國號、國旗、國歌都沒有意義，國家的組成四要素，是人民、政府、主權、領土。如果經過公投同意目前的國旗國號，儘管心裡不願意，但我一定接受結果。」〔4〕1995年3月，民進黨中央曾一度討論修改「臺獨黨綱」的問題，由於黨內「臺獨基本教義派」的強烈反對，這一問題被擱置了下來。但民進黨的世俗化的進程並未因此而終止。1996年9月，許信良進一步表示：「我們是民主的政黨，不可能不尊重民意，此種情況下，我們承認總統大選後我們所面對的政府是經臺灣人民同意的政府，總統也是經臺灣人民多數同意的

總統」。〔5〕

　　施明德與許信良的主張雖然不被所有民進黨人接受，但的確是多數黨內精英所認同的，只是基於鞏固「臺獨」選票的考慮而不便公開言明而已。這樣的主張實際上與國民黨主流派的「中華民國在臺灣是個主權獨立國家」政策論述已經沒有本質的區別了。

四、民進黨世俗化之過程文化層次

　　「過程文化」指的是個人或群體對自身在政治過程中影響力的看法以及自身同其他活動者之間關係的看法或傾向。過程文化層次的世俗化意味著：第一，有可能積極利用現實的政治機會，參與政治競爭；第二，有可能逐步放棄歷史遺留的成見，試圖建立與外省籍族群間的合作與信任關係。

　　表現之一是，「體制外抗爭」讓位於「體制內競爭」。民進黨內部對於應否進入現行體制參與權力競爭的問題始終存在分歧，「務實派」對此持肯定態度，他們認為「臺獨」的目標可以透過取得執政達成。1996年，時任民進黨中央政策會執行長的遊盈隆認為：「事實上，權力分配的問題是不容逃避的。各政黨有其黨綱和政策理想，若無政治權力則所謂理想云云均屬空談。」〔6〕「務實派」還認為，「臺獨運動」進入體制是必然的，任何政黨只要一向「內政部」提出成立申請，就意味著進了體制內。「務實派」的這一觀點受到黨內「基本教義派」、尤其是民進黨週邊支援團體的激烈批評，他們認為，反體制的鬥爭不能因為「新臺幣上有中華民國，有蔣介石」就不敢用錢了，應該徹底否定現行體制，並透過「體制外」的鬥爭贏得「臺獨」目標。他們還認為，現行「中華民國」體制與「臺獨」是格格不入的，認同這一體制就等於背叛了「臺獨運動」。由前民進黨重要支持者組成的「建國會」成員就是這一派觀點的典型代表。林玉佩曾對「建國會」的觀點做過分析：「在運動方法論上，由於在現有五權架構與中華民國體制下，獨立建國要在舊體制內完成，建國會多位核心成員認為不可能，因此採非選舉、非暴力的體制外路線，以住民『自決』完成獨立建國是目前的共識」。〔7〕棄民進黨而另組建國黨的林山田公開表示：「光靠選舉和公職，臺

灣是無法獨立建國的。」儘管如此,「過程文化」的世俗化已是民進黨發展的大勢所趨。連當初被稱作「基本教義派」的「新潮流系」實際上也已接受了「體制內臺獨」路線。邱義仁表示:「新潮流也體認到臺獨運動的變動性,過去,我們走社會運動路線,現階段,我們認為選舉可以發揮更大的效用。」〔8〕

表現之二是,淡化「省籍意識」,提出「大和解」主張。戰後出現的「省籍矛盾」是一個極其複雜的政治現象,但主因是由於以外省籍官僚集團為主體的統治當局的歧視和排斥,致使臺灣本省籍與外省籍之間在政治上形成嚴重的敵視和互不信任,形成兩個不同的亞文化群體。1980年代末1990年代初,省籍矛盾被政治人物用來整合政治資源從事權力鬥爭的工具,而民進黨是客觀上的主要當事人之一。如果讓這種不健康的族群關係繼續激化,臺灣將永遠無法進入成熟的政治社會,民進黨也擺脫不了其褊狹性。1995年9月,時任民進黨文宣部主任的陳文茜提出了「大和解」的主張,號召結束族群間的仇恨對立,共同建設臺灣。這一主張得到新黨的積極回應,其結果對於民進黨形象的改善起了相當正面的作用。

表現之三是,提出「大聯合政府」口號,與國民黨及新黨建立起正常的良性競爭與合作關係。在1995年之前,民進黨與國民黨、新黨之間存在著明顯的相互敵視情緒,這一情緒使三黨之間難於進行西方社會常見的政黨合縱連橫關係。1995年5月,時任民進黨「選舉對策委員會執行長」的游盈隆公開提出以「全民內閣、聯合共治」口號作為民進黨「三屆立委」選舉的競選訴求;選後民進黨又與新黨進行歷史性的「咖啡會談」;11月,民進黨中央祕書長邱義仁也提出了「全民共治、聯合內閣」的口號;施明德進而又提出要以「大和解、大聯合政府」作為民進黨「總統」選舉的競選主訴求。許信良更進一步提出:「在臺灣目前情況下政黨與政黨組聯合政府是為產生一穩定、有效率之政府,這是十分必要的;國民黨不做,則是國民黨的責任,但假使國民黨邀民進黨而民進黨不接受,便是民進黨的責任。」〔9〕「臺灣是個危機意識深重的社會,民進黨因為基本信念問題讓人民產生疑慮,雖然我和前主席施明德不斷澄清,但光是澄清還不夠,因此我相信還要經過聯合執政,否則人民不信任民進黨可以處理國家安全的問題。」〔10〕民進黨領導人的「和解戰略」在臺灣現實社會中是相當理性的

表現，這些舉動無疑使民進黨與其他政黨在意識形態方面分野逐漸淡化，政治包容性明顯擴大。

五、民進黨世俗化之政策文化層次

「政策文化」指的是個人或群體對於安全、福利、自由等公共政策問題的傾向模式；而世俗化的政策文化意味著有可能採用慎重考慮的政策，按照所需的方式來控制社會和經濟環境，從而達到個人和集團的目的。

表現之一是，為了解除人民對「臺獨」主張的疑慮，強調從臺灣民眾的整體利益出發，謹慎處理兩岸關係問題。民進黨自成立以來就是一個充滿理想主義色彩的政黨，「臺灣獨立」的主張甚至在一定程度上已成為黨內的「圖騰」，是否堅持「臺灣獨立」目標成了衡量黨員政治行為的標準。然而，根據臺灣「蓋洛普」、《聯合報》民調中心、《中國時報》民調中心等較具代表性的統計機構多年來的相關調查結果，絕大多數的臺灣民眾希望維持兩岸關係現狀，「無條件」支持「臺灣獨立」的只有一成三左右。不僅如此，1991年底以後的多次選舉也證明，「臺獨」主張與臺灣民眾的現實的整體利益不相符合。近年來，民進黨領導人在兩岸關係政策問題上的態度開始出現明顯變化，更多強調民進黨將從臺灣人民的福祉出發，謹慎對待相關政策。如現任民進黨主席許信良就表示：「如果改國旗、國號沒有問題我們就改，但是不必為此冒戰爭的危險，難道為了要新的國號、國歌，冒險和中國打上一仗嗎？這是利害考慮的問題，不是信念改變的問題。民進黨必須考量國家利害、二千一百萬人民的利害。」〔11〕當時在民進黨內聲望極高的「臺北市長」陳水扁於1998年1月17日與美國前國防部長佩里晤談後，也不得不公開呼籲「民進黨未來對臺灣安全相關政策，發言應特別謹慎，並負起責任，不可拿國人生命財產安全開玩笑。要對人民福祉負責，為兩岸良性互動打拼。」

表現之二是，為爭取多數選民的支持，淡化「臺獨」主張，專注公共政策，展現執政能力。在1991年以前，民進黨人太過注重「臺獨」訴求，不太注重公共政策，臺灣民眾因而懷疑民進黨的執政能力。1992年以後的民進黨候選人更

多地將競選訴求轉向公共政策,而且此一轉變屢獲成功。在1994年的「省市長」選舉中,堅持激進「臺獨」訴求的陳定南之所以慘敗、極力淡化「臺獨」主張的陳水扁之所以挫敗強敵,就與他們的訴求重點有相當大的關係。陳水扁的競選助理們事後表示:「我們自始即明白游離票才是主要的爭取對象。而經由民調得知,陳水扁的支持者中,女性及年輕人較少,並發現不支持的原因在於他的民進黨身分,所以在競選訴求上一改過去民進黨的悲情,設定『快樂、希望』的基調,並針對臺北市的需求提出『生活品質的世紀之戰』;至於統獨的國家層次問題,則採取必須面對但不主動提出的態度。」〔12〕

六、民進黨世俗化面臨的三大困境

如上所述,1992年以來民進黨的世俗化主要地表現在路線轉型上,這一轉型對於民進黨的發展有積極的正面意義,至少已初步緩和了臺灣民眾對該黨執政的恐懼感,為其走向全面執政帶來了新的希望。許信良曾經表示:「我當這一任主席最大的目標就在推動民進黨的轉型,不只是對國民黨的關係要改變,更要成為代表臺灣主流價值的政黨。簡單講就是此時此刻大多數人民認為重要的、對的事情,我們不能反對……民主社會需反對黨,但若不代表主流價值,永遠都不會成為執政黨。」〔13〕1997年底的縣市長選舉民進黨獲得空前勝利,該黨主席許信良直言不諱地將勝利歸功於路線轉型成功,並表示將會堅持轉型路線。他說:「現在的民進黨已經轉型,誰來當領導者都不會走回頭路,施明德如此,我也是如此,美麗島時代的人物都是如此,而且轉型是民進黨領導精英大體共同支持的路線。但是我們的轉型足夠了嗎?足夠讓人民消除對民進黨國家安全的疑慮了嗎?」〔14〕

然而,民進黨內各派系領導人對所謂的「路線轉型」仍存在嚴重歧見,就在許信良為「轉型成功」歡呼的第二天,民進黨多個派系的領導人卻公開唱反調,認為民進黨的勝利與「路線轉型」無關。從世俗化理論的角度來看,世俗化的過程會帶來一些負面效應,因為它涉及了政治信仰目標、政治態度、政治情感、政治價值觀念等一系列的變更。從實際政治過程來看,民進黨的世俗化直接影響到

了民進黨內各派系、各精英分子在政壇中的生存、發展及權益再分配問題。因此，民進黨內出現的「唱反調」現象也就不足為奇了。本文認為，由於來自內部與外部的牽制，目前民進黨的世俗化進程已陷入如下三大困境：

困境之一：非理性的權力鬥爭與理性務實的觀念變遷之間的矛盾。

民進黨從成立時起就是一個魚龍混雜政治集合體，除了推翻國民黨這一共同目標之外幾無其他全體一致的共識。對於「臺灣獨立」的內涵，各派之間，甚至同一派系內的不同個人之間都存在極大的認知差異，絕不是簡約的「基本教義派」與「務實派」就可以準確描述的，更多的人只是游走於兩極之間，根據變化的利益要求作出不同的解讀。因此，就具體的派系或個人來說，他們對世俗化的態度首先取決於自身的利益要求，鮮少從理性的、黨的整體利益出發進行考量。當變革危及某一派系或個人利益時，世俗化的努力就難免受到挫折。

自1991年「二屆國大」改選、尤其是郝柏村下臺以後，臺灣政治權力結構發生重大變化，臺灣本省籍政治精英取得主導地位，臺灣出現全新的政治生態環境，以李登輝為代表的國民黨大體接收了除「臺獨」口號外民進黨的所有政治主張，成為臺灣政治「民主化」、本土化的領導力量，在這種情況下，「臺獨思潮」及其主要政治載體民進黨因「正當性」的弱化與失去批判物件而面臨極大的危機。就連原本相當激進的民進黨「新潮流系」的核心人物邱義仁也認為，「國民黨的本土化是影響臺獨運動變動調整的最重要因素」、民進黨已「不能用『外來政權』打李登輝，是主張臺灣獨立建國者必須面對的問題」。〔15〕因此，1990年代中後期兩任的民進黨主席施明德、許信良都試圖從體系、過程與政策各方面引導民進黨的變遷，如提出「現狀臺獨論」與「大和解、大聯合政府」等主張。然而，這些努力因複雜的黨內權力鬥爭而顯得舉步維艱，那些必須依靠「臺獨鐵票」才能生存者，以及在黨內暫時處於邊緣、在政黨合縱連橫中無利可圖者都是世俗化的非理性反對派，對於他們來說只有個人的現實利害而無真理是非可言。

困境之二：「臺獨神話」的禁忌與民進黨人的無奈。

對於大多數「臺獨運動」的參與者來說，「臺獨」只是異化的「鄉土認同」

表現而已,其原因在於不合理的政治遊戲規則,而真實的目的是為了爭取正當的安全、福祉與尊嚴。當時空條件變化,正當的安全、福祉與尊嚴得到保障時,「異化」的「國家認同」就自然應當返璞歸真為與「中國認同」不相矛盾的「鄉土認同」,畢竟臺灣的中國性難以抹滅,畢竟世俗化符合民進黨的長遠利益。但是,當民進黨尚未完全取得執政權,當「臺獨」的「工具性」還存在,當社會中的確存在激進的「臺獨崇拜」者時,卻又很少有人敢站出來說出「皇帝的新衣」的真相,這或許是民進黨人最大的無奈!

有鑒於「臺獨黨綱」對民進黨發展的嚴重束縛,近年來民進黨內多位有識之士提出應該修改「臺獨黨綱」,結果招致黨內激進分子的強烈反對,甚至不明人士對其身家性命安全的威脅;更多的人不得不屈從政治現實提出「將『臺獨黨綱』供起來」的主張。儘管如此,民進黨內仍有人認為該黨領導層已「背叛了臺灣獨立原則」,對於這些人來說,「臺獨」是他們圖騰化的基本信仰,即使只是認同「現狀臺獨」也是違反政治禁忌的變節行為。令民進黨人頭痛的是自1996年以來已有20多個支持民進黨的「臺獨」團體棄民進黨而去,民進黨內也出現分裂的跡象。在分裂的壓力下,世俗化的勢頭不得不減緩下來。

1996年4月,民進黨新世代針對「臺獨是資產還是負債」問題進行辯論,在其後公布的「臺灣獨立運動的新世代綱領」中提出:「臺灣獨立不是什麼使命,而是務實的政治主張」、「臺灣獨立不是最優先的政治目標,而是為了實現社會發展理想的途徑」、「臺灣獨立運動不一定以『臺灣』為國家名稱;國號、國旗、國歌的變更,不是臺獨運動的目的」。新世代的這些主張糅合了務實派與基本教義派兩極的觀點,既反映務實派的「現狀臺獨」主張,同時又不放棄「臺灣獨立」的神話。由此,人們不難看出他們在「政治禁忌」與政治盲點雙重作用下的矛盾與困惑心態。

困境之三:兩岸關係的全方位發展與「臺獨內涵反共化」之間的矛盾。

近十多年來,隨著兩岸經濟、文化、人員交往等關係發展,政治上的冰封開始化解,兩岸一體化趨勢加快(尤其表現在經濟關係上),這一趨勢基本上反映了兩岸民眾的利益要求,兩岸關係發展已成了臺灣任何政黨都必須認真對待的重

大問題。邱義仁即表示：「後冷戰時期是由經貿力量決定國際秩序，亞太地區是國際經貿的重要地區，而中國大陸又是亞太地區重要的經貿地區，不論我們是否喜歡中國大陸，此時已非單純陳述臺灣主權獨立就可以面對後冷戰時代國際情勢的挑戰，我認為這就是民進黨面臨的新困境」。〔16〕陳水扁也公開表示：「我曾講過，誰能夠處理好兩岸關係，那個人就是我們期待的最佳的國家領導人，哪個政黨能夠處理好兩岸關係，那個政黨就是我們所信賴、可以讓它執政的國家領導人」。〔17〕祖國大陸因素的現實存在使越來越多的民進黨人開始認真思考兩岸關係問題；部分民進黨人進一步認識到「臺灣獨立」的虛幻性和兩岸關係正常化對臺灣發展的重大意義，因而著意在民眾面前塑造民進黨有能力處理兩岸問題的正面形象，提出了諸如「大膽西進」等政策主張，並力圖以此為未來民進黨與中國共產黨之間最終實現政治諒解綢繆於未雨。

相反，另有部分人士則對兩岸關係的全方位發展感到憂慮甚至恐慌，由此演變成一股逆世俗化潮流而動的「臺獨內涵反共化」傾向。「臺獨運動」的產生與海峽此岸的中國共產黨原是風馬牛不相及之事，但在國民黨當局的長期虛假宣傳之下，中共被嚴重「妖魔化」。近年來，隨著民進黨的趨向世俗化以及國民黨的「本土化」，民進黨與國民黨的矛盾得以緩解。出於國民黨當局「以獨制共」的戰略要求和「臺獨基本教義派」的政治情感需要，中共與中國的概念被刻意混淆，「反共」與「反統一」幾乎成了同義語，世俗化困境中的民進黨與「本土化」的國民黨在「臺灣從不屬於中共管轄」這一點上取得了最大公約數。在這樣的「公約數」下，「獨立於中共之外」大有成為「臺獨」主張新的主要內涵的趨勢。在兩岸政治敵對關係尚未解決的現實架構之下，這樣的謬誤在島內是難以澄清的。與至今仍未放棄「統一」符號的國民黨不同的是，「臺獨內涵反共化」的發展有可能導致本已在「臺獨」的泥沼中難以自拔的民進黨再次陷入逆世俗化而動的「再教義化」深淵，使該黨在今後相當長的一段時間裡仍難以提出臺灣各界所需要的切實可行的世俗化的政策主張，或許這才是民進黨人真正的悲哀。

注釋：

〔1〕阿爾蒙德、鮑威爾合著：《比較政治學：體系、過程和政策》第57

頁，曹沛霖等譯，上海譯文出版社1987年版。

〔2〕參見邱永漢：《歡迎彭明敏教授重返國門》，臺灣《財訊》第129期，1992年12月1日，第78頁。

〔3〕楊憲村：《民進黨執政》第203頁，臺灣商周文化事業股份有限公司1995年9月5日版。

〔4〕〔11〕施明德：《民進黨是全球最溫和的反對黨》，臺灣《財訊》1995年1月號，第74頁。

〔5〕〔9〕許信良：《努力爭取臺灣政黨既競爭又合作，人民認同》，臺灣，民進黨《中央黨部傳真通訊》1996年9月14日第4期第4頁。

〔6〕《大和解：臺灣未來新方向》，民進黨中央選舉對策委員會研究報告，1996年8月6日。

〔7〕林玉佩：《明獨勢力大集結》，臺灣《財訊》1996年5月號，第110頁。

〔8〕邱義仁：《「三層次」臺獨論》，臺灣《財訊》1995年4月號，第82頁。

〔10〕〔13〕許信良：《民進黨必須證明能與「中國」和平相處》，臺灣《聯合報》1997年12月31日，第3版。

〔12〕羅文嘉、馬永成口述：《我如何幫陳水扁打贏選戰》，臺灣《財訊》1995年1月號，第138頁。

〔14〕許信良：《政黨沒有界線才有競爭》，臺灣《財訊》1997年6月號，第105頁。

〔15〕林玉佩：《臺獨五派各有所愛》，臺灣《財訊》1996年4月號，第129頁。

〔16〕邱義仁：臺灣《聯合報》1996年9月28日第四版《民進黨與國內政治發展座談會》。

〔17〕邱銘輝文：《臺北市長陳水扁談未來政局》，臺灣《新新聞週報》第561期，第50頁。

民進黨發展變革的組織行為模式分析

李鵬

民進黨自從1986年9月在臺灣地區成立以來，一直處於不斷的發展和變革之中。這些發展變革既包括民進黨所面臨的臺灣島內政治經濟環境的變遷，以及由此導致的民進黨自身政治角色和地位的改變，如逐漸從小黨變成大黨，從在野黨變成執政黨等；還包括民進黨內部領導層和決策機制的變化，以及政治目標、路線方針、政策主張的調整等等。民進黨發展變革的歷程和模式對民進黨內的組織文化、民進黨對島內政治的參與都有重要影響。如何從民進黨這18年的發展變革中總結規律，探討其今後的發展動向和趨勢，對把握島內政局發展和今後一段時間兩岸政策的走向有重要意義。本文將嘗試運用組織行為學的相關理論和方法對民進黨發展變革的模式進行粗淺地分析。

理論架構和分析途徑

組織行為學是一種行為科學，它研究的是一定組織中人的心理和行為規律，目的是對組織中出現的行為進行預測、解釋、控制和引導，以便更好地實現該組織的目標。組織行為學最初運用於經濟領域特別是企業管理領域，現在也被越來越多地運用於政治和公共政策的分析。它之所以可以用來分析政黨行為，是因為任何政黨都是「凝聚本階級的利益和表達本階級的政治意識，控制和影響利益的分配和實現過程，旨在奪取和鞏固國家政治權力而組成的政治組織。」〔1〕政黨的本質是一種社會政治組織，它也是公民進行政治參與的組織形式之一，無論是政治領袖還是普通公民，他們透過參與或組建政黨，再利用政黨參與政治活動，主要目的就是為了表達和維護自己的利益。政黨的這種基本屬性使我們運用

組織行為學的相關理論來研究民進黨及民進黨人的心理和行為規律成為可能。

運用組織行為學的理論分析政黨行為的途徑很多，可以分析政黨的個體行為、群體行為、領導行為、激勵行為、決策行為等等，本文將著眼於宏觀層次，重點分析民進黨的組織發展和變革行為。現代組織理論認為，組織是一個開放的、有機的、動態的和複雜的系統，這種系統與其內外多重環境發生相互影響和相互作用；在這樣一個多層次、多因素，複雜多變的背景之中，組織要想維護和發展，必須不斷地調整和完善自身的結構和功能，提高在多變環境下生存和發展所需要的靈活性和適應能力，即不斷地對組織進行變革。〔2〕在本文的討論中，筆者認為發展和變革是兩個既有聯繫又有區別的概念。所謂組織發展，就是提高組織的有效性和增進組織成員的成長；而組織變革是指存在重大動盪的組織成長。〔3〕

政黨有別於一般政治組織或政治社團的地方是，它們具有奪取或鞏固政權的更高目標，這就使得政黨在發展中不斷地根據環境的變化進行變革顯得更加重要。從民進黨來看，無論是突破國民黨當局的「黨禁」成立後謀求生存，參與「國民大會」、「立法院」、縣市長和「總統」選舉爭取發展，還是2000年意外取得執政地位，2004年鞏固執政地位後謀求實現長期執政，它在謀求不斷發展的同時也進行了很多方面的變革，這些變革使民進黨不斷增強對島內龐雜的政治局勢的適應和應變能力，同時達到對自身結構功能的不斷改造。

不僅僅是民進黨，任何政黨都處在不斷的發展變革之中，但不同政黨的發展變革模式並不完全一樣，這主要是因為政黨的發展變革模式不僅取決於政黨所面臨的外部政治和經濟條件，同時也與更深層次的政黨組織文化有關，組織文化是政治文化一種表現形態，它是政黨在長期實踐中形成的被成員共同接受或遵守的共同或相似的價值觀、理念、情感、態度、動機、行為準則等等，它一般體現在政黨的政治綱領和政策目標之中，而且以觀念的形態，從非計畫、非理性的因素出發調控政黨成員的行為，強化政黨的組織結構和管理、維繫黨員之間的關係，以凝聚共識實現政黨的政治目標。

我們研究民進黨的組織發展和變革行為，不僅要瞭解其組織發展歷程，更要

分析它為什麼變革、如何變革、朝什麼方向變革等問題。本文將運用組織行為學的基本分析方法——系統功能分析法，結合民進黨的政治參與活動和黨內組織文化的特點，用成長模式分析民進黨發展變革的各個階段，以動因模式來分析民進黨發展變革的原因、阻力、手段和目標，最後用系統模式對民進黨發展變革中存在的問題和發展趨勢進行簡單的分析。

民進黨發展變革的成長模式

任何組織都有自己的生命週期，即從誕生到衰亡的過程。本文所討論的是組織的正常成長時期，暫不涉及組織的衰亡。一般來說，組織的成長大都經歷創立、生存、規範、集聚、成熟等五個階段，每個階段的任務、需求、領導者、組織結構、決策方法都有很大的差異，但這五個階段是時間分際往往並不是非常清晰，在某一時期甚至會同時存在。在組織成長的這五個階段中，發展和變革相互交織，演變中孕育發展，變革是為了更好的發展，變革是手段，發展是目的，二者共同推動著組織的前進。〔4〕變革一旦實現，就會出現一個相對穩定的發展時期，以維持已經變革後的現狀；但在過一段時間後，又可能發生內部機構和外部環境不適應的情況，這樣就會催生新的變革，如此循環往復，組織才可能按照成長軌跡向前發展。美國學者E‧葛雷納認為任何的組織成長模式存在著五個模型要素，即組織的年齡、組織的規模、演變的各個階段、變革的各個階段、組織的成長率，這五個要素決定著組織成長的品質。民進黨從成立至今雖然只有短短的18年時間，同樣可以劃分為上述幾個階段，同樣經歷過數次發展和變革的過程。

民進黨的創立與1970年代以後臺灣出現的黨外運動有著非常密切的關係，當時臺灣社會要求革除弊政、改變現狀、批判國民黨頑固保守立場的「政治革新」運動層出不窮，隨著臺灣的青年知識份子和地方民主力量的結合，臺灣黨外運動得以形成。〔5〕雖然黨外運動的規模和運作模式已經超出此前的黨外人士之間的政治運作，也開始帶有一定組織性的特點，但從嚴格意義上說，黨外運動依然只是一個複雜而鬆散的政治群體，他們沒有統一和領導核心和政治綱領，內

部的團結和協調也遠遠不夠，成員的素質和水準也不是很高。隨著黨外運動的不斷發展，變革的需求開始上升，黨外組黨的呼聲日漸高漲，並且由主張轉變成行動。1986年9月28日，在臺北圓山大飯店召開的「黨外選舉後援會」上，費希平、尤清、康寧祥等130多人突然宣布民主進步黨正式成立。民進黨成立的過程雖然突然，但卻是經歷了長時間的黨外運動的醞釀，是由量變發展到質變的結果，它表明黨外運動已經進入一個新的組織形式發展階段。

　　成立之後的民進黨首先要面臨的就是生存的問題，生存的危機不僅來自於當時島內的政治環境，也來自於民進黨自身的抵抗力。民進黨是突破國民黨當局的黨禁而成立的，是一種非法的舉動，國民黨當局甚至威脅說「如仍有少數人士不顧現實情勢，擅自組黨，政府將依法處置」，「絕不有所讓步」。〔6〕而且，由於成立匆忙，此時民進黨內部的組織結構尚處於非正式狀態，沒有完整政黨理念和政治綱領，缺乏公認的領袖和領導核心，山頭派系林立，最為嚴重的是缺乏扎實深厚的群眾基礎，在很大程度上只是反對國民黨統治的力量集合。民進黨這一階段主要的目標是衝破「黨禁」、站穩腳跟，初步確立反對黨的地位。民進黨採取了街頭運動與「議會」鬥爭相結合的策略，終於促使1989年1月臺「立法院」通過法案正式解除「黨禁」，民進黨生存的外部環境壓力基本解除。

　　在解決生存問題的同時，民進黨還必須透過規範與集聚來解決發展的問題。作為一個新生的政黨，民進黨要想得到發展，實力得到增強，全面參與到臺灣的政治生活中去，就必須對政黨行為進行規範，並集聚新的力量，規範和集聚往往是同時進行的，這一階段所需的時間比較長，過程也比較艱難。民進黨迅速進行了由鬆散運動到組織性政黨的變革行動，1986年11月，民進黨召開第一次代表大會，通過了「黨章」、「黨綱」，選出了黨的領導集體，初步規範了黨的行為。但是，由於歷史的原因，在很長一段時期內民進黨內各派系之間，黨的中央權力機構、「議會」黨團內部、中央與地方、黨團與中央之間沒有建立起合理的運作規範，致使民進黨長期處於形統實分的狀態，在民眾中的號召力和形象受到影響，阻撓了民進黨吸納新興政治力量、發展自身實力。〔7〕為了解決規範問題，民進黨內經歷了長時間的磨合和變革，一些遊戲規則相繼建立，對規範民進黨和黨內成員的政治參與活動起到了一定的作用。

規範的建立和對規範的不斷修正有利於民進黨集聚新的支持力量。民進黨成立初期的一些活動迎合了中產階級要求參政和民眾希望實現民主政治的願望，對於打破臺灣多年沉寂的政治格局，迫使國民黨當局加快民主化的進程的確起到了一定的積極作用，因此民進黨的實力在這一時期迅速增強。從1986年到1989年的四次選舉中，民進黨多數都取得了比以前更好的成績。但是，隨著民進黨的「臺獨」傾向日趨發展，黨內的「臺獨」激進派掌權後，在沒有完成民進黨自身改造的情況下，將政治追求的重心轉移到「國家認同」問題上，甚至將「臺獨」條文列入黨綱，企圖以此來吸引民眾。〔8〕但此舉並沒有給民進黨帶來集聚效應，反而在1991年的「國代」選舉當中敗北。民進黨立即進行了路線和策略調整，放棄街頭路線，淡化「臺獨」主張。此後，每當民進黨發展到階段性低谷的時候，或多或少都會伴隨著某種規範性的變革的行為，對運作方式和政策主張經過一系列的調整變革，才使得民進黨的支持度在此後選舉中得以呈現波浪式穩中有升的趨勢（見下圖）。如在大陸政策的規範方面，民進黨1995年提出以「政黨合作」為基礎的「大和解大聯合政府」的主張，1998年召開「中國政策研討會」，各派展開理性務實坦誠的辯論，1999年通過「臺灣前途決議文」，直至在2000年的「總統」選舉中獲得39.3%的支持率，首次取得執政地位。

按照組織成長模式，民進黨在完成創立、生存、規範、集聚的過程中，應該逐漸走上成熟政黨的道路，但不少人依然認為今天的民進黨並不是一個成熟的政黨。按照政黨政治理論，一個成熟的政黨不僅是自身政黨特徵的完善，更重要的是看它在政治體系和政治參與過程中的所扮演的角色，是否有能力履行其政治職能。〔9〕成熟政黨的首要職能是有效反映民意和利益綜合，從而得到大多數民眾的信任和支持，而且成熟政黨一般能夠起到政治整合和維持社會穩定的功能。臺灣社會是一個多元化的社會，每個政黨都有自己的利益需求和表達方式，成熟的政黨尤其是執政黨應該履行整合的職能，避免政治的不穩定和社會的不和諧。從民進黨的成長過程來看，其固守和堅持的很多政策主張特別是「臺獨」主張一直沒有得到多數民意的支持，民進黨之所以能夠執政，在一定程度上得利於它越來越走上一條以煽動民粹主義、無情打擊對手、挑撥族群矛盾來集聚支持力量的非理性、非正常的道路，它不僅使民進黨同在野黨之間的矛盾對立變得越來越難

以調和，也使得臺灣社會分裂為藍綠兩大陣營，這條道路雖然有利於民進黨一時獲取政權，但對整個臺灣的政治發展有害無益，此舉不是一個成熟政黨應有的作為。此外，民進黨執政人才的缺乏、執政能力遭到質疑也是它走向成熟道路上必須克服的問題。從上述意義上說，民進黨雖然歷經18年的發展變革而成長，但其組織成長品質依然不是很高。

民進黨發展變革的動因模式

按照組織行為學的觀點，任何組織的變革行為都是有因而發的，組織在發展過程中確定何時需要變革時，首先就要瞭解導致變革的誘因。一般來說，組織目標的選擇和實現決定組織發展變革的方向。組織發展變革的主要目標有兩個，一是提高組織對外部適應性，二是改變組織內部成員的行為。〔10〕具體地說，如果組織目標已經實現，就需要制定新的發展目標；如果組織的既定目標無法實現，就需要及時進行轉軌變型；如果組織的目標與現實出現偏差，就需要對目標進行修正，以上這三個方面其實都是要求組織進行變革。從民進黨18年的發展歷史來看，它每次大的變革也不外乎這幾個方面的動因。

民進黨是創立和發展於臺灣的政治環境之中的，環境的變化對民進黨的發展變革有著關鍵性的影響。民進黨能夠在1986年衝破「黨禁」而成立並且能夠生存下來，與1980年代以來國民黨當局提出「促進政治民主化」和「政治革新」，「大步加速貫徹民主憲政的行動」的背景是分不開的，這一背景遲早會催生新的政治勢力的產生，民進黨的成立正是順應了當時臺灣「政治民主化」的潮流。同樣，由於受到客觀環境的制約，民進黨多次對其政治參與方式和大陸政策進行調整。民進黨是靠激烈的街頭運動起家，黨內的路線鬥爭使「臺獨」主張不斷升級，但隨著臺灣政治轉型的實現，民眾的心態也發生變化，他們要求改革的氛圍安定、平和，不再支持過於激烈的問政方式；同時，島內、兩岸和國際社會的政治現實的制約也使民進黨認識到激進的「臺獨」路線無法取得多數民眾的支持、達到奪取和鞏固政權的目標。為了適應形勢的發展變化，民進黨不僅放棄了街頭路線，逐漸回歸到體制內的理性問政，並且對「臺獨」主張進行各種包裝處

理,因此才有「臺灣前途決議文」、「新中間路線」、「四不一沒有」、「憲改工程不會涉及國家主權、領土及統獨的議題」等政策調整的動作。

民進黨發展變革的動力不僅來自於外部環境,也來自於民進黨內部。其中民進黨的組織目標和價值觀念的變化是內部動力中最主要和最根本的動力。從組織目標來說,黨外運動時期,「組黨」是黨外人士的主要目標;民進黨成立後,早日走上執政之路成為目標;2000年成為執政黨後,實現連任就成為現實目標;2004年實現連任後,「爭取長期執政」又成為目標,在目標的不斷變換過程中,必然會導致民進黨進行一定的組織變革。比如2002年陳水扁為了施政順暢和連任的需要,一改競選期間「不參與黨務」的承諾,親自兼任民進黨主席,就是民進黨歷史上一次非常重要的組織變革。從價值觀念來說,民進黨由在野黨轉變為執政黨,由「派系共治」轉變為陳水扁「一人獨大」,也必然導致組織變革。例如民進黨不得不培養更多的執政人才,民進黨內不少人也不得不進行角色轉換,由黨務系統進入行政、政法、媒體部門甚至是商業圈,派系之間的爭鬥不得不有所收斂以服從於陳水扁的個人意志等等都是組織變革的表現。

僅僅具備動因並不能保證組織一定就進行變革,是否進行變革,變革能否成功,還取決於發展過程中的各種現實制約因素。任何組織的發展變革都不可能是一帆風順的,它必定要面臨各種各樣的阻力。在組織發展變革的過程中,動力和阻力往往是並存的,在組織發展期間,阻力與動力之間形成一種動態的力量平衡。如果要實現變革,就必須打破這種平衡,使動力超越阻力起主導作用。美國學者格萊徹爾提出,一個組織是否需要變革,如何進行變革,一般取決於需要變革的各種因素的乘積大於變革所花的代價,否則變革就沒有意義,即:

$C = (a, b, d) > x$

其中:C為變革;

a為對現狀不滿;

b為對變革可能結果的把握;

d為變革的行動措施;

x為變革所花的代價。〔11〕

由此可見，外部環境和內部因素本身並不必然導致民進黨發生變革行為，不利環境的制約、保守組織文化的慣性、既得利益者的掣肘、對變革後果不確定的憂慮等都可能阻礙民進黨在變革中尋求發展。外部環境對民進黨的發展變革不只是有正面意義，在1994年「中華民國憲法增修條文」通過之前，臺灣地區的「總統」、「副總統」並非透過公民直選的方式產生，這使民進黨在當時很難達到「走上執政之路」的階段性目標，而且在相當長的一段時期內，臺灣地區長期以來形成的政治環境使民進黨的政黨選舉得票率長時間徘徊在不到四成的水準難有突破，這些都使民進黨圍繞執政目標的變革行為受到一定程度的影響。

民進黨對組織發展變革的「代價——阻力——獲益」考慮在對待黨內派系的問題上表現得尤為突出。眾所周知，派系山頭林立是民進黨特有組織文化的一部分，派系共治曾經對民進黨的發展曾經起到過一定的積極意義，但隨著整體政治環境和民進黨自身角色的改變，民進黨內部不少人認為，派系運作產生的問題越來越多，已經影響到民進黨的發展，因為各派系除了進行路線鬥爭、爭權奪利之外，有些派系如新潮流系儼然成為「黨中之黨」，甚至進一步惡化成為壟斷黨務、人事、選舉、政治、行政資源的力量，引起其他派系的強烈不滿，是否解散派系成為民進黨需要考慮的變革方向之一。

隨著2004年陳水扁再次連任，為了實現「長期執政」的目標，民進黨提出「黨務改革」的目標，是否「解散派系」再次成為公開爭論的焦點之一。在7月18日民進黨的「全代會」上，「立委」王幸男等人連署提出「解散黨內派系條例」，要求現有派系應在3個月內解散，黨員不得創設派系組織或運作派系，也不得參加派系組織及運作，否則以違紀論處。這種激進式的組織變革主張立即遭致新潮流派系的反對和抵制，也有人對此不以為然，認為派系是民進黨長期遺留的歷史問題，解散派系幾乎是不可能的事。在阻力重重的情況下，作為黨主席的陳水扁在對當前民進黨的政治生態和面臨的外部情勢利弊得失進行分析後，最終選擇以漸進妥協的方式來處理派系問題，強勢主導通過帶有妥協性質的「派系中立」條款，只是規定擔任「中央政府」各級職務的黨員、黨公職人員不能同時擔

任任何派系職務，或參加派系運作活動。而陳水扁此舉的考慮是，「解散派系茲事體大，短期內難有最後定論」，「為了團結和諧，為了年底大選」，他「不希望派系問題繼續發酵」。〔12〕這表明陳水扁意識到立即解散派系所遇到的阻力可能會讓民進黨付出內部分裂和年底「立委」選舉失利的代價。因此，當所付出的選舉代價可能大於黨內改革的獲益時，一向標榜要毫不動搖「展現改革決心」的陳水扁不得不選擇暫時放棄「解散派系」的變革方式。

民進黨發展變革的問題和趨勢

僅從島內政治來看，2004年民進黨的繼續執政為其進一步發展提供了機遇，這種機遇最主要並不是來自於民進黨內部因素的變化，而是來自當前島內朝野政治力量的對比變化暫時對民進黨比較有利，作為反對黨的國親兩黨勢力因為選舉失利、抗爭行動處理失當和內部的矛盾凸顯受到了一定的影響。從民進黨自身來看，在以前的發展和變革過程中它有比較成功的地方，也有不少存在問題的方面，這些問題如果不及時解決，將會影響到民進黨的進一步成長的機會，甚至可能使民進黨大起而大落，迅速走上下坡路。在本文中的組織行為模式分析中，民進黨是被當作一個多變數的系統來看待，其中最主要的有四個變數，也是政黨的四個基本特徵，即組織結構、綱領目標、政策手段和黨內成員。在這四個變數之間相互聯繫，構成數個穩定的三角架構（如下圖），只要任何一個要素存在問題有進行變革的需要，其他三個要素也必須進行相應的調整，才能夠達到新的平衡，民進黨才可能有新的發展。從目前的情況來看，這四個方面都不同程度地存在阻礙民進黨繼續發展變革的問題。

穩健的組織結構是民進黨發展變革成功的基本保障。民進黨的組織結構看似完善，其實在實際運作過程中暴露出的問題並不少。除了歷史遺留的派系問題以外，民進黨執政後如何處理民進黨中央與「總統府」、「行政院」、「立法院黨團」，以及中央黨部與地方黨部、執政縣市之間的組織關係至今還沒有完全理順。2002年，陳水扁為理順「黨政」關係而推動「黨政同步」，親自兼任黨主席，剛過兩年，陳水扁連任後不久，「總統府」就放出陳水扁希望不再兼任黨主

席的風聲，這使得「黨主席」這個民進黨組織結構中的關鍵職位可能成為某些人因政治需要而可以隨時使用的政治私器。最近，同為民進黨高層但身兼不同職務的呂秀蓮、游錫堃、陳唐山和陳水扁在「國號」問題上分別提出「臺灣中華民國」、「Taiwan, ROC」、「Taiwan/ROC」、「中華民國最貼切的簡稱是臺灣」等不同的說法，也暴露出民進黨及其執政的行政部門溝通運作和組織決策機制並不健全。

綱領目標包括兩個方面的內容，一是黨的理念和信仰，二是黨的路線和目標。民進黨的綱領中存在的最大問題就是「臺獨」主張，「臺獨」主張與民進黨當前的執政地位、臺灣當前的「憲政體制」、兩岸關係和國際政治現實相違背的，民進黨不得不數次調整路線和目標，聲稱「臺灣前途決議文」的位階高於「臺獨黨綱」就已經說明這一點，但民進黨內依然有人存在著對「臺獨」問題的認識偏差和不切實際的幻想，屈從於島內政治鬥爭的壓力和選舉利益，不是選擇處理「臺獨」黨綱，而是寧可選擇修改臺灣的「憲政體制」、延續兩岸的政治僵局、挑戰國際社會的政治現實，因此在島內施政、處理兩岸關係和拓展所謂「國際生存空間」的過程中步履艱難。

政策手段是指為實現綱領目標而採取的具體「政治行為或規定的行為準則」，它是謀略、法令、措施、辦法、方法、條例等的總稱。〔13〕從政黨的政策和實施政策的手段往往可以看出其政治參與的水準和能力，政策要被民眾認同接受、手段要合理得當才能順利實施和產生實際效果。作為執政黨，民進黨現在最大的問題是政治誠信的缺失影響到其政策的推行，言行不一和政策多變讓人無所適從是過去幾年民進黨當局最大的特點。在手段方面，為了選舉利益，民進黨刻意將某些政策意識形態化，煽動民粹主義和製造族群分裂，都嚴重影響到政策的合理性和有效性，使臺灣政治、經濟、社會等各個領域都不同程度地出現了危機。

黨員是構成政黨的基本細胞，是推動政黨發展變革的主要力量來源。這裡討論的黨員既包括普通黨員，也包括政黨領袖和各級主管。在成立後的18年裡，民進黨的黨員規模不斷壯大，目前已經突破50萬人。一般來說，黨員的來源同

黨的階級階層基礎、綱領目標和利益需求有著很大的關係，民進黨過去幾年一直努力在不同族群、不同年齡、不同地域的各個階層中擴大影響，取得一定成效。但總的看來，民進黨黨員的整體素質依然有待提高，民進黨選拔和錄用政治精英的工作依然滯後，民進黨最高領導人的政治誠信問題依然嚴重。這些問題會使民進黨在爭取所謂「長期執政」的過程中，制約其執政能力，甚至會隨著時間的推移，會助長各種官僚化的作風，導致官僚危機，最終影響到民進黨自身發展。

民進黨以前和今後的組織發展和變革都是由多種因素、多重環境相互作用的綜合結果。無論是從外部環境還是內部原因來看，民進黨遲早都必須對上述四個方面的問題進行處理，才能使整個系統達到平衡，其中改變「臺獨」綱領和具有「臺獨」傾向的政策目標，以及調整煽動民粹和挑起敵對的政策手段更是勢在必行。這不僅有利於民進黨自身的成長和發展，而且也有利於島內政治、經濟、社會的和諧發展和兩岸關係的和平穩定。

注釋：

〔1〕鄭楚宣等編著：《政治學基本理論》，廣東人民出版社，2001年版，第153、168頁。

〔2〕關培蘭編著：《組織行為學》，武漢大學出版社，2000年版，第524頁。

〔3〕孫彤主編：《組織行為學教程》，高等教育出版社，1990年版，第384頁。

〔4〕許玉林主編：《組織行為學》，中國勞動出版社，1996年版，第355頁。

〔5〕朱天順主編：《當代臺灣政治研究》，廈門大學出版社，1990年版，第324頁。

〔6〕臺灣《中央日報》，1986年10月1日。

〔7〕張建賡、王英：《民進黨政治實力分析》，見全國臺灣研究會編：《九十年代之臺灣》，中國友誼出版公司，1993年版，第167頁。

〔8〕同上，第164頁。

〔9〕郭定平：《政黨與政府》，浙江人民出版社，1998年版，第14頁。

〔10〕王國元：《組織行為與組織管理》，中國統計出版社，2001年版，第311、319頁。

〔11〕龔敏編著：《組織行為學》，上海財經大學出版社，2002年版，第332頁。

〔12〕http：//www.ettoday.com/2004/07/18/108-1640814.htm。

〔13〕陳振明主編：《政策科學》，中國人民大學出版社，1998年版，第59頁。

民進黨對媒體及民調的政治運作

王茹

現代社會大眾越來越快速地消化時事，普通公民難以有足夠的時間與精力去弄清楚政策的出臺過程及內涵，因此媒體的輿論導向對形成公共輿論有重大的作用。正因為如此，所以政治勢力對它們的操作和控制從來就沒有停止過。〔1〕這樣，民眾就公共問題所進行的意見的表達、交流與討論等等方面，其真實度、深度和廣度都會被損害，嚴重的就很難形成持久性、有批判力的公共輿論。在現代選舉中，媒體、政治宣傳和民調也是選民與候選人之間溝通的橋樑，而政黨和政治人物對它們進行運作的手法繁多，選民要想從中獲得準確的政治參與資訊，以便在選舉中激濁揚清，並非易事。

國民黨威權統治時期對媒體和輿論實行高壓控制，反對人士被污名化和封殺，到了後期，控制有所鬆動，民進黨利用其掌握的媒體發動街頭抗議運動和選舉動員的情況日益顯著，1988年解除「報禁」之後，臺灣媒體蓬勃發展，民進黨介入媒體更深，也日漸形成了鮮明的精准民調加犀利文宣的選舉風格，同時也

不斷地聯合其他社會團體進行要求媒體公正的運動。但陳水扁上臺之後，不僅沒有退出對公營媒體的運作，繼續對媒體進行資源控制，而且還運用「羅織罪名」等手段進行壓制；並訴諸於民粹性的手法，力圖使「臺獨」的意識形態成為評判言論「政治正確」的標準；陳水扁個人，則突出「形象包裝」，以占據媒體空間、主導話題等手法來進行炒作；而民進黨的民調和文宣部隊繼續以「科學化選戰」巧妙地運作民意，在選戰中繼續得利。但這在一定程度上卻使臺灣的政治語言陷入了更加混亂的境地，公共輿論的批判力無法落實。

一、1948-2000年國民黨對臺灣媒體的控制與黨外、民進黨的抗爭

在國民黨統治時期，特別是在蔣氏父子逃臺後的威權統治時期，媒體受到極其嚴厲的管制，淪為為獨裁和專制政權辯護的工具，圍繞著反共、蔣氏父子的個人權威、國民黨的「黨國」意識形態等做宣傳或辯護。

「二二八事件」後，臺灣省政府就設立了新聞處，監督、控制新聞傳播媒介。1951年更以行政命令嚴格限制報紙的登記，從1960年到1987年沒有一家新報紙獲得登記，並且報紙的張數被限定，也不得任意遷移，即所謂的「報禁」政策。這一時期，全臺的報紙共有31種，但其中黨政軍就控制了14種。〔2〕當局還頒布了《臺灣省戒嚴時期新聞雜誌出版法》、《臺灣地區戒嚴時期出版物管制法》等法令，查封報紙雜誌的事件經常發生。1962年電視媒體在臺灣出現之後，國民黨只允許臺視、中視和華視三家電視臺存在，分別由臺灣省政府、「國防部」、國民黨黨營事業控制，一到選舉時，只有國民黨候選人才能夠上電視競選。臺灣當局還於1976年通過《廣播電視法》，規定播音不得使用臺灣本地方言，其內容不得違背「反共複國國策」。1977年在「行政院新聞局」成立了廣播電視處，對電訊媒體進行管制。

在媒體被如此嚴厲的監控之下，普通公民得到的都是被遮蔽被扭曲的資訊，尤其是關於黨外人士的活動和抗議事件，只接觸到負面的、選擇性的偏頗報導，如1977年「中壢事件」發生後，各主要媒體報導都著重強調抗議者燒毀警局的

暴行,致使當時不在現場的一般民眾對該運動留下了暴力破壞秩序的不良印象,1979年的「美麗島事件」以及其他相當多的反對運動也是如此。

那時對於黨外人士而言,相較於其他的媒體資源,雜誌是其主要的交流管道,雜誌社甚至成為其組織與聯結的工具,例如《美麗島》雜誌社在各地的分支機構就一度成為黨外發動群眾的場所。在威權統治後期,媒體受到國民黨當局嚴格管制的情形開始有了稍微的鬆動後,情況有了一些變化,主流媒體的一些細節性報導甚至也能夠使黨外人士獲得意想不到的後果,如「美麗島事件」的當事人在接受軍法審判的時候,由於電視出現了畫面,黨外人士大獲同情,在隨後的選舉中不少受刑人家屬和辯護律師高票當選。而且由於當時島內的報紙「有聞必錄」地登載了當事人的答辯,「臺獨理念」隨之而廣為人知。〔3〕然而,除了手中的一些雜誌之外,民進黨此時還沒有進入主流的傳播媒體,在成立之後的二三年左右,他們是透過有組織有計劃地舉行演講會、說明會、為政治受刑者舉辦的歡送會、街頭造勢活動等等進行動員,這種現場型的接觸雖然每次傳播範圍不會太大,但其感染力和煽動性極強。

1988年解除「報禁」後,一時間,報紙、雜誌、出版社紛紛開張,僅在這年的上半年就有60多家報紙進行了登記,出現了高潮。民進黨也大量介入媒體的運作,開展了「開放電波運動」,1991年「民主之聲調頻廣播電臺」是民進黨掌握的第一個廣播電臺,1994年全臺灣有近50家未經申請的地下電臺存在,其中很多是支持民進黨的。這些地下電臺與民進黨支持者的關係很緊密,甚至可以直接指揮街頭的抗議活動。1970年代出現了除三家電視臺之外的非法有線電視臺——「第四臺」,此後越來越多,但大多數以贏利為主,不觸及政治,到1990年民進黨主導的「高雄民主之聲有線電視臺」衝破禁令出現後,有線電視進入失控狀態,國民黨雖然一度採取了強硬的取締政策,但並沒有多少效果,反而遭到社會輿論的壓力,不得不從1993年起開放有線電視臺的設立。民進黨的反對運動和民營化趨勢使得政治消息的傳播不斷突破國民黨的限制,而「臺獨」言論也正式突破禁忌,尤其是1989年6月以「臺獨」理念為市場的《首都早報》創刊發行。且各媒體在歷次大小選舉中都大量地報導「臺獨/反臺獨」的新聞。〔4〕

1994年的臺灣省省長選舉中，國民黨與民進黨都充分利用媒體來打選戰。全省30余家民營廣播電臺中的大部分及百餘家為民進黨所控制的「第四臺」都站在民進黨的一邊，對抗國民黨所控制的廣播電臺與電視臺。相比於國民黨候選人宋楚瑜以「執政」的優勢，對鄉鎮地方派系開出了龐大的競選支票，而民進黨省長候選人陳定南在起步晚，擁有的資源少的情況下，仍然獲得了320多萬張選票，不能不說民進黨的媒體戰有一定的能量。

二、民進黨上臺後對媒體的資源控制和強制性控制

自由化的開展、市場競爭的壓力和觀眾不同的偏好造成各個媒體選擇不同的風格，觀眾的收視收聽習慣也出現了一些多元化的趨勢。〔5〕但臺灣的媒體在參與公共政治生活時仍然存在著許多結構性的問題，例如政治上的不當干涉、財團金錢勢力染指干涉過深、媒體工作者不受尊重、缺乏包容性也即缺乏真正的多元性，等等。這種種問題不僅在政黨輪替之前存在，而且在民進黨上臺之後，也沒有好轉。

1995年民進黨與民間團體聯手組織了「黨政軍退出三臺」聯盟，發動了「5・20大遊行」抗議公營媒體不公。在2000年「總統大選」期間，關注媒體公正的人士成立了「無線電視民主化聯盟」，其中的一些成員為陳水扁的競選撰寫了《傳播媒體白皮書》，提出了「無線臺公共化」的政策，主張推動臺灣無線電視的結構化改造，使政治淡出對電視媒體的干預。〔6〕但2000年民進黨上臺後，並沒有堅持以前的立場，即退出對官股仍然有控制權的電視臺的運作，卻繼承了國民黨的做法，甚至以政治酬傭的方式任命自己的人馬，例如對李登輝女婿賴國洲的任命就引起了軒然大波。〔7〕為了控制其他民營的媒體，新當局還想透過大財團，由陳水扁的友人出面，預備成立一個控制全臺1/3廣告額的機構。民進黨更是利用「執政」資源，獨厚親近本黨的媒體，在其上臺後的一年半內，親民進黨的《臺灣日報》和《民眾日報》等從「新聞局」得到的外包文宣預算款最多，臺視文化更是得到了3500萬新臺幣的政令宣傳節目經費，民視也獲得了1500萬新臺幣，而被歸為統派的《聯合報》等則一文未得。〔8〕在媒體近年普

遍很不景氣的生存壓力下，廣告費和「政府」文宣費等是非常重要的獲利來源，它們一旦被控制，就會讓很多媒體很難有獨立的堅持，向綠色靠攏是不得不的選擇。

新聞言論自由仍然受到強制性控制甚至威脅。陳水扁上臺後，不到兩年的時間裡接連發生了兩起查抄報紙雜誌的迫害事件。對於媒體揭露「國安局」的醜聞，「執政」當局不是先檢討自身，反而對媒體羅織罪名，檢方搜查《中時晚報》，軍方指控《勁報》和《壹週刊》記者以及《中國時報》的總編輯患有「外患罪」。媒體指出，李登輝時期多半以陰柔的手法對媒體和記者恫嚇施壓，媒體和記者吃暗虧，陳水扁才上臺就擺明軍馬，大張旗鼓地對媒體搜查和治罪，明顯地是來了一個殺威棒。〔9〕

在新聞記者眼裡，與舊「政府」比較，新「執政」當局在尊重新聞自由方面，有32.5%和13.8%的被調查記者認為不尊重和非常不尊重；在封閉程度方面，50.6%認為新「政府」更封閉；68.8%不滿意「扁『政府』」對新聞資料、資訊的處理方式，認為大多數官員都幹過將公開資訊當成業務機密不告訴記者的事，33.8%人認為他們經常幹這樣的事；51.9%認為政府高官在記者「求證不利於他們的新聞時」，經常說謊；「扁『政府』」也經常「關切」記者，42.5%的記者被「關切」，其中占被調查記者總數的6%曾經被語帶威脅地「關切」過。〔10〕新「執政」當局有過度保密的心態，一般官員在得知「行政院」電話受到情治單位監聽的情況後，也往往不願坦誠地與記者溝通。〔11〕這些反映了臺灣新當局透過控制消息來源來控制媒體的手段更加嚴格。

民進黨以「過去在國民黨統治時說反對的話要進牢房」來顯示其民主成就，並以此作為面對批評的盾牌。但實際上，民進黨以及其他一些臺獨分子，透過上述種種手段對媒體的控制，正在營造一種新的話語霸權。他們將自己的「臺獨」理念定義為「愛臺」，而不符合他們的理念就是「賣臺」、「臺奸」，雖然反對者不必擔心坐牢房的問題，但是在這種氛圍中的壓力仍然是可想而知的。在CALL-IN節目的辯論中，他們動輒給對方扣上「賣臺」、「臺奸」的帽子，往往使得辯論流於互扣帽子的口水戰。極端「臺獨」分子和某些政客還在煽動省籍族

群矛盾、調動非理性情緒方面不遺餘力，尤其是在選舉期間誤導群眾，製造和加深社會裂痕。他們甚至挑起與升高兩岸衝突，即以「藉著被打壓而成長」的策略製造「打壓牌」和「賣臺牌」，「製造『被迫害的英雄』與『臺奸』對抗的泛道德氛圍」〔12〕，在島內挑動民眾的情緒，力圖強化臺灣人的一體感，升高對抗、敵視祖國大陸的意識，試圖推卸掉自己「執政」能力低下的責任，並轉嫁到反對黨和大陸這一邊。這都是一些民粹式的、近乎於軟性恐怖的操作手法。

三、陳水扁「形象工程」的媒體運作

美國學者李普曼指出，「由於象徵具有非凡的現實重要性，沒有任何一位成功的領袖會忙得顧不上培育那些能把他的追隨者組織起來的象徵」。〔13〕陳水扁很難說是一位成功的領袖，但他上臺以來就一直在忙著製造這樣的象徵或者說形象工程。

陳水扁在「執政」初期這個工程進行得並不順遂，其對負面新聞的處理有過一番教訓。在唐飛擔任「閣揆」期間，「八掌溪事件」的慘劇在電視媒體的鏡頭下為千家萬戶所目睹，而當時陳水扁比唐飛還早得到了資訊，但他既未親臨一線去處理，也未督促唐飛去處理，這樣造成了極大的負面影響，陳水扁的聲望開始由高滿意度急劇下跌。陳水扁以「行政院副院長」游錫堃的辭職為代價才止住了風波的進一步蔓延。而在其後的「核四案」中，陳水扁留給世人的印象是出爾反爾，絲毫不尊重反對黨的領袖，由此引發了「罷免案」，輿論當時雖然對陳水扁如此粗糙決策風格與反復的品性有所批評，但民眾還認為要給予他時間。然而，不管是有意還是無意，在相當長的一段時間裡，客觀上「副總統」呂秀蓮總是成為陳水扁的「陪襯人」，很多言行成為媒體譏諷的對象。在「罷免案」鬧得如火如荼之際，傳出陳水扁與蕭美琴的「緋聞」，但媒體和民眾的注意力很快就被轉移到那場呂秀蓮與《新新聞》之間的「嘿嘿嘿官司」中去，在這場「超級連續劇」裡呂秀蓮提供了一個給媒體「謀殺」版面與時段和民眾茶餘飯後談資的絕好材料，正角兒反而沒被注意。此外，每一位「閣揆」都有替陳水扁做「犧牲打」的功能，「閣揆」須得揣摩上意，將幕僚長的角色扮演得恰到好處，政策實行得

233

好，功勞應該歸上面，如果糟糕，就要趕快下臺以示負責。

繁雜的事務有「閣揆」處理，陳水扁很多時間與精力是用在了各種「親民行為」和吸引媒體、霸占媒體時空上面，幾乎每一時段「總統府」都有話題出來，例如出席各種典禮與社會活動，接連不斷地出書，出寫真集，到各地「走透透」等等。陳水扁的文宣部隊對於如何操作話題是非常精通的，他們會精心選擇出手的時機，例如在「總統大選」期間的「興票案」上，沒有按照國民黨設想的那樣先跳出來，而是等國民黨和宋楚瑜兩敗俱傷之後，再進場左右開弓地「接收紅利」；他們也善於牢牢地掌握主導權，將效益引導到對自己有利的位置，例如陳水扁出書暴露其接掌權力時的一些過程與祕辛，所引發的輿論效應就是如此。〔14〕陳水扁全臺「走透透」，講稿與支票並舉，不僅是對於宋楚瑜擔任省長時期的全省「走透透」行為的模仿，而且帶著大批媒體記者，更是超級的宣傳秀，將記者與媒體當作其大搞「總統」公關的工具。每週四出版的「阿扁電子報」不斷地展現陳水扁「軟性」和親民的一面，在青年群體中有一定的吸引力。作為在任「總統」，卻接連出書，暴露自己在接掌權力過程中的一些祕辛，這是絕無僅有的事例，然而從吸引媒體和民眾的眼光來看，卻是絕好的題材，出寫真集則在製造人氣和塑造平民化的偶像方面，更勝一籌。開放「總統府」、將接待「國賓」等大典從臺北轉移到南部各地舉辦，更是破除威權時期和李登輝時期遺留的「威權/中心」的意象，企圖營造平民「總統」的象徵性圖像。

臺灣在「解嚴」後全面進入選舉社會，政治文化發生了很大的變化，所以在迎合大眾口味、揣摩大眾心理，將權力包裝得平民化、營造個人魅力等方面，是很多政治人物的必修課。陳水扁和李登輝，都有跳過政黨和行政部門的有關決策機制，直接訴求於民意的做法，但是他們之間的區別還是相當明顯的。李登輝基本上仍然是「父權強人」的莊嚴威勢形象，而陳水扁打著「快樂、活力、新臺灣」的訴求，塑造的是平民化形象。對於媒體和大眾而言，在初次政黨輪替後，陳水扁和民進黨的如此做法，新鮮感十足，不僅吸引和轉移了民眾的注意力，而且也在相當程度上滿足了權力平民化的大眾心理。陳水扁在掌握了龐大的「執政」資源後，更是如虎添翼，得以營造這樣的形象工程，使其在決策粗糙、政策搖擺錯亂、經濟低迷等非常不利的情況下，聲望尚能維持在一定的水準，不至於

遭到毀滅性的打擊。

其實，政治家注重自身的形象塑造和平民化的傾向在美國、俄羅斯、歐洲、日本也越來越顯著，臺灣在很多地方是步其後塵的，但臺灣往往發展得太過頭了，臺灣的政治人物為了上媒體而費盡心機，「立委」們甚至把「立法院」變成了做秀場，各種噱頭，無奇不有。而陳水扁「形象工程」的「政治秀」，不僅擠占了真正治理的精力和時間，而且也對媒體的輿論效應產生了負面的影響。

四、民進黨對民調及文宣的操作

民調以資料來呈現民眾意見。臺灣地區最早的民調出現在1950年代中期，1985年的選舉刺激了媒體紛紛跟進選舉民調。1980年代臺灣官方大量地組織民調，1990年代各個政黨紛紛擁有了自己的民調機構，而各大院校和學術機構在1980至1990年也成立了大量的民調研究機構。自1986年1月至1993年12月底，《聯合報》關於民調的新聞報導有1100多則，《中國時報》有1080多則，〔15〕其中政治與選舉兩大類議題比例在7成左右。〔16〕

選舉民調在臺灣已經成為了一項產業。然而，選舉民調之公布有時候對於選舉卻有擾動的作用，所謂告急、西瓜偎大邊、棄保效應等都會造成民調落後的候選人後來居上或民調居前的候選人落選的情形。在2000年「總統選舉」期間，在民調中連戰一直處於落後的狀態，對於後期市面上流傳的李登輝「棄連保扁」耳語的發酵，顯然形成了一個心理上的氛圍，十分不利於其選舉。最近的一個例子就是在泛藍軍以民調高低決定2002年底高雄市市長選舉到底哪位候選人出馬的過程中，民進黨號召支持者以假意的回答干擾民調，致使泛藍軍不僅在幾位候選人的協調方面難以服眾，而且矛盾加大了。

民進黨將選舉和選舉民調定位為「科學化選戰」、「選舉工程學」，他們對選舉民調的運用是非常純熟的，精准民調加犀利文宣早就是民進黨選戰的利器，其民調系統戰鬥力很強，現任民進黨副祕書長游盈隆就是這方面的學者出身，而更為重要的是民進黨對民調非常重視，很早就將民調的支持率作為候選人在黨內初選時勝出的因素之一，目前這一因素占到總量的50%。國民黨和民進黨對待民

調的態度有很大的區別，國民黨「看到不利的民調，就當參考，有利的，就當文宣」，「國民黨不是挣回民心，而是把民調做回來」。在2000年「總統大選」的競選期間，國民黨的宣傳體系，內部所做的民調就是順從上意而製造出來的，沒有可信度，而連戰以這樣的民調打選戰，結果可想而知；而民進黨的民調，不僅力求在真實的基礎上作戰，而且分析敵我的強點弱點方面，更是有其獨到之處，「當別人看到不利的地方，民進黨卻可以看到對他們有利的地方」。〔17〕精準的民調和正確的解盤（分析）對民進黨的選戰有非常大的助力。例如陳水扁聲明「如果當選則不參加民進黨黨內的活動」，就是為了拓展中間票源，針對和破解這部分民眾的疑慮而來，但是陳水扁諸多這樣的承諾事後並沒有兌現。民進黨上臺後政績不佳，但2001年「立委」選舉時，席位不減反增，不能不說民進黨把握到了民眾在紛擾的政局中仍然願意給陳水扁機會的心理，其文宣部隊控訴國民黨等在野黨「在怎麼野蠻」的文宣應該說是很有技巧的。

　　嚴謹的民調能夠比較及時地反映民意動態，對臺灣各級「政府」和政治人物都有一些參考價值和指向性的功能，但是，在臺灣的政治生態中，民調往往成為了政治工具，民意口號化的現象日益突出，真正的民意往往被忽視。陳水扁上臺之後，所謂的「全民政府」、「全民總統」都是這樣的以突出「全民」作為自己行為正當化的政治語言運用。在公共政策方面，也是有選擇性地在一些方面以民調來強調自己政策的合理性，然而對於臺灣民意一直持贊成態度的兩岸「三通」問題，民進黨卻不如此處理了，他們以各種理由拖延；「一邊一國論」出來後，民意調查顯示有54%的民眾認為陳水扁是在走「臺獨」，有64%的人認為對臺灣會有危險存在，〔18〕然而陳水扁仍然不顧臺灣民眾的安危而繼續其戰爭邊緣的挑釁言行，另一方面又不斷地釋放出「美國支持、大陸無法動武」的資訊，力圖使臺灣民眾在「冷水煮青蛙」的狀況下，麻痺而忽略了他們這樣做的危險性。

　　這些例子表明，民進黨對民意和民調確實下過功夫，但其操作民意、玩弄民意的痕跡也是顯而易見的。

五、結語

現在臺灣雖然不可能再發生如「戒嚴時期」那樣赤裸裸地強制媒體的情況，但民進黨上臺後，運用強制性和資源性的控制手法卻在加強，柔性控制技巧也越來越高明，媒體仍然難以自由，仍然是受到監控的。「無線電視民主化」聯盟的幾位成員在選後雖然進入了體制內，但他們目睹了民進黨控制媒體的企圖並不比國民黨少，因而公開地批評陳水扁「其實什麼理念也沒有，唯一有的，就是現實的考慮」。〔19〕而民進黨上臺前後如此的遽然變化，不僅顯示了政治對媒體的控制與操作是難以改變的，而且也顯示了它所謂民主和言論自由理念經不起「執政」的檢驗。「民進黨……複製當年壓迫他的國民黨的壓迫性『國家』邏輯，自己才執政，就不時對社會與媒體遽行暴力壓迫」。〔20〕除此之外，在「解嚴」後，政治——媒體之間的操作在權力、商業化和大眾消費文化的導向下，出現了嚴重侵蝕媒體公共性的現象，即一方面臺灣的政黨和政治人物日益運用金錢、影響力、做秀等各種資源與手段，來對媒體進行柔性控制；另一方面，過度商業化和大眾消費文化主導的傾向，也使媒體往往去注意政治人物的做秀和花邊新聞。政治人物和媒體在這方面互有所需，極大地占據了人民的視線，卻都忽略了政治生活的公共性及政治人物應當和必須承擔的政治倫理責任。

在臺灣政壇上，民調不是用於理性地制定公共政策上，而是常常淪為政治謀略與政治鬥爭的工具。民調機構雖然眾多，但被政治勢力不當介入的卻不少，其公信力值得質疑。〔21〕臺灣當局和政黨為了自己的目的，不時炮製出對自己有利的民調；而對於民調的解讀也往往因人因黨派而異，同一個民調，藍綠陣營可以分別用來為自己辯護與攻擊對手。總之，臺灣政黨和政治人物對民調無所不用其極的做法，已經使沉默的大多數對政治生活的看法被掩埋於氾濫的資料裡。

這樣，在民進黨上臺之後，不僅與政治相關的新聞在客觀公正性上繼續受到了傷害，而且公共輿論的批判力也在萎縮。民進黨上臺以來，政治論述不僅口號化、空洞化更顯著，而且扣帽子現象突出。連一些過去與民進黨一起挑戰威權統治、爭取民主和言論自由的人在看到了「只要言論不符合基本教義派對愛臺灣、本土化、『臺獨』檢驗的標準，都會背上聯共賣臺的罪名」的情況越來越嚴重之後，也發出了「今天臺灣徒有自由而無容忍」的呼聲。〔22〕

這些情況表明，在當前臺灣的政治——媒體之間，形成良好的法律、道德、習慣與倫理的環境還是相當艱巨的，而臺灣社會在建立一個比較良好的公共領域機制方面，還有很長的一段路。目前的種種混亂不僅對媒體造成了傷害，讓社會對媒體的公信力越來越產生了質疑，而且使政策的公共辯論得不到足夠的關注，即使有所關注，也往往喪失了理性討論的空間，公共議題因此而常常淪為短時間的炒作、口水戰或是陰謀論、陷阱論、受害論的犧牲品。

在公共輿論的批判力無法落實的情況下，民進黨在2001年年底的「立委」選舉中獲勝，但是，民進黨應該從國民黨的失敗中看到，如果仍然是口號「執政」，終究會受到民意更加猛烈的反擊。這已有所顯現，過去以街頭運動起家的民進黨，現在就不得不面對著反核團體、工運界、中小學教師、農漁民、「9・21大地震」災民等等社運團體和民眾頻頻參加街頭遊行抗議的局面了。

注釋：

〔1〕劉華蓉：《大眾傳媒與政治》，北京大學出版社，2001年11月出版，第7-14頁。

〔2〕郭良文、陶芳芳：《臺灣報禁政策對發行與送報之影響：一個時空辨證觀點的思考》，臺灣《新聞學研究》第65期，2000年10月出版，第64頁。

〔3〕〔4〕黃徙：《臺獨的社會真實與新聞真實》，臺灣稻鄉出版社，1992年8月出版，第77頁，第6-7頁。

〔5〕陳一香：《媒介多元化意涵之初探》，臺灣《新聞學研究》第58期，1999年1月出版，第142頁和第161-163頁。

〔6〕〔19〕臺灣《中國時報》2002年9月23日第15版，9月24日第13版。

〔7〕臺灣《新新聞週刊》第695期，2000年6月29日-7月5日，第108頁；及《聯合報》2001年8月13日第2版。

〔8〕臺灣《新新聞週刊》第808期，2002年8月29日-9月4日，第94-98頁。

〔9〕臺灣《新新聞週刊》第786期，2002年3月28日-4月3日，第30-33頁和

第35-37頁。

〔10〕〔11〕臺灣《新新聞週刊》第773期，2001年12月26日-2002年1月2日，第34頁，第26-29頁。

〔12〕南方朔：《眼前可以選擇的兩條路》，香港《明報》，2002年8月9日，轉引自《臺港澳情況》第890期第13-16頁。

〔13〕（美）沃爾特·李普曼：《公眾輿論》，閻克文、江紅譯，上海人民出版社，2002年6月第1版，第188頁。

〔14〕臺灣《新新聞週刊》第794期，2002年5月23日-5月29日，第18頁。

〔15〕徐美苓：《「解嚴」後臺灣民意測驗新聞報導形態與方式之分析》，臺灣《民意研究季刊》198期，1996年10月出版，第13頁。

〔16〕徐美苓、夏春祥：《民意、媒體與社會環境——以解嚴後民意測驗新聞報導主題為例》，臺灣《新聞學研究》第54集，1997年1月出版，第174頁。

〔17〕臺灣《新新聞週刊》第792期，2002年5月9日-5月15日，第46頁、第8頁和第47頁。

〔18〕臺灣《中國時報》2002年8月6日，第4版。

〔20〕臺灣《中國時報》2002年3月30日，第15版。

〔21〕臺灣政治大學選舉研究中心陳義彥、洪永泰、盛杏湲、遊清鑫等著：《民意調查》，五南圖書出版股份有限公司出版，2001年11月，第23-26頁。

〔22〕臺灣《聯合報》2002年9月6日第15版，作者張忠本為新近去世的學者張忠棟之弟，當年張忠棟是傾力支持民進黨的幾位有影響力的學者之一。

民進黨與臺聯黨關係分析

林勁

　　民進黨與臺聯黨共同組成現階段臺灣政壇的所謂「泛綠陣營」，「泛綠陣營」是2000年三月大選以後臺灣政壇逐步形成、2001年底「二合一」選舉過程中定型的兩大陣營之一；民進黨與臺聯黨的關係及其發展趨勢決定了「泛綠陣營」的興衰走向，直接關係到臺灣政壇兩大陣營的實力對比和政黨格局，直接影響臺灣政治、經濟局勢，同時也對兩岸關係發展造成一定的影響；考察臺灣政治發展，不僅應該關注「泛藍陣營」中國民黨與親民黨的關係及其發展趨勢，而且不能忽視「泛綠陣營」中民進黨與臺聯黨的關係及其發展趨勢，這兩個方面不可偏廢，缺一不可。

　　考察、研究及分析民進黨與臺聯黨的關係，就是要研究分析它們之間的相互聯繫、相互作用、相互影響、相互制約、相互排斥。著重分析二者在實力及社會支持基礎、路線及政策主張等方面的異同，尤其是差異的比較；著重分析二者在政壇實際互動中的利益結合與衝突，權力資源配置中的競爭與合作，政策主張及目標的一致與分歧。

　　本文將首先考察臺聯黨成立對臺灣政治發展的影響，進而在此基礎上分析民進黨與臺聯黨的關係互動態勢、關係的實質與走向。

―

　　2001年8月，醞釀多時的臺灣團結聯盟（簡稱「臺聯黨」）正式成立，為臺灣複雜的政治生態增添了新的變數。這個以李登輝為「精神領袖」，宣稱將幫助陳水扁「政府」「穩定政局」，高喊「團結前進壯大臺灣」的右翼政黨，在該年底的「二合一」選舉後成為臺灣政壇一支不可忽視的力量。臺聯黨的成立並非偶然，有其特定的社會政治背景。從2000年三月大選國民黨敗選下臺，李登輝黯然辭職，臺灣政壇就瀰漫著「政黨重組」與「另立新黨」的氣氛，隨著親民黨的成立、國民黨改造的推行、臺灣政局的持續動盪、在野政黨的合作、所謂「李扁體制」的確立、國親整合的發展，臺聯黨組黨動向漸趨明朗，而2001年底「二合一」選舉的臨近最終催化了該黨的成立。

（一）臺聯黨是李登輝延續自己的政治生命，企圖繼續在政壇發揮作用、推行理念和路線所建立的平臺

2000年三月大選之後，李登輝下臺之後與國民黨漸行漸遠，以至於分道揚鑣，並且全力幫助陳水扁度過若干危機、穩定政局，即逐漸形成媒體所謂的「李扁體制」。李氏清楚地知道，依靠自己執政十二年的影響力不足於日後在臺灣政壇繼續推行理念和路線，發揮舉足輕重的作用，只能在短時期內充當「政治花瓶」，這是他無法容忍的。李氏自始即認為實力才是發言的憑據，只有重新建立一個自己能夠掌控的政黨，凝聚一批支持自己的團體和人士，才能在臺灣政壇爭奪權力資源，占有一定的地位，合縱連橫、揮灑自如，既支持又挾制陳水扁「政府」，貫徹自己的理念和路線，最大限度地在臺灣政壇發揮影響力。這一意圖迎合了原國民黨內「李系人馬」及各政黨中失意政客尋找追求政治利益途徑的需要，一拍即合，因此李登輝成立臺聯黨這一關鍵之舉也就應運而生。

臺聯黨是李登輝一手策劃成立的，親自指導了該黨成立宗旨、政策綱領的制定，結構設置與人事安排、選舉運作，利用原有的政治資源和影響力為臺聯黨聚集了一批支持的團體和人士，利用與財團及地方派系的長期密切關係幫助臺聯黨募集了大量的運作經費。李登輝儼然成為臺聯黨的「精神領袖」，他的理念路線成為臺聯黨的政治綱領，為臺聯黨籍候選人月臺助選，為「李登輝學校」學員授課，在幕後策劃臺聯黨的重大政策提案及確定該黨關於臺灣政壇重大議題的立場〔1〕，各縣市的「李登輝之友會」成為臺聯黨的基層組織。可以認為臺聯黨完全籠罩在李登輝尚未消退的個人光環之下，同時臺聯黨亦成為李登輝在臺灣政壇發揮影響力的有力工具和籌碼。

（二）臺聯黨的成立使臺灣政壇形成對峙抗衡的兩大陣營，有利於民進黨擺脫執政困境

2001年底的「立委」及縣市長選舉既是2000年三月大選後臺灣政治版圖的重新劃分，又關係到其後兩年的政局發展，更是2004年大選的前哨戰。臺聯黨正是為了利用即將來臨的選舉乘勢獲取政治資源，在臺灣政壇占據一定地位而擇機宣告成立的。臺聯黨聲稱支援陳水扁「政府」穩定政局，選後將與民進黨合

作。在競選過程中，臺灣政壇即形成了由國民黨、親民黨、新黨組成的「泛藍陣營」與由民進黨、臺聯黨組成的「泛綠陣營」，兩大陣營界限分明，對峙抗衡，而陣營內部又無法有效整合，使此次選情呈現空前激烈且又錯綜複雜的局面。兩大陣營的形成實際上經歷了一個相輔相成的互動過程：

  1.在野政黨整合的趨勢亦是臺聯黨成立的動因之一。2000年10月，民進黨「少數政府」斷然宣布停建「核四工程」，致使朝野對抗加劇，致使在李登輝擔任國民黨主席十二年裡被肢解得四分五裂的泛國民黨陣營（包括國民黨、新黨、親民黨）不僅重新開始集結、整合，而且公開表示反對李登輝的分裂主義路線。這一態勢將使李登輝的分裂主義路線被拋棄，也使陳水扁「政府」在朝野對立、政局動盪、經濟衰退的泥潭中越陷越深，逼使其必須調整路線和政策，這是李登輝和臺獨勢力所極力反對的。在野政黨合作的呼聲高漲，尤其是國親整合的走向明顯，不僅對陳水扁「政府」的施政帶來強大的壓力，而且將影響政壇兩大勢力消長。是時仍然依附於國民黨的李系人馬的生存空間因連宋和解而進一步遭到壓縮，另闢新徑的要求更為強烈、更為迫切。此外，2000年大選後推動國民黨改造及「去李化」的連戰與1996年底「凍結臺灣省」後與李登輝「反目成仇」的宋楚瑜「握手言和」，著手協商國親兩黨的合作，更使李登輝如坐針氈、無法容忍、心急如焚、切齒痛恨。上述種種，是李登輝及其親信加緊籌組臺聯黨的步伐的動因之一。

  臺聯黨的成立不僅使國民黨內的李系人馬找到了新的政治歸宿，而且吸引、收編了國民黨部分本土派人士以及在初選中落敗的失意政客，臺聯黨的成立將進一步分化、削弱國民黨的實力，離間、破壞國親合作，使國民黨內本土派人士在這一舉動中有了「進可攻、退可守」的依恃和後路，臺聯黨的這種作用是其他政治勢力無法取代的，就如同2000年大選後李登輝拖延辭去國民黨主席的時間，促使親民黨成立，導致由宋楚瑜獨立參選造成的國民黨分裂成為事實。

  2.臺聯黨的成立及與民進黨的合作，反過來進一步推動國親合作。臺聯黨成立並力圖透過2001年底「二合一」選舉確立政壇地位，並與民進黨合作，在「立法院」形成所謂「85+35」席的主流民意，迎合在各個政黨初選中落敗的投

機政客亟欲尋找政治前途的要求,在臺聯黨提名的候選人中,原國民黨籍占了近一半,其次是民進黨,同時也囊括了親民黨、新黨、建國黨的一些成員,即被臺灣社會譏稱為「二軍人物」。競選中兩大陣營針鋒相對、短兵相接。臺聯黨在這次選舉中雖然不可能達到35席「立委」的「預期目標」,但獲得13席,得票率約為8%,跨過政黨門檻,在臺灣政壇站穩腳跟,成為第四大政黨,選後即與成為「立法院」第一大黨的民進黨展開全面合作。這一政黨格局變化的形勢反過來進一步推動窒礙難行的國親兩黨合作的議題,危機意識促使兩黨高層形成合作的必要性與緊迫性的共識。因此,實力較為均衡且相對穩定的兩大陣營在臺灣政壇形成對峙抗衡的局面。

臺聯黨在臺灣政壇地位的確立及與民進黨的合作,不僅增強民進黨組織新政府的合法性與正當性,而且有利於民進黨擺脫執政以來朝小野大,施政不順的困境,使戰後臺灣首次「政黨輪替」後的政局趨於穩定。勢均力敵的兩大陣營的形成客觀上孕育著未來臺灣政黨政治格局的雛形,既由多黨聯合而成的兩大陣營逐漸走向兩黨競爭,這是由臺灣政黨制度以及影響臺灣政黨基本特徵的國家認同、兩岸關係政策主張、省籍及族群因素所決定的必然趨勢。

(三)臺聯黨的成立囊括了臺灣島內極端分裂主義和極端本土主義勢力,填補了臺灣政壇統獨光譜系列的極右空擋,瓜分了民進黨原本部分社會支援基礎

臺聯黨成立之後奉行極端的分裂主義與本土主義路線,這一路線糅合了李登輝原本推行的分裂主義路線、民進黨早先的激進主張和臺獨基本教義派的部分理念。表面上,臺聯黨的主張和路線似乎居於激烈主張「臺獨建國」的建國黨和現階段認同「主權獨立」的「中華民國」且主張以「公民投票」決定「臺灣前途」的民進黨之間,實質上,臺聯黨的成立幾乎吞併了早已泡沫化且名存實亡的建國黨,填補了民進黨執政之後政治勢力分化組合造成統獨光譜系列的極右空擋,囊括了包括臺獨基本教義派在內的極端分裂主義與本土主義勢力,從而瓜分了原本支援民進黨的部分社會支援基礎。臺聯黨一夕之間成為臺獨基本教義派的大本營,李登輝成為臺獨基本教義派的掌旗者和共主。

顧名思義,臺獨基本教義派就是把「臺灣獨立建國」及其相關理論作為一種

指導行動的思想信念，作為一種理想目標而終身追求，即如同信奉宗教的基本教義一樣。現階段臺灣島內臺獨基本教義派包括以下三股勢力：

　　1.建國黨是在1996年3月大選後民進黨內爆發路線之爭，以彭明敏為首的一批「臺獨基本教義派」分裂出走，成立建國會，而後建國會部分骨幹分子結合社會上一批「臺獨」極端分子建立起來的。這批「臺獨基本教義派」分子脫離民進黨的最主要原因是他們認為民進黨已經放棄「臺獨」理想，進行「政黨轉型」，並且著手推動與國民黨、新黨的合作。建國黨的成立客觀上有利於民進黨擺脫激進「臺獨」形象的包袱，進一步推動政黨轉型，朝向務實、理性的方向發展。建國黨是一個徹頭徹尾、不折不扣的臺獨政黨，堅決反對現行的「中華民國體制」，將「建立新而獨立的臺灣國」確定為「永不改變之最高宗旨」〔2〕。該黨成立初期聲勢較大，似有對民進黨產生一定衝擊，但它極端的「臺獨」立場、體制外的鬥爭路線和剛性的組織原則在臺灣難有發展空間，始終是一個泡沫政黨。在2000年大選前，建國黨曾提名候選人參選，但由於其在1998年全臺性選舉得票率未超過5%的政黨門檻，必須依靠選民連署達到法定標準才能獲准參選，終因未能達到法定連署人數而未獲參選資格，從而其票源基本轉向支持民進黨籍候選人陳水扁。2000年三月大選陳水扁獲勝後，建國黨部分創黨元老即建議解散並宣布退出，該黨此後已處於名存實亡的狀態，未見有組織活動的報導。多數成員分散於「臺獨」社團，部分元老被陳水扁禮聘某些榮譽職務。在臺聯黨成立之後，建國黨一批活躍分子趨之若鶩，迅即加入以求政治「第二春」，該黨的社會基礎亦轉向支持臺聯黨。

　　2.臺灣島內有一批原本支持民進黨，後來轉向支持建國黨的政治社團，這批政治社團以「臺獨」為政治訴求，屬於臺獨基本教義派。這批政治社團除了早年成立的、介入政治極深，為少數極端「臺獨」分子所把持的臺灣基督長老教會以外，這批政治社團都是在1980年代末以後成立的，有建國會、建國廣場、臺灣教授協會、臺灣醫界聯盟、外省人臺灣獨立促進會、政治受難者聯誼會、臺灣新世紀文教基金會、臺灣獨立安全基督教促進會、臺灣基督教城鄉宣教協會等等，以及近年成立的臺灣南社、中社、北社、東社等。這些社團人數較少，大都僅幾十人，而且交叉嚴重，有的人同時是幾個社團的成員，影響力有限，充其量只是

打打旗幟、壯壯聲勢而已。這批政治社團因為不滿民進黨調整「臺獨路線」、淡化「臺獨主張」，展開與國民黨、新黨的和解與合作，在1996年後即轉向支持建國黨，而在2000年三月大選中別無選擇地支持民進黨籍候選人。陳水扁獲勝上臺後，他們既不滿陳水扁認同「中華民國體制」和承諾「四不一沒有」，又對民進黨調整臺獨路線和陳水扁調整兩岸關係政策感到不安和失望，然而建國黨日漸式微，使他們群龍無首。臺聯黨的成立似乎使他們重見一線希望，這批政治社團在李登輝的召喚下聚集到臺聯黨的周圍，成為臺聯黨的支持力量，積極參與其主導的活動。

3.海外原有一批臺獨團體——臺獨聯盟、臺灣人公共事務會、北美臺灣人教授協會、北美臺灣人基督教會、北美臺灣學生會、臺灣人權協會以及由臺獨勢力操控的世界臺灣同鄉會聯合會（即世臺會）等，都是1980年代中期以前成立的，以美國、日本為活動基地。1980年代中期以後，隨著臺灣政治轉型及形勢與環境的變化，尤其是民進黨的成立、「刑法100條」的廢除和「黑名單」的取消，海外臺獨團體或者把活動重心轉移島內，或者大批主要負責人及骨幹分子返臺，在海外已少有活動，聲勢日漸式微，某些活動（例如「年會」、「世界臺灣人大會」）都與島內臺獨團體合作，大多回臺灣舉辦。曾經是海外實力最強的臺獨組織——臺獨聯盟於1990年代初將總部遷回臺灣，部分依附於民進黨成為該黨的一個派系，其餘分散於建國黨及臺獨團體中。海外臺獨團體基本上屬於臺獨基本教義派，與島內的臺獨基本教義派沆瀣一氣，融為一體，對島內臺獨活動的加劇起著推波助瀾的作用；海外臺獨團體長期與民進黨有著密切的關係，但對民進黨的轉型感到失望，對陳水扁上臺後的路線及政策調整感到不安；海外臺獨團體對臺聯黨情有獨鍾，一拍即合，臺聯黨成立之後舉辦的活動都有海外臺獨分子的參與，但是海外臺獨團體實力很小，對島內的影響極為有限。

不難看出，臺聯黨成立之後即成為臺獨基本教義派的中心和代表，主導臺獨基本教義派的一系列活動，成為臺獨基本教義派理念及目標寄託和具體行動支援的政黨。考察現階段臺灣政治實力格局，民進黨與臺聯黨的關係，包含了民進黨與臺獨基本教義派的關係，兩黨的關係決定了泛綠陣營的興衰及走向。

二

考察民進黨與臺聯黨的互動態勢應當以兩黨實力及臺灣前途與兩岸關係主張的比較作為基礎。

1.從實力及政壇地位方面比較

民進黨是戰後臺灣成立的第一個具有雄厚的本土社會基礎和實力背景的政黨，繼承和擁有幾十年黨外運動積累下來的社會資源。成立至今已有16年，目前是臺灣的執政黨，亦是「立法院」的第一大黨，有著近90位「立委」席次；執政縣市有高雄市等10個。民進黨建立有完整的政黨組織架構和基層組織，制訂有完善的黨內運作制度，形成了運行10多年的派系競爭與共治的政治生態。民進黨目前擁有35～40%相對穩定的社會支援基礎，現有黨員40多萬。

臺聯黨是李登輝主導策劃、以原國民黨內李系人馬為主體，延攬各個政黨的失意政客聯合成立的，主要依靠李登輝在政壇的影響力和各方面資源而生存與發展。臺聯黨在2001年底「二合一」選舉中獲得13席「立委」，得票率約8%，在臺灣政壇站穩腳跟；在2002年底北高兩市選舉中僅獲得高雄市議員2席，無執政縣市，目前為臺灣政壇第四大政黨。臺聯黨以利益、金錢為誘餌，以激烈的政治主張為號召，聚集了臺灣政壇主要政黨的部分失意政客，這批人以權力、利益追求為導向，不擇依附物件和手段，並無明確的政治理念和目標。臺聯黨目前只有中央領導機構，無地方黨部，基層主要依託「李登輝之友會」和「臺聯後援會」，未有完整的政黨運作機制，所擁有的是從國民黨瓜分的本土派部分支援基礎和從民進黨、建國黨挖走的臺獨基本教義派的支持基礎，其政黨認同率不到2%，黨員人數僅為幾百人，該黨自詡「精英政黨」，入黨條件嚴苛且審查程式複雜，儘管推動「萬人入黨」，但是效果不彰。

顯而易見，民進黨與臺聯黨在實力及政壇地位的懸殊很大。

2.從臺灣前途及兩岸關係的主張方面比較

民進黨並非自始就是「臺獨政黨」，成立之後「臺獨」主張逐步升級以至將

「臺獨」條文列入黨綱經歷了一個過程，是由內外多種因素的綜合作用促成的；而黨內對「臺獨」條文列入黨綱的認知和動機各有不同，有些甚至是南轅北轍的；此後由於「臺獨」主張的困擾，影響黨的發展，促使其淡化「臺獨」主張和推動政黨轉型，不斷引發處理「臺獨」黨綱的爭議和辯論；現階段民進黨以《臺灣前途決議文》取代「臺獨」黨綱，作為指導兩岸關係政策的指導原則。該決議文以「臺灣為主權獨立的國家」，「現階段的國號為中華民國」為前提，提出「任何有關獨立現狀的更動，必須經由臺灣全體民眾以公民投票的方式決定」〔3〕，這一主張與黨綱的「臺獨」條文有相當的差異，但這種治標不治本的處理方法並不能為「臺獨黨綱」問題解套。民進黨的「臺獨黨綱」未作修改和刪除，仍是一個「臺獨」政黨，但不能將民進黨整體視為「臺獨」勢力。民進黨執政之後作出「四不一沒有」的承諾，但不承認「九二共識」、不接受「一個中國原則」，未能恢復兩岸接觸對話，致使兩岸政治僵局無法突破，而在兩岸經貿及民間交流方面逐步放寬一系列限制，放棄「戒急用忍」政策，採取「積極開放、有效管理」政策，主張「兩岸三通」，誠然這是以維護臺灣政經局勢穩定、維護自身政治利益為基點，也是其標榜「新中間路線」、代表「主流民意」的表現。

臺聯黨成立伊始就表現出極端的分裂主義和本土主義色彩，以奉行李登輝路線為基礎，溶入臺獨基本教義派的理念。在兩岸關係方面以「臺灣優先、全民公決和兩岸交流」為三大主軸，主張「兩國論」和「戒急用忍」政策，強調「臺灣優先」、「兩岸對等」，強調「公民投票決定兩岸的將來」〔4〕，主張「兩岸的協商應以國與國形式進行」，反對「兩岸三通」。該黨在「立法院」提出一系列極端分裂主義與本土主義的議案，刻意加深省籍矛盾和族群對立，類似美國的麥卡錫主義和歐洲極右翼勢力的主張。

無庸諱言，民進黨與臺聯黨在臺灣前途與兩岸關係方面的主張有一定的差異。

總體而言，如前所述，臺聯黨成立及在臺灣政壇地位的確立，支持了陳水扁「政府」，有利於民進黨其後的施政，但在一定程度上瓜分了民進黨的支持基礎。民進黨與臺聯黨的互動態勢主要包括以下方面：

（一）在公職選舉中的既競爭又合作的態勢

1.在複數選舉中，由於兩黨的票源有一定重疊，形成競爭態勢，相對造成衝擊。

臺聯黨成立是抓住2001年底「二合一」選舉的時機迅速成軍，由於其極端的立場將吸引相當部分臺獨基本教義派的支持票源，無疑對民進黨的「立委」選情造成一定衝擊，引發民進黨內的警覺和反彈。對此，民進黨高層處於兩難境地，一方面著眼於選後合作的需要，稱之為「戰略夥伴」、「友黨」，另一方面要竭力防止其大幅衝擊該黨選情，黨內反彈強烈，包括中央黨部祕書長都發出高分貝的聲音。民進黨高層謹慎妥善地處理兩黨關係，宣稱「兄弟爬山，各自努力」而盡力護盤，對內強調選後合作進行安撫，從而最大限度降低臺聯黨高額提名參選且其中有相當數量的民進黨內初選落敗者可能造成的負面影響。毫無疑義，臺聯黨對民進黨的「立委」選情有一定的衝擊，民進黨只獲得33%得票率與其執政之後實力上升的勢頭是不相稱的，由於輔助選有力和有效配票，民進黨贏得「立院」第一大黨地位，臺聯黨亦獲得13席「立委」和約8%的得票率，各有所得，相安無事，兩黨的衝突沒有激化，不至於反目成仇，從而達成選後的合作。

在2002年底北高兩市議員選舉中，由於執政績效不彰且引發多場社會運動，形勢總體不利於泛綠陣營的選情，民進黨上下全力輔助選，加上提名額度妥適，配票合理，終於在臺北市議會保住原有席位，在高雄市議會增加一定席位，成為席次最多的政黨。民進黨的有效競選行動嚴重衝擊原本選情就不看好的臺聯黨，使之在臺北市全軍覆滅，在高雄市僅掛車尾當選兩席，慘不忍睹。

2.在單一選舉中，由於兩黨實力懸殊較大，臺聯黨既無足夠票源參與競爭，又無法提出具有競爭力的候選人，在兩大陣營的激烈競爭中，臺聯黨及其支持基礎大體上無條件地支持民進黨提名的候選人，2001年縣市長選舉和2002年北高市長選舉均是如此。今後類似選舉，即使臺聯黨未與民進黨協商整合而自行提名候選人，其社會支持基礎也將自發採取棄保方式流動選票，此類選舉不排除個別來自其他政黨的臺聯黨人士為泛藍陣營候選人助選。

（二）在政策主張推行方面的互動

民進黨與臺聯黨在政策主張推行方面的互動關係是錯綜複雜的，既有支援合作的一面，又有分歧區隔的一面，還有制約反對的一面。在雙方關係中，臺聯黨處於主動出擊的一方，民進黨則處於被動應對的一方。

1.2001年底「二合一」選舉後，民進黨已成為「立法院」第一大黨，臺聯黨擁有13席「立委」，雖然兩黨席次總和未過半數，但兩黨的合作增強了民進黨組織新內閣的合法性與正當性，即陳水扁所謂的「水漲船高」〔5〕，削弱了在野勢力的抗衡杯葛能力。同時在「立法院」聯手推動陳水扁及民進黨「政府」提出的一些人事案、預算案、法案和政策議案，有利於陳水扁的人事布局及政策推行，有利於新內閣的施政。從而不僅李登輝介入陳水扁的人事安排事宜，而且臺聯黨某些重要人物應召進入政府部門。誠然，兩黨在「立法院」的合作也有失敗的記錄，例如在「立法院」副院長選舉失敗和「考試院」副院長任命案未獲通過，這與臺聯黨少數人的暗中杯葛密切相關。此外，臺聯黨「立委」還公開點名要求新內閣某些成員辭職。

2.臺聯黨某些極端的政策主張提出及推動給陳水扁及民進黨「政府」造成困擾和尷尬，使民進黨不得不在這些問題上與之保持距離，以示區隔。2002年2月，臺聯黨「立院黨團」提出「選舉罷免法」的增訂條款（臺生條款），規定非臺灣地區出生者不得參選「總統副總統」，欲以此排除宋楚瑜、馬英九等外省籍人士今後參選〔6〕；2002年3月，臺聯黨「立委」要求「教育部」盡速改變現行漢語為唯一國語的定義，應把臺語（閩南語）定為「第二官方語言」；提出「變更領土修憲案」、要求重新確認「中華民國」的疆域僅為臺澎金馬地區〔7〕；提出「中華民國國籍」的認定要從現行的「血統（屬人）主義」為主改為「出生地（屬地）主義」為主，即必須出生在臺澎金馬等「中華民國」有效管轄領域者才可擁有「國籍」〔8〕。此外，臺聯黨「立委」還提出把「臺北故宮博物院」更名為「福爾摩沙博物院」〔9〕；提出把「通用拼音」名稱改為「臺灣拼音」系統，讓「臺灣拼音」與北京「中文拼音」並立於國際〔10〕。上述種種極端分裂主義及反中國與「去中國化」的政策主張反映了臺聯黨的基本立

場，同時也是為了製造轟動效應的步驟，不僅遭到臺灣政壇和社會的普遍反對，而且也受到民進黨「政府」的抵制。

3.臺聯黨在某些重大問題上制約和反對民進黨「政府」的政策調整和改革推行。

〔1〕臺聯黨反對以「積極開放，有效管理」來「鬆綁戒急用忍」的政策，李登輝聲稱「鬆綁戒急用忍」是一項錯誤的決定，臺商投資大陸「等於自殺」。

〔2〕臺聯黨以減少失業率等為由反對開放8吋晶圓廠赴大陸投資，發動召集一部分不明真相的民眾舉行集會遊行，到「行政院」請願〔11〕，向主張、支持和推動兩岸經貿交流的各界人士施壓，臺聯黨「立委」為此多次在「立法院」鬧事。

〔3〕臺聯黨以所謂「國家安全」、「經濟安全」為由反對開放「兩岸三通」，反對「兩岸直航」，要求兩岸相關談判必須以「國與國」形式進行；進而臺聯黨反對臺商春節「定點包機直航」，黨團召集人宣稱，兩岸「包機直航」必須透過國與國談判達成，並且表示，倘若民進黨「政府」決意推行，該黨將發動街頭抗爭〔12〕。

〔4〕李登輝和臺聯黨堅決反對陳水扁及民進黨「政府」整頓農漁會信用部的舉措。李登輝公開宣稱「改革錯誤就會失去政權」，陳水扁立即強力回應「怕失去政權而不敢改革是懦夫的表現」〔13〕。民進黨「政府」堅持改革基層金融的政策措施，由於決策粗糙，加上李登輝大唱反調及在野黨的附和，引發廣大農民的強烈反彈，最終演變為政治風暴，民進黨「政府」只好暫緩實施改革措施，十多萬農民照樣走上臺北街頭。為此，李登輝得寸進尺、公開指責民進黨「政府」「政策搖擺」、「官僚搶功亂搞」、「只會選舉不會治國」〔14〕，似乎刻意火上加油。

臺聯黨反對民進黨「政府」調整兩岸經貿及民間交流方面的政策，這是維護李登輝路線和臺獨基本教義派理念的需要。

臺聯黨反對改革農漁會信用部管理制度，則是對於損及自身利益的激烈反

應。民進黨「政府」著手改革農漁會信用部管理制度，經濟層面主要針對基層農漁會逾放比逐年惡化，已是隨時可能引發金融危機的嚴重問題，同時欲以整頓農漁會信用部來推動整體金融改革，消除臺灣基層金融機構潛藏的危機；政治層面主要是選舉的考量，基層農漁會歷來是選舉椿腳，各黨基於選票考慮都必須爭奪這塊地盤，民進黨欲透過「整頓基層農漁會信用部」與「處理國民黨黨產」這兩項改革舉措切斷國民黨選票的財源和椿腳，如能借整頓基層金融解決農漁會信用部問題，將能掌控巨額「金融重建基金」，同時還可對基層金融機構進行人事滲透，瓦解國民黨地方基礎，擴大民進黨地盤。始料未及的是李登輝迫不及待地跳出來反對，主要原因在於籠絡農漁會幹部與會員，農漁會「黑金化」是在李登輝主政時期達到高峰，尤其是後期為了維繫政權更使農漁會成為選舉黑金庫，李氏借此積累了大量的人脈和金脈。對農漁會信用部的整頓不僅會蠶食國民黨基層，也會挖掉臺聯黨的票倉，這無異於「太歲頭上動土」，臺聯黨無疑是李氏的政治工具和杠桿，只有維護臺聯黨的選票，提升臺聯黨在政壇的地位，才能增加李氏可資利用的政治籌碼。因此當各地農漁會總幹事前來求援時，李登輝即刻出面嚴厲批判民進黨的改革政策，這是出自他對農漁會系統的瞭解以及農漁會與臺灣政經結構錯綜複雜關係的認知，當然他第一順位的考慮是臺聯黨的社會基礎及個人影響力的維護。

毫無疑義，臺聯黨的反對和抗爭相當程度制約、牽制和延續了民進黨的政策調整和改革推行。

4.臺聯黨的極端立場及其政壇、社會的相關活動相當程度淡化了民進黨的「臺獨」色彩，客觀上使民進黨卸下激進的包袱；同時陳水扁及民進黨亦可利用臺聯黨的某些極端主張及行動。

一個時期以來，臺聯黨拋出一系列極端的政策主張，並付諸於在政壇、社會的拙劣表演，尤其是臺聯黨成立以來掀起了臺灣政壇與社會新一波的街頭抗爭行動，該黨不僅在體制內與在野的泛藍勢力對峙、而且在體制外杯葛制約民進黨「政府」。這一切似乎旁證了民進黨的「務實理性」、「政黨轉型」、使民進黨呈現在臺灣政壇統獨光譜上往中間移動的表徵，陳水扁可以由李登輝的一系列極

其偏激、情緒化的言論和臺聯黨的極端立場向國際社會和臺灣民眾展示自己的中間路線,淡化和掩飾自己在兩岸關係問題上的政治傾向。

與此同時,陳水扁及民進黨利用臺聯黨某些極端的政治主張及行動,借力使力。始於1997年的「臺灣正名」運動在臺聯黨成立之後的推波助瀾之下再次掀起高潮,2002年3月18日和5月11日,在臺聯黨的參與及主導下,島內臺獨勢力發動大規模的「臺灣正名」的集會遊行,這亦使陳水扁忘乎所以地高喊「不僅要拼經濟,而且要拼臺灣正名」〔15〕。此外,臺聯黨推動「公投入憲」,提出「廢除國統綱領和國統會」也得到陳水扁的默許和支持,並且呼籲「應認真思考公民投票立法的重要性和急迫性」〔16〕。顯而易見的是,陳水扁及民進黨借助和利用臺聯黨的極端立場和激烈行動與泛藍陣營抗衡、與大陸叫陣,即讓臺聯黨充當打手和急先鋒。

(三)臺聯黨是陳水扁在2004年大選爭取勝選連任及民進黨繼續執政必須借助的不可或缺的重要力量

1.陳水扁及民進黨拓展中間票源難有作為,必須妥善處理與臺聯黨及臺獨基本教義派的關係,以期獲得穩定的支持。在2000年大選的競選過程中,陳水扁推出所謂「新中間路線」,意在開拓中間票源,上臺後繼續宣稱推行「新中間路線」,但由於其基本立場不作調整,只說不做,加上執政以來政局不穩、經濟惡化,政績乏善可陳,支持度一再下降,進一步拓展中間票源的希望渺茫。這就迫使陳水扁必須評估臺聯黨及臺獨基本教義派的實力及其在2004年大選中的票源分量,80多萬的支持民眾是不容忽視的,他在2000年大選中不過以超過30萬選票險勝宋楚瑜。這一考量使他思考如何安撫這股勢力,「一邊一國論」如是應運拋出,即蔡英文所謂「內部政治平衡的需要」〔17〕。

2.在北高兩市選舉之後,泛藍陣營的國、親兩黨掀起新一波整合的熱潮,並已付諸於實際運作,這更加深了陳水扁的危機意識,繼續與李登輝合作,爭取臺聯黨及臺獨基本教義派在2004年大選的全力支持是優先選擇。臺聯黨在今後一年多時間不僅不具備競選「總統」的實力,而且也無法推出稍有競爭力的候選人,即使該黨為顯示政黨存在而推出自行提名候選人(目前該黨仍宣稱支持陳水

扁在2004年競選連任），也應爭取以「棄保效應」而獲得支持。北高兩市選舉結果的警示本應引起陳水扁及民進黨「政府」的檢討和反省，調整立場和政策，著眼於改善經濟狀況，推動朝野協商、緩和對立態勢；著眼於緩和兩岸關係、突破兩岸政治僵局，才能爭取廣大民眾的支持，然而這勢必冒著失去臺聯黨及臺獨基本教義派支持的風險，而不論是緩和朝野關係還是緩和兩岸關係，都必須獲得對方回應及雙方互動。「拼選舉」的基本思路將制約陳水扁調整政策、以政績贏得支持的作法，與其沒有足夠把握開拓中間票源，尤其存在諸多不可預知的變數，不如退而求其次，繼續穩定與李登輝的關係，獲得臺聯黨的支持。

三

在考察民進黨與臺聯黨關係互動的基本態勢之後，有必要分析兩黨關係的實質，進而在此基礎上評估兩黨關係的發展趨勢。

（一）民進黨與臺聯黨關係的實質

1.兩黨的關係是建立在各自擁有的實力基礎之上，懸殊較大；兩黨既是朝野關係，又似乎是一種無協議式的執政聯盟，是不均衡且非制度化的合作關係。現階段臺聯黨對民進黨具有一定的依附性，又具有一定的自主性和挑戰性，臺聯黨必須打著支持民進黨執政、穩定政經局面的旗號，才有其生存的空間，但該黨只願意扮演民進黨的側翼，不願意成為民進黨的附庸，作為李登輝路線的捍衛者和李登輝發揮影響力的工具，臺聯黨力爭不斷提升在政壇的地位，因此必須具有相對的自主性，尤其對於任何違背李登輝路線的政策議題，必須旗幟鮮明地杯葛反對。民進黨對臺聯黨既有需要、利用的一面，又有防範、限制的一面。民進黨需要臺聯黨的支援，才能改變「朝小野大」的局面，較為順利地施政；必須聯合臺聯黨，才能與泛藍陣營抗衡，同時，必須防範臺聯黨繼續瓜分自己社會基礎來壯大自己，造成此消彼長狀況，又必須盡可能限制臺聯黨在自己調整政策和推行改革方面的牽制。從民進黨的角度出發，目前已成為「立法院」第一大黨，獨立自主地組織政府，不可能再將政績不佳的責任推給在野黨的「惡性杯葛」，而應當擔負起執政成敗的全部責任，在這種考量下，雖然李登輝的影響和臺聯黨的實力

不容小覷，但是在重大政策上終究不能事事順應遷就李登輝及臺聯黨的政策主張，否則難以改變「政績不佳」的局面，責任則無法推卸。

2.兩黨在「國家認同」、臺灣前途與兩岸關係的政治主張方面有一定的共同性，但在意識形態、路線政策主張方面存在一定的差異性，這是兩黨在政治主張方面的區隔和矛盾。兩黨在維護陳水扁及民進黨的執政地位，與泛藍陣營進行權力資源爭奪及政壇抗衡方面有著現實的、共同的利益，但在權力資源配置及支持基礎交叉重疊方面存在著競爭的關係，這是兩黨政黨利益及發展的區隔和矛盾。

3.民進黨與臺聯黨的互動本質上是李扁關係的體現，李扁合作是現階段兩黨互動關係的最高表現形式，李扁關係的親疏狀態決定了兩黨的合作程度，誠然兩黨的互動狀態也在某種程度上影響李扁關係。就目前而言，前者是起主導的、決定性的作用，後者則是居於從屬的、被支配的地位，畢竟李扁在各自政黨內都具有強勢主導、不可挑戰的地位，後者只是在一定條件下反作用於前者。臺聯黨的成立是李扁合作發展到一定階段的產物，也是李扁合作延續的動力和籌碼，當然也不排除成為影響李扁合作的異數的可能性。

李登輝與陳水扁之間有著相互利用、相互支持的關係，儘管他們曾經有過歷史的恩怨和政壇的衝突，也存在著現實的矛盾，但是現階段的共同利益將他們聯結在一起，而這種利益的聯結壓倒一切。李扁理念相近，目前政治上的共同利益遠大於分歧矛盾，破壞國親合作、分化泛藍陣營、離間連宋關係、維護執政地位、推行分裂主義路線、對抗大陸的統一攻勢是他們的共同目標。陳水扁執政之初面對內外險峻局勢的挑戰，在發生核四風暴、罷免案及財劃法覆議案時，李登輝在背後的暗助，曾經幫陳水扁度過連番危機，臺聯黨成立伊始便無條件地全力支持陳水扁，他們曾經時而抨擊指責民進黨的某些人，但從未有過批評陳水扁的聲音，顯示李登輝對陳水扁上臺以來總體上的作為應是滿意的，並且壓得住臺聯黨的陣腳，李登輝對陳水扁的影響力是不容忽視的。李氏是臺灣政壇一位極具爭議性的政治人物，有稱他是「黑金教父」、「毀憲者」、「族群撕裂的撩撥者」，有稱他是當前臺灣金融弊病、教改僵局、健保制度扭曲的始作俑者〔18〕，但陳水扁出於需要卻將他捧為「民主之父」、「臺灣之父」，使他從

一腐敗舊政權的主導者，突然搖身一變成了協助締造新政權、完成「政黨輪替」的先驅者，因此繼續發揮著他的影響力。可見李登輝只有依靠陳水扁才能最大限度地影響和作用於臺灣政壇，只有借助陳水扁才能推行和延續自己的路線，再次打敗連宋、紓解心中的怨憤，因為李氏及其人馬已不具有這種實力，同時臺聯黨也只有依附陳水扁和民進黨才能在政壇有所作為。反觀陳水扁只有借助李登輝、利用臺聯黨才能進一步分化國民黨、策反延攬其中的本土勢力，這是民進黨自身難以做到的。更重要的是，臺聯黨的80多萬張選票是陳水扁尋求2004年連任所必需的，即他所幻想2004年大選的「陳水扁加李登輝」的選票結構。

然而，由於陳水扁對李登輝的依恃過深，所以當自己欲凸顯施政主體性時，李氏如影相隨，由支持變為掣肘。在兩岸關係方面，只要陳水扁表現出所謂「釋放善意」，李登輝即透過臺聯黨向「政府」施壓，將和解氣氛向對立面回拉，在內政某些重大政策方面，對於陳水扁的改革舉動，李登輝亦是不假辭色公開抨擊，致使政策轉向。民進黨「政府」的施政和改革不斷受到臺聯黨往右翼的拉扯，使之原本的理想和目標遭到重創。李扁關係有著互利雙贏的一面，陳水扁靠李登輝維繫政權，李登輝靠陳水扁延續政治生命，但李扁在諸多方面存在著現實的矛盾和先天的扞格，李登輝欲逐步形成挾臺聯黨少數以操控陳水扁，其襄助遂使民進黨「政府」左支右絀，動輒得咎〔19〕，臺聯黨既成為李登輝支持陳水扁並與之合作的一股力量，又成為李登輝制約民進黨「政府」，要脅、勒索陳水扁的關鍵籌碼。李登輝及臺聯黨的羈絆，無疑使陳水扁及民進黨「政府」無法走自己的路。基於2004年大選的考量，陳水扁倘且只有妥協一途，農漁會信用部改革舉措的嚴重受挫使李扁關係面臨相當嚴峻的現實考驗，但似有驚無險地渡過。

綜上所述，現階段民進黨與臺聯黨有著相互需要、相互利用、相互依靠的一面，即利益的聯結，這是目前兩黨關係的主要方面，以臺聯黨依附和支持民進黨為主要形態，但時而也體現臺聯黨的自主性。同時兩黨也有著相互排斥、相互鬥爭的一面，即維護各自利益、發展政黨實力的需要，爭奪重疊的支援基礎、拓展新的支持基礎而發生的衝突和鬥爭，這是目前兩黨關係的次要方面，畢竟兩黨實力懸殊較大。但兩黨關係的兩面並非一成不變，主客觀條件及環境形勢的演變將

使之發生轉化。

（二）民進黨與臺聯黨關係的走向

前已述及，民進黨與臺聯黨的互動關係是現階段臺灣泛綠陣營中最重要、最基本的關係，決定泛綠陣營的興衰走向，直接影響臺灣政黨格局演變，從而影響臺灣的政治發展。因此，民進黨與臺聯黨關係的發展趨勢備受各方面的關注，以下結合內外多種因素，對兩黨關係的走向作一初步的分析。

1.民進黨與臺聯黨在兩岸關係、內政改革等方面政策主張存在一定的差異，臺聯黨在兩岸關係方面採取極端的分裂主義路線和極端的「反中國」立場，在臺灣內部省籍、族群和政黨關係方面採取極端的本土主義立場（類似歐洲的極右翼勢力），這與民進黨現階段逐步放寬兩岸經貿及民間交流限制的政策是相矛盾的，與民進黨推行所謂的「族群融合」、「政黨和解」的路線是相對立的，不利於民進黨「政府」的順利施政和政局的穩定。這是由臺聯黨複雜的社會基礎所決定的，所表現出來的極端分裂主義和本土主義的背景由來已久、根深蒂固，同臺聯黨與生俱來。正如陳水扁所言，臺聯黨是新生政黨但不是主流民意[20]。民進黨與臺聯黨在政策主張的差異在某些重大議題上已演變為訴諸於媒體的爭論、李扁的隔空喊話和街頭抗爭，民進黨為了維護自身政黨利益和執政地位，為了穩定臺灣政經局勢，體現代表主流民意，必須堅持自己的立場，推行自己的路線，那麼兩黨的分歧與衝突便不可避免，倘若矛盾發展到無法妥協調和，關係惡化是必然趨勢，這是兩黨關係的隱憂，從一開始就可見端倪。政策主張差異的背後固然有理念和意識形態的因素使然，也蘊含著利益衝突的因素。

2.李扁關係是兩黨關係的最高表現形式，而李扁關係經歷了一個變化發展的過程，由所有相關因素互動變化所決定的，現階段的李扁關係是民進黨執政初期所謂「李扁體制」的延續，而其今後的演變決定了兩黨關係的走向。李登輝的影響力與李扁關係親疏是相輔相成，成正比例發展，二者合作關係愈緊密則李登輝在政壇的影響力發揮就愈充分而有效，反之亦然。然而李登輝與陳水扁在出身、歷練、性格、信仰、理念及使命感等方面都有很大的不同，現階段的合作僅僅是利益聯結使然，隨著形勢的演變，二者所處地位、聲望及掌控的各種資源亦將發

生消長變化,相互支持、相互利用的關係不可避免地發生變化,利益的衝突和理念的各自堅持逐漸凸顯,這一發展趨勢無疑使民進黨與臺聯黨的關係由保持一定的區隔和距離,以至漸行漸遠。農漁會信用部改革事件之後,民進黨內即出現要求調整與李登輝關係的呼聲,似可證明。

3.民進黨與臺聯黨相互需要、相互利用的關係是建立在兩黨實力結合的基礎之上,而隨著時間的推移和臺灣政治發展,兩黨的實力及其社會基礎都將發生變化,因此這種相互需要、相互利用的關係將隨著臺聯黨實力的下降及社會基礎削弱而發生變化。

〔1〕從路線和政策主張來看,臺聯黨如果繼續堅持極端的立場,難以為臺灣社會所接受,發展空間必然有限,並且將逐漸萎縮,2002年北高議員選舉即可證明。然而臺聯黨依靠李登輝的影響而聚集成立的,李登輝路線是該黨的旗幟,而且李登輝絕不可能放棄自己的理念和使命感,並表現出愈來愈偏激的傾向,臺聯黨因此就不可能放棄固有的極端立場。如果以反向思維作退一步假設,即臺聯黨一旦放棄極端立場且往民進黨方向靠攏,它便失去存在的根據和必要,逐漸被民進黨所吸納,其社會基礎也將隨之流失,主要部分將轉向支援民進黨。鑒於上述,臺聯黨只能既堅持極端立場,保持與民進黨的差異和區隔以示自主性,又要防止民進黨的吸納和蠶食,並且與民進黨爭奪資源,同時繼續離間國親整合,爭取國民黨本土勢力的出走前來投奔。顯而易見,臺聯黨陷於進退維谷的兩難境地,盡力維持基本盤面的難度愈來愈大,更勿輕言對外拓展,發展前景確實堪憂。那麼,極端路線由形勢所迫愈走愈遠,以求維持一定聲勢和轟動效應,這也就更加速其走向衰微和泡沫化。

〔2〕從政黨內部矛盾方面來看,臺聯黨是以國民黨李系人馬為主,收編其他政黨的失意政客而成立的,構成人員原本理念、信仰差異頗大,純粹的權力利益追求使他們結合在一起,這種先天性、結構性問題使臺聯黨內部自始就明爭暗鬥、互別苗頭、無法協作,黨內逐漸產生對中央決策機制和財務管理的不滿,以至於出現黑函流傳,黨中央、「立院」黨團與「立委」三者關係難以協調,各說各話、相互抱怨。該黨以精英政黨自許,以公職掛帥,公職人員自立山頭、各自

為戰,加上發展空間難以拓展,只能對有限資源進行爭奪。長此以往,這些內部矛盾可能演變為內訌,實力及社會基礎勢必隨之削弱。

〔3〕從李登輝的因素方面來看,臺聯黨是依靠李登輝尚存的一定影響力而聚集起來,依靠李登輝不遺餘力的助選造勢而在2001年「立委」選舉中確立了政壇地位,形成一定的氣候。李登輝與臺聯黨形成利益共生結構,唇齒相依,生死與共,李登輝以臺聯黨作為發揮影響力的平臺,臺聯黨依靠李登輝的影響及資源而生存和發展。毫無疑義,李登輝的影響力已是日落西山、逐漸衰微,氣數將盡,時日可期,並且反過來有賴於臺聯黨的發展來維繫,相輔相成。李登輝所能影響的本土派人士,目前已無法在國民黨形成氣候,根本談不上左右國民黨,加上李氏影響力和臺聯黨實力逐漸衰弱,更無誘因使他們脫離國民黨。就總體發展趨勢而言,臺聯黨將隨著李登輝影響力的逐步衰微而走向泡沫化。

綜上所述,臺聯黨發展空間有限的現實及實力下降的趨向使之資源逐漸萎縮,從而加劇內部矛盾,有限資源的激烈爭奪及內部矛盾的加劇勢必進一步削弱實力、壓縮生存空間,由此陷入惡性循環往復的過程,同時,權力資源爭奪自然而然逐漸成為臺聯黨與民進黨互動關係的主要方面,呈現此消彼長的態勢,兩黨相互需要、相互利用的利益聯結關係將隨之解體。換言之,實力逐步下降亦使臺聯黨被陳水扁和民進黨利用的價值不可避免地逐漸走低。

注釋:

〔1〕臺灣《新新聞週刊》,第785期,2002年3月21日-3月27日,第18-20頁。

〔2〕臺灣《民眾日報》,1996年9月11日。

〔3〕臺灣《聯合報》,1999年5月9日。

〔4〕臺灣《自由時報》,2001年8月13日。

〔5〕臺灣《民眾日報》,2002年8月13日。

〔6〕臺灣《聯合報》,2002年2月27日。

〔7〕臺灣《聯合報》,2002年3月10日。

〔8〕臺灣《中國時報》,2002年3月31日。

〔9〕臺灣《民眾日報》,2002年4月8日。

〔10〕臺灣《聯合報》,2002年10月7日。

〔11〕臺灣《民眾日報》,2002年3月10日。

〔12〕臺灣《聯合報》,2002年11月18日。

〔13〕臺灣《中國時報》,2002年9月25日。

〔14〕臺灣《聯合報》,2002年11月21日。

〔15〕臺灣《聯合報》,2002年3月19日。

〔16〕臺灣《中國時報》,2002年8月4日。

〔17〕臺灣《聯合報》,2002年8月7日。

〔18〕臺灣《聯合報》,2002年11月12日。

〔19〕臺灣《聯合報》,2002年11月24日。

〔20〕臺灣《聯合報》,2002年5月11日。

信任危機對臺灣政治生態發展的影響

李鵬

信任危機一直是臺灣地區政治社會發展中存在的一個突出問題,2000年民進黨執政後,臺灣的信任危機問題不斷加劇,2004年的臺灣地區領導人選舉更是將信任危機激化到空前嚴重的程度。這種信任危機的激化不僅表現為在野勢力和相當部分民眾對陳水扁執政當局的不信任,它還廣泛存在於島內各大族群之間、藍綠不同陣營的支持者之間,以及民眾與媒體、媒體與「政府」之間。尤其

是這次3‧20選舉所引發的信任危機造成島內族群對立分裂之嚴重，對民眾心理傷害之深，對島內政治生態發展影響之深遠，都是前所未有的。那麼，如此嚴重的信任危機到底是如何產生的，它對臺灣政黨政治的發展和民眾政治參與的態度會產生怎樣的影響，本文將就此進行深入剖析。

一、信任危機產生的原因

信任是人與人之間交往的基礎，得到人民的信任是任何政府當局有效施政的保障。一般來說，信任包括兩層涵義；一為具體個人層面的，是對當事人的信任；一為制度、規則層面的，是對維持信任機制的信任。臺灣出現的信任危機是多種因素綜合作用的結果，既有人的因素，也有制度的因素，還有複雜的社會背景。

（一）政治制度上的缺失

制度上的缺失是信任危機在臺灣地區政治發展中長期存在的重要原因之一。臺灣照搬西方的所謂「民主政治」制度，雖然經過多年的發展，但依然處在初級的階段。從西方「民主政治」的實踐來看，制度設計上的缺陷和不同地區政治傳統的差異，使處於「民主政治」初級階段的地區比較容易出現不同政治力量之間非理性的無序惡鬥。臺灣地區現行的「憲政體制」是根據孫中山「五權憲法」的理論建構的，並不完全符合西方民主政治的制度設計。特別是1980年代以來，隨著「政治革新」和「憲政改革」的推動，臺灣社會政治本土化進程的加快，島內統獨意識形態的爭執不斷激化，臺灣「憲政體制」與現實政治生活中的結構矛盾日益顯現，雖然經過多次「修憲」，依然未能建立穩定的政治運作制度。〔1〕

臺灣地區政治制度上的缺失導致信任危機的產生主要表現在兩個方面，一是加劇了島內各個政黨間的利益矛盾衝突和意識形態的對立；二是執政者的權力過於集中和寬泛，容易造成法治和德治的真空，也極易引發信任危機。政黨是凝聚本階級的利益和表達本階級的政治意識，控制和影響利益的分配和實現過程，旨在奪取和鞏固國家政治權力而組成的政治組織。〔2〕政黨的這種屬性決定了不

同政治理念和利益需求的政黨之間天然存在著矛盾和對立,如果沒有一種制度性的安排來制約和協調這些矛盾,就可能造成失序的狀態。臺灣現在的政治制度中,「總統」、「行政院」和「立法院」之間的權責非常不平衡,「總統」幾乎是有權無責,「行政院」權力有限卻要承擔主要責任,「立法院」對「行政院」制衡力度明顯不夠。因此,當「行政」和「立法」分別控制在兩個不同陣營時,這樣的制度設計不僅無法有效地協調和化解朝野之間的對立,反而可能激化矛盾,經常出現執政黨強行施政、野蠻施政和在野黨為反對而反對、惡意杯葛的情況,這又會加劇不同陣營之間的互不信任和民眾對政治的不信任。

即使「行政」和「立法」同屬一個陣營,臺灣現有的制度也會產生另一個問題,即「總統」權力的無制約性帶來失信於民。臺灣經過多次「修憲」之後,「總統」的權力不斷擴展,享有「立法、行政、司法、軍事、外交」等多方面的權力,沒有一個機構能夠對「總統」的權力形成實質性的制約。16世紀英國的思想家胡克曾經指出:「無論對於國王的權力還是對於人民的權力來說,最嚴格地加以限制的權力才是最好的權力。所謂受到最嚴格的限制,就是說只能處理很少的事務;所謂最好的權力,就是那種其行使受到完善的盡可能細緻的規則限制的權力」。〔3〕很明顯,臺灣的「總統」權力並不是受到限制的最好的權力,問題就出在規則和制度上。由於缺乏有效的監督和制約機制,就極易於造成權力的濫用,使得民眾無法信任和依賴政府。李登輝在臺灣執政12年逐漸走向威權獨裁的過程,就可以說明這一點。再次勝選後的民進黨提出了年底「立委」選舉過半,實現民進黨「長期執政」的目標,同樣引起了人們對陳水扁可能走向專制獨裁的擔憂。雖然陳水扁在7月18日民進黨全代會上宣誓下任「監察院長」將由非民進黨人士擔任,但「監察院」有限的監督職權實際上很難對陳水扁當局構成有效的制約,無法化解在野黨和民眾的不信任。

(二)政治人物的性格弱點

政治人物的性格特點和政治表現也會直接影響到民眾的信任。俗話說,人無完人,一個人無論怎樣的完美,在具體的現實生活中,總不免會有人性的弱點,總會有某種性格上的缺陷。因此從人性的角度講,掌握權力的人,並不必然地具

有超人的智慧，權力並不等於真理和良知，面對自我的利益得失，總不免要在一定的程度上傾向於自我利益的維護，這就極有可能由於個人的政治性格和道德品格的缺陷，帶來國家或政府信任危機的問題。〔4〕因此，掌握權力的人，特別是掌握最高權力的人必須比普通人更能夠控制自己的情緒，盡可能地降低性格弱點可能對國家或社會造成的負面影響。目前臺灣政治社會中出現的信任危機同陳水扁的性格特點和人格特質有很大的關係。

陳水扁最突出的政治性格就是善變和缺乏誠信。在過去的四年裡，無論是在島內政治鬥爭還是處理兩岸關係中，陳水扁的善變表現得淋漓盡致。在2000年的「總統」競選中，陳水扁曾宣布當選後不擔任黨職，但卻在2002年主動推動「黨政同步」，兼任民進黨主席；2004年連任成功後不久，他再次放出風聲表示不想再擔任黨主席，遭到黨內反彈後又暫時擱置這一問題。在兩岸「三通」問題上，陳水扁一面講「三通」是必走之路，一面卻聲稱「三通」不是萬靈丹；一面表示要推動「三通」直航，一面又為「三通」設置種種障礙。陳水扁這些善變表現的背後是極端、偏激的心理和機會主義的考慮，直接導致他以「民粹主義」煽動不同陣營支持者之間、臺灣民眾對大陸的對立情緒；為了選票的需要，面對來自不同方面的壓力，他可以在不同的場合，面對不同的物件，講出完全自相矛盾的話。陳水扁性格中還有既自卑又自負的一面，自卑使他對有實力的政治對手不斷打壓和報復，自負導致他對實力不夠的政治對手展現權力的傲慢，甚至進行公開羞辱，不屑一顧。陳水扁政治性格弱點在施政過程中的展現使得他很難獲得島內政治對手的信任，也很難贏得大陸和國際社會的信任，同樣島內絕大多數民眾也對他保持懷疑和不信任的態度。除了陳水扁之外，島內其他政治人物的政治弱點也或多或少在政治生活中有所體現，對信任危機的形成也有一定的影響。

（三）權力和利益至上的驅動

制度上的缺失和政治人格上的弱點並不必然導致信任危機的產生，但它們一旦與權力和利益至上的追求相結合，就極易誘發信任危機。依照政治社會學的觀點，權力和利益本身就帶有誠信缺失的傾向，在高度集權的政治文化中，權力至上，有權就有一切，已經成為一種歷史文化積澱於人們的政治理念之中；權力獲

取越大,地位也就越高,對社會支配的力量也就越廣越強,利益也就相應地獲得越多,個人生命的力度也就越旺;而社會對權力的制約力度卻越來越弱,由於民眾相對於集權而言是弱勢,權力便會在其勢力的範圍內形成社會制約的真空區域,致使權力在根本上帶有誠信缺失的傾向。〔5〕在臺灣,執政在很大程度上已經成為個人或者黨派團體謀求政治權力和經濟利益的手段,社會民眾在一定意義上已經成為犧牲品和政治競爭的籌碼。

臺灣的政黨政治是一種競爭性的選舉制度,各個政黨和政治人物為了贏得選舉和獲取權力,在競選過程中不擇手段地打擊對手,排斥異己,煽動仇視,相互傾軋,直接造成了選舉風氣的敗壞。為了迎合選票和爭取支持,政治人物還會開出很多實際上無法兌現的政策支票。陳水扁在過去四年提出的「拼經濟」、「經發會共識」、「綠色矽島」、「2008行動方案」等目標和計畫,最終都不了了之。在臺灣,無論是執政黨還是在野黨,無論是在「總統」、「立委」選舉還是縣市長、鄉鎮長選舉,開列政策支票卻不去兌現的情況相當普遍。一個重要原因就是這些政黨和政治人物只是將自己的權力和利益放在第一位,並沒有把民眾的需求和利益放在第一位。這非常容易讓選民產生被欺騙和失望的感覺,長此以往就會對政黨和政治人物失去信任。

(四)民眾政治心理的紊亂

臺灣民眾長期形成的獨特政治心理也政治人物利用制度缺陷和性格弱點進行權力利益鬥爭提供了環境和機會,是信任危機能夠存在和發酵的社會背景。當前的臺灣並不是一個民主和理性的社會,民眾政治心理非常複雜,可以說是處於紊亂的狀態,在很多關鍵性問題上遠沒有達成共識。大陸學者劉國深就總結出臺灣人具有叛逆心理、悲情意識、「恐共」心理和「媚日崇美」現象,並認為臺灣人的政治意識形態具有政治信仰「歐美化」、族群意識「褊狹化」、政治文化「脫中國化」、國家認同「異質化」、臺灣前途「自立化」等五大迷思。〔6〕

臺灣民眾這種複雜政治心理的產生有些與臺灣移民社會的特性有關,有些是歷史的原因和記憶造成的,有的存在於現實的生活過程之中,還有則是政黨和政治人物長期政治操作所致。臺灣的「省籍族群」問題在很大程度上就是民進黨長

期操弄的結果，民進黨利用臺灣族群複雜多元的特點、國民黨政權在族群問題上的一些不當處理和民眾政治心理的紊亂，將「省籍族群」作為顛覆國民黨政權、贏得選舉和對抗大陸的政治鬥爭工具，不斷用極端民粹主義的方式進行挑撥煽動。長此以往，臺灣就變成了一個充滿統「獨」、仇恨、鬥爭、矛盾的社會，一個民粹主義盛行的社會，一個「非藍即綠」的社會。由此可見，臺灣民眾政治心理的紊亂給政治操作提供了空間，政治的操作導致信任危機的出現，信任危機的加劇又造成民眾心理的進一步紊亂，臺灣政治社會就在這樣的一個惡性循環中不斷發展，使得信任危機成為臺灣政治社會中一個難解的結。

二、信任危機對政黨政治和民眾政治參與的影響

雖然經過多年的實踐，臺灣地區的政黨政治並沒有完全走上成熟穩定發展的軌道，想要形成類似西方國家正常的政黨政治生態還需要一個較長的過程。在這個過程中，信任危機和政黨政治的發展是一種相互影響的關係，政黨政治的不正常發展可能導致信任危機的出現，信任危機又會對政黨政治的發展和民眾參與政治的心態產生負面影響。

（一）信任危機已經對臺灣的政黨政治秩序造成損害，危及到民進黨政權的合法性與有效性

任何一種政治秩序的維持都同時依賴於兩個方面，即有效性和合法性〔7〕。所謂有效性，是指某一政治體系透過實際行動滿足社會成員的需要的能力及程度；而合法性則與信任有關；指的是社會成員由於信任某一政治體系的品質和能力而擁護和效忠這一體系的程度；有效性與合法性之間是一種合則雙美、離則兩傷的關係。〔8〕民進黨政權要想在臺灣正常發揮政治領導職能，除了取得政權的途徑要有正常性以外，還必須得到多數民眾的信任和擁護，使他們相信這個民進黨手中的權力及其行使方式是正義的、有效率的，從而自願服從。但在2004年的選舉中，陳水扁以「公投」捆綁選舉、製造族群對立，在槍擊事件後又操弄「國安機制」，對槍擊案真相調查躲躲閃閃，使在野黨和相當部分民眾對民進黨取得政權手段的合理性和合法性產生強烈質疑。

更為嚴重的是，陳水扁在「就職」後並沒有積極彌合分歧，消除危機，反而毫無顧忌地利用公共權力進行尋租行為，在各項人事任命上以政治酬庸優先於專業考量，不僅對輔選有功人員論功行賞，還在某些需要保持超然中立的職位上安排明顯有偏綠傾向的人士，甚至有人公開表示「即使政治酬庸也酬庸得有道理」。這種公開的尋租行為所導致的信任危機不僅會直接損害到民進黨當局的行政效能，讓民眾對臺灣政治和行政制度的公正性、純潔性喪失信任，更讓民眾與「政府」的溝通出現困難。而且，這種因信任危機而形成的「尋租」心理往往是一個「自我確證」的「惡性循環」，即因信任危機而不斷尋租，因尋租成功而強化信任危機，如此循環往復，終將使尋租的衝動積澱為一種根深蒂固的政治文化心理，導致更多的人加入尋租的行列。〔9〕如果民進黨當局任由這種風氣發展下去，臺灣政黨政治發展的秩序將會遭受更為嚴重損害。

（二）信任危機使不同陣營政黨之間的政策分野和對立更加清晰和激烈，「中道力量」發展的機會和空間有限，臺灣短時間內難以實現政治穩定

在西方發達的民主國家裡，政黨的競爭是一種相對有序、有度、有限的競爭，朝野政黨之間競爭主要集中在公共政策和施政層面，很多時候都會出現政策趨同，為了防止過於趨同而喪失特色，各政黨一般又會採取模糊的政策立場〔10〕，這樣就可以避免造成社會的重大分歧和對立。為了實現政治穩定，各政黨之間經常透過談判、協商達成妥協，妥協意味著對政黨政治的各方特別是少數一方權利的尊重，可以有效降低衝突的激烈程度，沒有妥協就沒有政治穩定。〔11〕而在臺灣，政黨政治惡質化積弊深重，信任危機使朝野不同陣營之間在多數時候都處於劇烈對抗的狀態，民進黨和國親兩黨幾乎在所有問題上都缺乏共識，雙方的意識形態和政策主張分野清晰，基本上是趨於兩極，很難找到妥協的空間。在過去的四年，臺灣朝野政黨在是否停建「核四」、高層人事任命、預算編列、兩岸「三通」、農漁會改革、「公投制憲」等問題上都進行了非常激烈的對決。

藍綠非理性的激烈對決導致不少民眾對兩個陣營都失去信心，一些社會「中道力量」想趁機擠占藍綠所喪失的政治空間。臺灣選舉期間所出現的由弱勢團體

組成的「泛紫聯盟」、主張藍綠都是「爛蘋果」的「廢票聯盟」、「立法院」新成立的「無黨聯盟」，以及一些知名人士成立的「臺灣民主學校」等等都以「中道力量」自居。在臺灣目前「非藍即綠」的政治氛圍下，這些「中道力量」所能夠發揮的空間並不大，他們自身都沒有足夠的力量擔負起維護臺灣政治社會客觀中立的責任，還是要仰賴藍綠陣營才能發揮關鍵少數的作用；況且很多臺灣民眾是對整個島內政治感到失望，對新出現的政治勢力，往往會有「天下烏鴉一般黑」的心態，也影響到中道力量的發展。

年底的「立委」選舉關係到臺灣政黨政治版圖的重劃，已經成為各方角力的焦點。但有一點可以明確，民進黨希望透過「立委」選舉過半實現完全穩定政局的目的並不容易達到。即使泛綠勢力在「立法院」過半，「總統」、「行政院」和「立法院」密切合作，也不意味著必然會帶來政治的穩定。泛藍即使失去「立法院」多數，依然會是一股不可忽視的政治力量，執政者對他們權益的不尊重和刻意忽視只會導致他們對民進黨當局更加的不信任，他們可能會透過其他平臺和途徑來進行更激烈的反制和杯葛。而且，臺灣社會已經被撕裂為兩半，「立法院」的多數並不意味著民意的多數，如果民進黨當局以「通吃」的心態施政，則可能引發不同規模的社會遊行抗爭運動，從而導致政治社會的不穩定。

（三）信任危機使臺灣同一陣營各政黨之間和各政黨內部圍繞權力利益的合眾連橫更加微妙

在政黨政治中，政黨之間的結盟或合作是一種常態，目前臺灣已經形成了以民進黨和「臺聯黨」為主的泛綠陣營和以國民黨、親民黨為主的泛藍陣營。兩大陣營之間的信任危機不僅外溢到整個臺灣政治社會當中，也內滲到同一陣營內部的政黨之間和某一政黨內部各派系之間，使得它們圍繞權力利益進行的合眾連橫更加微妙。同一陣營的不同政黨之間雖然有理念上的相似之處，但各個政黨也都有自身生存和發展的考慮，政策利益需求並不完全一致，相互之間的信任是有限度的，在有些問題上的信任基礎甚至比較脆弱。它們之間即使是合作也不免有防範和競爭的一面，一旦面臨的外部壓力比較小，在臺灣整體社會信任危機彌漫的氛圍中，這種內部的競爭就可能凸現出來。同一政黨內的不同派系也有類似的問

題，不少決策往往需要考慮到派系的平衡和妥協。

對於泛藍陣營來說，泛綠陣營的壓力迫使他們不得不進行合作，甚至考慮合併的可能性，但兩黨之間的歷史恩怨、對某些領導人的不信任、對合併動機的懷疑都使國親合作的方向明確但道路卻極不平坦。民進黨和臺聯黨之間的信任基礎也並非牢不可破，而是相互利用的關係。對成功連任後的民進黨來說，它不希望「臺聯黨」同它搶奪政治行政資源，不希望「臺聯黨」發展過快而加重其要價的籌碼；而「臺聯黨」也不甘心永遠只是一個當配角的小黨，在選後一度傳出國親勢力消減後可以讓「臺聯黨」成為島內第二大黨來制約民進黨的聲音。此外，在國民黨和民進黨的內部，各種勢力和派系為了取得黨內領導人地位和2008年「總統」候選人資格也在明爭暗鬥。雖然目前各黨派和陣營內部的信任問題尚沒有溢出黨外或陣營之外，但在一定程度上已經影響到政黨政治版圖的構建。

（四）信任危機會對臺灣民眾政治參與的心態產生一定程度的負面衝擊

民眾的政治參與是政治發展的重要內容，一個國家或地區政治參與程度和水準高低，往往成為衡量此國家或地區民主程度和政治發展程度的最主要標準之一；政治參與的途徑一般有參加投票和選舉活動、參加政黨與社團活動、政治表達和政治接觸活動等。〔12〕臺灣地區民眾政治參與程度比較高，多數大型選舉的投票率都達到七成左右，有幾次甚至高達八成以上，但臺灣民眾政治參與的水準卻並不高。這是因為臺灣民眾的政治心理尚不成熟，政治參與中非理性的情感取向過重。如果民眾對政治或特定政治團體的情感承諾過於強烈，會對民主政治造成不利的影響，助長導致民主政治動搖的大規模的救治主式運動，導致政治系統的分裂動盪。〔13〕而按照西方選舉的經驗，信任危機必定會導致民眾參選、參政熱情下降，政黨的固定選民隊伍和活動空間日漸萎縮的情況。但在臺灣，信任危機不僅導致各黨派的基本支持者對政治參與熱情更加積極穩固，而且刺激非基本支持者的危機意識，使他們不得不「選邊站」，從而壓縮中間選民的數量，使投票率抬升。2004年臺灣地區領導人選舉投票率達到80.24%，在某種程度上就是因為有些選民對藍綠陣營盲目和無保留的支持所致。

信任危機對選民的刺激作用在臺灣選舉空前激烈、高度動員的時候表現得尤

為明顯，但在平時，信任危機最直接的影響是政治冷漠者增加，很多民眾對政治產生失望、無奈、疏離甚至是反感的心理。這種心理的形成源於政治信任的受挫，當選民發現自己所選的候選人不值得信任，自己所支持的政黨不符合自己的期待，政黨之間政治鬥爭的本質如此骯髒的時候，巨大的心理挫折及其引發的暈輪效應，就會使得人們視政治為畏途，消極地適應政治環境，主動地遠離政治生活。政治信任是一種非常複雜和微妙的政治心理，需要長期的努力才能培養起來，一旦受到損害，恢復起來就相當困難。2004年7月高雄市「議員」補選投票率僅為32.03%，創下歷史新低，就與此前出現的「議會賄選案」和「總統」選舉後的種種爭議衝擊選民的心理有關。

三、幾點結論

臺灣日趨嚴重的信任危機不僅危及到政治穩定和經濟繁榮，而且已經衝擊到社會的團結和安定。相互信任是維繫任何政治社會系統的重要凝聚力，嚴重的信任危機會造成整個政治社會系統的崩潰。既然臺灣的信任危機是政治轉型過程中多種因素相互作用的結果，化解和消除信任危機就是一項系統工程，需要「政府」、政黨、社會團體和普通民眾多方面的努力才可能達成。

首先，臺灣執政當局和各個政黨必須正視臺灣社會信任危機存在的現實，徹底反省信任危機形成的主觀和客觀原因，先從自己身上找問題，盡一切可能消除導致信任危機產生和激化的人為因素。「政府」信用所有信任問題的基礎，臺灣地區的當權者是解決信任危機的重中之重。但是，陳水扁和民進黨卻不敢或不願意承認信任危機的存在，刻意將政治對手的抗爭解釋為「輸不起」，將領導人的政治性格僅僅理解為誠信問題，將臺灣社會存在認同與族群的「問題」說成是「課題」等等；雖然陳水扁表示「身為執政者，願意率先反省，坦誠面對，並且尋求有效化解」〔14〕，但實際上沒有採取有效的行動，仍然像以前一樣做秀多於實質，這樣不僅無助於信任危機的化解，而且可能導致適得其反的效果。

其次，信任危機與政治系統、社會結構、經濟發展、文化傳統等因素都有密切的聯繫，要多管齊下才可能取得良好的效果。一般來說，政治穩定是政治參與

良性運行的基本條件,沒有穩定的政治環境,民眾的政治參與將走向無序化。無論是執政的民進黨還是在野的國親兩黨,都必須加強責任意識,扮演好負責任的執政黨或在野黨的角色,避免以政治煽動和激起民粹的方式進行對抗性的政治動員,激化族群矛盾,破壞社會結構的和諧,為政治系統的良好運作創造條件。經濟繁榮和發展是社會信任建立的物質基礎,經濟的發展可以提升民眾對政治社會的信心,反之則會降低民眾的信心。文化的一致和認同也是建構相互信任重要方面,人為割裂臺灣文化和中華文化的關係,搞「去中國化」的「文化臺獨」活動只會加劇社會信任危機的程度。

第三,當前的信任危機作為一種政治社會心理,歸根到底是政治社會互動的結果。因此,從根本上講,要消除臺灣的信任危機,就必須消除導致「政府」、政黨和民眾之間相互隔離、溝通不暢的因素,建立一種能為各方普遍信任和接受的社會制度性安排與制度性承諾。當前臺灣政治中存在的「五權」和「三權」體制不協調、「總統制」與「雙首長制」相矛盾、「總統」與「立法院」的許可權不平衡、政治人物對現有「憲政體制」的不尊重、民意代表的產生方式不盡合理等都是需要檢討和處理的問題。只有實現了制度上的協調,才能最終建立和諧信任的政治社會互動機制,解決信任危機的問題。

注釋:

〔1〕張文生:《從「罷免案」看臺灣政治的結構性矛盾》,《臺灣研究集刊》,2001年第2期,第61頁。

〔2〕鄭楚宣等著:《政治學基本理論》,廣東人民出版社,2001年9月版,第153、168頁。

〔3〕唐士其:《西方政治思想》,北京大學出版社,2002年版,第265頁。

〔4〕閻鋼:《試論國家政府的誠信建設問題》,《西南民族大學學報》(人文社科版),2004年第1期,第370頁。

〔5〕閻鋼:《政府誠信缺失的本源性探索》,《四川大學學報》(哲學社

會科學版），2004年第2期，第54頁。

〔6〕劉國深：《當代臺灣政治分析》，九州出版社，2002年6月版，第37-43、52-85頁。

〔7〕利普塞特：《政治人：政治的社會基礎》，上海人民出版社，1997年版，第55-60頁。

〔8〕馮仕政：《我國當前的信任危機與社會安全》，《中國人民大學學報》，2004年第2期，第28頁。

〔9〕同上，第28頁。

〔10〕周方銀：《國際問題數量化分析》，時事出版社，2001年2月版，第125-126頁。

〔11〕胡元梓：《論中國實現有效治理的社會政治心理基礎》，《文史哲》，2004年第1期，第158-159頁。

〔12〕鄭楚宣等著：《政治學基本理論》，第106頁。

〔13〕劉松陽、劉鋒：《政治心理學》，河南人民出版社，1991年6月版，第112頁。

〔14〕陳水扁2004年「總統」就職演說《為永續臺灣奠基》，www.president.org.tw。

第四篇　「去中國化」與「臺獨」

試論百年來「臺灣認同」的異化問題

劉國深

德國古典哲學家費爾巴哈在論及人類的「上帝迷信」時指出：人透過幻想，把自己的本質「異化」為對上帝的膜拜，只有當人認識到人是人的最高本質，上帝的本質就是人的本質時，這種異化現象才能消除。100年來，在多災多難的臺灣社會，一股政治上的「迷信」在少數人群中流行，筆者稱之為「國家虛像」崇拜——歷史以來形成的臺灣漢族移民對現居地的歸屬感與眷戀之情，即「臺灣認同」（或稱臺灣鄉土認同、臺灣地方認同），被少數人人為地疏離進而異化成虛幻的「國家」認同。

一、鄉土認同變遷與國家認同

根據歷史學者研究，漢族移民對臺灣的認同情感最早形成於清乾嘉時期〔1〕。遷臺初期，移民往往是以祖籍地作為群體區別的標誌，如泉州人、漳州人、閩南人、客家人等。以土地為主要謀生手段的移民經過幾代人的繁衍，逐漸形成對現居地的眷戀之情和歸屬之感，從此，來自不同祖籍地的人們在祖籍意識猶存的同時，增殖出一種新的共同的認同物件——臺灣，這就是所謂的「臺灣認同」。由於移民這一新的認同物件的形成是在中國認同不變的前提下發生的，因

此，這一認同變化實質上只是一種地方性認同變遷，無涉國家認同。

一些主張臺獨的人士卻認為，「漢人移民在臺灣社會無可避免地要發展出本地意識，這種本地意識的具體表現，便是1895年滿清把臺灣割讓給日本人時，臺灣人自動自發組成了『臺灣民主國』」〔2〕。在這裡，正常的鄉土認同變遷被扭曲成「國家認同」的改變。

對於這種鄉土認同變遷是否必然上升到國家認同疏離的問題，學術界曾多次發生相關的爭論：如1970年代中期的「鄉土文學運動」、1980年代的「土著化」與「內地化」爭論等。以「土著化」與「內地化」爭論為例，爭論的主題詞雖不是以「認同」一詞來表現，但實質上或多或少都涉及到「居住地認同」與「中國認同疏離」問題。爭論的一方以「土著化」為題，力圖證明臺灣移民社會已發展出完全不同於大陸社會的「土著社會」；他們認為漢族移民已發展出一種新的以臺灣本地地緣和血緣為基礎的現居地認同（少數臺獨理論家據此認為移民發生了對中國認同的疏離，以此為「臺灣獨立」作辯護）。另一方則以「內地化」為題，極力主張臺灣移民社會的變遷取向是以中國內地各省的社會形態為目標，轉變成與中國本部各省完全相同的社會。他們從實證的角度，用族譜、祭祖和親族關係維繫等史實論證臺灣的漢族移民長期以來都保持著祖籍地認同。

大陸學者陳孔立教授對爭論雙方的觀點作過深入分析，他認為臺灣移民社會的確存在「土著化」的某些特徵，但他強調指出：即使是那些「土著化」論者也不得不承認臺灣移民社會「在『土著化』的同時，也存在另外一個方面，即更加接近內地社會的傾向。」〔3〕陳孔立認為：「直到被日本占據以前，臺灣社會還沒有『化』成和大陸『完全相同的社會』，也沒有『化』到『土著化過程已經完成』，或從大陸社會『疏離出去』，它還處在雙向發展的過程之中。本來，臺灣還會沿著這條雙向型的道路，逐漸發展成為一個和閩粵社會十分相像的土著社會，只是由於日本的占據打斷了這個進程，從此，臺灣社會不論在政治上、經濟上、文化上都和大陸社會逐漸疏離了。」〔4〕筆者認為，上述結論從一個側面證實了，臺灣移民社會的變遷至少在日據之前還只是在人類學、社會學的範疇之內的鄉土認同變遷問題，或許真如「土著化」論者陳其南所稱，「主要是透過社

會結構、族群關係和人群認同意識的分析來闡明清代臺灣漢人社會的轉型過程」，而不涉及「政治層面」的問題〔5〕。因此，那種把日據前漢族移民對臺灣的認同誇大成政治層面的「中國認同疏離」是錯誤的。

少數臺獨理論家又以華人移居東南亞各國為例，認為這些移民要麼認同當地國家，要麼不斷遭受當地居民的排華運動。以此，他們推定，臺灣漢族移民必然要發展出臺灣的「國家意識」〔6〕。

眾所周知，幾千年來的中國歷史，在一定程度上也可以說是以漢族為主體的中華民族向外移民的歷史。近幾百年以來，華人移居的地域十分廣泛，不僅從中原移往今天的閩粵一帶，而且從閩粵一帶移往臺灣、東南亞，甚至今天的美國、南美各地。這些中國移民經過二、三代，甚至更多代的繁衍生息，逐漸出現層次不一的認同變遷，這本是極其自然的發展變化過程。然而，必須指出的是，在這一漫長的民族歷史大遷徙過程中，不同移居地的中國移民所發生的認同變遷的層次也有所不同：有的只是發生地方性鄉土認同的變遷，有些卻進一步發生了國家認同的變遷。例如，大多數移民美洲國家的華人經過幾代繁衍後不僅認同了移居地鄉土，而且認同當地的國家；但是，從中原移往閩粵的移民實際上只發生鄉土認同的變化，而沒有出現國家認同變遷的問題；同樣的，從閩粵兩省遷臺的移民在相當長時間裡只有鄉土認同的改變，而不存在所謂國家認同變遷問題，也就更談不上發展出新的國家意識。因此，移民社會並非必然要發生國家認同變遷問題，區別主要在於移居地是在一國之內還是在國境之外。（至於臺灣的歸屬問題，學術界已有公論，本文不復討論）

二、日據時期的臺灣認同異化

有很多學者將「二二八事件」當作臺灣人發生中國認同變遷的起點，如臺大政治系教授葛永光就認為，「造成部分臺灣同胞中國認同變遷的是二二八事件」〔7〕。其實這種認定是不夠精確的，至少它不能解釋日據時期少數臺灣人對日本帝國的「認同」現象，以及更多的臺灣人心中的「亞細亞孤兒」心態。在日據的最初兩年裡，為了鄉土家園免受毀滅，多數臺灣民眾在極不情願的情況下，被

迫選擇了日本國作為「國家認同對象」。所以，從異化的角度上看，臺灣社會的國家認同變遷至少在日據時期已經出現了。筆者的觀點是，臺灣人的中國認同變遷的國家認同變遷的起點似乎應追溯至1895年。這是因為，除了日本殖民者強加給臺灣人的日本國「認同虛像」外，臺灣人自己也在臺灣認同的基礎上創造出了一個「國家認同虛像」，這就是所謂的「臺灣民主國」。

施敏輝在談到1895年臺灣人成立「臺灣民主國」時，把它當作臺灣本土意識向國家意識發展的必然結果。這一觀點基本上應是一種形而上學的錯誤。根據陳孔立教授對「土著化」與「內地化」爭論的分析結論，在正常情況下臺灣社會應該會發展成為一個類似閩粵地區的社會形態，而不是如施敏輝所說的必然朝某種國家意識發展。但是我們也不能忽略「臺灣民主國」的負面影響；施敏輝之所以會誤將「臺灣民主國」當作臺灣人「國家意識」的開端，就是因為他看到了「臺灣民主國」的「國家虛像」。

1895年，中日甲午戰爭以清朝失敗而告終，腐敗的清政府屈服於日本侵略者的壓力，為了本統治集團的利益，不顧全體中國人民的反對，割讓臺灣給日本。當時的臺灣民眾得知割臺消息，哭聲震天，群情激憤。在不斷反對、抗議未果，卻又不願對日稱臣的兩難絕境下，臺灣士紳不得不宣布成立「臺灣民主國」以求自保。當時「臺灣民主國」的領袖們的心情是相當矛盾的。根據歷史學者考證，當時分別擔任「臺灣民主國」「總統」和大將軍的唐景崧、劉永福曾電告清政府：「臺民此舉，無非戀戴皇清，以圖固守，以待轉機。」這說明成立「臺灣民主國」的目的並非真的要另立國家。但與此同時我們也可以發現，部分心中認同中國但更直接地表現出對臺灣深切的鄉土認同的人士已對清政府徹底失望，他們或多或少已經將鄉土認同異化為一種「國家圖像」——他們錯誤地認為，透過暫時的「立國」，既可保衛臺灣又可在將來達成回歸的目的。如丘逢甲在絕望之中明確提出了「臺灣自主」的口號，他說：「清廷雖棄我，我豈可複自棄耶？」唐景崧在他發布的告示中更明確流露出這種矛盾的心態，他說：「惟臺灣疆土，荷大清經營締造二百餘年，今雖為自主國，宜感念列聖舊恩，仍恭奉正朔，遙作屏藩，氣脈相通，無異中土。」〔8〕客觀而辯證地說，這些人認同中國、「感念列聖舊恩，仍恭奉正朔」是實，但促成臺灣認同異化也是實。

筆者相信「臺灣民主國」的領袖們立國之初的確懷有「曲線回歸」的美好願望。但是，從客觀結果來看，「臺灣民主國」從此成為一個異化了的國家認同虛像，從正面意義來說，這一虛像在整個日據時期時常成為鼓舞部分臺灣人抗日鬥爭的精神寄託，但從負面意義來看，「臺灣民主國」虛像後來成為少數對當時歷史曲解者的崇拜對象。曾任民進黨主席的施明德在歷次法庭辯論時就一再強調，他要「復國」，恢復1895年成立的「臺灣民主國」。確如施敏輝所說：「『臺灣民主國』在現實政治裡雖然是一個失敗的嘗試；然而，它在臺灣意識的凝聚過程中，卻是相當重要的一步。在思想意識上，它確實給臺灣的漢人建立了本土的自主的信念。『臺灣人』一詞的出現，便是在日本據臺的20年後正式產生的。」〔9〕這說明部分人就是在「臺灣民主國」的虛像之下錯誤地積澱出超乎鄉土認同的「臺灣人意識」。

　　如果說「臺灣民主國」是臺灣認同異化的開端，那麼日本殖民者對臺灣人民進行的「皇民化」教育則進一步使臺灣社會已經出現的「臺灣認同異化」複雜化了。「臺灣民主國」很快就滅亡了，它對臺灣民眾傳統的中國認同造成的衝擊畢竟有限。但對於日本殖民者來說，不論是異化了的「臺灣民主國」認同還是廣泛存在臺灣人心中的中國認同，都是對殖民統治的重大威脅。1937年開始至1945年臺灣光復，日本殖民者在臺灣推行了一場大規模的「皇民化運動」——從語言、文字、生活習慣、價值觀念、國家認同甚至姓氏等方面對臺灣民眾實施全面同化政策。這場「皇民化運動」雖然受到大多數臺灣人的頑強抵制，但是，我們也應當看到，「在日本殖民者的欺騙宣傳下，確曾有一小部分人受到皇民化運動的影響，甚或成為日本殖民統治的『從犯』」〔10〕。更值得注意的是，皇民化運動對臺灣社會尤其是成長於皇民化時期的那一代臺灣人的基本政治認知、政治情感、政治價值觀念的影響是既深且巨，其對中國認同的傷害一直遺留至今。一些人甚至產生另一種與臺灣認同異化不同的「國家認同異化」——「日本國認同」或「天皇認同」。這種超乎臺灣認同異化的國家認同異化事實在今天的臺灣仍可尋得一些蛛絲馬跡。

三、戰後的臺灣認同異化（之一）

大陸對臺研究精粹：政治篇

　　日據時期的臺灣認同異化雖然對臺灣人的中國認同造成一定的衝擊，但總體上看並沒有改變絕大多數臺灣人發乎內心的中國認同。1945年光復之初，受日本殖民者壓迫幾十年的臺灣民眾以極大的期待迎來了雖然軍紀渙散、衣衫不整，但卻代表著祖國來接收的國民黨軍隊。當時臺灣人的歡喜之情見諸各種史料，這裡不復贅述。光復後臺灣民眾對祖國的認同程度也直接體現在他們參與國民黨當局舉辦的各級「民意代表」選舉的熱情之中。據統計，1946年初進行選舉登記時，有2393142人參加宣誓登記，占全省20歲以上成人的91.8%，而登記參選的竟有3萬多人〔11〕。因此，可以說，日據50年來臺灣社會異化了的鄉土認同得到初步的復原，臺灣人民的鄉土認同再次融入中國認同（當時即「中華民國」認同）之中。

　　遺憾的是，腐敗的國民黨政府如同清政府一般並沒有珍惜臺灣同胞的愛國熱情，也沒能體察臺灣民眾要求當家作主的強烈願望。當時以陳儀為行政長官的國民黨臺灣政府當局及國民黨駐臺軍隊不僅貪贓枉法、軍紀敗壞、行政效率低下，而且處處阻撓臺灣人對政治的參與熱情。臺灣人的參政管道幾乎完全被堵死了，當時所有中上級官吏都是從內地來的，就連由臺灣當地選舉產生的省參議會也得不到行政長官陳儀的應有尊重。不少臺灣人逐漸感覺到回歸給他們帶來的只是更大的失望與悲涼，許多方面甚至還不如光復以前。臺灣人內心的沮喪是可想而知的。1947年2月28日，一場反對國民黨當局的「二二八事件」終於爆發。

　　「二二八事件」的直接結果是：部分臺灣人的臺灣認同再次發生異化，並且出現新的「臺灣共和國」認同虛像。多數臺灣民眾對國民黨執政的「中華民國政府」產生逆反情緒，由於當時國民黨當局領導的「中華民國」政府仍代表著中國，少數臺灣人因此簡單地把國民黨當局與「中國」劃上等號，逃避國民黨當局與中國認同疏離因此被糾纏在一起了。而「中國認同疏離」又同「臺灣認同異化」糾纏在一起，這當中，日據時期形成的異化了的臺灣認同意識起了重要的觸媒作用。與日據時期不同的是，「二二八事件」前後的臺灣認同異化的原因十分複雜，不能排除有外力介入的因素，但更主要地還是同為中國人的國民黨當局造成的，在某種意義上，這種傷害更加深刻。事件之後，不少臺灣本省籍精英被殺，其他參與事件的精英則紛紛逃往國外和大陸，其中不少人直接轉變為「臺灣

獨立運動」的宣導者，並且開始創建各種臺獨運動組織，如1950年在日本成立「臺灣民主獨立黨」。1956年1月，部分留美臺灣學生在美國成立第一個臺獨組織「自由臺灣人的臺灣」。同年2月28日，廖文毅等人在日本東京宣布成立「臺灣共和國臨時政府」。在此後的30多年間，「臺灣共和國」一直是少數臺灣認同異化者的主要的崇拜虛像。

實事求是地說，這時的國民黨政府在「一個中國只能有一個代表中國主權的中央政府」這一問題上的認知與中華人民共和國政府的認知是基本一致的，他們雖然不接受中華人民共和國已取代「中華民國」的現實，但他們也旗幟鮮明地反對臺灣獨立主張。因此，在1970年代之前，儘管大部分臺灣民眾受臺灣當局的矇騙，仍以已成虛像的「中華民國」為中國認同對象（中華人民共和國成立的同時已宣告了「中華民國」的滅亡，從國際法的意義上看，中華人民共和國已完成對「中華民國」的政府繼承）〔12〕，然而，他們認同中國的主觀意願應是明確的。在「中華民國」這一錯誤的認同虛像之下，臺灣人的中國認同與臺灣認同基本上是和諧的，島內的臺灣認同異化現象並不明顯。少數以「臺灣共和國」為崇拜虛像的人只能在海外搖旗吶喊而已；在島內，這種異化了的「虛像崇拜」主張難以生存，稍有抬頭就受到當局的嚴厲制裁。

進入1970年代以後，隨著國民黨當局外交上的節節失敗，「中華民國」這一臺灣人的中國認同虛像開始快速破滅。公允地講，在現實政治的環境下，要求臺灣人公開轉以中華人民共和國為新的中國認同目標也是不現實的。在此兩難境地下，更多的臺灣人轉求諸臺灣認同，並再次將之異化成「國家認同」虛像。自1970年代末開始，以所謂「臺灣意識」為象徵的臺灣認同異化趨勢明顯加快，部分臺灣鄉土意識濃厚的學者為了尋求臺灣人「當家作主」的正當性，開始從文化的視野有意識地擴大「臺灣意識」與「中國意識」的差異性。這就是「臺灣意識」與「中國意識」論戰的真實背景。雖然這場論戰在官方的介入之下最終以「中國意識」的勝利而告終，但臺灣認同異化的程度也因此更加嚴重了。

蔣經國晚年，臺灣當局在鄰近幾個獨裁政權相繼倒臺的環境壓力下，不得不進行以民主化為核心的「政治革新」，放鬆對島內異議人士的控制，如默許民進

黨成立、解除戒嚴、開放黨禁報禁等。因此,到蔣經國去世前,1970年代末以「臺灣意識」為面紗的「鄉土認同異化思潮」已經開始浮上檯面。必須指出的是,直到蔣經國去世前,臺灣當局所主導的政治社會化主軸仍是強調臺灣的中國性格,任何對中國認同的公開挑戰都難逃牢獄之災。因此在李登輝上臺之前,臺灣社會的鄉土認同異化仍只是一股隱晦的政治暗流而已。

四、戰後的臺灣認同異化(之二)

1988年1月,李登輝依「制度倫理」繼任「中華民國總統」後,臺灣政治生態環境劇變,從此,在蔣經國晚年即已抬頭的臺灣認同異化便如決堤洪水四處氾濫起來。1988年以來的臺灣認同異化大體上可分為兩種不同類型:(1)民進黨的「顯性臺獨主張」——「臺灣共和國」崇拜;(2)李登輝的「隱性臺獨主張」——「中華民國在臺灣」崇拜。

1.民進黨的「臺灣共和國」崇拜

「認同臺灣」、「愛惜臺灣」、「臺灣人出頭天」等口號是民進黨成立以來喊得震天響的政治口號,久為外省官僚集團壓迫的臺灣普通民眾對這樣的主張當然深表贊同。但是,並沒有多少人認真思考民進黨人的政治企圖。實際上,民進黨人在這些口號裡夾藏著的是異化了的臺灣「國家」認同虛像。形成於光復初期,但卻長期處於隱晦狀態的「臺灣共和國」崇拜在這一階段終於「登堂入室」了。

自1986年9月成立以來,民進黨內的臺灣認同異化虛像主要有「臺灣命運共同體」、「臺灣民主共和國」、「臺灣共和國」等。其中又以流傳30多年的「臺灣共和國崇拜」信徒最多。1989年以後,「臺灣共和國」主張逐漸成為民進黨內占主流的認同虛像,這可以從「臺灣共和國」口號充斥臺灣街頭、所謂「臺灣共和國憲法草案」在《自立晚報》等大型媒體中公開登載、民進黨通過以「臺灣共和國」為「國名」的「臺灣憲法草案」等行動中得出結論。到1992年底「二屆立委」選舉時,將「臺灣獨立」主張列入黨綱的民進黨發展到鼎盛時期,在這次選舉中,民進黨一下子贏得52席「立委」席次,而且獲得36.09%的

選票。

然而，赤裸裸的「臺灣共和國」主張畢竟不為多數民眾所接受，民進黨的得票中有不少是對國民黨不滿，希望有一個強有力的在野黨對國民黨進行制衡的所謂「賭爛票」。據「二屆立委」選後的各種評估分析，在民進黨的支持選民中，有兩成左右選民是不願把票投給國民黨、但又不支持民進黨主張的中間游離選民。因此，真正支持民進黨臺獨主張的民眾只有1成5左右。1993年和1994年的縣市長、省市長選舉結果證明，民進黨內的極端臺獨主張已經成為民進黨進一步發展的最大夢魘，「臺灣共和國」主張已處在進退維谷之中。

2.李登輝的「中華民國在臺灣」崇拜

在民進黨的「顯性臺獨」不斷擴張的同時，另一種扛著「中華民國」招牌的分離主義思潮也在國民黨內蔓延開來，這就是「隱性臺獨」。和「顯性臺獨」相同，「隱性臺獨」主張也是打著「愛臺灣」幌子，將「臺灣認同」異化成「國家認同」。與「顯性臺獨」不同的是，「隱性臺獨」的起因不純粹是臺灣認同異化，它還夾雜著國民黨內權力鬥爭的因素。

李登輝上臺以後，首先就利用臺灣人強烈的臺灣認同意識和歷史上形成的「省籍矛盾」，積極促使臺灣認同走向異化，為鞏固自己的權力地位服務。由於在國民黨內缺乏任何派系基礎，李登輝上任之初權力基礎不穩固，其中主要是來自黨內外省官僚集團的挑戰。和黨內外省籍政敵不同的是，李出身臺灣，而且是臺籍精英中政治地位最高的一位，這一背景特質是他與黨內其他政敵較量時最有利的政治資源。從教育背景來看，李登輝從小接受日本「皇民化」教育，其「國家認同」觀念難免受到一定的扭曲，對他來說「中國這個詞也是含糊不清的」，他只相信「臺灣至少是臺灣人的東西」。我們有理由懷疑，在李登輝的思想中，臺灣認同意識遠超過「中國認同」。基於上述分析，我們就不難理解李登輝為什麼會在上任不久即積極推動「臺灣認同異化」了。此外，1970年代以來，所謂的「中華民國」在國際上四處碰壁的現實，更使李登輝得以在撇開虛幻的「中華民國認同」虛像的同時，大談異化了的臺灣認同，為營造新的認同虛像大作文章。總體上看，李登輝推動臺灣認同異化的主要步驟有：

第一，縱容臺獨。為了達到政治上的借刀殺人、剷除異己的目的，李登輝在「民主、自由、愛臺灣」口號配合下，採取了一系列縱容臺獨的政策，如釋放獄中的臺獨分子、取消禁止臺獨分子返臺活動的「黑名單」、修改嚇阻臺獨活動的「刑法100條」、邀請臺獨領袖參加「國是會議」等。這些措施嚴重誤導臺灣民眾的統獨價值觀念，使主張臺獨的人大批進入臺灣政治體系核心，相應地，認同中國、主張統一的人卻成了政治邊緣人。到1993年初，李登輝在民進黨人的策應之下，成功地將國民黨內的反臺獨勢力排擠出核心。從此，李登輝不但牢牢掌控了黨政軍大權，而且得到臺獨勢力的暗中支持。

第二，膨脹臺灣認同意識，李登輝一上臺就急不可耐地為「二二八事件」「平反」。長期以來，「二二八事件」是國民黨當局強加給臺灣人的一條「原罪」，為了贏得臺灣人的支持，李登輝將事件重新定性為「臺灣人的悲劇」。這一「平反」本身是有正面意義的，但李登輝並不就此甘休，因為他的目的不在於「平反」本身，而在於利用這一「平反」，將「原罪」推到外省人身上，激化省籍意識，從而使臺灣人的自我意識無限膨脹化。將國民黨政權定性為「外來政權」是李登輝膨脹臺灣認同意識的又一舉措。1994年3月，李登輝在與日本作家司馬遼太郎的一次「對談」中說：「到目前為止掌握臺灣權力的，全都是外來政權。最近我能心平氣和地說就算是國民黨也是外來政權。」這種不加區別地將國民黨政權與外國入侵者視同為「外來政權」的作法，客觀上造成了外省人與臺灣本省人的對立，進一步促發臺灣本省人的「我族」意識。此外，李登輝還多次刻意強調臺灣鄉土教育、臺語方言的「重要性」，貶低中國歷史、地理教育和「中國話」的價值。透過這些潛移默化的誤導，臺灣社會本已十分強烈的臺灣認同意識被人為地膨脹起來。

第三，建立新的虛像崇拜。1990年代中後期，李登輝雖然嘴上還掛著「中華民國」的詞句，事實上卻早已經放棄了虛幻的「中華民國」認同。在異化了的臺灣認同支撐下，李登輝先後推出諸如：「臺灣生命共同體」、「臺灣政治實體」、「分裂中國家」、「階段性兩個中國」等模稜兩可的名詞作為「中華民國」的替代品。這些異化了的認同虛像實質上與民進黨人的「臺灣共和國」毫無二致，因此當然得到民進黨人的喝彩——這也正是民進黨內長期存在「李登輝情

結」的思想基礎，李登輝實現了民進黨人想做卻做不到的事。

由於李登輝推出的這些臺灣認同異化新花樣的分裂實質昭然若揭，不僅大陸方面不可能接受，而且島內輿論也撻伐聲連連。正當李登輝黔驢技窮之際，他的幕僚又為他設計出「中華民國在臺灣」這一新的認同虛像，他們希望這一「兼顧」「中華民國認同」與「臺灣認同」的新產品能敷衍過關。在李登輝的大力推銷之下，「中華民國在臺灣」這一新的名稱儼然已成為臺灣社會主流的「虛像崇拜」對象。的確，與民進黨的「臺灣共和國」相比，李登輝的「中華民國在臺灣」含蓄得多，既能滿足少數臺獨分子的心理要求，又矇騙了不少認同中國的臺灣民眾。這種打著虛幻的「中華民國」旗號，卻又明擺著追求分離主義的作法真是令人歎為觀止，100年來的臺灣認同異化因此進入了一個新的階段。

結語

臺灣民眾對臺灣的眷愛之情和大陸其他各地人民對家鄉執著的依戀一樣，都是中國人民的傳統美德。正如葛永光教授所說，臺灣認同是中國認同的一部分，正常、健康的臺灣認同與中國認同是不相抵觸的〔13〕。

自100年前臺灣認同出現第一次異化以來，先後經歷了日據時期、「蔣氏父子時期」和「李登輝時期」三個不同的歷史階段，究其成因和深度各有不同，對國家統一造成的影響也各不相同。其中尤其值得重視的是，以「中華民國在臺灣」為認同虛像的臺灣認同異化已經發展到登峰造極的階段，因為以往的任何一種異化形式都只是當局所壓制的「異端邪說」罷了；而今天所謂的「中華民國在臺灣」卻成了以李登輝為首的臺灣當局的「官方學說」，掌握著各種政治社會化工具的臺灣當局正在利用各種途徑向島內民眾及國際社會傳播這一經過精心包裝過的認同虛像。從1990年代後期民進黨領導人的多次講話來看，「中華民國在臺灣」這一臺灣認同異化虛像已得到民進黨內不少人的認可，大有整合其他各種崇拜虛像之勢，可見「顯性臺獨」與「隱性臺獨」正在合流，如果不加以批判和揭露的話，臺灣民眾和國際社會將受到更深的蒙蔽和欺騙，中國的統一進程也將因此受到空前的傷害。是到了還臺灣認同真面目的時候了！

注釋：

〔1〕參見《臺灣研究集刊》1994年第2期第69頁，周翔鶴文。

〔2〕《臺灣意識論戰選集》第10頁，作者施敏輝，臺灣前衛出版社1988年版。

〔3〕〔4〕〔5〕《臺灣研究十年》第294頁、第293頁，陳孔立文，廈門大學出版社1990年。

〔6〕〔9〕《臺灣意識論戰選集》第9頁，施敏輝文，臺灣前衛出版社1988年版。

〔7〕〔13〕《文化多元主義與國家整合》第128頁，葛永光著，臺灣正中書局1991年7月版。

〔8〕參見《清代臺灣史研究》第474頁，林其泉文，廈門大學出版社1986年。

〔10〕《臺灣研究十年》第375頁，陳小沖文。

〔11〕《臺灣議會政治40年》第57頁，鄭梓著，臺灣自立晚報出版社1987年版。

〔12〕《國際法》第121頁，王鐵崖主編，法律出版社1981年版。

臺灣政治文化「脫中國化」現象芻議

劉國深

「臺灣文化是中國文化的一部分」，這樣的命題，對於絕大多數生活在臺灣的中國人來說，本是一個常識性的命題。不過，由於複雜的歷史原因，並不是所有的臺灣人都能心平氣和地接受這一命題。1980年代以來，一股宣導「臺灣文化主體性」的思潮開始蔓延。根據前《中國論壇》總編輯蔡詩萍的定義：「所謂

的『文化主體性』，指稱的是以『臺灣』這塊島嶼作為認同地域，而在意識上明顯區別『中國（大陸）』與『臺灣』的不同，企圖在這兩者殊異的認知上尋求建立『臺灣』的文化主體性」〔1〕。這一思潮的主要觀點是：臺灣文化是由原住民文化、漢文化、西班牙文化、荷蘭文化、日本文化和美國文化共同組成，屬海洋文化性質，與中國文化的大陸文化性質有本質的不同，因此，臺灣文化有其主體性，中國文化只是臺灣文化的一部分。對於這一思潮的政治意涵，讀者並不難領會。民進黨核心人士謝長廷曾經明確表示：「我常想，要怎麼説，臺灣獨立的觀念才會被接受。所以我從文化著手，先説臺灣是不是命運共同體……」〔2〕。由此，我們可以認定這種從文化歸屬上將「中國文化」同「臺灣文化」區隔開來的努力，其終極目的就是企圖將文化體系的認同剝離上升到政治體系的認同剝離，以「證實」所謂的「臺灣共同體」與「中國共同體」是兩個互不隸屬的對等共同體，進而從政治文化的高度為臺灣脫離中國奠定理論基礎。因此，本文所分析的文化現象實際上也都是政治文化議題，這些議題基本集中在政治文化的「體系文化」層次。為了便於深入討論，本文根據政治文化相關理論框架將臺灣政治文化的「脫中國化」現象細分為「政治認知」、「政治情感」和「政治評價」三個不同層面進行探討。

一、政治認知「脫中國化」現象

「政治認知」是指人們對政治現象的基本認識，這種認識構成了社會成員對政治行為的主觀性原則。在體系文化層次上，政治認知主要包括對「臺灣人是不是中國人」、「臺灣漢族是不是中國漢族的一部分」、「臺灣是否中國領土不可分割的一部分」等基本命題的認識。1980年代以來，特別是進入1990年代以後，臺灣社會的政治體系認知出現了明顯的混亂，少數所謂知識精英與政治精英人物公開呼籲從觀念上改變臺灣民眾對臺灣所屬政治體系的固有認知。如主張「臺灣人不是中國人」、「臺灣不是中國的一部分」、「臺灣海洋民族論」、「臺灣歷史重新開始論」、「臺灣地位未定論」，等等，具體表現如下：

第一，重新界定臺灣文化與中華文化的關係，提出臺灣文化屬海洋型文化，

中華文化只是臺灣文化的一部分。他們的論據是：臺灣文化分別由漢文化、原住民文化、西班牙文化、荷蘭文化、日本文化和美國文化組成，屬海洋文化性格，與中華文化的大陸性格有本質的不同。例如，謝長廷認為，中國的政治文化直到國民黨入臺才帶到臺灣，因為臺灣過去與中國在政治上有關係的時間很短〔3〕。這樣的觀點不僅簡化了政治文化一詞的內涵，而且明顯是與歷史事實不符的。政治文化的內涵不僅包括權力政治上的關係，而且包括人們的政治意識、民族氣質、民族精神、民族政治心理、基本價值觀和常識性的政治認識等。臺灣人身上的中國烙印極深，無論是民間習俗還是政治歸屬感都有明顯的中國性格，這也是為什麼日本殖民者經常將臺灣人稱為「清國奴」、「支那人」的原因。

第二，虛構出一個與中華民族對等的「臺灣民族」。改變臺灣民眾對自身民族屬性的認定，是臺灣政治認知「脫中國化」的又一表現。有些人提出，臺灣人富於開放性和冒險精神，與中國人的「封閉性」、「保守性」完全不同，因此可以說是一個海洋性民族。但所謂的「臺灣海洋民族」的論據十分牽強，根據臺灣學者的研究結論，如果臺灣真有所謂的「海洋民族」的話，大概也只有蘭嶼的雅美人符合海洋民族的條件〔4〕。因此，所謂的「臺灣民族論」是站不住腳的，對此，不少民進黨內的有識之士已不再堅持。但是，島內至今仍有少數人並不就此善罷甘休，於是又以含混不清的「命運共同體」來作為「臺灣民族」的替代品。「坦白說，臺灣的群體認同象徵到底要怎樣選擇，的確是個大難題：無論『中華民族』或『臺灣民族』，目前都不能夠成為大家接受的整合臺灣兩千萬人民群體的概念。所以『中華民族』作為私人的認同象徵，固然應受完完全全的尊重，但恐怕不好勉強大家接受，因此與其民族來民族去，不如用大家是『命運共同體』這一個概念更好，這豈不是一個目前大家最能接受的概念嗎？既然如此，一旦獨立建國，就以『臺灣命運共同體』做認同基礎，建立『臺灣共和國』吧，不要再橫生枝節了。」林濁水的這一段說詞看似寬容，但說來說去還是要人們接受「臺灣新民族」觀念而已〔5〕。如果說上述兩個現象只是民間層次的「脫中國化」且影響有限的話，臺灣當局內部的「脫中國化」現象則會對島內社會的政治認知造成極大的影響。近年來，臺灣當局領導人也經常散布一些似是而非的政治認知，如把來自大陸的國民黨政權視同日本及西方殖民者，稱之為「外來政

權」；如提出與「臺灣命運共同體」毫無二致的「臺灣生命共同體」主張；宣稱「目前不存在一個中國」；甚至提出所謂「中華民國在臺灣」「對等政治實體」、「階段性兩個中國」等兩岸關係定位主張。臺灣當局所創新的這些混亂的政治符號目前已經造成了極為嚴重的政治影響，加劇了島內政治認知的「脫中國化」現象。

二、政治情感「脫中國化」現象

「政治情感」是指社會成員對政治現象產生的親疏好惡等情緒性反應。在政治體系文化的層次上，政治情感表現為對政治體系的認同感、親近感，以及對一些代表性政治符號的自然情愫。在今天的臺灣，絕大多數民眾對「國家中國」的親近和熱愛與大陸民眾基本無異，那些對大陸地區仍有濃厚鄉土情懷的外省籍人士是這樣，就連那些十幾代以前移民臺灣，已找不到自己的大陸祖籍地，完全認同臺灣鄉土的本省籍民眾也是如此，更可貴的是，經過日本殖民者嚴格的「皇民化」教育以後，臺灣人的中國情懷仍未改變。「由於亡國奴的感受，臺灣人更不會忘記他們是中國人⋯⋯日本人稱之為『清國奴』、『支那人』。儘管他們像被父母賣出去的『童養媳』或『奴隸』，他們對中國⋯⋯『唐山』⋯⋯仍有一種無限的孺慕、『敬意』、『親切感』、乃至『希望』。隔離的事實，更使他們對祖國興起了一股近乎宗教的虔誠與期待」〔6〕。由此可見，對於絕大多數臺灣民眾來說，對「鄉土臺灣」的眷戀並不妨礙對國家的認同之情。令人遺憾的是，近年來，有些人在如何擺正國家認同與鄉土情懷問題上出現了迷亂，對國家中國產生不同程度的排斥心理。具體表現為：

第一，排斥中國認同，將對臺灣的鄉土認同情感異化為虛幻的「國家」符號。中國人歷來都有強烈的國家認同意識，並往往將這種認同意識物化為各種具有象徵性的「圖騰」信仰與崇拜，如對龍的崇拜、對長江、黃河景仰等等。現在有些臺灣學者卻站在「臺灣命運共同體」的立場對臺灣民眾心中「龍的意識」、「長江、黃河意識」橫加指責和批判，甚至以「本土化」、「臺灣化」為藉口，要求臺灣民眾將對長江、黃河的景仰移轉到對濁水溪、淡水河的「關懷」上來。

而這種「關懷移轉」的目的非常明確，就是要放棄中國認同，改採「臺灣認同」。日本學者若林正丈在他的《轉型期臺灣》一書中寫道：「政治體制的民主化所帶來的本土化，臺灣化的傾向，隨著轉型期的深化，在反對勢力中的激進人士對政治改革的要求、已經不再是個別的要求，而是有意識地提出對於臺灣的這個國家要有新的認同要求」〔7〕。

第二，醜化中華文化，宣導「臺灣文化主體性」。歷史悠久、豐富多彩的中華文化是世界公認的優秀文化，但，和世界其他優秀文化一樣，中華文化也難免有歷史缺陷。有些臺灣學者、政客刻意以現代的眼光放大中華文化中一些不健康、落後的因素，把一些中外歷史上都經歷過的人性醜陋面如「吃人肉」的現象說成是中華文化的特性，進而，把臺灣自外於中國，稱：「臺灣的政治文化為何如此惡質？因為統治者是由中國來的。……中國的政治文化差不多都是壞的，因為在中國的政治世界，要生存必須爾虞我詐、勾心鬥角」〔8〕。在醜化、詆毀中華文化的基礎上，這些學者、政客提出要透過所謂「社區主義」、「生命共同體意識」的運動，建立不同於中華文化的「臺灣文化主體性」，並以此作為排斥中華文化的理論依據。「由於十多年來的政治抗爭運動，由於兩種意識形態的公然對抗，已使文化主體性的自覺意識，轉化為排拒『中國意識』、『中國文化』的根據」〔9〕。

臺灣社會政治情感的「脫中國化」與臺灣當局的推波助瀾有著密切的關係。例如，國民黨40多年片面的反共、恐共、仇共教育，使國共兩黨的歷史恩怨被人為異化成海峽兩岸間的對立與猜忌，不少臺灣民眾在潛意識裡懷有強烈的排斥心理和對大陸的不信任感。臺灣當局領導人李登輝個人的政治情感更使臺灣社會政治情感的「脫中國化」達到登峰造極的地步。正如新加坡前總理李光耀所描述的，李登輝個人對「共產主義」深惡痛絕，但對日本文化卻情有獨鍾。「千島湖事件」發生後，李登輝不分青紅皂白就罵中共是「土匪政權」，這樣的不良示範之下，臺灣民眾對中國大陸的情感難免受到負面的影響。1996年5月26日，李登輝在臺北縣淡水國小百年校慶演講時公開指稱：「大中華的觀念害國人甚深」，並以此要求加強臺灣的鄉土教育。這樣的說法是相當情緒化而且不負責任的。臺灣史教授黃富三評論道：「如果教育本土化是排斥中華文化，而局限在臺灣文化

上，反而會更狹隘，畢竟臺灣文化的豐富性不能和中華文化相比」。顯然黃富三的評論要比李登輝的說法更有見地。王曉波教授則質疑李登輝對「大中華」教育的貶抑：「批評大中華首先要看是站在那一種立場來看，也就是要先問問主體立場在那裡。」〔10〕這一質疑真可謂一針見血。

三、政治評價「脫中國化」現象

「政治評價」是指社會成員評判政治現象的基本標準與價值觀念。在體系文化層次上，「政治評價」主要表現為與政治體系相關的行動傾向上。1990年代以後，臺灣少數人在「國家中國」與「鄉土臺灣」問題上的行為標準與價值觀念出現嚴重的錯亂現象，具體表現為：

第一，刻意製造「中國優先」與「臺灣優先」的價值對立。臺灣地區的居民對臺灣鄉土的深切關懷是天經地義、無可厚非之事，但少數學者政客卻把臺灣民眾對本土的關懷與對國家的關懷對立了起來。反映在文化教育上是一切以臺灣至上，教育要以鄉土為中心，要以臺灣歷史與地理的內容代替中國歷史與地理的內容。反映在文字運用上強調用臺語方言注音文字，如「殺死人」一定要寫成「刣死人」、「知道」一定要寫成「知影」，否則就不痛快〔11〕。反映在口語上則是推崇臺語方言，有些政治人物竟然將「會不會講臺語」當成評判是否能為臺灣人著想的標準，在「國語」高度普及的臺灣地區，這樣的「標準」毋寧說是對「國語」和「臺語」價值的嚴重扭曲。然而，最典型的還是在政治方面，臺灣當局1991年通過的《國家統一綱領》中寫明「中國的統一，其時機與方式，首應顧及臺灣地區人民的權益、安全與福祉」，依此價值標準，當國家利益與地方利益發生衝突時，國家利益只能讓位於地方利益。

第二，為了使分離局面長期化、固定化，不惜阻止兩岸關係發展。兩岸從分離走向和平統一，經濟和文化整合將是決定性的因素，因此，祖國大陸非常重視兩岸經濟文化的交流。但臺灣有些人卻懷疑大陸方面推動兩岸交流的誠意，認為兩岸全面雙向交流將危及臺灣的安全，因此反對兩岸關係的改善與發展，反對兩岸「三通」，甚至寧可將臺資引向東南亞也不能讓臺資到大陸投資。更為可笑的

是,主張分裂中國的人可以招搖過市、登堂入室,而主張改善兩岸關係的人卻常常被扣上「臺奸」大帽。

第三,放棄中國統一,鼓吹分裂國家的價值觀念。國民黨當局近年來不僅把昔日主張「臺獨」的「階下囚」奉為座上賓,而且一改「漢賊不兩立」的價值觀,接受帝國主義分子的所謂「國際法主權觀過時論」,在國際間追求所謂「對等政治實體」,甚至公開主張「階段性兩個中國政策」。由於這些主張實質上都是要求兩岸在國際社會中各自以「主權國家」身分出現,因此與分裂中國的臺獨主張沒有什麼本質的差別,甚至有更大的欺騙性、蒙蔽性。

四、「脫中國化」現象成因分析

臺灣政治文化的「脫中國化」現象產生的背景十分複雜,除了少數「死硬」的臺獨分子外,大多數有分離傾向的人並非絕對主張兩岸分裂,他們的「脫中國化」只是一種有時空條件限制的「認同異化」。分析這種「脫中國化」的由來至少有以下幾個原因:

(一) 政治歷史積澱

100年來,臺灣社會經歷了相當不平凡的政治變遷,多災多難的臺灣民眾一次又一次地受到羞辱和踐踏。首先是1895年清朝政府被迫割讓臺灣給日本。當時臺灣官民上下一片哀號,紛紛上書清廷,反對割臺,在「不斷反對、抗議未果,卻又不願對日稱臣的兩難絕境下,臺灣士紳不得不宣布成立『臺灣民主國』以求自保」〔12〕。從他們的主觀願望來看,此時的「臺灣民主國」只是「以圖固守,以待轉機」的「國家虛像」而已,並非真正要脫離中國。但我們不能不看到,經過日本50年殖民統治,臺灣人更進一步積澱出吳濁流筆下的「亞細亞孤兒意識」:清廷拋棄他們,日本人又視為「支那人」、「清國奴」。其次是1947年的「二二八事件」。由於國民黨政府的不當處置,臺灣人心目中的祖國形象受到嚴重的扭曲。再接下來就是近40年的外省人官僚集團專制統治,臺灣人受到了極不公正的歧視待遇:尊嚴受踐踏,權益得不到保障,自然地,他們對這個國民黨所代表的「中國」產生了疏離意識。而1949年新中國成立後,「中

華民國」在國際上的地位江河日下,臺灣民眾在國際上得不到應有的國家保護,更多的臺灣民眾因此開始對虛幻的「中華民國」認同產生游離意識;由於兩岸分離的事實,這一部分臺灣人又無法順利地將國家認同落實到對中華人民共和國的認同,「臺灣虛像崇拜」取代了對中國的國家認同成為部分臺灣人追求的目標。於是,政治體系文化上的「脫中國化」就在這樣的背景下產生了。

（二）社會總體文化結構變遷

臺灣政治文化的形成歷史確實有它獨特的一面,和中國內陸地區相比較,臺灣社會在歷史上受到更多外來文化的衝擊,我們不能不注意這一特殊性。50年的日據時期雖然仍沒有改變絕大多數臺灣人的中國認同,但的確也有極少數人受到「皇民化」教育的影響,他們不僅學會日本的語言文字,而且接受了日本人的思考方式,雖然被視為「三等國民」,但有些人卻為自己高出其他中國人一等而沾沾自喜。國民黨退臺以後,由於來自大陸地區的資訊受到人為的封鎖,臺灣人無以全面接受完整的中國文化教育,反而被迫學習來自美國等西方國家的文化。「對臺灣而言,美國不僅是軍事、政治上的保護國,經濟上的商品主要輸出國,在文化上由於留學生政策、媒體以及美國政府的國際文化政策等因素影響,臺灣整個教育系統也是徹底的美式思考編成」〔13〕。自然而然地,一些臺灣人政治體系文化上的認知、情感及評價也就受到了潛移默化的影響。

另一方面,國民黨當局長期以來鄙視和打壓臺灣的地方文化,這也直接促成了「脫中國化」的發生。「由於跟隨政府來臺的政界人士,對臺灣本地的歷史傳承和文化特質,缺乏深切的體認,反映在文化政策的擬定上,則採取漠視、消極、壓制的態度和手段,過去30多年,官方甚少提倡臺灣的文化藝術,古跡文物也任其毀壞。廣電法中,方言節目受到限制,不但製作經費有限,甚至趨向粗俗化;主司其事者無心將臺灣文化的內涵和精髓展現在國人之前,一般文化媒體,始終欠缺有關臺灣鄉土文學、藝術、史跡、風俗等方面的報導」〔14〕。因此,臺灣社會的「脫中國化」現象也有它必然的一面。

（三）政治權力衝突的結果

新馬克思主義的「文化霸權」理論或許有助於我們的分析:「任何政黨或政

府若要成功,則必須將其政治主張賦予『正當性』的意涵,再灌輸給大眾,使其成為其思想的一部分。所以,文化不是自然的產物,也非經濟體制或社會階級所決定,而是反映『支配關係』,是政治權力衝突的結果。只要在政治衝突中取得支配地位的政治團體就可以將其意識形態,透過學校教育或大眾傳播媒介等機制,來傳播灌輸被支配的成員。」〔15〕新馬克思主義政治文化理論的這一觀點雖然有待進一步分析,但它至少提醒了我們:「脫中國化」的本質不是文化問題,而是政治問題,「政治權力衝突」才是臺灣政治文化「脫中國化」現象產生的最主要因素。

　　1988年以後,強人政治時代結束,長期處於政治權力邊緣的臺灣本省人在經濟地位提升的基礎上,開始提出分享政權、主宰政治的要求。以民進黨為代表的在野政治勢力、以李登輝為首的國民黨本省籍官僚集團不約而同地舉起了「本土化」、「臺灣化」的大旗向執政的國民黨、外省籍國民黨傳統官僚集團宣戰。由於國民黨人長期以來一直以「中國」正統自居,透過對「中華意識」的宣揚和對臺灣鄉土意識的限制來打壓臺灣本省籍政治精英分權要求。本能地,本省籍政治精英反其道而行之,直接地以「臺灣」和「臺灣意識」的大旗作為政治識別系統。正如彭懷恩所說:「政治精英在爭取『後權威主義』時代的權力真空,乃訴諸不同的政治符號以『合理化』其政治行動,臺灣政治文化出現紛雜的狀態」〔16〕。因此,一時間對臺灣的關懷與對「中國」的關懷走向了對立面,一些較情緒化的「臺灣意識」支持者甚至公開把文化領域的本土化擴張成政治上的臺灣獨立意識。鄭欽仁的觀點就有相當的代表性,他說:「文化的鄉愁不能只停留在『文化意識』的階段,必須提升到『國民意識』……進而完成國家的認同。」〔17〕無疑地,在國民黨外省籍傳統官僚集團的政治、經濟、文化歧視政策背景之下,「臺灣化」、「本土化」的口號顯然可以在一定程度上抒發臺灣本省籍民眾心中的怨氣,在民間力量高漲的臺灣,本省籍政治精英的這一政治訴求也暫時贏得了壓倒性的支持,這一支持直接又轉換成本省籍政治精英在權力再分配過程中的巨大力量。但在另一方面,我們又發現,「中華民國」的虛像與中國的實像被混淆了,臺灣人民的鄉土情感和當家作主意識也被政治人物濫用了。

　　此外,無可諱言地,島內政治人物對「脫中國化」的推動在一定意義上也有

對抗中國大陸方面統一壓力的考量，對此人們也應予以進一步的深入分析和高度的重視。

五、「脫中國化」的危機與出路

首先，我們應肯定，當前占臺灣政治文化主流的意識仍是中國意識，大多數臺灣民眾的中國認同是堅定明確的。但是，我們也注意到，1988年以後，隨著臺灣政治的多元化發展，扮演政治社會化角色的政治結構越來越多；加上臺灣當局的放任自流，臺灣政治文化的「脫中國化」現象已經由點到面，由暗到明，由民間到官方，由精英文化向大眾文化四散滲透。依照西方政治文化理論：「在任何一個國家歷史上的某一時刻，當對傳統的准國家單位的忠誠同對國家的忠誠和國家的目標發生衝突時，政治共同體的問題就可能成為首要的問題，並造成重大的政治危機。」〔18〕由此觀之，「脫中國化」的結果必將導致中國政治文化母系統與臺灣政治文化子系統之間發生嚴重的衝突，兩岸關係不可避免地要再次陷入不穩定和動盪。旅日學者戴國在談到所謂的「臺灣民族論」時也曾提出忠告：「『臺灣民族論』暗藏著把省籍矛盾、地方性（地方主義）層次的磨擦無限上綱為民族、種族矛盾，搞出一種假像，不知不覺地，把自己的視野蒙住，甚至於有意蒙住老百姓的眼睛，我憂慮這一種論調的持續將給臺灣帶來不測的災禍。」〔19〕

另外，正如臺灣政治學者所言：「政治文化通常包含可資認定的次級文化，而以宗教、地域觀念、種族團體、社會地位等為基點。這些次級文化所包含之政治態度與價值觀念，由於其具備特殊的政治制度與過程，是與一般性的政治文化有所區別。設若這些次級的文化成為主導的力量，那麼該社群在政治整合上將受危害」〔20〕。因此，島內政治文化「脫中國化」現象的繼續蔓延也勢必會引起臺灣內部各次級文化群體間的激烈對抗，加劇島內各族群間的政治不信任和衝突。筆者認為，臺灣文化儘管先後接納過多種外來文化的成分，但其中國文化的主體性是不容置疑的，多數持臺灣「海洋文化」論者有意無意地都忽略了這一點。至今為止，「臺灣文化主體論」為代表的「脫中國化」仍是停留在對國民黨

文化歧視的情緒性抗議階段，人們在同情之餘，也不能不正視其政治上的危害性。地方性文化固然須要善待，但卻不能以破壞全國性文化的整體性為代價。以雅美文化為例，我們不能以雅美人口僅數千人為由，就不加倍珍惜她、愛護她，然而，這並不等於説要讓所有的中國人都去學習雅美人的語言、生活習慣、價值觀念。（事實上，由於經濟、生活的原因，許多年輕雅美人也已不再使用他們的母語。）同樣地，臺灣鄉土文化有不少光輝燦爛的因素，她應得到承認並有尊嚴地發展下去。但我們也沒有理由以此否定臺灣文化是中國文化的一個組成部分，更沒有理由為了論證「臺灣文化的主體性」而將中國文化説成是「臺灣文化」的一部分。

在上世紀末，「臺灣化」、「本土化」在打破國民黨外省官僚集團獨裁統治，維護臺灣民眾基本利益方面發揮了相當正面的作用，「臺灣人出頭天」的理想已基本上得償夙願。筆者認為，在時空環境已發生變化的今天，有見識的臺籍精英也應該有所反省，走出歷史與政治的悲情；在兩岸關係、臺灣未來政治走向問題上回歸理性與現實，以更寬廣的政治視野檢視統獨問題，正確認識臺灣地區政治文化與中國政治文化之間的關係，透過交流、溝通走向良性互動，避免因「脫中國化」導致兩岸之間在政治文化層面發生激烈衝突。

注釋：

〔1〕《「臺灣文化主體性」辯》，蔡詩萍，臺灣《中國論壇》第359期第2頁。

〔2〕《謝長廷新文化教室》第100頁，謝長廷著，臺灣月旦出版公司1995年6月版。

〔3〕《謝長廷新文化教室》第61頁，謝長廷著，臺灣月旦出版公司1995年6月版。

〔4〕《臺灣文化斷層》第76頁，黃美英著，臺灣稻鄉出版社1990年10月。

〔5〕《統治神話的終結》第35頁，林濁水著，臺灣前衛出版社1991年10月版。

〔6〕《中國意識與臺灣意識》第57頁，黃國昌著，臺灣五南圖書出版公司1995年7月第二版。

〔7〕轉引自《中國政治文化的轉型》第168頁，彭懷恩著，臺灣風雲論壇出版社1992年1月版。

〔8〕《謝長廷新文化教室》第17頁，謝長廷著，臺灣月旦出版公司1995年6月版。

〔9〕《是文化危機、抑或是文化重建？》，韋政通，臺灣《中國論壇》1991年5月1日，第99頁。

〔10〕參閱臺灣《聯合報》1996年5月27日第二版。

〔11〕《臺語文學不等於臺灣文學》，陳嘉宗，臺灣《中國論壇》第331期第36頁。

〔12〕參閱拙文：《試論百年來「臺灣認同」的異化問題》，《臺灣研究集刊》1995年3/4期，第97頁。

〔13〕《大轉換時期的教育改革》，臺灣《國策》117期第3頁。

〔14〕《臺灣文化斷層——現象評析》第24-25頁，黃美英著，臺灣稻鄉出版社1990年10月版。

〔15〕轉引自《中國政治文化的轉型——臺灣政治心理傾向》第9頁，彭懷恩著，臺灣風雲論壇出版社1992年1月版。

〔16〕《中國政治文化的轉型——臺灣政治心理傾向》第169頁，彭懷恩著，臺灣風雲論壇出版社1992年1月版。

〔17〕《歷史文化意識對我們政策之影響》第50頁，鄭欽仁著，臺灣「國家政策研究資料中心」1990年3月二版。

〔18〕《比較政治學：體系、過程和政策》第39頁，阿爾蒙德、鮑威爾合著，上海譯文出版社1987年版。

〔19〕《臺灣意識論戰選集》第96頁，施敏輝編，臺灣前衛出版社1990年

版。

〔20〕《政治學辭典》第272頁,林嘉誠、朱宏源編著,臺灣五南圖書出版公司1990年4月版。

論「臺獨運動」的階段性及其轉化

劉國深

恩格斯在《社會主義從空想到科學的發展》一文中指出:「當我們深思熟慮地考察自然界或人類歷史或我們的精神活動的時候,首先呈現在我們眼前的,是一幅由種種聯繫和相互作用無窮無盡交織起來的畫面,其中沒有任何東西是不動的和不變的,而是一切都在運動、變化、產生和消失。」〔1〕據此,筆者認為,作為一種學理性的判斷,島內的「臺獨運動」及民進黨的「臺獨路線」也是臺灣特定歷史時期社會存在的某種特殊的反映形式,隨著社會環境的變化,「臺獨運動」的形式及內涵也必然有一個產生、發展、消亡的變化過程。從1990年代以來島內的政情變化趨勢來看,這一學理性的判斷似乎已經得到相當程度的驗證:「臺獨運動」的主要載體民進黨已經而且還在發生明顯的路線轉型,激進「臺獨」勢力要麼趨於和緩,要麼迅速邊緣化。更加讓許多人驚詫的是,在2000年5月20日的「總統」就職典禮上,臺灣當局新領導人莊重地宣誓效忠「中華民國憲法」,而這一「憲法」明定以中國大陸、臺灣為其領土疆域範圍。該領導人在這一演說中還進而公開宣布「保證在任期之內,不會宣布獨立,不會更改國號,不會推動兩國論入憲,不會推動改變現狀的統獨公投,也沒有廢除國統綱領與國統會的問題」。結果,「臺獨運動」不僅沒有因民進黨的執政掀起新的高潮,反而逐漸沉寂下來。在今天的臺北街頭,「臺灣獨立」的口號不僅難再喚起喧囂的群眾運動,反而會招來人們異樣的眼光!

筆者認為,在堅持國家統一、反對「臺灣獨立」基本原則之下,我們應該確實地以馬克思主義辯證唯物主義和歷史唯物主義的眼光來分析臺灣政治現象,用

歷史的、全面的、發展的和辯證的方法深入研究「臺獨運動」和民進黨「臺獨路線」的產生、發展及未來趨勢，從而以更加靈活適切的方式，最終促成「臺獨運動」回歸其維護臺灣人民福祉、安全與尊嚴的「鄉土運動」本質。

一、「臺獨運動」的歷史階段性

要真正瞭解「臺獨運動」的本質，就必須對近代以來的「臺獨運動」歷程有全面的認識。根據筆者的研究結果，歷史上的「臺獨思潮」及「臺獨運動」是臺灣特殊政治社會環境條件下的鄉土認同異化〔2〕。當「國家」不能有效保護民眾利益，當「國家」不能真正滿足民眾當家作主願望，當「國家」不能充分體現民眾尊嚴時，一些人自然而然地從他們原先認同的「國家符號」中游離出來，並將他們對鄉土的眷念與認同異化為一種新的虛幻的「國家認同」。「臺灣民主國」的戰士如此，「二二八事件」後的海外「臺獨」人士如此，當代「臺獨」分子也概多如此。筆者認為，大多數的「臺獨運動」參與者只是將「臺獨」作為一種政治鬥爭的工具，真正以「臺獨」為終極信仰者只是極少數（筆者不否認有外國勢力介入的因素，但這是次要的外部因素）。而近代以來的「臺獨運動」大體上可以相對地劃分為「臺灣民主國」、「海外臺獨運動」和「體制外臺獨」和「體制內臺獨」四個歷史階段，它們都已經或正在經歷產生、發展、變化乃至消亡的過程。

關於日據初期的「臺灣民主國」運動能否視為「臺獨運動」的問題，儘管學術界有不同的看法，但是，在不少民進黨人眼裡，1895年的「臺灣民主國」運動被視為「臺獨運動」之先河，前民進黨主席施明德即持這一觀點。筆者認為，從表面上看，「臺灣民主國」運動多少具有一定的「臺獨」色彩，至少島內有一批人持有這樣的認識。「甲午戰爭」失敗後，清政府被迫將臺灣割讓給日本。清政府此一無奈之舉，遭到兩岸中國人的同聲反對。不僅康有為、梁啟超等來自清朝各省的千餘舉人以「公車上書」形式反對割臺，包括朝廷官員在內的各級官吏也上書反對。無辜受害的臺灣人民，更是極力反對，他們鳴鑼罷市，沿街哭號，包圍官府，電奏清廷，要求收回成命。但受制於人的清政府卻始終愛莫能助，日

本侵略者最終占據臺灣，臺灣人在不得已之下只能尋求自保。5月15日，丘逢甲等人商議成立「臺灣民主國」，以「民政自主，遙奉正朔，拒敵人」。在「全臺紳民」致總理衙門、南北通商大臣及閩浙總督電報中，唐景崧、丘逢甲等人表示：「臺灣屬倭，萬民不服，迭請唐撫院代奏臺民下情，而事難挽回，如赤子之失父母，悲慘曷極！伏查臺灣為朝廷棄地，百姓無依，惟有死守，據為島國，遙戴皇靈，為南洋遮罩」；「臺民此舉，無非戀戴皇清，以圖固守，以待轉機」。由此可見，這一被部分民進黨人視為「臺獨運動先河」的「臺灣民主國」運動雖有「獨立」之名，卻無獨立之實，其所抗爭的物件是日本殖民者，目的明顯是為了讓臺灣重返祖國懷抱。

「海外臺獨」興起自「二二八事件」之後，沒落於民進黨「臺獨化」過程之中。日據時期，特別是「皇民化運動」開始以後，不少臺灣人迫於政治現實說日語，取日本名字，甚至有少數人「認賊作父」，以「天皇子民」為榮。但是，1945年日本戰敗後，政治形勢丕變，臺灣人民潛意識裡的中國認同撥雲見日，出現了萬人空巷前往碼頭「迎接祖國來的部隊」的感人情景。令人遺憾的是，這些「祖國來的部隊」到臺灣以後驕奢淫逸、貪贓枉法，澆滅了部分臺灣人對「祖國」的熱情，最終在多種因素的共同作用下爆發了「二二八事件」。國民黨當局的腐敗與專橫使不少臺灣人對「中華民國」產生疏離感，由於這些「代表」祖國形象的國民黨軍政人員在許多方面的表現甚至「連日本殖民者還不如」，一些愛鄉愛土的臺灣人對祖國的熱情與美好憧憬破滅了，極少數人因此產生逆反情緒，將鄉土認同異化為一種新的「國家認同」。「二二八事件」後，少數逃往海外的臺灣人拉開了為期近40年「海外臺獨運動」的序幕，其中主要的「海外臺獨組織」或代表人物有：廖文毅、吳振南及他們代表的「臺灣民主獨立黨」、「臺灣共和國臨時政府」；王育德、黃昭堂、許世楷、黃文雄及其代表的「臺灣青年社」；林榮勳、陳以德、李天福及他們代表的「臺灣人的自由臺灣」；郭雨新及其所代表的「臺灣人多數政治促進會」；以許信良為代表的《美麗島》雜誌社；「全美臺灣獨立聯盟」；「世界臺灣同鄉會聯合會」；「臺灣建國聯合陣線」；「臺灣人公共事務會」（FAPA）等。上述「海外臺獨組織」目前已大多成為歷史名詞，有些成立不久就偃旗息鼓，還有一些則在民進黨成立後快速沒落。這些

「臺獨組織」的代表人物，對「臺獨」的理解五花八門，也有不少人最終放棄「臺獨」立場，如廖文毅、邱永漢等。這一階段的「臺獨運動」所抗爭的目標是國民黨當局及其所代表的「中華民國」符號。雖然他們的成分十分複雜，但其中確有一些人在海外敵對勢力的唆使下將「臺獨」當成信仰、志業，他們企圖將臺灣從中國領土主權範圍獨立出去的目的相當明確。

「體制外臺獨」階段存在的時間較短，大約從1988年春開始到1993年初郝柏村下臺，「外省官僚集團」徹底邊緣化為止〔3〕。從1947年到1987年初的約40年時間裡，由於國民黨當局的強力鎮壓，島內「臺獨運動」處於零星的、地下的狀態，雖然也曾出現過「臺灣人民自救宣言」等公開主張「臺獨」的案件，但都形成不了規模性的運動（國民黨白色恐怖時期出現許多「臺獨案」，但大多數只是國民黨強加於反抗分子頭上的政治罪名而已）。而1970年代開始公開化的「臺灣自決運動」雖然已含有一定的「臺獨」成分，但參與者仍小心翼翼地與「臺獨」保持一定距離。1986年9月，臺灣在野反國民黨勢力組成「民主進步黨」，該黨後來成為「臺獨運動」的主要政治載體。從民進黨成立之初的政治立場來看，尚不能說該黨是「臺獨黨」。「臺獨」路線逐漸變成民進黨的主流路線是從1988年4月的民進黨「二大臨時全代會」開始的，經過1989年民進黨對「鄭南榕自焚事件」的炒作、1990年發表「1007決議文」並成立「臺灣主權獨立運動委員會」，最終在1991年10月13日將「臺獨」主張列入黨綱，民進黨徹底走向「臺獨化」。相對來說，這一階段可以視為「臺獨運動」史上的「高原期」，其抗爭的對象主要仍是國民黨政權及所謂的「中華民國」符號。雖然該黨內部存在「議會路線」與「街頭路線」之爭，但由於該黨黨綱明確以「建立臺灣共和國」、「制定臺灣共和國新憲法」為目標，因此具有鮮明的「體制外」特點。

「體制內臺獨」也可以說是「臺獨組織」的主要政治載體接受「中華民國」體制，並將「建立臺灣共和國」的目標調整為「臺灣是一個主權獨立的國家，它的名字叫中華民國」的階段。民進黨的「臺獨化」發展，除了其成員本來就有「自決運動」中的「臺獨」基因外，吸收「海外臺獨」力量，共同推翻國民黨政權的工具性考量更加明顯。那些推動「民進黨臺獨化」的人士認為，接受「臺獨」主張將有助於結合「海外臺獨」力量，從而有利於民進黨人早日推翻國民黨

政權。然而，從1991年底的「國民大會代表」選舉結果來看，顯然弊大於利。1992年「立委」選舉中的一些個案再次證明，激進「臺獨」主張並不能打動多數選民的心，反而是溫和主張更容易得到支持。因此，「臺獨」主張對於民進黨來說絕不是什麼「十全大補膏」，而是「票房毒藥」。1993年以後，民進黨的「臺獨路線」面臨新的難題，分離主義意識濃厚的李登輝集團全面掌控臺灣政權，其政策越來越明顯地趨向分離主義，而且較之於「臺灣獨立」主張更具蒙蔽性和欺騙性。民進黨陷入了不僅得不到傾向統一選民的支持，而且開拓不了中間選民的票源，甚至連基本的「臺獨」支持者的票源也難以保住的窘境，黨內重新檢討「臺獨」路線的聲音漸漸增大。從1993年起，民進黨、「臺獨運動」內部不斷出現淡化「臺獨」、重新詮釋「臺獨」內涵的呼聲，民進黨的發展受到嚴重的阻礙。1996年春民進黨在「首屆總統民選」中慘敗後，「體制內臺獨」取代「體制外臺獨」，成為「臺獨運動」的新主流。這一階段的「臺獨運動」進一步與島內的權力再分配結合在一起，理想性的色彩越來越淡薄，現實性、工具性成分越來越高，從形式到內涵都與李登輝集團的「兩個中國」政策趨同。由於失去直接的抗爭物件，「體制內臺獨」開始將抗爭對象轉移到祖國大陸，即所謂的「反對中華人民共和國吞併臺灣」，「中華民國獨立於中華人民共和國之外」，「臺獨內涵反共化」成為「體制內臺獨」發展的新趨勢。

基於上述分析，筆者認為，我們不能以片面的、僵化的、靜止的眼光來認識「臺獨運動」。「臺獨運動」的產生既有外國勢力插手的因素，也有激進的分離主義因素，但更主要地還是「鄉土認同」的異化——因統治者治理不當造成的逆反心理或自我防衛需求。總體上看，「臺獨運動」至少包含以下五個方面的內涵：一是臺灣民眾「鄉土認同」異化的體現；二是臺灣民眾當家作主意識的折射；三是島內政客權力鬥爭的工具；四是反對中國共產黨，抗拒被祖國大陸統一的籌碼；五是帝國主義勢力肢解中國的工具。而這五種不同的內涵歸根到底還是可以概括為「因為島內政治社會資源再分配問題產生的『鄉土認同異化』」。事實上，關於「臺獨」的內涵，民進黨內部也始終缺乏共識，不同的人有不同的認識。正是由於對「臺獨」內涵的不同認知，民進黨內除了在成員結構上有「美麗島系」、「新潮流系」、「福利國連線」、「正義連線」、「臺獨聯盟」、「新

世紀辦公室」、「主流聯盟」等諸多有組織的有形派系之外，還在思想層面存在無形的「基本教義派」與「務實派」之分。也就是說，民進黨成員內部對於「臺獨運動」的態度並非鐵板一塊。而「臺獨載體」之間也可以分為「充滿臺獨理想的建國黨」與被稱作「喪失臺獨理想的民進黨」（建國黨的觀點）。民進黨前文宣部主任郭正亮對於「臺獨」內涵的剖析對於我們理解「臺獨運動」具有一定的參考價值，他說：「臺獨並不是靜態的法律問題，而是動態的政治問題。臺獨的確切內涵，只能透過政治辯證的過程決定，隨著形勢演變而不斷調整，本身具有濃厚的歷史性，並非固定不變的法律概念。」〔4〕

二、民進黨「脫臺獨化」之虛實性

作為當代「臺獨運動」的最主要行動者的民進黨，其「臺獨路線」也是隨著社會存在的發展變化而處於不斷轉型——「臺獨化」與「脫臺獨化」——過程中。1993年底的臺灣「縣市長」選舉前夕，時任民進黨主席的許信良率先表示：「即使未來民進黨取得中央執政權，也不代表民進黨會更改國號；如果民進黨執政，會優先考慮的是臺灣兩千萬人民的安全，而不可能片面宣布臺灣獨立，民進黨會非常在意國際上的客觀條件，包括中國的態度和反應」〔5〕。許信良這一談話在今天的人們看來並沒有什麼驚人之處，但對於正處於「臺獨狂熱」之中的民進黨來說，這一談話意味深長，民進黨的「脫臺獨化」轉型列車開始啟動了。這一時期以來民進黨「脫臺獨化」的主要表現可以概括為以下三個方面：

第一，「臺灣獨立」的政治目標從唯一選項轉變為選項之一。1991年10月13日，民進黨第五屆第一次全國黨員代表大會修正通過「建立主權獨立自主的臺灣共和國」基本綱領以後，其社會代表性更加褊狹，更加難以被多數臺灣民眾接受，民進黨的發展受到嚴重限制。雖然這一基本綱領中確有「臺灣前途應由臺灣全體住民決定」的「但書」，但相較於開宗明義的「建立主權獨立自主的臺灣共和國」主張，這樣的「但書」顯得極其蒼白無力，民進黨的「臺獨黨」性質已非深奧複雜的言詞所能撇清，臺灣民眾的觀感直接顯現在其後多次選舉的投票取向之中。儘管如此，民進黨「務實派」並沒有停止他們修正政治目標的努力。從

1993年開始，民進黨領導人接連在「臺獨黨綱」問題上作文章，論述重點逐漸由「建立主權獨立自主的臺灣共和國及制定新憲法主張」，轉向「這一主張」「應交由臺灣全體住民以公民投票方式選擇決定」。結果，要不要「臺獨」成為全體住民的選擇。有關「臺獨黨綱」的新解，陳水扁的觀點具有一定代表性，他強調：所謂的「臺獨黨綱」，其正確提法應是「公投黨綱」，如果大多數人投票支持兩岸統一，民進黨也應該接受。這樣的解釋無疑含有極大的包容性，既包容了「臺獨信仰」，又松解了「臺獨包袱」。近年來，民進黨這種「統一與獨立都是有效選項」的立場更加鮮明。在2000年8月間的「歐華年會」活動上，有著濃厚「臺獨」色彩的臺現任「僑委會委員長」張富美也聲稱：「只要符合民主、自由、繁榮原則，不反對統一的可能」。時任民進黨主席的謝長廷也表示：「只要在臺灣自己民眾能夠有共識的話，其實在民進黨方面是不排除統一的。民進黨既然說改變臺灣現狀是尊重臺灣人民的意願，尊重臺灣人民多數的抉擇，那就不應該有任何的立場，臺灣人民也有可能選擇統一。」

第二，「臺獨」內涵「彈性化」、「工具化」。民進黨制訂「臺獨黨綱」的動機很清楚，就是要建立最廣泛的反對國民黨政權的統一戰線，但實際結果卻使民進黨未蒙其利先受其害。1996年3月的「總統」大選結果再次證明，突顯「臺獨」的策略與執政目標完全背道而馳，作為民進黨未來的代表群體，民進黨新世代精英決定不再沉默。當年4月底，該黨新世代成員周奕成、段宜康、沈發惠、鐘佳濱等數十人，在臺北舉行「臺獨是資產還是負債」問題的大辯論，儘管辯論的結果未能達成明確的共識，但會後公布的「臺灣獨立運動的新世代綱領」還是對「臺獨運動」的內涵作出了令人耳目一新的詮釋。例如，「臺灣獨立不是什麼神聖的使命，而是務實的政治主張」、「臺灣獨立不是最優先的政治目標，而是為了實現其他政治理想的途徑（民主政治、平等社會、多元文化等等政治理想）」、「臺灣獨立不一定以『臺灣』為國家的名稱」等。這一「綱領」雖然還沒有如下文楊憲村所分析的將「臺獨」內涵導引到「維持現狀」與「自決」的方向，但卻突出強調了「臺灣獨立」是「為了實現其他政治理想的途徑」的極具創新性、可塑性的內涵。新世代這樣的詮釋無疑是「臺獨運動」工具性最好的注解，同時也為「臺獨運動」回歸「鄉土運動」的真本質奠定了基礎。

第三，逐步接受「中華民國憲政體制」。在相當長時期裡，「建立臺灣共和國、制定新憲法」是「臺獨運動」的首要訴求。但是，自從1993年許信良提出：「即使未來民進黨取得中央執政權，也不代表民進黨會更改國號」後，民進黨內越來越多的領導人從言論和行動上接受了「中華民國憲政體制」及其相關政治符號。1994年當選「臺北市長」的陳水扁選擇在「中華民國國旗」前宣誓就職就是最典型的例子。1995年，時任民進黨主席的施明德也公開表示：「對民進黨來說，名稱本身並不重要，是叫中華民國或臺灣共和國的意義不大，在國際法上，國號、國旗、國歌都沒有意義，國家的組成四要素，是人民、政府、主權、領土。」〔6〕1995年，對民進黨本質瞭解極為透徹、時任《中國時報》主筆的楊憲村在新出版的《民進黨執政》一書中分析指出：「至少在現階段，在臺獨這個議題上，歷史的過程，可以肯定是不會按照民進黨的主觀意志去發展的，民進黨的臺獨訴求是否可以持續有效，或許還得看今後的各種主客觀條件發展而定；如果再經過幾次選舉試驗，證明臺獨沒多大作為，那麼，民進黨可能便得向『維持現狀』和『自決』等方向撤守，作戰略性的移轉；而隨著民進黨實力的增長與執政企圖的增加，它終究會面臨執政與臺獨的基本矛盾，且會被迫作出應有的選擇。」〔7〕後來的形勢發展證明楊憲村的判斷是相當敏銳的。1999年5月，民進黨八屆二次大會通過的「臺灣前途決議文」首次以承認「中華民國」的方式，替代了「建立臺灣共和國」的主張；而「臺獨公投」也為「改變現狀需要公投」所替代。2000年5月20日臺灣新領導人上臺時面對「國父遺像」宣誓「效忠中華民國憲法」的行動，2000年6月底高雄市長謝長廷有關「依法源高雄、廈門是一個國家的兩個城市」的表態，2000年11月18日謝長廷以民進黨主席的身分發表「現行憲法已有一中架構」的觀點，再再說明「臺獨運動」的主流內涵已嬗變為「中華民國獨立運動」——以臺灣現有政治架構為基礎與祖國大陸尋求一種新的對臺灣有利的政治架構的努力。也正因此「建國會」、「建國黨」才會認定民進黨已「喪失臺獨理想」，並憤而與民進黨分道揚鑣。

對於民進黨的「脫臺獨化」進程，有些人言之鑿鑿地認為「民進黨已經務實化，脫離『臺獨黨』的浪漫革命」〔8〕。有些人則從根本上否認民進黨是「臺獨黨」，認為民進黨沒有「臺獨黨綱」，只有「公投黨綱」（如陳水扁）。對於

民進黨人的説詞，筆者認為應當以實事求是的態度冷靜分析，不宜一概斥之為「政治騙術」。從民進黨的檔、政策、言行來看，民進黨的「臺獨」性質目前確實尚未發生根本變化，甚至我們也可以更明確地指出，民進黨內的確有一部分人在「脫臺獨化」動機上懷有虛晃一槍的陰謀。但筆者認為，近年來民進黨的確處於量變性的「脫臺獨化」過程中。民進黨之所以會有「脫臺獨化」的現象，與民進黨成員對於「臺獨」的態度相當多元有關，但主要原因在於內外政治社會環境的變化：一是國際冷戰結束後，中華人民共和國的大國地位不降反升，國際社會的主要成員不支持「臺獨」的立場沒有任何變化；二是祖國大陸的綜合實力不斷提高，越來越多的民進黨人認識到不能無視祖國大陸方面的對臺灣問題的立場和態度；三是由於臺灣內部政治生態環境出現重大變化。上述內外環境的變遷使「臺獨」主張與臺灣大多數民眾對經濟發展、社會安定的要求之間的矛盾日益突出，「臺獨路線」的「票房毒藥」性質越來越明顯。總的來說，民進黨的「脫臺獨化」趨勢具有兩面性，也就是說「虛中有實，實中有虛」，人們應加以全面分析。

三、「臺獨運動」轉化之趨勢

「臺獨運動」發展的歷史階段性與民進黨「脫臺獨化」的兩面性表明，「臺獨運動」並非一成不變，民進黨的「臺獨」路線也並非絕對不能調整。客觀地說，「臺獨運動」的本質性轉化絕非易事，民進黨的複雜性、「臺獨運動」的複雜性、兩岸關係的複雜性、國際政治的複雜性決定了「臺獨運動」的本質性轉化一定是一個曲折複雜的過程。這一轉化涉及政治信仰目標、政治態度、政治情感、政治價值觀念等一系列的變更，更涉及到民進黨等不同「臺獨載體」之間，及各自內部不同派系和精英分子之間，在政治權力再分配過程中的生存、發展問題。筆者認為，影響「臺獨運動」轉化的主要障礙包括：第一，非理性的權力鬥爭因素。儘管許多人主觀上明白，「臺獨運動」的轉化有利於臺灣的整體利益，有利於民進黨的發展，但就具體的組織、派系或個人來說，利弊得失可能截然不同，當「臺獨運動」的轉化危及某一組織、派系或個人實質利益時，局部利益的

考量往往超越組織、政黨、區域乃至國家整體利益的道德呼喚。第二，兩岸之間政治、經濟、文化差異性。長期的兩岸分離使臺灣與祖國大陸兩個政治亞文化體系出現明顯的差異性，「臺獨」支持者對於許多涉及兩岸的政治問題的認知不同、缺乏互信甚至存在著嚴重的敵對情緒，對於國家、民族、安全、尊嚴、制度等政治議題的價值判斷也不同。而客觀存在的經濟、社會發展水準差異更使部分臺灣人對與祖國大陸統一存在戒備心理。

「解鈴還須繫鈴人」。「臺獨運動」能否回歸臺灣人民要求當家作主，維護經濟、安全、尊嚴的利益要求的「鄉土運動」本質，根本動力還是在於「臺獨運動」內部，「臺獨運動」的支持者最有資格成為「臺獨運動」的終結者。「臺獨運動」的自我轉化可能包括以下三種形式：一是「臺獨內涵」的重新詮釋——「臺獨」主張成為有別於法律意義的所謂「思想自由」與「言論自由」問題，「臺獨」成為民眾的多元選項之一；二是「臺獨組織」以諸如修改綱領的方式，正式放棄「臺獨」主張，使極少數「臺獨載體」徹底邊緣化；三是以「歷史決議文」的方式，將過往的「臺獨運動」視為特定歷史時期政治鬥爭的工具，「臺獨運動」的主要「載體」共同宣布，隨著時空環境的變遷，「臺獨運動」的階段性使命已經完成。這三種方式不同程度地都具有一定的積極意義，其中又以第二種為最。相比之下第一種形式所造成的遺留性問題最大，但最易採用；第二種形式最為直接有效，但阻力也最大；而第三種形式在民進黨實現執政之後的今天是最中庸、最有現實可行性的形式，缺陷在於難以釋除祖國大陸方面的疑慮。

作為「臺獨運動」的外部因素，島內其他政黨、祖國大陸、國際社會對「臺獨運動」的轉化也有不同程度的作用。首先，國民黨、親民黨、新黨雖然都是在野政黨，但他們的群眾基礎之和遠大於執政的民進黨，民進黨人為了島內政經社會的穩定與發展，不得不考慮最終解決統獨意識形態之爭。其次，祖國大陸的態度始終是「臺灣獨立」難以逾越的障礙，祖國大陸方式強大的軍事能力終使「臺灣獨立」成為不切實際的幻想；而海峽彼岸政治的、經濟的、文化的利益誘因也將成為「臺獨運動」轉化的重要因素。在這些誘因中，經濟性的誘因已經開始發揮作用，就連曾經被認為是「激進臺獨」代表人物的邱義仁也體認到：「後冷戰時期是由經貿力量決定國際秩序，亞太地區是國際經貿的重要地區，而中國大陸

又是亞太地區重要的經貿地區,不論我們是否喜歡中國大陸,此時已非單純陳述臺灣主權獨立就可以面對後冷戰時代國際情勢的挑戰,我認為這就是民進黨面臨的新困境。」〔9〕最後,國際政治的規則與現實也註定了「臺獨運動」的不可能性。只要國家的邊界還存在,主權與領土的不可分割性就是國際和平與穩定的基石,在中國的大國地位早已確立的今天,反對「臺灣獨立」已成為國際社會的共同需要。

在強調「臺獨運動」回歸「鄉土運動」總體趨勢的同時,筆者也不排除在特定時期的特定條件下「臺獨運動」有再激化的可能,但最終起決定性作用的還是兩岸人民,尤其是臺灣民眾現實的利益、安全與尊嚴要求。最後,筆者再次以恩格斯的精闢觀點作為本文的結語:「這種向自己對立面的轉變,這種最終會達到與出發點完全相反之點的現象,是所有不清楚自己的原因和存在條件,因而抱著純粹幻想目的的歷史運動的必然命運。『歷史的諷刺』對它們作出無情的修正。」〔10〕

注釋:

〔1〕恩格斯:《社會主義從空想到科學的發展》,《馬克思恩格斯選集》第3卷第417頁。

〔2〕參見拙文:《試論百年來「臺灣認同」的異化問題》,《臺灣研究集刊》1996年第2/3期。

〔3〕郭正亮:《民進黨轉型之痛》,臺灣天下遠見出版社1998年版,第59頁。「1993年2月23日,軍人出身的閣揆郝柏村下臺,改由首位臺籍人士連戰繼任,這可說是民進黨告別革命狂飆時代的轉捩點」。

〔4〕郭正亮:《民進黨轉型之痛》,臺灣天下遠見出版社1998年版,第61頁。

〔5〕楊憲村:《民進黨執政》,臺灣商周文化事業股份有限公司1995年版,第203頁。

〔6〕施明德:《民進黨是全球最溫和的反對黨》,臺灣《財訊》1995年1

月號。

〔7〕同注〔5〕第208頁。

〔8〕同注〔4〕第102頁。

〔9〕邱義仁：臺灣《聯合報》1996年9月28日第四版《民進黨與國內政治發展座談會》。

〔10〕恩格斯：《俄國沙皇政府的對外政策》（1889年12月-1890年2月），《馬克思恩格斯全集》第22卷第24頁。

淺析「文化臺獨」的實質與影響

林勁

一、「文化臺獨」的內涵及本質

「文化」概念的定義有廣義、狹義之分，廣義的指人類在社會歷史發展過程中所創造的物質與精神財富的總和；「文化臺獨」中的「文化」概念應是狹義的，即指教育、語言、文學藝術、習俗、宗教信仰、傳統制度等。「文化臺獨」起碼包括兩個層面的涵義：

1.海內外分裂勢力在文化領域的「臺獨」主張，是其政治綱領及政治主張的重要組成部分，指導其相關的活動，為實現其總體政治目標服務的。

2.臺灣執政當局利用其統治地位，在文化領域推行為分裂主義路線服務的政策，貫徹其政治理念。

文化領域的「臺獨」主張及相關政策實質上是政治領域的「臺獨」主張及相關政策在文化領域的反映，透過輿論宣傳、文化教育等引導社會、引導民眾去維護和支持「臺獨」的政治理念、路線和政策。因此，「文化臺獨」雖然表現在文

化上,但卻是一個嚴重的政治問題。

以往,由於兩岸長期的意識形態及社會制度的對立與鬥爭,臺灣許多政界、學界人士(包括不同的省籍、族群)雖然表示不能認同政治的中國,理由是在國際社會代表中國的是「中華人民共和國」,但卻能認同歷史的、文化的中國。換而言之,他們在歷史、文化方面認同中國,在政治、法律方面無法認同中國。以至於把「一個中國」定義為歷史、地理、文化的概念,而不承認其政治、法律的內涵。「文化臺獨」本質上正是從歷史、文化領域的「去中國化」,企圖割裂臺灣與中國的文化聯繫,反對和清除對中國的歷史、文化的認同,在「一個中國」概念中進一步去除文化、歷史的涵義,為政治上、法律上的分裂主義奠定基礎。

從理論上看,文化領域的「臺獨」主張的宣傳將在一定程度直接影響和衝擊臺灣社會對中國的文化認同,而文化認同是民族認同、國家認同的基礎,進而影響和衝擊臺灣社會的民族認同與國家認同。臺灣執政當局在文化領域推行為其分裂主義路線服務的政策,灌輸其意識形態。統治階級的思想、意識形態就是該社會占統治地位的思想及意識形態,用政權力量透過文化教育和大眾傳媒等機制,以意識形態的灌輸和輿論宣傳的導向在文化、歷史方面「去中國化」,這將使臺灣社會在政治文化層面的「國家認同」發生實質性變化,這種影響對於青少年尤為嚴重。但是,文化這一社會歷史發展傳承下來的行為模式的集合體,透過人們長期經驗的總體發展得以維繫,具有一定的連續性和穩定性。文化作為社會意識和上層建築是一定社會存在和經濟基礎的反映,而社會意識形式有其相對獨立性。透過社會心理對社會存在和政治制度起巨大反作用。所以,文化認同一旦形成,將難以改變。正因如此,儘管經過長達50年的日本殖民統治和「皇民化」教育,但是中國傳統文化在戰後臺灣仍然擁有巨大的影響力與凝聚力。以往海內外分裂勢力有關文化領域「臺獨」主張的宣揚和「臺獨」路線的推行不可避免地面臨強大的客觀制約和現實障礙。

從實際運作上看,不論是文化領域的「臺獨」主張的宣傳鼓動,還是在文化領域推行為分裂主義路線服務的政策,在現階段都將面臨著比之於政治上更為強大的阻力,同時勢必進一步加劇臺灣政壇、社會的省籍和族群矛盾,引發政壇紛

爭，對臺灣社會的危害顯而易見，也是客觀存在的，但有相當的局限性，極少數人推行「文化臺獨」的圖謀終將無法得逞。

二、海內外分裂勢力在文化領域的「臺獨」主張及活動

此類主張及活動包括三個方面：

一是為確立臺灣民族而刻意論證臺灣文化不同於大陸文化；二是強調臺灣文化的主體性、割裂與中華文化的關係；三是文化領域的政策主張以及相關活動。

1.1950-1970年代海外「臺獨」勢力宣傳形形色色的「臺灣民族」論調其中包括了文化領域的主張，因為民族理論必須用地域、經濟、文化等方面因素來加以論證。由於在理論上、邏輯上、歷史事實上無法逃脫的荒謬與錯誤，使之難以持續，逐漸為企圖超越血緣、文化、民族等因素，歸結於命運、利益、前途因素的「臺灣國民主義」、「臺灣命運共同體」的宣傳所取代。

2.1980年代以後，在臺灣政治環境發生劇變的形勢下，海內外「臺獨」勢力注重臺灣歷史、文化的宣揚，強調臺灣歷史、文化及社會的特殊性，鼓吹確立所謂的臺灣歷史、文化的「主體性」。企圖利用臺灣社會及民眾對國民黨長期壓制臺灣歷史、文化的研究與教育的反抗心理，進而強調臺灣人的「國民意識」，仇視中國的歷史和文化，宣稱「臺灣有自己的文化，中國文化是臺灣文化的一部分，猶如美國文化、日本文化也是臺灣文化的一部分」。

3.民進黨在文化領域的「臺獨」主張，具有代表性的是其中央黨部1994年印發的《臺灣文化年曆》中將黨綱中「基本綱領」條目列入，並作簡短的闡釋，在第五條「創新進步的教育文化」之下寫道「為了扭轉國民黨四十年在臺灣施行的黨化教育與大中國洗腦，民進黨主張一個創新進步的教育文化，讓臺灣人尋回自己的母語，找回自己的歷史與文化，建立一個以臺灣為中心，以臺灣為驕傲的文化」。

4.臺獨勢力妄圖割裂兩岸民間宗教、藝術、習俗等方面的關係，蓄意阻撓兩岸文化交流。最為典型的是，建國黨在1997年湄洲媽祖金身巡臺過程中將兩岸

媽祖信仰的關係及信眾交流泛政治化，企圖割斷兩岸媽祖信仰的「神緣」，捏造「臺獨媽祖」，為其政治路線服務，並進行了極為拙劣而淋漓盡致的表演。

這一切僅在於宣傳造勢，共同特點是扭曲事實、牽強附會，影響的範圍和程度都相當有限。

三、臺灣執政當局近年來在文化領域推行為分裂主義路線服務的政策

此類政策包括許多方面，著重體現在語言及歷史教育兩大方面。

（一）語言方面

1.強力推行臺灣方言的教學。1994年李登輝與日本右翼作家司馬遼太郎對談中極端地強調臺灣鄉土教育和方言普及，把中國文化與臺灣文化對立起來，惡意貶低中國文化。近年來臺灣當局刻意在文化上製造臺灣與中國大陸的差異與區分，表現在語言文字上推行所謂「鄉土教育」，規定中小學生必須在閩南語、客家語、原住民語中選修一種，以此弱化普通話在臺灣的地位。中小學經常舉行「臺語演講比賽」、「臺語辯論」、「臺語電影欣賞」，官方還舉辦「臺灣語言國際研討會」。

2.以「通用拼音法」代替「中文拼音法」。2000年10月臺灣當局有關部門通過所謂符合「臺語」習慣和鄉土語言具有更高相容性的「通用拼音法」，推翻1999年7月採用「中文拼音法」的方案，遭到各界的強烈反對。作為語言學習及交流的工具，臺灣當局某些人將統獨意識形態涉入其中，企圖塑造一套有別於中國漢語文化系統的「臺灣拼音方案」。

（二）在歷史教育方面

1.《認識臺灣》教科書的出版及使用。1997年2月，由臺灣「國立編譯館」組織編寫出版一套《認識臺灣》的初中教材，這套打著「本土化教育」旗號的教材分為歷史篇、地理篇、社會篇。讓臺灣青少年認識自己的家鄉，瞭解自己的歷

史和周圍的生存環境,增進愛鄉愛土的情感,原本是天經地義、理所當然、無可厚非的。但是,這套教材歪曲歷史與現實,本質上是「去中國化」和鼓吹「親日情結」,以所謂「學術研究」、「中性描述」為幌子,籠罩著臺灣當局「政治干擾」的陰影。這套教材任意篡改歷史,妄圖割斷大陸與臺灣的血脈聯繫;在刻意疏遠、貶損中國的同時,對日本卻表現出異乎尋常的熱情,甚至歌頌日本的殖民統治。這套教材的出籠在島內引起軒然大波,受到各界人士的強烈抨擊,同時也得到了一些「臺獨」人士的讚賞和認同。

2.《臺灣論》一書風波在臺造成的影響。2001年2月初,日本右翼漫畫家小林善紀的《臺灣論——新傲骨精神》中文版在臺灣公開出版,該書以「幫你認識真實的臺灣」為幌子,通篇滲透著日本極右翼勢力與臺獨勢力沉瀣一氣,販賣反動的臺灣史觀。一方面強調日本對臺灣的影響以及臺灣對「日本精神」的繼承,以區別於傳統的中華文化;另一方面則是企圖從文化上切斷臺灣與中國的聯繫,以形成全島一致的「民族認同」。《臺灣論》以老少咸宜的漫畫形式向臺灣民眾宣傳歪曲的歷史和反動的觀點,誤導社會對臺灣問題的認識,特別是透過許多臺灣名人之口描述歷史事件,更具有欺騙性和蒙蔽性。從《臺灣論》在臺灣正式出版並獲得某些人的認同,某些媒體為此鳴鑼開道,極端「臺獨」分子金美齡專程返臺大肆喧鬧,而後陳水扁公然為金美齡辯護,「三、一八」世臺會在臺北大遊行,以至金美齡、許文龍在「5、20」被續聘為「國策顧問」、「總統府資政」,這一系列事件雖然暴露了某些人的真實嘴臉,但其所造成的影響及反應,不容忽視。

綜而觀之,不管是文化領域「臺獨」主張的宣揚,還是在文化領域推行為分裂主義路線服務的政策,從意識形態對社會存在的反作用的程度與方式來看,從各個方面相關因素的總體考察及評估,影響最大且危害最烈的是在歷史教育方面的「去中國化」,歪曲臺灣歷史,貶損中國歷史,割裂臺灣與中國的歷史聯繫,宣揚親日情結。而這一切以「國家教科書」的形式進入中小學。「亡人之國先亡其史」,臺灣執政當局以政權力量將反動的臺灣史觀透過文化教育強制灌輸給臺灣青少年,其影響之廣泛,危害之深遠,必須給予充分的評估、高度的重視及有力的遏制。

四、關於「文化臺獨」的若干思考

1.正確區分文化臺獨與某些文化傾向的本質區別，諸如與強調臺灣鄉土教育、強調臺灣文化特殊性的區別；正確區分少數人的政治圖謀與學者的研究及其觀點、具體執行人員的工作；正確區分少數人的圖謀與廣大臺灣民眾熱愛鄉土的普遍心理及對國民黨長期壓制「臺灣文化」的逆反心理的本質差異，以利於揭露少數人的陰謀，避免傷害臺灣同胞感情。

2.準確地評估在文化領域推行為分裂主義路線服務的政策的作用與影響，準確地恰如其分地評估其政策的推行與具體效果。少數人在文化領域推行為分裂主義路線服務的政策有其特定的歷史背景和社會基礎，然而，這一行徑在相當程度上是違逆了文化所包涵的多種社會意識形式自身發展的規律，尤其是將某些「非意識形態」的社會意識形式人為地加以「意識形態化」，這是極為不正常的傾向，就此意義而言，這是具有反文化的性質，在文化領域推行為分裂主義路線服務的政策，現階段在海內外都面臨著比之於政治上推行分裂主義路線更為強大的阻力，同時勢必進一步加劇臺灣政壇、社會的省籍和族群矛盾，引發政壇紛爭，對臺灣社會的危害顯而易見，也是客觀存在的，但有相當的局限性，少數人推行「文化臺獨」的圖謀終將無法得逞。

3.臺灣文化的主體無疑是中華文化，臺灣文化是中華文化的一個組成部分。但是由於臺灣歷史發展的特殊性，決定了臺灣文化發展必然有其特殊性，必須看到一百多年來日本文化及西方文化的巨大影響，必須看到國民黨專制統治時期扼制臺灣文化所造成的負面效果，因此，不僅要區別少數人的政治圖謀與多數民眾的正常文化心理，而且要嚴格區別文化正常發展狀態與蓄意割裂兩岸文化關係紐帶的行徑。為此加強兩岸文化交流以擴大中華文化的影響，加強對臺灣歷史、文化的研究及宣傳，不僅要研究兩岸文化的共同之處，更要研究其差異及形成的歷史原因，這應當成為遏制「文化臺獨」的重要任務。

「臺獨」勢力的「制憲」活動與主張分析

張文生

「制憲」與「建國」始終是島內外「臺獨」活動的雙重目標，同時「公投制憲」也是「臺獨」勢力實現最終「建國」目標的手段。1991年10月13日，民進黨五屆一次全代全通過了「臺獨黨綱」，提出「建立主權獨立自主的臺灣共和國及制定新憲法的主張，應交由臺灣全體住民以公民投票方式選擇決定」，正式將「公投」、「制憲」、「建國」三項主張列為民進黨的奮鬥目標。

在2004年臺灣地區領導人選舉過程中，民進黨候選人陳水扁再次提出「公投制憲」的主張，儼然欲將「臺獨」勢力長期以來堅持的「制憲」主張付諸貫徹實施，被海內外輿論批駁為「臺獨時間表」。在島內外政治環境的壓力之下，民進黨當局強調「公投制憲」無關統獨，試圖在「新憲法」與「臺獨」之間劃出一條分界線。然而民進黨當局的言行無法解除國內外的政治疑慮，因為從島內「臺獨」勢力包括民進黨發展歷史上提出的「憲政」主張及其實踐看，「臺獨建國」始終是其核心和終極目標。

一、「臺獨」勢力「制憲」活動的歷史回顧

「臺獨」勢力的「制憲」活動是隨著「臺獨」活動的發展而派生出來的「臺獨」活動的核心內容，「臺獨」各方勢力把「制憲」當作完成「建國」的重要手段和目標，從各個方面進行推動，儼然發展成「制憲運動」的趨勢。獨派人物許世楷曾經自我表白：「制憲運動可說濫觴於臺灣獨立運動，憲法是規定一個獨立國家的骨幹，因此有志於獨立建國的人都會想到起草一部臺灣共和國憲法草案，來向人民訴求其運動所要追求的理想，進行啟蒙運動的推展」〔1〕。許世楷還宣稱：「制憲運動就是將鉗制著中華民國體制，使其不能徹底本土化的中華民國憲法，置換為本土的臺灣共和國憲法的運動」，他並且將「臺獨制憲運動」劃分為四個階段：

《過去》——

第一階段：啟蒙運動時期，其間又分為宣傳期（1950年代-）、公開討論期（1989年-）；

第二階段：運動推進、組織成立、活動時期（1993年-）；《未來》——

第三階段：召開「制憲會議」時期〔包括召開「國是會議」〕（1996至2001年-）；

第四階段：舉行公民投票時期（1996至2001年-）〔2〕

許世楷的「制憲運動」四階段或五階段論均從「臺獨」的視角，著眼於推動乃至完成「制憲」活動為目的。筆者認為，以「制憲」活動的主體、形式為劃分依據，可將島內「制憲」活動劃分為三個階段。

第一階段：「臺獨」勢力「制憲」活動分散宣揚階段（1989年以前）

這一階段是指1980年代以前，「制憲」主張從萌芽到各種「新憲法草案」版本紛紛出爐，「制憲」主張成為「臺獨」活動的重要內容和發展動力。但是各類「臺獨」勢力的「制憲」主張未能彙集，處於分散宣揚階段，許世楷、張燦鍙、黃友仁、林義雄、李憲榮、黃昭堂等人先後以個人名義起草「新憲法草案」，鼓吹「制憲」。

早在1964年，彭明敏等人在所謂的《臺灣人民自救宣言》中提出「我們的目標」，其中包括「建設新的國家」、「重新制定憲法」等內容。1970年，「臺獨理論家」陳隆志在《臺灣的獨立與建國》一書中提出，「臺灣憲法體制」的建立是完成「建國工作」的重要步驟，並對於「制憲」的必要性、「新憲法」的原則和內容進行了冠冕堂皇的論證。1975年許世楷起草了第一部「臺獨憲法」版本，所謂的「臺灣共和國憲法草案」，並提交給海外「臺獨」組織——「臺獨聯盟」討論和參考。

民進黨成立以後，「臺獨」主張逐漸成為該政黨的主導思想，「制憲」作為完成「建國」的標誌性步驟和手段同樣成為民進黨內的核心主張。1989年在島內三項公職人員選舉過程中，民進黨內的新潮流系推動和主導成立了聯合競選組

織——「新國家聯線」，提出「新國家、新憲法」的口號作為共同的政治訴求，甚至直接拋出所謂的「臺灣共和國憲法草案」作為共同政見和競選文宣。同時林義雄從海外返回臺灣也帶回「臺灣共和國基本法草案」，並展開全臺範圍內的宣傳活動，宣揚「臺獨制憲」主張。

第二階段：民進黨主導推動階段（1990-2003年）

1990年代開始，島內「制憲」活動正式轉入由民進黨主導的階段。1990年，臺灣社會面臨「憲政改革」，出現了「修憲派」、「基本法派」和「制憲派」等代表三種立場的政治勢力。民進黨為了反制國民黨主導的「修憲」過程，堅持主張「制定新憲法」，陸續拋出了黨版的「新憲法草案」，特別是民進黨中常會在「國是會議」前拋出「民主大憲章」草案，作為民進黨階段性的「憲政」主張。民進黨為了推動「制憲」。1990年7月，民進黨成立「制憲運動委員會」，由時任黨主席黃信介任召集人，政策研究中心主任黃煌雄為執行長，並在1991年6月成立「人民制憲會議籌備委員會」，黃煌雄任「籌委會」祕書長。民進黨的「制憲」活動和主張得到島內外獨派勢力的支持和聲援，臺灣基督教長老教會發表「臺灣主權獨立宣言草案」，提出「制定臺灣新憲法，並據此選出新國會，組織新政府」；「世臺會」也發表宣言呼應民進黨的主張；「臺灣教授協會」則聯合學生社團成立「臺灣學生教授制憲聯盟」，直接支持民進黨的「制憲」主張。1991年8月24日、25日，由民進黨、無黨籍、學術界及社會各界組成的所謂「人民制憲會議代表」180人，在臺灣大學法學院國際會議廳舉辦了所謂的「臺灣人民制憲會議」，經過兩天喧囂的討論，26日凌晨，民進黨正式發布所謂會議三讀通過的「臺灣憲法草案」，並且隨後被民進黨中常會列為肩負「修憲」責任的第二屆「國代」黨籍候選人的共同政見。1991年10月，民進黨召開五屆一次全代會，更進一步將「制定新憲法」的主張寫入黨綱，提出「依照臺灣主權現實獨立建國，制訂新憲，使法政體系符合臺灣社會現實」，「依照臺灣主權現實重新界定臺灣國家領域主權及對人主權範圍」。

1994年6月和8月，民進黨再次主導召開第二次「臺灣人民制憲會議」，將「臺灣憲法草案」更名為「臺灣共和國憲法草案」，並且公然選出所謂「臺灣共

和國」的「新國旗」和「新國歌」,舉辦「新國家、新國旗、新國歌」遊行。1999年12月,陳水扁在競選「總統」的過程中,發表了「憲政政策白皮書」,全面而詳細地表述了民進黨的「制憲」主張。

第三階段:民進黨當局「公投制憲」政策的貫徹實施階段(2003年以後)

在2003年以前,島內「臺獨」勢力的「制憲運動」主要是以民間運動的形式推動,其間雖然民進黨介入甚深,甚至成為「制憲」運動的主導力量,但是一方面由於民進黨長期處於在野黨的地位,無力主導臺灣的「憲政改革」進程,不得不以現實主義的態度參與李登輝主導的「修憲」過程;另一方面,島內外不具備「制憲」的社會政治環境,大部分民進黨人以奪取和鞏固執政權為第一步,並未把「制憲」主張放在核心訴求中。2003年9月,民進黨為了提升「總統」選舉的選情,打出了「催生新憲法」的主張,甚至進一步拋出「公投制憲」的時間表,公開宣稱:「臺灣人民要建立臺灣成為正常、完整和偉大的國家,需要一部合身、合用的新憲法,透過公投方式,2006年共同催生新憲法,2008年正式公布實施」〔3〕。由於民進黨處於執政黨的地位,民進黨當局「公投制憲」的宣示無疑標誌著「制憲」活動的主體從民間向官方轉化,「制憲」活動的形式也由社會運動向當局政策轉化。

二、「臺獨」勢力「制憲」主張的歷史檔

「臺獨」勢力在推動倡狂的「臺獨建國」活動過程中,曾經提出過多個所謂的「新憲法草案」版本,據統計,在1991年民進黨召集「人民制憲會議」制定「臺灣憲法草案」之前已經存在至少8個相關的「臺灣新憲法草案」版本〔4〕。這些不同版本的「新憲法草案」在具體的內政建構上雖然主張各有不同,但是在建構新的國家認同,建立「新國家」,確認新的「領土範圍」,制定新的「國旗、國歌與國徽」的主張方面意見是相同的。毫無疑問,這些「新憲法草案」也是民進黨當局和島內外「臺獨」勢力推動「公投制憲」的重要基礎和參考文獻。現針對較有代表性的幾部草案進行簡要的比較分析。

1.「臺灣共和國憲法草案」〔5〕

1975年許世楷起草，1988年改寫後發表於《臺灣公論報》，同年12月由鄭南榕主編的《自由時代週刊》再次發表。全案共分8章99條，該案第一章「總論」直接確認臺灣的國家認同問題，把「國名」定為「臺灣共和國」，與其他版本不同之處是該案明確規定「臺灣共和國的領土，不包括金門、馬祖等中國沿岸諸島嶼」。該案在政體上主張「內閣制」、「國會」分上下兩院。

2.「臺灣共和國基本法草案」〔6〕

1989年林義雄從海外帶回臺灣的版本，全文共分為8章130條，在前言部分即表明建立「臺灣共和國」的依據和原則，其特色是專闢第二章「國土」部分，規定「臺灣共和國的領土包括臺灣島與它的附屬島嶼」，在政治體制上主張「雙首長制」、「單一國會」，並明定「基本法是共和國最高法律」。

3.「臺灣共和國憲法草案」〔7〕

1989年新潮流系在選舉過程中組成「新國家聯線」，拋出「臺灣共和國憲法草案」的新系版本，作為「新國家連線」的共同政見。該案全文共分4章11節128條，並附「制憲」程式、過渡原則與「制憲」原則的說明。在序言中，該版本開宗明義地宣稱「決心建立臺灣共和國來追求自己和後代子孫的自由和幸福」，並在第一章總論就國家認同問題作出了規範：「臺灣共和國為民主、法治、文化與社會國家。臺灣共和國為非軍事結盟之武裝中立國家」（第1條）；「臺灣共和國領土包括臺灣島及其有效管領之島嶼」（第3條）；「國旗、國歌與國徽以法律定之」（第5條）。在政體上主張「內閣制」、「單一國會」。

4.「臺灣民主國憲法草案」

曾任「世臺會會長」的李憲榮起草，其特點是將所謂的「國名」確定為「臺灣民主國」，「領土範圍」包括「臺澎與所屬島嶼」，實行「總統制」、「單一國會」。

5.「臺灣基本法草案」〔8〕

1990年4月由時任民進黨祕書處主任的鄭寶清起草完成，作為民進黨參與「國是會議」幕僚小組提報中常會討論的版本，代表了民進黨內基本法派的意

見。該案全文共分7章73條，主張「總統制」、「單一國會」，將臺灣重劃為5省2市，以基本法的形式迴避了「國名」、主權、領土等敏感的統獨問題。

6.「民主大憲章」〔9〕

1990年6月，由民進黨中常會通過，作為民進黨參與「國是會議」的階段性「憲政」主張，被認為是民進黨內美麗島系的版本。全文共分10章104條，政體上主張「雙首長制」、「單一國會」。該案最大特色是闢專章第9章專門規範臺海兩岸關係，以「臺灣」和「中國大陸」定位兩岸，模糊化處理「領土」、兩岸關係等政治定位問題。

7.1991年「人民制憲會議」制定的「臺灣憲法草案」〔10〕

1991年8月26日凌晨出爐，稱為「臺灣憲法草案」，該案共分11章108條，主張「總統制」及「單一國會」的政體，「總統」選舉採絕對多數制，以公民投票的方式完成「制憲」與「修憲」。這是一部赤裸裸的「臺獨建國憲法」，會議過程網羅了民進黨主要政治人物及島內主要獨派代表人物，較為充分和完整地反映了民進黨的「制憲」主張。該草案主張從根本上改變臺灣現有的「國名」、「國旗、國徽、國歌」以及「領土範圍」。這一點在「臺灣憲法草案」的第一章就進行了公然的宣告：

「第一章　總綱

第一條　臺灣為民有、民治、民享之民主共和國，國名為臺灣共和國。

第二條　臺灣之主權屬於國民全體。

第三條　凡具有臺灣之國籍者為臺灣之國民。

第四條　臺灣之領土包括臺灣本島、澎湖群島、金門、馬祖、附屬島嶼及國家權力所及之其他地區。

第五條　國旗、國徽及國歌以法律定之。」

8.1994年8月第二次「臺灣人民制憲會議」修訂的「臺灣共和國憲法草案」〔11〕

1994年6月及8月召開了所謂的第二次「臺灣人民制憲會議」，將「臺灣案法草案」更名為「臺灣共和國憲法草案」。全案修改為12章113條，增列序言及第9章族群部分，在序言中表明決心「創建獨立自主的現代國家，特制定本臺灣共和國憲法」，並賦予「總統」「得就國家重大事項，依法提交公民投票」的權力。

9.陳水扁「憲政白皮書」：

1999年12月20日，陳水扁發表「憲政白皮書」，作為競選政見的重要內容。陳水扁在「憲政白皮書」中不僅明確地主張「制憲」，而且赤裸裸地提出了「明確化臺灣的主權獨立國家地位」的主張。他還主張建構三權分立的政體，把「雙首長制」改為「總統制」，建立「單一國會」。

在陳水扁發表的新聞稿中，將民進黨的「憲政」主張內容劃分為16章，其中第1章即提出「確立臺灣的國家地位——憲法中應承認臺灣為主權獨立國家的現狀與事實，至於對臺灣主權獨立現狀的任何變更，皆應經臺灣人民公投同意」。第16章則更進一步主張「制憲」，反對「修憲」，即「制憲或修憲的選擇——我們主張應為臺灣打造一部新憲法，並積極提倡制憲的理念，致力於國民制憲共識的形成，以達制憲的終極目標」。在「憲政白皮書」本文中，則更加明確地建議「將中華民國（臺灣）的領土作一適當、明確的確認」，例如規定為：「中華民國之領土包括臺灣、澎湖、金門、馬祖及其附屬島嶼以及其他國家權力所及之地區。憲法第四條之規定不適用之」；或者規定為：「本憲法適用於臺灣地區。本憲法所稱之臺灣地區指中華民國主權所及之區域，大陸地區指中華人民共和國主權所及之區域」。同時強調涉及「臺灣主權獨立狀態之變更，應經臺灣人民公投同意」〔12〕。

由此可見，在現有的幾種「臺灣新憲法草案」版本中，除「臺灣基本法草案」及「民主大憲章」不涉及更改「國名、國旗、國歌、國徽和領土範圍」等國家認同的象徵，採取了模糊化或保留處理的彈性做法，其餘各案均主張徹底的「制憲」，全面修改國家認同的象徵，確立新的國家認同。在這些版本中，「民主大憲章」及所謂「人民制憲會議」制定的「臺灣共和國憲法草案」版本性質上

均屬於民進黨的黨版「新憲法草案」，得到民進黨中央的認可，兩種「新憲」版本在處理國家認同問題上的差異反映了民進黨內溫和派與激進派的路線分歧。然而，隨著黨內鬥爭的發展，激進派在民進黨內占據了優勢，「臺灣共和國憲法草案」經過了形式上的討論和表決程序，因而更具有代表性。1999年5月民進黨全代會通過「臺灣前途決議文」承認「中華民國國號」之後，陳水扁發表的「憲政白皮書」則代表了現階段民進黨的「制憲」主張，雖然未涉及「國名、國旗、國歌、國徽」等政治象徵，但是同樣積極提倡「制憲」，並要求明確定義「中華民國」的「領土主權」。

三、「改革」與「建國」：「制憲」主張與活動的雙重屬性

在島內「臺獨」勢力推動「制憲」活動的過程中，為了增強「制憲」主張的正當性，擴大其支持基礎，無不打著「本土化、民主化、改革」的旗號，而將其「臺獨建國」的政治本質掩蓋起來。這些政治勢力在表面上列舉的「制憲」理由主要包括：

1.舊的「中華民國憲法」與臺灣現實時空脫節，因此臺灣需要一部全新的「憲法」

在島內「臺獨」勢力主張「制憲」的理論依據中，無一不把舊「中華民國憲法」已經不適合臺灣的現實作為表面理由。其一，他們認為「中華民國憲法」由南京國民政府於1947年制定，當時面對的是全國1000多萬平方公里的管轄面積和4億多的管轄人口，國民黨政府敗退臺灣之後，管轄面積僅為3萬多平方公里、人口2000多萬的臺灣，仍以大而無當的「中華民國憲法」管治，顯然不符現實。其二，從1947年制定「中華民國憲法」迄今已經逾50年時間，時空變換，舊「憲法」的許多內容已經不適用，包括所依據的孫文學說、「五權憲法」已經不能適應臺灣現實的政治、經濟、文化發展狀況。因此，「制憲」成為改革發展的必經程序。

2.李登輝主導下的六次「修憲」使「憲法」變得支離破碎，必須以「制憲」的方式一勞永逸地解決臺灣的「憲政」困境

李登輝從1990年代開始推行「憲改」，前後10年時間「修憲」6次，不僅未能解決臺灣的「憲政」困境，反而漏洞百出，造成朝野政黨和「府院」之間紛爭不斷。號稱「國師」的李鴻禧表示：「中華民國憲法經歷六次增修條文修憲，始終無法適應臺灣時空需求與合乎憲法原理原則，已經山窮水盡，唯有制憲一途才能柳暗花明，解決當前的憲政問題」〔13〕。

　　3.「制憲」是世界各國的合法合理的民主程序

　　島內「臺獨」勢力認為「制憲」在世界各國均是常見的現象，他們以西方憲法學者的理論為依據，認為「制憲」是合理合法的民主程序。特別是他們以法國歷經5次制憲，現行憲法為法蘭西第五共和國憲法為例，甚至還認為即使是中國大陸，自1954年第一部憲法頒布以來，已經先後制定四部憲法。然而他們似乎有意忘卻了臺灣「制憲」必須首先處理國家認同問題的特殊政治環境。

　　4.臺灣人是臺灣的「主權者」，臺灣人有權制定「臺灣憲法」

　　島內「臺獨」勢力認為，臺灣人是臺灣的「主權者」，由臺灣2300萬人來制定適合於臺灣的「憲法」本身就是「獨立主權」的體現。他們認為：「臺灣自一九四九年以來，就已經以中華民國名義獨立了半個世紀。然由於中華民國憲法還是大中國憲法，不承認臺灣主權獨立國家的事實，所以這一階段臺灣的獨立狀態只能說是事實上（de facto）的獨立，還不是法律上（de jure）的獨立」〔14〕。而以「公投」的方式完成「制憲」正是凝聚「國民意志」，體現「獨立主權」，實現「法理獨立」的過程。

　　5.「制憲」是實現「臺獨建國」的重要內容和關鍵步驟

　　島內「臺獨」勢力無不把「制憲」當作實行「建國」的重要內容和關鍵步驟。曾任「臺獨聯盟」主席的張燦鍙提出「臺獨」的SOP（標準作業流程）包括三項主要工作：「第一，制定新憲法；第二，臺灣正名；第三，教材要大幅修改，並建立以臺灣為主體教育與文化內涵」〔15〕。「臺聯黨」主張透過「正名、制憲、公投」達到「國家正常化」的目的。李登輝也公開表示：「臺灣最大困境在國家定位、國家認同，解決這個問題，具體做法是更改中華民國國號，重新制定新憲法」〔16〕。

由此可見，島內「臺獨」勢力訴求「制憲」的理由中，具有表面上看似「合理」的一面，即要求臺灣「憲政體制」適應臺灣本土化、民主化的進程，進行大幅度的改革。然而，臺灣社會所訴求的改革，主要是集中在政府體制與行政效能方面，這些方面的改革無關統獨。顯然在這些方面，臺灣當局來自島外的壓力並不沉重，卻是島內一般民眾關注的重心。

可是，島內「臺獨」勢力的「制憲」目標並不局限在政府體制的調整與行政效能的改善。尤其是民進黨當局提出「公投制憲」的時間表之後，得到島內「臺獨」勢力的一致支持，把「公投制憲時間表」當作推進「臺獨建國」的時間表。1996年，民進黨人士管碧玲曾經在「臺灣國家發展會議」中坦白地表示：「制定新憲法是臺灣事實國家的完成，臺灣新憲法將成為臺灣在國際主權談判的利器，是臺灣申請全球公民身分證的申請書」〔17〕。在島內「臺獨」勢力的眼中，「制憲」所代表的改革意義並不是首要的，關鍵是透過「制憲」從法理上明確「臺灣是主權獨立國家」。

四、「公投制憲」的政治本質

「公投制憲」的根本目標是「臺獨建國」，是「臺獨」勢力企圖在島內實現「法理臺獨」的關鍵一步，是「臺獨」分裂主義的主張在法理架構上的表現，是對一個中國法理架構的突破和否定。「臺獨」勢力「公投制憲」的政治本質不僅體現在所謂「制憲運動」的歷史過程中，而且也表現在「新憲法草案」不同的版本和「憲政」主張中。民進黨當局的「制憲」主張與「臺獨制憲運動」的主張是一脈相承的，即使「制憲」的表面裏扮著「改革」的包裝，仍然無法掩蓋「臺獨建國」的政治本質。

2004年5月20日，陳水扁在「就職演說」中針對「制憲」問題進行了政策性的宣示，一方面仍然堅持在2008年之前「能夠交給臺灣人民及我們的國家一部合時、合身、合用的新憲法」，另一方面又表示「涉及國家主權、領土及統獨的議題，目前在臺灣社會尚未形成絕大多數的共識，所以個人明確的建議這些議題不宜在此次憲改的範圍之內」〔18〕。2004年6月16日，在「黃埔建軍暨建校八

十周年校慶典禮」中，面對臺灣各級軍官及軍校學生，陳水扁再次表示「將依循現行憲法及增修條文的程序，完成憲政改造工程，以期在卸任之前交給國人一部合時、合身、合用的新憲法」，同時，陳水扁試圖回避民進黨當局的「制憲」主張引起的爭議，認為「憲改工程，不是『修憲』與『制憲』的文字之爭，重要的是，我們要透過『合憲』的程序，催生一部『新憲』。這部新憲法不會碰觸國家的主權、領土與統獨問題，而是以實現政府良好治理與政府體制改造為依歸」〔19〕。

可見，陳水扁在「公投制憲」爭議引發的壓力之下，被迫回歸依據現有程序進行「憲政改造」，但是陳水扁沒有放棄「催生」一部「合時、合身、合用的新憲法」的主張。值得質疑的是，這樣一部「新憲法」，如何能夠回避「國家主權、領土及統獨的議題」。

兩岸關係的定位在臺灣當局規劃催生的「新憲法」中是無法回避的。不可否認，由於兩岸政治談判的基礎「九二共識」和「一中原則」遭到李登輝及陳水扁當局的破壞和否認，兩岸並未就與之相適當的「臺灣當局的政治定位」展開談判或達成共識，「中華民國」不為中國政府所承認，無疑「中華民國憲法」也不為中國政府所承認，但是眾所周知，現存的「中華民國憲法」的一個中國架構，卻是維繫兩岸和平與穩定的重要紐帶。「中華民國憲法」的一個中國架構不僅體現在第4條有關「中華民國領土，依其固有之疆域，非經國民大會之決議，不得變更之」，而且也表現在「憲法」內容對於全國事務的規範中。即使是李登輝主政時期修訂的「中華民國憲法增修條文」，其序言部分仍表明是「為因應國家統一前之需要」，並以「自由地區與大陸地區」定位兩岸。顯然所有這些體現一個中國架構的法律原則與規範都與民進黨的政治立場、「憲政」主張和「新憲草案」版本相互違背。

即使民進黨中央曾經認可的最溫和的版本「民主大憲草」，即設立專章模糊定位兩岸關係的方式，在民進黨內也早就遭到反對，成為曇花一現的歷史文獻。更何況，陳水扁個人建議在「新憲法」中排除「涉及國家主權、領土及統獨的議題」的宣示，在島內已經面臨「臺獨基本教義派」的強烈反彈。「臺聯黨」公開

舉行記者會指責陳水扁不應以「修憲」取代原本主張的「制憲」，還要求陳水扁收回已有的說法；李登輝也表示「修憲是騙老百姓的作法，應該要制憲而非修憲」；辜寬敏則更指責陳水扁「在制憲上後退的做法很沒格」。在「臺獨」勢力的內外壓力下，可以預見，陳水扁當局催生的「新憲法」不僅不可能保留一個中國架構，而且連模糊化正面表述兩岸關係的處理方式也不可能接受，最終結果極可能是徹底地清除現行「憲法」的一個中國痕跡。

陳水扁的宣示其實是「兩階段憲改」的計畫，即第一階段通過「公投入憲」、「廢除國大」為「公投制憲」完成程式上的準備；第二階段再舉辦實質性的「公投制憲」。陳水扁的妥協顯然是面對島內社會嚴重對立分化的現實所作的無奈選擇，其最主要的讓步是回歸既有的「修憲」程式，避免在現有「修憲」程式未能修改的情況下，「公投制憲」加劇朝野對立和社會分化，從而引發島內嚴重的「憲政」危機。事實上，陳水扁當局與「臺獨基本教義派」之間並沒有基本立場與根本目標上的分歧。一方面，獨派人物對陳水扁不得不「兼顧現實」的「苦衷」表示理解，李鴻禧坦言：「基於當前臺灣現實，未來制憲其實可以先擱置第一章有關國名、領土、主權等爭議」，等到臺灣逐漸建立共識，再修改第一章「憲法」內容。辜寬敏也提出「兩階段公投制憲論」，第一階段先修正「憲法」中沒有爭議的部分，第二階段再針對「國號、領土」等具有爭議性的議題進行公投，建立起「合用且合身的新憲法」〔20〕。另一方面，李登輝以「手護臺灣大聯盟」為基礎，仍打算由民間著手，繼續推動「公投制憲運動」。扁李之間透過體制外、體制內合作，達到殊途同歸的政治目的。

注釋：

〔1〕許世楷：「探討制定新憲法的過程」，陳隆志主編：《臺灣憲法文化的建立與發展》，臺北前衛出版社1996年4月初版，第150頁。

〔2〕許世楷：「探討制定新憲法的過程」，陳隆志主編：《臺灣憲法文化的建立與發展》，臺北前衛出版社1996年4月初版，第155頁。另外，許世楷在1991年8月20日臺灣《民眾日報》刊載的《人民制憲運動的展望》一文中曾將「制憲運動」分為五個階段：「第一階段：基本概念的傳揚；第二階段：動員人

民的暖身運動；第三階段：否定國民黨政權『修憲』；第四階段：組織人民制憲代表會議；第五階段：公民投票」。

〔3〕臺灣《中國時報》2003年10月26日。

〔4〕參見《人民制憲會議實錄》，民進黨中央黨部1991年11月10日出版，第460頁。黃煌雄認為「到目前為止，從海內到海外，在野的民間力量，所提出的新憲法草案至少已有八種版本」。

〔5〕參見許世楷著：《臺灣新憲法論》，臺北前衛出版社1991年11月初版，附錄1。

〔6〕參見臺灣《自立晚報》1989年11月6日。

〔7〕參見臺灣《自立早報》1989年11月16日。

〔8〕參見臺灣《民眾日報》1990年4月3日。

〔9〕參見臺灣《中國時報》1990年6月21日。

〔10〕參見陳隆志主編：《臺灣憲法文化的建立與發展》，臺北前衛出版社1996年4月初版，附錄5。

〔11〕參見陳隆志主編：《臺灣憲法文化的建立與發展》，臺北前衛出版社1996年4月初版，附錄6。

〔12〕參見《中時電子報》http：//forums.chinatimes.com.tw/report/newgov/paper/520-5.htm.

〔13〕臺灣《中國時報》2004年5月23日。

〔14〕陳水扁「憲政政策白皮書」，參見《中時電子報》http：//forums.chinatimes.com.tw/report/newgov/paper/520-5.htm.

〔15〕參見「臺獨聯盟」網站http：//www.wufi.org.tw/george/n030605b.htm.

〔16〕臺灣《聯合報》2004年6月27日。

〔17〕臺灣《中國時報》1996年12月15日。

〔18〕臺灣《中國時報》2004年5月21日。

〔19〕臺灣《青年日報》2004年6月17日。

〔20〕臺灣《中國時報》2004年6月21日。

第五篇　亞太安全與美臺、日臺關係

冷戰後的亞太安全與臺灣問題

孫雲

一、冷戰後亞太安全的特點

在國際政治中，安全是一個基本的概念，也是一個基本的價值。英國學者巴里·布贊（Barry Buzan）將其定義為「對免於威脅的追求」，顯示「國家和領土完整，反對敵對勢力的能力」，「安全的底線是生存」。〔1〕實際上，生存和穩定是安全的兩個主要面向和目標，「安全研究所要解決的基本問題就是行為體在國際互動中怎樣免於受威脅的現狀與心態。」〔2〕

冷戰期間，美蘇在亞太展開激烈的爭奪和長期的軍事對峙，致使該地區政治局勢動盪，武裝衝突和局部戰爭頻繁發生。冷戰後，世界格局發生了重大變化，亞太地區也出現了新的形勢，亞太安全出現了一些新的特點，面臨很多挑戰。

1.亞太地區仍潛伏著許多對地區安全構成威脅的「熱點」和危機

冷戰後的亞太安全總體上相對穩定，美蘇長期軍事對抗的態勢基本消除，一些與美蘇有關的局部衝突和「熱點」問題得到解決。但亞太仍存在著一些對該地區安全構成威脅的「熱點」問題，主要有兩類：

第一類是領土糾紛，如中國與東南亞四國之間對南中國海島礁的主權之爭、中日釣魚島以及東海海域劃分爭端、日韓獨島主權之爭等。如果將亞太邊緣地區也算在內的話，還有印巴之間的喀什米爾問題等。這一類潛在危機或者牽涉到國家的主權尊嚴問題，或者關係到國家經濟發展的資源需求問題。

第二類是冷戰遺產，如朝鮮半島的分治與臺灣海峽兩岸的對立。這一類潛在危機也涉及到國家主權尊嚴的問題，但同時還與冷戰造成的政治意識形態的對抗有關。〔3〕

在這些潛在的危機中，朝鮮半島、臺灣海峽和南中國海被視為「未來亞太地區衝突」的三大「熱點」。近幾年印巴之間圍繞喀什米爾問題也一再起爭端，局部衝突不斷，有時接近走到戰爭的邊緣，也構成危及亞太穩定與安全的另一大「熱點」問題。

2.亞太地區缺乏地區性安全機制

所謂安全機制，是指「有關國家透過外交協調，就國家間的安全事務所作出的一系列政治合作與相關的協議性安排，旨在透過和平合作協調國家間的安全關係，防範和避免國際安全危機的發生或衝突升級，共同維護國際安全」。〔4〕

國際安全合作是國家間政治、經濟發展到了一定程度的產物，也是國際安全關係由無序走向有序的一個自然過程。和平合作的安全合作，主要是強調用和平手段與合作方式來處理國家間的安全問題，透過對話交流和建立信任的途徑保持穩定的安全關係，透過協商談判和一定規則解決具體的利益衝突和安全矛盾。因此，和平合作的安全機制代表了一種比較進步的安全觀念和安全方式。

冷戰後，經過亞太國家的不懈努力，亞太國家建立了一定的安全結構，但真正的預防、控制和解決危機的多邊合作機制尚未建立起來。這與歐洲具有明顯的不同。亞太缺乏安全機制，主要有兩個方面的原因，一是亞太的複雜性與多樣性。亞太地區是一個在政治、經濟、文化和安全上多元的地區，各國有自己的政治制度、經濟發展模式、安全戰略構想，難以形成一個統一的整體。差異容易產生分歧，而分歧則是矛盾產生的根源。這種複雜性與多樣性使國家間相互協調更費周折，在特殊情況下甚至會增加地區局勢的不穩定性。同時，由於彼此之間利

益關係錯綜複雜，各國在利益實現的過程中彼此間的相互牽制性很強。世界上五大力量有四個彙集亞太，形成了該地區多種力量相互借重、彼此制約的局面。因此，儘管冷戰後不少國家以及一些學者紛紛提出建立亞太安全合作機制的構想，如1990年，澳大利亞提出按歐安會模式建立「亞安會」，加拿大建議亞太地區採納歐安會模式，但涵蓋廣泛的亞太安全合作機制始終沒有建立起來。二是亞太缺乏國家間的信任關係。從冷戰後亞太國家尋求建立安全機制的曲折過程我們可以看出，亞太存在著建立安全機制的一個巨大障礙，即亞太國家間缺乏信任。在這方面亞太與歐洲對比鮮明。

在歐洲，特別是在歐盟國家之間，已確定了一種完全的信任關係，故此才能使歐洲一體化迅速發展。這裡面的原因很多。一方面，歐盟國家社會制度基本相同，經濟發展水準相近，有相同的價值觀念，宗教、文化也有著較大的同一性；另一方面，這些國家之間有著長久的密切交往的歷史。經過歷史上殘酷的兩次世界大戰，西歐力量急劇衰弱。在戰後的兩極格局背景下，西歐國家普遍意識到，只有增加信任，走聯合之路，才能自強和確保歐洲的安全。這中間，德國能夠正確認識和處理戰爭罪行問題，對建立歐洲的信任起了重要作用。

而在亞太地區，人們還不能建立歐盟國家之間的那種信任與合作關係。這裡除了社會制度和意識形態差異以及存在國家分裂和領土爭端等問題外，二戰遺留問題未能得到妥善解決是一個重要原因。其中，日本不能正確認識戰爭罪行，則是二戰遺留下來的最大問題，也可以說是亞太國家建立信任關係的最大心理障礙。這也成為制約亞太安全合作機制建立的重要因素。〔5〕

3.亞太地區處於更嚴重的「安全困境」當中

由於國際社會處於無政府的狀態下，因此世界各國總是感覺到不安全，因而就會透過加強自己的軍事力量來獲得安全，但如此一來，其他國家又會感覺到更大的不安全，同樣也會加強自己的軍事力量。也就是說，一個國家對安全的追求往往會導致其他國家的不安全，而其他國家面對這種不安全所做出的反應又將導致第一個國家的不安全。這樣的結果是所有的國家都因為想變得更安全而最後變得不安全了。這樣如此不斷循環往復，使國際社會陷入了一種安全上的困境之

中。國家在安全問題上的這種兩難選擇，國外學者稱之為「安全困境」（security dilemma）。美國學者最早認識到了安全困境的存在。〔6〕

西方研究國際關係的學者傑維斯認為，「安全困境不能消除，而只能加以改良。」途徑是尋求一種方法，對國家間的權力鬥爭施加某種規範性限制，使相關國家組成為安全體系（security regimes）。在這個體系中，各個國家認同一定的準則、規則、原則。這些規範性的東西可使加入其中的國家互惠互限。〔7〕這種方法實際上就是合作的方法，或者說是以國際安全來確保國家的安全。

如前所述，亞太地區與歐洲有所不同。亞太各國之間存在種種差異和問題。同時，冷戰後亞太的四大力量中心的力量對比處於深刻的變化之中。這其中最主要的是中國崛起，俄羅斯與日本的影響在亞太有所減弱。如何認識與看待中國的崛起，一些國家仍抱有嚴重的冷戰思維，認為中國未來隨著經濟的迅速發展有可能成為超級大國，而經濟的騰飛必然導致軍事力量膨脹，從而會走向霸權主義。崛起的中國對現存的國際秩序、對中國在現存國際秩序中的地位都是不滿足的，中國必然有改變現狀的要求，因此必然對現存的國際體系構成挑戰和威脅。〔8〕亞太國家存在的差異以及一些國家對中國崛起的這種錯誤認識，尤其夾雜著複雜的歷史問題與利益衝突，也對亞太國家的信任關係是個衝擊，也不可避免地制約著亞太安全機制的建立。

4.亞太地區大國關係日趨複雜化

亞太地區是大國雲集，力量交匯的地區。美國、中國、日本是目前亞太地區三個舉足輕重的力量中心。冷戰後，亞太地區日益成為美國關注的重點，其在亞太地區的戰略目標也日益清晰，這就是：第一，防止地區霸權國家的崛起。美國認為，亞太地區的任何潛在霸權國家都會尋求削弱美國在這一地區的作用，並更傾向於使用武力維護其主張。鑒於亞太的人口、技術和經濟益源，如果一個敵對大國主導這一地區，將對美國構成全球性挑戰並威脅到當前的國際秩序。

第二，保持穩定。穩定是亞太繁榮的基石，要想使亞洲變得更加繁榮，更加一體化，每個國家都必須能夠不受任何制約地和平發展。

第三，控制亞太的變化。美國也許不能參與解決亞洲的所有爭端，但可以努

力影響事態的發展,使其不至於失控。〔9〕

由於近年來中國經濟的快速發展,綜合國力不斷提高,中國在亞太地區的影響力日益擴大,因此中國被美國視為未來「最可能挑戰美國的力量」。布希上臺後已明確在戰略上將中國定位為「競爭對手」,美國的亞太戰略表示要「防範」和「制約」中國的發展。對日本,美國希望達到利用其抗衡地區力量的目的,希望「日本繼續充當美國在亞洲的橋頭堡,並成為美國遏制中國的一把利劍。」〔10〕日本在冷戰後也認為亞太地區仍然存在「不透明、不確定因素」,而中國軍事現代化的發展被看作是「不確定因素」之一。自1996年以來,日本的防衛白皮書就將中國視為日本面臨的「威脅」之一,並且近年來日本以中國為假想敵的軍事演習明顯增多。基於這種認識,日本也有「防範」和「制約」中國的企圖,希望與美國保持和強化戰略同盟關係,以借助美國,抗衡中國。安全認識上的趨同導致日美在安全領域的合作。新的「日美安保聯合宣言」重新界定了日美同盟關係,尤其突出了雙方在安全領域的合作。因此,就安全領域而言,美日明顯具有聯合針對中國的一面。

總之,冷戰後亞太力量格局正處於深刻的變化當中,各國的亞太安全戰略也處於深刻的調整當中。亞太地區複雜的大國關係,激烈的利益碰撞,潛在的「熱點」問題,都使亞太安全面臨著隱憂。

二、臺灣問題在亞太安全中的地位

冷戰後,亞太安全在全球安全中的地位日益上升。在亞太安全中,臺灣問題的地位愈發凸顯。近來,國際上和亞太地區各國事實上已把臺灣視為亞太地區的頭等熱點,危險性超過朝鮮半島問題,〔11〕認為臺灣問題成為未來幾年對亞太安全最具挑戰性的問題。〔12〕亞太國家普遍認為,「臺灣與中國大陸的未來關係如何進展,是構成亞太地區未來區域安全秩序的最關鍵要素」。〔13〕美國最新一期的《新聞週刊》在「2012大預測」特別號中預測,臺海、南中國海和朝鮮半島將成為距今10年全球衝突「熱點」之列,其中臺灣更被排在「2012年戰區」特別報導之首。〔14〕由此可見臺灣問題之敏感和在亞太安全

中地位之重要。

臺灣問題在亞太安全中地位的上升，主要是由於：

1.1990年代以來，臺灣島內的分離主義不斷發展，增加了兩岸關係的不確定性和不穩定性

在蔣氏父子統治時期，國民黨政權一直反對各種形式的「臺獨」，始終堅持「一個中國」的政策，沒有放棄「中國統一」的目標，並據此處理所有的內部事務和對外關係。因此，在1949年到1980年代後期的大約40年中，兩岸關係一直是在一個中國前提下，以政權合法性鬥爭為政治對立的焦點。

1988年初，蔣經國去世，李登輝繼任臺灣當局領導人。李登輝上臺後，隨著地位的鞏固，在「內政」、「外交」、「大陸政策」等方面進行了大幅度的調整，一個中國的政策越來越虛化和空洞化，分裂的取向越來越明朗化。在李登輝的推動下，臺灣化之後的國民黨均以「臺灣利益優先」的原則制定臺灣當局的內外政策。在「對外」關係上，以多種形式推行「務實外交」，並拼命擠入一些國際組織，在參與聯合國的問題也不惜一切代價，以凸顯臺灣的所謂「國際人格」、「主權獨立」地位。在對內政策方面，積極進行「憲政體制改革」，把「中華民國在臺灣」以法律的形式固定下來，透過「總統」直接選舉體現臺灣的「民主化」，並企圖以此得到國際社會的確認。在軍事上，採取守勢防禦戰略，以保衛臺灣安全為目標。在大陸政策上，從「國統綱領」的頒布，「階段性兩個中國」的出籠，到1994年7月發表的《臺海兩岸關係說明書》，強調兩岸「分裂分治」，拋出「一個中國，兩個對等政治實體」，把「一個中國」定義為「歷史上、地理上、文化上、血緣上」的中國，宣稱「中共代表大陸，我們代表我們」，大陸與臺灣「各自享有統治權」，在國際社會是「並存之國際法人」。到1999年7月，李登輝拋出「兩國論」，完全拋棄了「一個中國」的政策。

正是由於國民黨當局在分裂的道路上漸行漸遠，才造成兩岸的政治僵局和臺海局勢的不穩定。為了震懾「臺獨」，1990年代中期，中國人民解放軍在東海與南海進行導彈發射訓練和軍事演習，美國則先後派「獨立號」與「尼米茲」號兩艘航母戰鬥群進駐臺灣海峽附近，釀成1990年代的臺海危機。對此，亞太許

多國家都表示相當大憂慮。顯然，國際社會都不希望看到中美因為臺灣問題而爆發直接的戰爭，從而影響到亞太乃至世界的和平與穩定。導致兩岸僵局、局勢惡化有兩條帶有根本性的原因，即「臺獨」勢力的擴張和國際強權特別是美國強權的干預。甚至連臺灣學者也承認，「近年來臺灣內部的政治變動，以及在國際空間上的開拓，使得中共對於統一問題產生了緊迫感，以致造成今天兩岸關係空前緊張。」〔15〕

2000年，臺灣實現政黨輪替，具有「臺獨」背景的陳水扁上臺。陳水扁上臺後，堅持「臺獨」立場，繼續李登輝的分裂路線，在分裂的道路上越走越遠。

第一，從刻意模糊、回避到公開否定「一個中國」原則。

陳水扁多次聲稱，以「未來式」定義「一個中國」，強調一個中國是可談的議題，不是兩岸對話的前提，極力回避「一個中國」原則，多次聲稱「臺灣是主權獨立的國家」。尤其是2002年8月初，陳水扁透過視訊直播，向在日本舉行的世臺會第29屆年會強調，臺灣是一個主權獨立的國家，不是別人的一省或地方政府，不能變成第二個港澳，「臺灣與對岸中國，一邊一國，要分清楚」。陳水扁表示，中國所提的一中原則或一國兩制是改變臺灣的現狀，臺灣不可能接受。同時他還呼籲「大家認真思考公民投票方法的重要性與緊迫性。」這充分暴露出其「臺獨」的真面目，進一步毒化了兩岸關係。

第二，利用執政地位和資源，加快「實質臺獨」步伐。

陳水扁上臺後，大力推動「本土化教育」政策，強行在中小學實行「臺語」教學，鼓勵各大校院刪減甚至取消與「中國」有關的課程，用通用拼音取代中文拼音，並在日常生活、大眾文化領域灌輸「臺獨」意識，妄圖借「文化臺獨」削弱中華文化的影響，培植以「臺灣」為核心的「民族與國家認同」。臺灣當局還加速「去中華民國化」進程，如指令臺軍取消反「臺獨」教育，拆除軍營中有關「國家統一」的標牌等。總之，臺灣當局在各個方面凸顯「臺灣是臺灣」、「大陸是大陸」，削弱臺灣民眾對中國的認同，試圖從思想上理念上為「臺獨」奠定基礎。

第三，推行「親美化」為主體的外交策略，謀求擴大「臺獨」空間。

陳水扁上臺後，不斷強化對美「外交」，發展與提升與美的實質性關係，「親美化」的策略愈益明顯。同時，利用日本右翼勢力抬頭的機會，積極提升對日關係。最近又是召開「美日臺三邊戰略對話」會議，又是提出推動建立亞太地區民主同盟，妄圖依託美日，謀取「臺獨」利益，挾洋拒統，試圖增強臺灣在國際上製造「兩個中國」、「一中一臺」的力度。陳水扁、呂秀蓮還多次「出訪」中美洲和非洲等「外交重鎮」，大搞「元首外交」、「金錢外交」等，最近又提出「烽火外交」，大搞「夫人外交」，以凸顯臺灣「主權國家的地位」。臺灣當局還不斷以所謂「民主牌」、「人權牌」、「反恐牌」等，迎合西方國家鼓吹的「人權高於主權」，旨在以「臺灣的民主成就」和「國際人權保護傘」爭取西方國家更多的同情與支援，加速「臺灣問題國際化」。陳水扁上臺後的兩年多來，臺灣當局明顯強化了「外交攻勢」，為其「拒統求獨」尋求國際支持。

2.美臺軍事安全關係不斷得到強化，臺灣當局不斷強化軍備，使亞太地區爆發衝突的危險係數增加

冷戰後，尤其近幾年來，出現了美臺軍事關係不斷加強的跡象。不僅美國對臺軍售數量不斷增多，所售武器裝備的技術水準也不斷提高。小布希上臺後，利用其比較「偏向臺灣的安全利益」的有利局面，美臺軍事聯繫更加得到加強。2001年，美對臺軍售明顯升級，數量是1992年以來最大的一次，售臺武器也出現了由防禦向進攻、攻防兼備的轉變；由保持兩岸軍事平衡向確保臺灣有「境外決戰」優勢的轉變。〔16〕尤其值得關注的是，美國不但強化對臺軍售，而且雙方軍事合作與交流也不斷升溫，軍事人員交流經常化、制度化。美臺軍事關係正朝著「沒有盟約的盟國」方向發展。

美國歷來高度重視臺灣在亞太地區的重要戰略地位。加強美臺軍事安全關係，既是透過所謂「保障臺海安全」，實現長久保持海峽兩岸分離局面的重要措施，又是確保美國冷戰後在亞太地區事務中的主導地位以及防範中國的一個重要環節。臺灣當局加強美臺軍事安全關係的重要目的在於，不僅爭取更多、更有效的美國軍事支持，增強臺灣與中國大陸抗衡的實力，而且企圖在美國的支持下，躋身亞太地區的多邊安全合作，實現以多邊國際關係制衡海峽兩岸關係，並凸顯

臺灣「主權國家」地位的目的。所以，美臺軍事關係的加強趨勢將會持續下去，而且在某些情況下還可能十分明顯。〔17〕中美臺三角關係是一種互動的關係，美臺軍事關係的加強必然會使「臺獨」勢力產生幻想，助長「臺獨」氣焰，起到為其撐腰打氣的作用，升高兩岸對峙狀態，破壞中美關係，危害亞太安全。

3.臺灣問題是冷戰後中美關係最重要的不穩定因素和不確定因素

在冷戰時期，由於共同面臨蘇聯威脅，中美兩國存在著戰略合作的基礎。為了共同利益的需要，中美兩國在臺灣問題上能做出妥協，臺灣問題在中美關係中的地位還不那麼突出。冷戰後，促進中美合作的戰略基礎消失，國際因素對雙邊關係的影響急劇減弱。雙邊關係中的一些問題突出地暴露出來，尤其在臺灣問題上，一方面從臺灣內部來看，島內分離主義不斷發展；另一方面，美國為了維持其霸主地位，遏制中國的崛起，「以臺制華」的傾向明顯加強，臺灣問題在中美關係中的地位日益上升。

冷戰後，中美之間發生了一系列的矛盾和鬥爭，圍繞人權問題，貿易問題，智慧財產權問題，大規模殺傷性武器擴散問題等，雙方之間一直麻煩不斷，「但引起麻煩最大，後果最嚴重的卻是臺灣問題」。〔18〕一方面，中美之間圍繞人權、貿易等問題而展開的鬥爭，並不是中美之間所特有的，中美之間在這些問題上的利益衝突並沒有激烈到不可調和的程度，也沒有嚴重地惡化中美關係。臺灣問題則不同，它是中美之間的一個特殊的矛盾，十分敏感和非常重要。從時間上看，只要臺灣問題不解決，它就在中美之間一直存在，一直制約著中美關係的穩定和發展；從程度上看，它最有可能惡化中美關係，使中美關係大踏步地倒退。例如，1992年老布希向臺灣出售150架F-16戰機，1995年柯林頓政府批准李登輝訪美，由此爆發臺海的嚴重危機，美國還公然派遣航母艦隊進入臺灣海峽及其附近海域，這兩個事件先後都曾使中美關係嚴重倒退，給中美關係造成嚴重傷害。可見臺灣問題在中美關係中之敏感和重要。

在新世紀，中國要解決臺灣問題，實現國家統一。但臺灣內部分離主義卻不斷發展，兩岸關係更加複雜。尤其美國對臺灣問題捲入更深。臺灣問題在中美關係中的地位會更加重要，更加敏感。美國在臺灣問題的干擾有可能成為中美之間

大陸對臺研究精粹：政治篇

摩擦的首要因素，若處理不好，臺灣問題有可能成為中美新對抗的焦點。臺灣問題事關中國的重大國家利益，美國「以臺制華」戰略，障礙了中國和平統一的進程，是兩岸對峙狀態升高最重要的外部因素，危害了亞太地區的安全與穩定。

三、兩岸和平統一與亞太安全

1970年代末1980年代初，中國共產黨及時地調整了對臺工作的方針，提出並逐步完善了「和平統一，一國兩制」的基本方針，力爭透過和平方式實現祖國統一，同時不承諾放棄使用武力。江澤民在2001年的「七一」講話中所指出的，「中國共產黨有最大的誠意努力實現和平統一」，呼籲「海峽兩岸同胞和海外僑胞團結起來」，為「祖國和平統一進程而繼續奮鬥」。和平統一，對兩岸、對亞太、對世界意義都是正面的。

1.和平統一有利於亞太的安全與穩定

自1949年國民黨退臺後，臺灣問題就一直是影響與制約亞太安全的一個重要因素。但在蔣氏父子時期，堅持「一個中國」理念，反對「兩個中國」，「一中一臺」和「臺灣獨立」，尤其1970年代時由於外部因素而使中美之間建立戰略合作關係，臺灣問題在亞太安全中的地位還不那麼突出。

冷戰後，由於國際形勢和島內形勢的變化，作為一個熱點問題，臺灣問題在亞太安全中的地位日益上升。雖然兩岸經貿關係日益密切，但兩岸政治關係似乎愈發處於僵局之中，這源於臺灣當局離「一個中國」原則漸行漸遠，並在實際政策中堅持「去中國化」，呈現出與大陸全面對抗的態勢，使兩岸軍備競賽的態勢升高，解決臺灣問題的緊迫性日益突出，以非和平方式實現祖國統一的壓力增加。

祖國大陸努力爭取實現兩岸和平統一，因為這不僅是兩岸中國人的福祉，也使亞太地區減少了一個干擾和危害亞太安全的敏感和熱點問題，促進亞太地區和平、穩定與繁榮。這裡的關鍵是「一個中國」原則，臺灣當局越是背離「一個中國」原則，就越會使兩岸的緊張和對峙形勢升高，就越危害亞太安全。1990年

代中期的臺海危機充分地說明了這個道理。只有接受「一個中國」原則，進行兩岸對話與談判，謀求和平統一，兩岸關係才能穩定，才有利於臺海的和平與亞太的安全。「一個中國」原則是兩岸和平統一的基礎，也是兩岸關係穩定發展的前提，更是亞太安全的一個重要基石。兩岸的和平統一，不僅是中國的重大國家利益，也是亞太地區和平與安全的利益。

2.和平統一有利於中美關係穩定與健康發展

臺灣問題始終是中美關係中最敏感、最重要的問題，始終是中美關係中的核心問題、原則問題、要害問題。一方面，臺灣問題對中美關係影響的時間最長。只要臺灣問題不解決，它就一定會對中美關係有干擾、有影響、有制約、有阻礙。另一方面，臺灣問題對中美關係的影響最大。從臺灣問題產生起，它就在中美關係中占有重要地位。從1950年代初到1970年代初，臺灣問題始終是中美直接對抗的一個主要問題。對美國來說，臺灣問題是包圍和遏制中國，並進而包圍和遏制社會主義大本營東翼的戰略手段；對中國來說，臺灣問題不僅是美國包圍和遏制中國的戰略威脅，而且是美國干涉中國內政，阻礙中國統一大業的問題。顯然，中美的對抗導致了臺灣問題的出現，而臺灣問題的存在又加劇了中美對抗。從1970年代初到1980年代末，在中美關係由對抗逐漸變為「非結盟的盟友」關係的過程中，美國並沒有真正「丟棄」臺灣，但美臺關係大體上保持在中美聯合公報所確認的原則的框架內。因此，臺灣問題仍然存在，但處於相對次要地位。

冷戰後，臺灣問題對中美關係制約的強度加大。尤其隨著臺灣內部政治的變化，中國大陸的快速崛起，美國在臺灣問題上捲入的深化，中國解決臺灣問題迫切性加強，臺灣問題在中美關係的地位更加上升，對中美關係的影響和損害更大。

同時，臺灣問題在中美關係中具有很大的穩定性和不確定性。

冷戰後臺灣問題惡化中美關係具有突發性和頻繁性的特點。這種突發性和頻繁性來源於結構性的矛盾。臺灣問題關係到中國重大國家利益，關係到中國的主權和領土完整，關係到13億中國人民的民族感情。而美國與臺灣有歷史上的聯

繫,價值上的趨同,現實上的利益,尤其臺灣是美國遏制中國的一張牌,美國不希望兩岸統一。因此,只要臺灣問題存在,這種結構性的矛盾就很難調和,中美關係就很難不受干擾,而穩定健康發展。

進入新世紀以後,隨著臺灣島內政治生態的變化,臺灣當局大有在分離的道路上越走越遠之趨勢,中國以非和平手段解決臺灣問題的係數在增加。在解決臺灣問題的過程中,中美關係會傷害到何種程度,尤其中美之間會不會引起軍事對抗,進而發生衝突或戰爭,這在某種程度上說,具有很大不確定性。事實上,臺灣問題已經成為制約中美關係發展,經常引起雙方關係倒退,引起很大麻煩的最重要因素。

因此,兩岸經過自主性的安排,達成和平統一,不僅使亞太少了一個熱點,也使制約中美關係的最重要因素得到消除,有利於中美關係的健康發展。美國作為世界上最大的發達國家,中國作為崛起中的發展中大國,雙方關係最大矛盾的消除和雙方關係的順利發展,對中美兩國,對亞太安全與穩定和對世界和平都具有十分重大的意義。

3.中國崛起不會危害亞太安全

中國經過20多年的改革開放,經濟發展迅速,連上臺階,人民的生活水準顯著提高,綜合國力大大增強,在國際上的地位和作用日益提高。中國快速地崛起,已成為一個不爭的事實。

中國的崛起,對世界、對亞太意味著什麼,在一些國家有很多爭論。例如,在美國,圍繞中國的崛起,就有樂觀派、悲觀派和不確定或懷疑派的爭論。其中的悲觀派亦稱否定派,進而得出的「中國威脅論」,對那些不瞭解中國的人有很大的迷惑。這一派感到悲觀的或否定的不是中國的崛起,而是中國崛起的積極意義。他們找了很多根據支援其觀點,認為,「在過去500年國際關係史上,崛起的強國往往因為對領土、人口、資源、文化影響、軍事能力以及政治基礎的要求而導致與挑戰者的戰爭,或使國際體系依戰勝國的意志改變。中國的崛起也不可避免地對原有的世界秩序提出挑戰。」〔19〕從亞太來看,中國的崛起也引起不少亞太國家的擔心與憂慮,如中國經濟的崛起,已經引起日本的憂慮與恐慌,

東盟國家也感到中國在吸引外資及爭奪商品市場的方面的激烈競爭。尤其在軍事上，中國經濟崛起後如何運用其力量？中國到21世紀會不會成為「軍事超級大國」，這被認為是包括日本在內的亞洲國家「最擔心」的問題。〔20〕而目前的臺灣問題是中國快速崛起背景下的臺灣問題，兩岸統一會進一步加速中國的崛起，因此一些國家表現出對中國統一的矛盾或恐懼的心理，表現在兩岸政策上，希望用「臺灣問題」平衡中國的力量，遏制中國的崛起。因此，在中國崛起的背景下，臺灣問題在亞太的地位也更加突出了。

實際上，與歷史上大國崛起的背景不同，中國的崛起有自己的特點。首先，中國是從半封建半殖民地基礎上成長起來的發展中的大國，沒有殖民擴張的歷史，卻深受殖民擴張之苦。其次，全球化正在加速發展，中國的發展來自於改革開放，得益於積極地融入世界，同世界接軌。中國越發展，同外部世界的聯繫就越緊密。中國的發展離不開世界。再次，中國不主張打破現有的國際秩序，而是主張對其進行改革，建立一種更為公開合理的國際新秩序，更多地重視聯合國的作用，更為強調多邊主義，更多地選擇協商原則而非對抗取向。最後，中國主張和平共處五項原則，主張各國無論大小，一律平等；各國都有權力選擇自己的社會制度和發展道路。由於在歷史上主權、領土完整經常受到侵害，因此中國更珍視主權和領土完整，主張用和平、對話的方式解決國際爭端。因此，中國越發展，就越有利於、越有力量維護世界和平。

中國的發展，對世界更多的是機會，而不是挑戰，在維護地區安全上也是如此。維持兩岸的穩定，爭取以和平方式解決臺灣問題，是亞太國家的期望，也是中國政府的優先目標。中國統一後不會構成對別國的威脅，而是會在維護地區安全和世界和平方面發揮更大的作用。

注釋：

〔1〕倪世雄：《當代西方國際關係理論》，復旦大學出版社，2001年7月第1版，第434頁。

〔2〕李少軍：《國際政治學概論》，上海人民出版社，2002年3月第1版，第150-151頁。

〔3〕米慶余主編：《國際關係與東亞安全》，天津人民出版社，2001年5月第1版。

〔4〕朱陽明主編：《亞太安全戰略》，軍事科學出版社，2000年8月第1版，第141頁。

〔5〕李少軍：《國家安全啟警示錄》，金城出版社，1997年7月第1版，第21-22頁。

〔6〕Internationalists and the security Dilemma.World politics, Vol.2（January 1950），pp.157-180.

〔7〕International organization，36/2，1982，p178.

〔8〕楚樹龍：《接觸與防範》，鷺江出版社，2000年8月第1版，第10頁。

〔9〕〔美〕紮勒米·哈利勒紮德等：《美國與亞洲》，新華出版社，2001年9月第1版，第3頁。

〔10〕吳純光：《太平洋上的較量》，今日中國出版社，1998年第1版，第144頁。

〔11〕米慶余主編：《國際關係與亞太安全》，天津人民出版社，2001年5月1版，第87頁。

〔12〕傅夢孜主編《亞太戰略場》，時事出版社，2002年3月1版，第563頁。

〔13〕田弘茂主編：《後冷戰時期亞太的集體安全》，臺灣業強出版社，1996年12月第初版，第12頁。

〔14〕見《參考消息》2002年9月20日。

〔15〕張虎：《中共對武力衝突的政治運用》，載臺灣《東亞季刊》，1996年4月，第3頁。

〔16〕傅夢孜主編：《亞太戰略場》，時事出版社，2002年3月第1版，第442頁。

〔17〕張蘊嶺主編：《轉變加的中、美、日關係》，中國社會科學出版社，1997年7月第1版，第356頁。

〔18〕張蘊嶺主編：《轉變中的中美日關係》，中國社會科學出版社，1997年7月第1版，第357頁。

〔19〕梁守德主編：《中國的發展與21世紀的國際格局》，中國社會科學出版社，1998年12月第1版，第3頁。

〔20〕傅夢孜主編：《亞太戰略場》，時事出版社，2002年3月第1版，第28頁。

「9・11」事件後中美關係的變化及對兩岸關係的影響

孫雲

一、中美關係取得的進展及原因

布希上臺後，美國對華政策基調和中美關係的總體政治氣氛發生了變化。布希放棄了柯林頓時期與中國面向21世紀的「建設性戰略夥伴關係」框架，把中美關係定位為「戰略競爭關係」，並對中國採取了強硬的外交方針。2001年4月發生中美軍機相撞事件，之後，對臺出售價值40億美元武器，在「保衛」臺灣問題上進一步「戰略清晰」化，允許陳水扁過境美國，在聯合國人權委員會上再次提出反華提案。同時，改變了對中國的戰略評估，愈來愈把北京視為未來的戰略假想敵，並做出相應的軍事部署調整。中美關係一直齟齬不斷，起伏不定。

不過，布希團隊也日益認識到強硬的對華政策並不利於美國的整體的和長遠的利益。從2001年5月開始，布希政府開始逐步調整對華政策。尤其是「9・11事件」後，隨著美國安全和安全戰略的調整，給中美關係的改善帶來了重要的機

遇。「9‧11」後中美關係明顯改善，具體表現在：

1.中美高層領導人互訪頻繁。在「9‧11事件」發生後的四個月內布希總統兩次訪華，開創了中美首腦交往史的先例。2002年4月胡錦濤訪美，10月江澤民訪問美國，2003年6月，胡錦濤與布希在法國會晤。兩年多來，中美首腦（包括副首腦）實現了多次會晤，成果顯著。中美雙方領導人的互動，顯示出「9‧11」後中美關係的新氛圍。尤其布希的第二次訪華（2002年2月），刻意選擇當年尼克森訪華的2月21日到訪，顯示出改善和推動中美關係的積極意義。

2.雙方領導人均表示要將中美關係發展成一種「建設性合作關係」。2001年7月，美國國務卿鮑威爾訪華時就提出建立「建設性的、合作性的中美關係」。到了布希兩次訪問中國時，就正式提出中美關係的三個C：「坦率性的、建設性的和合作性的（can-did, constructive, and cooperative）這個定位。」與用「戰略競爭對手」描述中國相比，表明美國政要的對華態度發生了微妙的變化，顯然具有積極意義。與柯林頓時代中美致力於「建設性戰略夥伴關係」的定位相比，這個新定位，顯然更加客觀和中性，更加符合中美關係的實際。這個定位，並不意味著美國不再把中國視為「戰略競爭對手」，也不意味著布希對華政策實質性的轉變，但至少說明美國政府對發展和推動中美關係的積極心態，有利於中美關係的健康發展。

3.在人權、經貿、軍控、安全等領域對話重啟的基礎上，兩國首腦還決定建立兩國領導人可以直接對話的中美高層戰略對話機制。中美雙方的軍事交流機制也於2002年底重新恢復。這樣，中美首腦熱線機制、戰略對話機制、經貿往來機制、文化交流機智、危機管理機制、軍事交流機制等紛紛落實，使兩國關係的發展有了一個制度化的保障。

4.中美經貿關係穩步發展。中美經貿關係的發展在兩國關係的發展中占有重要地位，是穩定兩國關係的基石，有的學者稱之為「壓艙物」。據美方統計，2002年，在全球經濟不景氣的情況下，中美雙邊貿易約達1200億美元（中方統計為900億美元）。〔1〕如按照這種統計方法，美國現在已經超過日本，成為中國最大的交易夥伴，我對美出口已占中國出口的40%，美國目前在華投資已經

達到700億美元左右，雙方相互依存度日深。隨著中國加入WTO，中國的經濟改革開放進入了一個新的階段。中美經濟具有很強的互補性，潛力很大。美國多數輿論認為，中國在加入世貿組織後能否保持經濟持續增長和社會穩定，是關係到「美國重大利益」的一件大事。〔2〕中美兩國的任何一方都已經不可能企圖在單方面給對方製造嚴重損害的同時不傷害自身，維護一個健康的對華關係符合中美雙方的利益。正在加深的中美經貿合作已成為兩國關係全面發展的助推器。

「9‧11事件」後，中美關係有了很大的改善，被稱為「13年來的最好時期」，有的學者稱之為「中美關係實現第二次正常化」。〔3〕究其原因，主要在於「9‧11」在相當大程度上改變了美國的戰略環境和戰略思維。「9‧11」後美國內外政策優先考慮反恐，並在全球範圍內積極爭取別國尤其是大國的合作，聯手打擊國際恐怖主義活動。美國為加強反恐合作而表示積極穩定和改善對華關係，這為中美發展建設性合作關係提供了重要機遇。

從中國來看，未來20年被認為是重要的「戰略機遇期」。促進經濟的快速發展，進一步提高綜合國力，被看作是戰略機遇期的中心任務。因此，中國需要一個和平穩定的國際環境。鑑於美國在世界上的獨特地位和中美關係對雙方和國際局勢所具有的重要影響，穩定中美關係對中國獲得穩定的國際環境具有重要意義。同時，中國加入WTO後面臨很多新的挑戰，需要集中力量解決與之相關的各種問題，穩定中美關係有利於我們實現這一中心任務。中美關係的穩定也有利於我們改善與周邊國家的關係。

經過中美建交幾十年的磨合，中國對中美關係的認識更加客觀、理性和成熟。由於意識形態、地緣利益和發展進程的差異與矛盾，中美之間的戰略競爭性不可能在短期內消除。但由於雙方仍有相當長的同步發展空間，在全球化時代利益依存加深，中美雙方都不願意看到雙方的關係從競爭演化成衝突局面，「兩國中的任何一方都無法長期承受外交爭吵對蓬勃發展中的經濟關係的衝擊」。〔4〕另外，美國對華政策日益與其國內政治相關聯，美國總統上臺後對華政策的擺動幾乎成了中美關係的常態。中美兩國都意識到，兩國走向對抗，並不符合兩國的利益。就中美臺三者關係而言，美國因素無疑是影響和制約兩岸關係的最

重要的外部因素,中美關係的穩定有利於兩岸關係的穩定,有利於臺海和平和推動祖國和平統一進程。

同時我們也看到,隨著中國的崛起、綜合國力的不斷提升和全球化的加速,中國處理外交事務的方式也發生了顯著變化。中國日益融入國際社會,在外交上情緒化的宣洩已經成為過去,中國正在樹立自己是國際社會負責任的「重要角色」這樣一種更為和善、更為溫和的形象。中國外交日益變的成熟、務實,更注重國家利益的維護。

二、布希對華政策的本質和基本取向

「9‧11」事件改變了美國決策精英們對安全威脅的認知,給中美關係的改善帶來重要機遇,中美關係的氛圍處於1990年代以來最好的時期。但我們也應該清醒地看到,「9‧11」沒有改變美國對中國的兩手政策的實質,布希對華政策的基本取向和中美關係的既有格局並沒有出現根本的變化,除了中美之間最重要、最敏感的臺灣問題之外,雙方關係的發展仍受到許多因素的制約。

1.中美之間的深刻矛盾、分歧和利益之爭依然存在

中美兩國社會制度、意識形態、歷史背景不同,文化傳統和經濟發展水準各異。中國是僅存的社會主義大國,美國卻是最發達的資本主義大國。儘管現代中國的社會主義與冷戰時期的社會主義已有很大的不同,比如,中國的社會主義不像前蘇聯,「不具有意識形態的擴張性」,但美國有著反共主義的深厚土壤和悠久傳統。美國著名外交史學家湯瑪斯‧G‧派特森概括地解釋了美國人始終與共產黨政權敵對的原因:共產黨與美國的意識形態和經歷迥然不同,共產黨政權否認政治和經濟自由,共產黨號召的革命是對美國「既定位置」的挑戰,共產黨國家的「陰沉氣氛」和對人民的「殘暴行徑」加劇了美國人的反共情緒。〔5〕美國把共產主義視為對其價值觀的可怕的威脅。美國認為它那套制度是一種「樣板」,應該在全球「擴展」,成為普世的「哲學」。儘管冷戰後意識形態在美國對外政策中的地位有所下降,但美國希望促進中國實現「和平演變」的戰略沒有改變,美國仍將「擴展民主」作為國家安全戰略的三大支柱之一。

從地緣政治來看,冷戰後,美國的外交、安全戰略的根本目標是保持美國在世界的「惟一超級大國領導地位」,而歐亞大陸在美國的「謀霸」戰略中占有重要地位。布里辛斯基認為,美國的歐亞地緣戰略目標是要防止在這裡出現一個能夠主導歐洲或亞洲從而向美國提出挑戰的大國。〔6〕而中國占據著歐亞大陸的半壁江山,而歐亞大陸恰恰是美國稱霸世界的「兵家必爭之地」。於是,僅因客觀的地理存在,中國即被美國視為當然的對手。美國有學者就公開寫到:「在歐亞大陸,中國是惟一與東北亞、東南亞、南亞、中亞及俄羅斯直接為鄰的國家,其遼闊的幅員及獨特的地理位置,使他成為能夠嚴重影響美國的全球性和地區性利益的地緣政治大國」。〔7〕

從大國興衰的普遍規律來看,許多美國人都認為,在過去500年國際關係史上,崛起的強國往往因為對領土、人口、資源、文化影響、軍事能力以及政治基礎的要求而導致與挑戰者的戰爭,或使國際體系依戰勝國的意志改變,這被稱作是「一個歷史的怪圈」。在許多美國人看來,中美關係的發展也走不出這個歷史怪圈。他們認為,中國是一個正在興起的地區大國,實力增強後勢必要求改變現存國際秩序,不會遵守西方主導建立的國際規範;而美國是一個維護國際現狀的世界大國。特別是冷戰結束後多數大國都削減了經費,俄羅斯的軍事實力更是大為削弱,但中國軍費卻有大幅度增長。因此,無論中國內部發生何種變化,包括政治制度的根本變化,兩國在利益和國際地位方面的角逐都不可避免。〔8〕

實際上,中美關係的主要問題是如何面對兩個大國的力量消長與變遷,包括現實超級大國美國如何面對迅速崛起的中國,而新興的中國如何面對惟一的超級大國。

2.中美之間合作的基礎並不牢固

縱觀30多年中美關係發展的軌跡我們可以看出,中美關係獲得很大改善,大多都是受到外力的驅使。從1970年代到1980年代末的20年中,主要由於對抗蘇聯擴張的共同戰略利益需要,中美之間實現了關係正常化;「9・11」後中美關係的改善,主要也是由於美國反恐需要中國的合作。也就是說,每當美國的安全、利益受到外部的威脅而單靠美國自身的力量又不足以解除威脅時,美國就會

從自身的利益和戰略目的出發，建立某種「臨時聯盟」。這時，意識形態分歧、價值觀念矛盾等均被暫時擱置，現實利益成為最高「交友」原則。但由於缺少內力的推動，這種實用主義的聯盟往往並不牢固，一旦問題得到解決或緩解，聯盟即告解散，隨之而來的，是暫時掩蓋的既有矛盾再次凸顯出來，舊有關係格局沒有絲毫改變。〔9〕所以我們看到，隨著蘇聯的解體，中美之間戰略合作的基礎消失，中美之間的各種矛盾便突出地暴露出來，美國對華政策不斷擺動，中美關係起伏不定。「9‧11」事件只是暫時掩蓋了中美在國際安全、臺灣、人權、武器擴散、導彈防禦體系以及中國加入世界貿易組織後兩國經濟關係等問題上存在的深刻分歧與矛盾。所以，雙方合作的內在動力與基礎並不牢固，中美關係的發展難免有起伏。

3.美國對華接觸加防範的兩手政策沒有改變

冷戰後，中美關係的特點一直是上下波動、或左右搖擺，中美關係危機不斷，一直未能走上平穩發展的軌道。這一方面是由美國對華政策及在華利益所決定的。也就是說，「美國高度政治化（或政黨化）的外交政策，國際化的經濟體系，社會化的大眾傳媒，以及多元化的民眾意識，決定其對華政策與中美關係不可能單方向和平穩地發展。」〔10〕另一方面，美國四年一次的總統大選似乎已經成為美國對華政策的一種明顯的「制度性限制」。每逢大選之年，總統候選人便以「戰鬥者」的姿態出現，攻擊中國，取悅選民。而新總統上臺後，又以「妥協者」的方式與中國改進關係，著眼於戰略考慮，直到下屆選舉。〔11〕儘管如此，縱觀冷戰後美國對華政策的軌跡，我們仍可發現，美國對華實施接觸加防範的戰略沒有改變，儘管在不同的時候也許會有所側重。美國對華的接觸加防範戰略，符合美國的利益。一方面希望透過接觸，影響、規範和改變中國，把中國納入美國主導的全球體系。隨著中美之間交往的深入和合作領域的擴大，美國對中國接觸的範圍和程度不斷擴大和加深。美國的目的是旨在擴大中國依賴美國的範圍、程度，甚至包括軍事上的透明度，透過交往促進中國國內制度上的轉型；但同時又加大、加深防止和規範中國可能出現的危害美國國家利益的行為，尤其是做好軍事和戰略方面的防範準備。接觸的防範都是手段，透過接觸，爭取合作；透過防範，維持美國超強的地位，避免美國的利益受到任何可能的損害。

這樣，美國既要同中國保持交往與合作，又要對中國進行防範，限制中國的國力增長和國際地位的提高，這就是冷戰後美國對華政策的兩面性。今後美國仍會繼續奉行對華的接觸加防範戰略，這就使美國的對華政策表現出搖擺不定的特點，中美關係難免出現波動。

三、對兩岸關係的影響

美國是臺灣問題產生和制約兩岸關係發展的最重要的外部因素。美國對臺政策始終圍繞著美國的戰略利益展開。隨著「9‧11」事件後中美關係的變化，不可避免地對兩岸關係產生一定的影響。

1.中美關係的穩定和改善對穩定兩岸關係具有正面意義

「一中」政策是中美三個聯合公報確立的原則，也是中美關係穩定的基礎。1943年羅斯福總統首次申明了「一個中國」的政策。尼克森之後的所有6位美國總統均重申了這一政策。中美建交後20多年的經驗也表明，美國信守一中，中美關係就穩定發展，美國偏離或破壞一中，中美關係就跌宕起伏。布希上臺之初，在兩岸政策上也明顯向臺灣傾斜，在中美三個聯合公報與《臺灣關係法》之間更強調後者，三個公報被虛化，一中原則被弱化，因此中美關係起伏不定。美國日益認識到臺灣問題的敏感性，認識到一中政策對穩定中美關係的重要性。這就必然促使其在兩岸政策的架構上，信守一中的原則。美國也日益認識到，「倘若美國一點點損害一個中國的原則，中美之間難免一戰。」而「防止臺灣問題演變成一場衝突符合所有當事方的利益。」〔12〕因此我們看到，每當臺灣當局提出或做出有可能打破兩岸關係現狀的努力或嘗試的時候，美國就重申堅持「一個中國」的政策，不支持「臺獨」。儘管這是從美國的利益出發的，並在實際政策上表現出一定的矛盾性，但客觀上對避免臺灣問題的失控和兩岸關係的穩定具有某種正面意義。

2.美國對華政策的兩面性和矛盾性，是導致島內「臺獨」不斷發展和兩岸關係動盪的重要外部根源

大陸對臺研究精粹：政治篇

中美建交以來，歷屆美國政府在臺灣問題上一直實行「雙軌政策」。一方面，根據中美三項聯合公報，美國宣布奉行「一個中國政策」，承認臺灣是中國的一部分，並表示美國無意推行「兩個中國」或「一中一臺」。另一方面，根據《與臺灣關係法》，美國始終與臺灣保持著近似半官方的關係，以保衛臺灣安全為己任，堅持售臺武器，並在實際上視臺灣為「獨立的政治實體」。美國實行「雙軌政策」，意在維持「平衡」，力圖兼顧對華關係與對臺關係兩方面的利益。尤其冷戰結束以後，隨著亞太安全格局的變化和中國綜合國力的不斷增強，美國出於維護自身霸權利益的考慮，基於保持地區穩定的考慮，更多地從戰略上處理中美關係中的臺灣問題，不支持臺灣「獨立」，一定程度上支援兩岸對話和關係緩和；同時在實際操作中又推行「以臺制華」的戰略，維持兩岸分離現狀，不希望中國統一，並加快將臺灣納入「亞太集體安全體系」的動作，不斷提升與強化美臺關係，從而確保長期以「臺灣牌」來牽制中國，服務於其在亞太地區的戰略需要。

「9·11事件」後，美國並沒有改變在臺灣問題上的「雙軌政策」，並沒有由於反恐需要中國的合作而影響美臺關係的發展。布希上臺後的兩年多來，美國明顯地在兩岸政策上採取「雙重傾斜」政策，一方面表示反對「臺獨」，一方面又稱美國是臺灣的保護神；在宣稱遵守中美三個公報的同時，對臺軍售卻是越賣越多，使得八一七公報成了空文。美臺實質關係，尤其軍事關係有所發展。2001年底，美國決定取消過去制定的一些旨在限制臺灣軍官到美國接受培訓的限制。美國還允許臺灣「國防部長」湯曜明於2002年4月到美國參加美臺軍售會議，並與美國國防部副部長伍佛維茲和亞太事務助理國務卿凱利等美方高級官員舉行了會談。美臺軍事交流開始向軍事軟體方面發展，等等。美國在不斷地宣稱「不支持臺獨」的同時，2003年10月，在陳水扁過境時卻給予高規格接待，美國對「臺獨」勢力不斷發出混亂甚至是錯誤的資訊，無疑客觀上起到縱容和鼓勵「臺獨」的作用，是陳水扁上臺後兩岸關係持續緊張的重要外部根源。美國外交政策研究所資深研究員古孟德（Terry Cook）認為，「我們對臺灣的政策矛盾百出、模糊不清，簡直是一團糟。我們的政策等於助長臺灣那些不願意成為中國一部分人的氣焰，造成更多問題」。〔13〕陳水扁上臺後，臺灣當局利用「公

投」、「制憲」推動「臺獨」的步伐明顯加快，兩岸關係面臨嚴峻挑戰。美國如果依然不斷地向「臺獨」勢力發出錯誤資訊，會把兩岸關係推向十分危險的境地，對臺灣人民、中美關係和美國的利益都會造成很大的傷害。

3.美國對和平解決兩岸問題的強調，客觀上制約著兩岸問題的解決方式和進程

從尼克森以來，歷屆美國政府反對臺海發生戰爭的立場一直沒有改變。2002年2月，布希在訪華期間表示，美國政府一貫支持一個中國的政策，強調兩岸應該透過和平方式解決問題，不能有任何挑釁行為。

在反恐的背景下，美國更注重維護臺海的和平與穩定，美國反覆強調堅決反對中共對臺動武，也不支持「臺灣獨立」。美國一方面認識到，「臺獨」威脅到臺海的穩定。所以從2002年5月以來，美國高官多次發表「反對臺灣獨立」的談話。如美國國防部副部長伍佛維茲就表示，「美國無意也不想讓臺灣自大陸分離」，並說，「我認為那是美國反對臺灣獨立的另一種說法」。2002年十月，江澤民訪美時，布希也表示，美國「一個中國政策」沒有改變，反對「臺灣獨立」。2003年6月，布希在法國與胡錦濤會晤時，再次強調美國不支持「臺獨」的立場，並將其與中美三個聯合公報、《臺灣關係法》並列，進一步提升了不支持「臺獨」在美國臺海政策中的地位。美國甚至有人指出，「我們不但不支持臺灣獨立，我們甚至對於有關臺北當局傾向獨立的言論，都會感到緊張。」2002年8月，在陳水扁拋出「一邊一國論」後，白宮再次明確表示奉行「一個中國」政策，不支持「臺灣獨立」，並對臺灣當局在重大政策宣示前未與美方溝通與磋商表示不滿。對臺灣當局提出的公投和催生「新憲法」，美國也表示強烈關切，強調美國認真看待陳水扁上臺時提出的「四不一沒有」，提醒陳水扁不要挑釁和刺激大陸，引發兩岸關係的動盪。美國反對「臺灣獨立」並不意味是支持兩岸統一，而是希望透過對「臺獨」發展的制約，維護兩岸關係的穩定與臺海和平。畢竟，「臺獨」的發展導致兩岸關係的動盪，尤其冒著與中國對抗，甚至捲入衝突的危險，並不符合美國的利益。

另一方面，美國也強調《與臺灣關係法》，信守該法中所隱含的「不得對臺

動武」原則。布希團隊越來越傾向於把一中政策與和平解決臺灣問題聯繫在一起，也就是說，美國承諾的一中原則，事實上是以中國大陸和平解決臺灣問題作為前提。

在臺海問題上，與兩岸問題解決的時間與結果相比，美國似乎更關注兩岸問題的解決方式。而透過對解決方式的制約，來維護臺海關係現狀的穩定與兩岸關係的平衡。由於兩岸巨大的認知落差和缺乏互信，尤其在「一個中國」原則上存在根本性的分歧與重大爭執，美國對兩岸問題解決方式的制約，無疑客觀地影響和制約著兩岸關係發展的進程。

總之，「9・11」事件後，中美關係確實取得了積極的進展。為了換取中國的合作，美國似乎願意在一些長期有分歧的問題上緩和自己的立場。新的氣氛為雙方建立互利互惠的夥伴關係創造了機會，雙方合作的領域在擴大。美國日益認識到，在以下關乎美國重大戰略利益的問題上，沒有中國的合作將一事無成：防止大規模殺傷性武器擴散、維護國際經濟繁榮和金融安全、反毒品氾濫、非法移民和恐怖主義、朝鮮半島的穩定等等。對雙方存在的問題，中美兩國也能積極地進行定期而深入的對話。中美關係不僅在拓寬、深化，而且還在變得成熟。在臺灣問題上，中美在反對「臺獨」和維持臺海穩定方面有著共同利益。中美都認識到，他們不能承擔起由於臺灣問題失控所導致的衝突給雙方帶來的政治後果。雖然中國還不具備使美國放棄捲入臺灣問題的實力，但隨著中國大陸的崛起與壯大，中美之間力量差距的縮小，尤其隨著臺灣海峽兩岸形勢的變化，臺灣和中國大陸經濟上的融合逐漸加深，兩岸之間某種形式的統一將會出現，美國遲早要面對這一問題，因此美國應權衡自己的利益並做出相應對策。現在美國已經出現了這樣一種聲音和思考。〔14〕在臺灣問題上，儘管仍然會麻煩不斷，但從總的趨勢上看，美國是選擇與中國對抗還是合作，我想美國會越來越認識到，選擇後者似乎是更符合美國國家利益的明智的選擇。

注釋：

〔1〕中國現代國際關係研究所：《國際戰略與安全形勢評估》，時事出版社，2003年1月第1版，第270頁。

〔2〕楊潔勉等著：《國際恐怖主義與當代國際關係》，貴州人民出版社，2002年9月第1版，第143頁。

〔3〕同上，第269頁。

〔4〕轉引自金先宏：《影響白宮對華政策的「中國通」》，時事出版社，2003年版，第446頁。

〔5〕王曉德：《美國文化與外交》，世界知識出版社，2000年3月第1版，第348-349頁。

〔6〕布里辛斯基：《大棋局》，上海人民出版社，1998年2月第1版，第5頁。

〔7〕中國現代國際關係研究所：《亞太戰略場》，時事出版社，2002年3月第1版，第212頁。

〔8〕王緝思主編：《高處不勝寒——冷戰後美國的全球戰略和世界地位》，世界知識出版社，1999年12月第1版，第272頁。

〔9〕蘇格主編：《跨世紀國際關係格局與中國對策》，中共中央黨校出版社，2002年9月第1版，第114-115頁。

〔10〕鄧鵬等著：《剪不斷理還亂：美國外交與美中關係》，中國社會科學出版社，2000年1月第1版，第286-287頁。

〔11〕同上，第293頁。

〔12〕亨利·季辛吉：《美國需要外交政策嗎？——21世紀的外交》，中國友誼出版公司，2003年版，第174頁。

〔13〕鳳凰網2003年11月7日。

〔14〕Nancy Berkopf Tucker：《如果臺灣選擇統一，美國會介意嗎？》，載《國際論壇》2003年第2期，第77頁。

布希臺海政策的變與不變

孫雲

2003年6月初，美國總統布希和中國國家主席胡錦濤在法國舉行的八大工業國峰會上會晤時，討論到臺灣議題。布希強調不支持「臺獨」的立場，並將其與「一個中國」政策、中美三個聯合公報、臺灣關係法並列。這一新的提法引起臺灣各界和美國學者的廣泛關注和不同解讀。實際上，布希上臺兩年多來，隨著國際形勢和島內情勢的變化以及美國安全戰略的調整，其臺海政策經歷了一個變化與調整的過程，但這種調整僅僅是一種微調，美國的臺海政策並未發生實質性的變化，維持兩岸「不統不獨不武」仍然是符合美國戰略利益和戰略需要的對臺政策基調。

一、布希臺海政策的微調

2001年初布希上臺後，美國對華政策基調和中美關係的總體政治氛圍發生了變化。在2000年美國總統大選期間，布希出於競選的需要，強調中美兩國在意識形態上的分歧，認為中國的崛起必將損害美國的利益，並把中美關係定位為「戰略競爭關係」。他批評中國的國際行為，支持美國對臺灣的安全承諾，支持在東亞籌建戰區導彈防禦系統，並公開表示，如果他上臺，中國雖不會受到來自美國的威脅，但會受到來自美國的約束。顯然，這些言辭和柯林頓後期「對華接觸政策」有很大不同。這似乎預示著中美關係出現了陰冷的氛圍，許多人對中美關係的未來感到不確定，充滿了憂慮。

果然，布希上臺伊始，就在保守派力量的推動下，對中國採取了強硬的外交方針。不但其亞洲政策的重心開始向日本、韓國等盟國傾斜，尤其引人關注的是，在臺海政策上，布希政府也有意向臺灣傾斜。2001年4月，中美發生軍機相撞事件，兩國關係出現了危機。緊接著，布希政府決定向臺灣出售包括「吉德」級驅逐艦和柴油動力潛艇在內的一大批先進武器，總價值約40億美元，這是自

1992年老布希政府對臺出售150架F-16戰鬥機以來最大的一筆。布希還在一個電視節目中，一反美國政府過去在對臺政策上的模糊態度，明確表示，如果中國大陸進攻臺灣，美國將使用一切必要手段保衛臺灣。在當天晚些時候的另一次電視節目當中，布希再次表示，「在支持一個中國政策的同時，我們將幫助臺灣自衛」。雖然副總統切尼和國家安全事務助理賴斯出面解釋，強調美國的政策沒有改變，但美國政界和學界不少人都認為，美國的對臺和對華政策似乎正在發生變化，布希政府正在將過去的「模糊政策」清晰化，而且正在打破前幾任政府平衡對華對臺的傳統做法，政策開始向臺灣傾斜。

此後不久，美國國務院宣布，決定給臺灣當局領導人陳水扁發放赴美簽證。2001年5月，陳水扁在訪問中南美洲五國途中，再次過境美國，不僅參觀了紐約證交所和大都會藝術館，還得以會見了20多位美國國會議員和紐約市市長。這一連串動作，使中美關係齟齬不斷，起伏不定，不能不加重人們對中美關係的擔憂。

不過，隨著時間的推移，布希團隊也多少認識到，中美關係的破裂並不符合美國的利益，美國的某些做法應該適度調整。美國國務卿鮑威爾於2001年7月訪華，表明布希政府期待發展並認真對待對華關係。美高層也逐漸放棄以「戰略競爭對手」定位中美關係，這些使兩國關係由高度緊張轉向緩和，美國的臺海政策逐漸開始調整。2001年6月，布希在會見新加坡總理時表示，他的政府將與中國保持良好關係，繼續支持「一個中國」的政策，反對「臺灣獨立」。「9・11」事件的爆發為中美關係的改善提供了重要機遇。布希團隊不僅認識到穩定和改善中美關係對美國反恐戰略的重要性，也認識到美國在很多方面需要中國的合作。這樣，美國在臺海政策上向臺灣傾斜的政策開始調整，逐漸走向一種新的平衡。從中國方面看，中國也積極抓住反恐帶來的戰略機遇，從發展中美關係大局出發，對美反恐給予大力支持，多方面做工作，促使布希政府對華政策朝積極方向發展。2001年10月和2002年2月，布希兩次訪華，強調「美國政府奉行一個中國的政策，遵守中美三個聯合公報和臺灣關係法」，強調臺灣問題的和平解決。2002年4月底，胡錦濤訪美時，促使布希本人親口承諾不支持「臺灣獨立」，並實現了中國領導人與布希班底中軍方鷹派人物的會晤，強化了中美關係向積極方

向發展的勢頭。5月，美國高官，尤其是軍方強硬派代表人物國防部副部長伍佛維茲多次發表反對「臺灣獨立」的談話，引起人們廣泛的關注。美國甚至有人指出，「我們不但不支持臺灣獨立，我們甚至對於有關臺北當局傾向獨立的言論，都會感到緊張。」2002年8月，在陳水扁拋出「一邊一國論」後，美國再次明確表示奉行「一個中國」政策，不支持「臺灣獨立」，並對臺灣當局在重大政策宣示前未與美方溝通與磋商表示不滿。2002年10月，江澤民訪美，布希再次做出反對「臺灣獨立」的口頭承諾。2003年6月，胡錦濤在法國與布希會晤時，布希不僅提出不支持「臺獨」，而且把它與中美三公報、《與臺灣關係法》放在同一位階，進一步提升了不支持「臺獨」在美國臺海政策中的地位。

　　從布希上臺後臺海政策調整的軌跡我們可以看出，與上臺之初相比，布希臺海政策逐漸增加了一些理性的東西，或者說在一定意義上實現了戰略回歸。其突出表現出這樣一些特點：第一，清晰化。一直以來，美國臺海政策基於兩根支柱，也就是「一個中國」政策及和平原則。中美三個聯合公報代表的就是「一個中國」政策，而《與臺灣關係法》代表的就是美國堅持兩岸問題必須透過和平方式解決的和平原則。在和平原則的堅持下，美國承諾協助防衛臺灣。然而，這樣的臺海政策卻存在一個重要漏洞或模糊之處，即美國並沒有清楚說明對「臺灣獨立」的立場，更沒有說明一旦臺灣走向公開獨立時，美國會採取何種行動平息危機。這個漏洞被外界解讀為是美國臺海政策的刻意戰略模糊。這無形中助長了「臺獨」意志，對美國自身的臺海政策也造成困擾。這次布希與胡錦濤會晤時的談話，可以說是布希上臺後美國臺海政策調整的一個總結性的發展，表明美國臺海政策的戰略逐漸走向清晰化，也就是說，基於新政策支柱的原則，美國對於「臺灣獨立」，將不再模糊，而是清晰向中國承諾不會支援，以平衡中國大陸的疑慮和壓抑臺灣方面對獨立的不必要幻想。

　　第二，平衡化。布希在與胡錦濤會晤時，除了強調美國將繼續堅持「一個中國」政策，遵守中美三個聯合公報，不支持「臺灣獨立」外，也強調《與臺灣關係法》和「協防臺灣」，這可以說是1972年以來美國歷屆政府的一貫政策，也是美國朝野的一項共識。美國就是要在中美三公報和臺灣關係法之間保持某種平衡。一方面透過對「臺獨」的約束，維持兩岸關係的穩定和臺海和平，以此來保

持中美關係的穩定；另一方面美國也反對中國大陸以武力解決臺灣問題，反對「以武促統」。美國透過對《與臺灣關係發法》的強調和對臺義務的承諾，約束著中國解決臺灣問題的方式。同時這種對和平原則的重申，明顯平衡了臺灣方面的憂慮，確保美國不支持「臺灣獨立」的立場，不會反過來助長中國大陸對臺動武。透過這種平衡，給雙方以約束，避免任何一方的挑釁行為而使美國陷入困境與被動，最大化地維持兩岸「不統不獨」的狀態，以服務於美國的國家利益。

第三，對和平原則的堅持與強調。從尼克森以來，歷屆美國政府反對臺海發生戰爭的立場一直沒有改變。布希多次表示，美國政府強調和平解決臺灣問題，一貫支持「一個中國」的政策，兩岸都應該透過和平方式解決問題，不能有任何挑釁行為。實際上，在臺海問題上，與兩岸問題解決的時間與結果相比，美國似乎更關注兩岸問題的解決方式。而透過對解決方式的制約，來維護臺海關係現狀的穩定與兩岸關係的平衡。由於兩岸巨大的認知落差和缺乏互信，尤其在「一個中國」原則上存在根本性的分歧與重大爭執，美國對兩岸問題解決方式的制約，無疑客觀地影響和制約著兩岸關係解決的進程。這樣，透過臺海關係現狀與格局的維護，來最大化地實現美國的國家利益，這是自尼克森以來歷屆美國政府在此問題上的共識。

二、原因與背景

哲學家盧卡奇說過，歷史是連續性與非連續性、必然性與偶然性的奇特結合。布希臺海政策的調整，有著深刻的國際國內背景。這裡既有美國國內高度政治化外交政策運作的邏輯，也有震驚世界的「9・11」事件的推動；既是美國反思和調整安全與對外戰略的結果，也與中國對美外交，以及兩國間的互動密切相關。

1.美國四年一次的總統大選似乎已經成為美國對華政策的一種明顯的「制度性限制」。每逢大選之年，總統候選人們便以「戰鬥者」的姿態出現，攻擊中國，取悅選民。而新總統上臺之後，又以「妥協者」的方式與中國改進關係，著眼於戰略考慮，直到下屆選舉。〔1〕正如有的美國學者所指出的，一位總統在

競選期間抨擊其前任的對外政策，而後又開始實施其前任的做法，是常見的現象。對於布希一度稱為是「競爭對手」的中國，現在也不得不實行某種程度的接觸，美國的中國問題專家沈大偉（David Sham-baugh）說，隨著時間的推移，人們會看到推動美國政府對外決策的總是那樣一些基本的邏輯。與中國接觸和使中國融入國際社會，這是符合美國的國家利益的。布希的前任——尼克森、福特、卡特、雷根、老布希和柯林頓，最終都回到了這樣的邏輯，即與中國合作而不是遏制或與之對抗。現在布希也把他的政策置於了這樣的路線之上。〔2〕

2.美國安全與安全戰略的變化與調整。2001年9月，美國發生了震驚的「9‧11」事件。它不僅對美國，同時也透過美國對世界造成巨大衝擊。不少人將其稱為「9‧11」綜合症。「9‧11」事件在相當程度上改變了美國的戰略環境和戰略思維，迫使美國調整其安全戰略。「9‧11」事件後，美國國防部新版的《四年防務評估報告》明確認定恐怖主義是其現階段國家安全面臨的首要的最嚴重的威脅，強調安全戰略須以反恐防擴為重點，運用軍事、經濟、政治和外交等手段從事反恐怖戰爭，重點防禦其對美國本土的襲擊，並據此重新分配戰略資源。美國安全戰略的調整，是根據國際形勢的變化和對美國安全威脅的判斷而做出的選擇。根據美國國家利益委員會2000年發布的《美國國家利益》報告，美國的國家利益被分成生死攸關的國家利益、極端重要的利益和重要的利益。〔3〕多數美國人所認同的生死攸關的利益就是「保衛美國的領土完整，包括防止對美國本土使用武力」。〔4〕在「9‧11」之後，美國所捍衛的「生死攸關的利益」，就是「反恐」和防止大殺傷性武器擴散。美國政府最擔心的就是恐怖主義利用大規模殺傷性武器對美國的目標發動攻擊。可以說，只有在這一點上美國人是一致的。對於除此之外的其他目標，諸如在臺灣問題上與中國對抗等，並不屬於美國「生死攸關的利益」，歷來都存在爭議。對於美國來說，實行理性決策，就應該以維護其「生死攸關利益」為政策的基本出發點。與這一點不相符的政策，即使能得以推行，也是不可能持久的。因此我們可以說，布希上臺後臺海政策的調整，是基於美國利益的符合邏輯的結果。

3.美國在眾多的問題上需要中國的合作。「9‧11」事件推動了大國關係的調整，反恐成為各大國面臨的共同課題，為大國合作提供了新的平臺。美國為降

低反恐成本與風險,不得不適度收斂單邊主義,注重外交溝通與協調,以借重他國力量與影響。同時,就像約瑟夫‧奈所說的,儘管在整個21世紀美國都將是最強大的國家,但是美國並沒有強大到為所欲為的程度。有越來越多的事情即使超級大國也無法控制。在2002年9月公布的《美國國家安全戰略》裡,有很多文字強調了與世界其他國家的合作,這在某種程度上也反映了布希政府政策觀念的調整,使得美國的大國政策,最終在很大程度上回到了常態。

另外,「9‧11」事件後國際局勢很清楚地表明,較之經濟持續低迷的日本和緩慢復蘇的俄羅斯,中國的發展前景更為確定。而印、巴衝突,朝鮮半島的「潛在破壞性」,臺海局勢的走向,尤其國際恐怖主義這一防不勝防的現實危險,使美國越發感到中國的合作不僅必要,而且必須。正是這些因素,使布希上臺後不久,就開始以新的目光重新審視中國在美國全球戰略的地位和作用,認識到中國不僅是「戰略競爭者」,同時也是在眾多問題上可以合作的夥伴。〔5〕

4.美國對臺政策服務於對華政策。自1972年以來美國對臺政策一直從屬於對華政策的戰略考慮,而不是一項單獨的政策。就中美和美臺關係而言,前者的重要性大大超過後者。美國對臺政策總是受到中美關係的制約,美國對臺政策的調整,總是受到中美關係變化的影響。就全球和亞洲的地緣政治而言,中國大陸畢竟比臺灣的戰略地位重要得多。從布希上臺之初把中美關係定位為「戰略競爭關係」,到表示要把中美關係發展成「建設性合作關係」,這一定位的變化,必然會對美國的臺海政策和美臺關係產生影響。

美國對臺政策要著眼於穩定對華關係。如果中美關係因臺灣問題而起伏不定乃至持續惡化,美國的經濟利益和安全利益都要遭受重大損失。1950年代到1970年代初,美國曾策劃「兩個中國」,將兩岸的分裂狀態從國際法的意義上固定化。但今天如果公開搞「兩個中國」,改變臺灣作為中國領土一部分的法律地位,給美國帶來的麻煩大大多於好處。幾乎唯一能使中美關係脫鉤的,是臺海兩岸發生軍事對抗。因此,美國不支持臺灣當局鋌而走險和公開打出「臺獨」旗幟。中美關係重要性的加強,中美之間共同利益的深化,美國越需要中國,美國就會越基於自身利益壓抑臺灣方面對獨立的不必要幻想。從2003年6月布希與胡

錦濤會晤時，布希關於不支持「臺獨」的談話中，我們可以品味出其中所隱藏的深刻的內涵。

美國著名的國際政治學者漢斯・摩根索說過：「只要世界在政治上還是由國家所構成的，那麼國際政治中實際上最後的語言就只能是國家利益」。國家利益設定了一國對外政策的基本目標，是影響外交決策的主要概念和因素。美國臺海政策的調整，背後起核心作用的因素主要是美國的國家利益。

三、「不統不獨不武」仍然是美國臺海政策的基調

儘管布希上臺後，美國的臺海政策從向臺灣傾斜到走向一種新的平衡，臺海政策不斷走向戰略清晰，升高了不支持「臺獨」在美國的臺海政策中的位階，這對未來兩岸關係的走向會產生一定的影響，但是，這種調整更多的是一種戰術調整而不是戰略調整，美國的臺海政策並沒有發生實質性的變化，維持兩岸「不統不獨不武」仍然是美國臺海政策的基調。

美國的臺海政策是服務於其全球戰略的。冷戰結束以來的10多年中，美國利用其「惟一」的超級大國地位，竭力按「一超獨霸」要求，謀劃和塑造新的世界地緣政治版圖，並為此利用時勢，「製造」機遇，直接策動、發動了四場大規模的區域戰爭——海灣戰爭、科索沃戰爭、阿富汗戰爭和伊拉克戰爭。這些戰爭加強了美國的全球地緣戰略優勢，也使美國的戰略野心進一步膨脹。美國以「惟一」的超級大國自居，自命為世界「領袖」，認定美國充當世界霸主的時代已經到來，「單極論」在美國決策層、智庫、媒體盛行一時。

美國決策層認為，要實現「單極夢」，美國必須首先控制歐亞大陸。而要控制歐亞大陸，就必須「阻止一個占主導地位和敵對的歐亞大陸大國的出現」，以及「確保沒有任何國家或國家的聯合具有把美國趕出歐亞大陸或大大地削弱美國關鍵性仲裁能力的作用」。〔6〕

從地緣政治角度看，中國占據著歐亞大陸的半壁江山，僅因客觀的地理存在，中國即被一心想統領全球的美國視為當然的對手。美國有學者就公開寫到：

「在歐亞大陸,中國是惟一與東北亞、東南亞、南亞、中亞及俄羅斯直接為鄰的國家,其遼闊的幅員和獨特的地理位置,使他成為能夠嚴重影響美國的全球性和地區性利益的地緣政治大國」。〔7〕尤其是冷戰後,中國的實力和地緣政治影響持續大幅上升。美國認為,中國對美國亞太和全球地緣戰略布局的影響越來越大。布希上臺前,美國相繼發表了一系列戰略評估報告,如國防部在1999年夏發表的《2025年的亞洲》,參謀長聯席會議2000年6月發表的《聯合展望2020》,國家情報委員會2000年12月發表的《2015年全球趨勢》等,都無一例外地認為中國將在2015年左右發展成為堪與美國並立的超強國家,是比俄羅斯更有能力向美國的亞太和全球地位挑戰的潛在對手,要求美國將全球戰略重心向亞太轉移,以應對中國的戰略崛起和挑戰。〔8〕雖然「9‧11」事件後,中美關係有很大改善,美國的臺海進行了調整,但美國對中國兩手政策並沒有改變,美國也沒有改變利用臺灣問題對中國進行牽制的戰略圖謀。現在。美國正利用反恐戰爭勝利的有利形勢,加緊實現「謀霸」目標。目前,美國正調整其全球軍力部署,軍事部署正從東北亞向東南亞甚至南亞延伸,正在構築圍繞中國的「亞洲新月」軍事圈,這將會對中美關係的發展,中國的地緣戰略甚至兩岸關係的發展產生深遠影響。在這種背景下,美國不希望兩岸統一,而是希望維持兩岸分治的現狀,尋求在比較緩和的氣氛下臺灣問題的久拖不決。因為維持兩岸「不戰不統」的狀態,對中國國力發展和對外影響的擴大起著長久的牽制作用,符合美國全球戰略和對華總戰略的需要。

同時,美國總是把臺灣問題同亞太地區的政治、經濟、安全問題聯繫起來考慮。美國把臺灣視為在亞太地區移植和擴展美國式民主政體和價值觀念的重要一環。美國要促進中國大陸的「和平演變」,必然要利用臺灣的所謂的「民主經驗」做文章,以影響大陸的民主進程。

美國不希望兩岸統一,但也不願見臺灣鋌而走險,走向「獨立」。美國再三告誡臺灣不得輕舉妄動。尤其隨著其全球反恐戰爭的開展,美國多次表示「不支援臺獨」或「反對臺獨」,希望保持臺海地區的穩定與和平。因為美國十分清楚,公開「臺獨」會造成兩岸對抗,使美國陷入被動而妨礙美國抽身。美國不希望因臺灣而與中國走向對抗。在美臺關係上,實際上臺灣成為美國的一張

「牌」，美國一直試圖掌握主動權，避免臺灣問題的失控。一方面「以臺制華」，以臺灣問題遏制中國崛起和維持霸權的戰略不會改變；另一方面，也避免被臺灣拉進與中國走向對抗的危險境地。尤其是1990年代以來，中國大陸在迅速崛起，中美之間內在的共同利益日益凸顯出來，雙方在經濟、反恐、防止殺傷性武器擴散，維護地區安全等許多方面都有共同利益。美國越來越重視中國，重視與中國的合作。從總的來看，美國在對華關係上，還是希望維持一個穩定的對華關係，與中國全面對抗不符合美國的利益。

總而言之，布希的臺海政策變中有不變的東西。無論變與不變，都是以美國的國家利益為基本出發點，是基於美國國家利益所做出的選擇。

注釋：

〔1〕鄧鵬等：《剪不斷，理還亂：美國外交與美中關係》，中國社會科學出版社，2000年版，第293頁。

〔2〕轉引李慎明等主編：《2003年：全球政治與安全報告》，社會科學文獻出版社，2003年版，第32頁。

〔3〕同上，第31頁。

〔4〕同上，第31頁。

〔5〕蘇格主編：《跨世紀國際關係格局與中國對策》，中共中央黨校出版社，2002年版，第114頁。

〔6〕〔美〕茲比格紐·布里辛斯基：《大棋局：美國的首要地位及其地緣戰略》，上海人民出版社，1998年版，第260頁。

〔7〕洪允息等譯：《中國大戰略》，新華出版社，2001年版，第2頁。

〔8〕中國現代國際關係研究所編：《國際戰略與安全形勢評估2001-2002》，時事出版社，2002年版，第61頁。

冷戰後的中日關係與臺灣問題

孫雲

一、冷戰後日本提升日臺關係

1972年中日建交後，兩國關係發展很快。1978年雙方簽署《中日友好條約》，「在到1988年的簽約10年裡，兩國貿易增加了10多倍，中日交流遍及政治、經濟、文化等各個領域」。〔1〕兩國關係的發展，主流是好的，正常的，但也存在一些消極因素。其中在臺灣問題上，日本親臺勢力製造「兩個中國」、「一中一臺」的事件時有發生，對兩國關係產生一些干擾。比如「光華寮案件」，即是一個明顯的例子〔2〕。不過總的來看，日本在臺灣問題上動作還不大，臺灣問題對中日關係的影響還不突出。

1990年代以來，隨著國際格局的變化、中國的迅速崛起以及日本國內政治的變化，日本提升日臺關係的傾向明顯，日臺實質性關係有所發展。其主要表現為：

1.提高交往層次，尤其是提升臺官員赴日的級別和規格。1990年7月，臺灣當時的「立法院副院長」劉松藩率團訪日，此為日臺「斷交」以後的第一次。1993年，日本不顧中國事前的嚴正交涉，允許臺當時的「外交部長」錢復訪日，這也是1972年以來首次訪問日本的臺灣「外交部長」。1992年5月，日本同意臺灣駐日機構「亞東關係協會」改名為「臺北駐日經濟文化代表處」，使得日臺駐對方機構的「准官方性質」越來越明顯。1994年，廣島亞運會前夕，日本邀請臺灣「總統」李登輝訪日，雖因中國政府的抗議和警告而未能如願，但還是允許「行政院副院長」徐立德訪日。同時，日本官員訪日的規格也不斷提升。1991年5月，日本允許其副部長級以下官員以「私人身分」訪臺。同年在漢城召開的亞太經合組織部長級會議上，日本通產相渡部恒三同臺灣「經濟部長」蕭萬長舉行了「19年來第一次部長級會談」〔3〕。1994年，日本當時的通產大臣橋

本龍太郎利用臺灣「經濟部長」江丙坤參加亞太經合組織負責中小企業的部長會議之機，與其實現了正式會談。總之，1990年代以來日臺交往的頻繁與級別規格的提升都是日臺「斷交」後的1970、1980年代所未曾有過的。

2.日臺雙方的經貿關係也格外密切。日臺「斷交」後，雙方仍保持著密切的經濟聯繫。1970年代時，日本是臺灣除美國之外最重要的交易夥伴，1972年臺灣對日本的出口額占臺灣出口總額的12%，日本對臺灣的出口額占臺灣進口總額的42%〔4〕進入1990年代以後，臺日雙方的經貿關係更為密切，日對臺經濟滲透加深。1999年日本仍是臺灣第一大進口來源、第三大出口市場與第一大貿易逆差來源。這一年，臺灣對日進出口都出現兩位數的增長，其中出口119.12億美元，增長27.8%；進口305.99億美元，增長13.3%，對日貿易逆差達186.87億美元。當年，臺日貿易總額達425億美元，臺灣成為僅次於美國、祖國大陸之後，日本的第三大交易夥伴〔5〕。幾年來，日本對臺投資年年增加。因此，無論從日臺經濟關係達到的規模來看，還是就日臺關係對日本和臺灣的重要性來看，日臺「斷交」「不僅沒有使其相互削弱，反而一直保持著發展勢頭」〔6〕。

3.配合日臺提升實質性關係，日本國內「臺灣地位未定論」的鼓噪聲明顯加強。1951年，美英等國單獨與日本簽訂《三藩市「和約」》，該「和約」的第二條只提「日本放棄臺灣和澎湖列島的一切權利、權利名義和要求」，而不提歸還中國，是為所謂「臺灣法律地位未定論」的法律依據。1950年代以來，日本長期追隨美國，鼓噪「臺灣地位未定論」。如日本首相池田勇人於1956年公開宣稱，「臺灣並非中國的領土」，揚言「臺灣地位未定」。在1972年中日建交發表的聯合聲明中，對臺灣是中華人民共和國領土不可分割的一部分，日本政府充分尊重和理解中國政府的這一立場。但隨著臺灣問題的凸現，日本親臺勢力在這方面大做文章。日本國內不少人還認為這種「理解和尊重」並不具有法律效力，他們鼓吹《中日聯合聲明》過時的論調，認為聲明過分拘泥舊的主權觀念，不能適應新形勢，等等。1990年代以來，日本鼓噪「臺灣地位未定論」的聲浪明顯升溫。如日本前駐華大使中江要介1994年10月在《東京新聞》上稱：「中國45年來總說臺灣是自己的，但從未實際統治，而且中、臺雙方又都不努力『透過和平對話』解決問題，結果卻把由此產生的不正常狀態歸咎於日本政府的

責任。這種傾向實難接受。」〔7〕「臺灣地位未定論」使日本對臺灣問題的捲入上潛伏著更大的活動空間。

　　4.日本跟隨美國,制約中國使用武力解決臺灣問題的傾向日益明顯。臺灣問題是我國的內政,使用什麼手段解決,是中國人自己的事情,外國無權干涉。但在這個問題上,日本一直跟隨美國,反對中國使用武力解決臺灣問題。1996年3月,為了表示我們維護祖國統一的決心,為了打擊「臺獨」勢力,中國人民解放軍在臺灣海峽舉行了軍事演習。對於本屬中國內政的軍事演習,日本方面說三道四,指手畫腳。當時的首相橋本龍太郎對臺海局勢反復表示「強烈的擔心和關注」,並決定推遲關於第四次對華日元貸款的磋商日期。日本還支援美國在臺灣地區顯示武力,日本國內同情臺灣的輿論導向明顯增強。近年來,日本一再著力地宣揚臺灣海峽局勢是影響亞太地區穩定的熱點問題,把中國不承諾放棄使用武力解決臺灣問題作為「中國威脅論」的主要根據之一。1997年,日美兩國公布了新的「日美防衛合作指針」,其核心是日美聯合因應「周邊事態」。對「周邊事態」是否包括我國臺灣海峽,中國政府非常關注。日方迄今始終回避承諾新指標所說的「周邊事態」不含臺灣。臺「駐日代表」羅福全說,「日本已經相當意識到臺海安全的重要性,以『周邊事態』為例,對於中共要求將臺灣海峽排除在外,日本採取的是模糊策略,日本決議用事態的性質決定周邊的定義,這在美、日的防衛關係裡是重要的課題。」〔8〕日本國內的鷹派主張:「若美國根據臺灣關係法介入保衛臺灣,作為同盟國的我國也將對其支援。」〔9〕日本的這些做法,制約著中國對臺灣問題的解決,明顯地起到了給「臺獨」撐腰打氣的作用,增加了解決臺灣問題的複雜性。

　　近來,日本少數親臺勢力企圖突破日臺關係框架,發展同臺的官方關係的聲音很高。如就在2000年10月朱鎔基總理訪問日本的時候,日本自民黨國會議員、原文部大臣鳩山邦夫訪問臺灣,與李登輝、陳水扁會談並對記者揚言:「日本已經迎來應該承認臺灣是國家,支持臺灣加入聯合國的時代」,「中國獲知我的想法會感到不快,但日本已經不顧忌中國,該說的就說該做的就做的時候已經到來。」〔10〕這些表明,在臺灣問題上,日本的捲入加深,臺灣問題在中日關係中的地位日益上升。

二、日本希望兩岸維持現狀

1994年3月,日本戰略研究中心出版了《生存於世的安全保障》一書。書中明確提出:臺灣海峽兩岸「最好是固定現狀。要看到中國統一後將使其政治、經濟和軍事影響力擴大。」〔11〕這說明,日本不願意看到海峽兩岸走向統一,認為統一對日本不利,希望兩岸長期維持現狀,「不統不獨」。同時與美國一樣,日本反對中國使用武力解決臺灣問題。日本在臺灣問題上所持的這種立場,是基於以下幾個方面的戰略考慮:

第一,遏制中國的意圖。美國前總統柯林頓承認「中國是發展最快的大國之一。」日本學者也承認,「今天的主旋律是中國的崛起」,認為,「1978年以來中國的發展是一個真正的奇跡。」〔12〕面對中國的崛起,日本更多地感到一種威脅。近年來,日本輿論積極地鼓吹「中國威脅論」。日本一位分析家認為,世紀之交,「最大的擔心仍是中國」,中國的軍事力量正在東移,今後10年,中國將擁有威脅、戰勝周邊國家的能力〔13〕。日本懼怕兩岸統一而導致中國實力的進一步增強,擔心中國的國際影響力得以擴大,「破壞亞太地區的力量平衡」,認為這會對日本稱雄亞太構成威脅。因此,1996年日本防衛研究所曾擬訂一份題為《安全環境長期預測與日本防衛應有狀態》的內部報告。該報告預測:大約在2015年前後,「中國將成為經濟、軍事、政治兼備的大國」,屆時,中國將「同日美形成軍事對峙結構」,對日美構成挑戰。因此提出要維持和加強日美安保體制,同區域內各國合作,建立起遏制中國霸權行為的屏障等。〔14〕日本學者木澤二郎也認為,日本「以防衛臺灣為目的,強化日美安保體制,修改《日美防衛合作指針》,進而熱衷於制定有事法制(確立戰爭法律體系),這一切都是遏制中國的行動。」〔15〕

第二,地緣政治的原因。臺灣在整個亞太地區的地緣戰略環境中,戰略價值非常突出。1994年,美國海軍部長詹姆斯‧福里斯特爾聲稱:臺灣是未來太平洋最關鍵之處,誰掌握了臺灣,誰就控制了亞洲大陸整個海岸〔16〕。從地緣政治上看,臺灣對日本的重要性甚至超過了美國。臺灣扼日本生命線之要衝,是其南下東南亞、伸入波斯灣,而去歐洲的必經之道。日本每年在這條航線上的運

輸量達5億美元,其中包括日所需石油的90%和核燃料的100%。日本人認為,臺灣如被日本以外的國家控制,就等於給日本人的脖子上套上了一條可以隨時勒緊的繩索〔17〕。1996年5月,日本新進黨黨魁小澤一郎曾揚言:中國若武力攻臺,日本不會坐視。近幾年,有關這樣的論調有升高的勢頭,表明日本對中國解決臺灣問題的制約傾向明顯加強。

第三,日本濃厚的「臺灣情結」。日本對我國臺灣的覬覦可以說由來已久。從19世紀中葉開始,日本就不斷染指臺灣。甲午戰爭後,清朝政府被迫把臺灣割給日本,日本對臺灣實行了50年的殖民統治。因此與美國不同,日本對臺灣有一種特殊的關係,保持著一種特殊的感情,不少人將其稱為日本人的「臺灣情結」。李登輝上臺後,臺灣實行「民主化」、「本土化」及經濟發展,在價值觀方面日益與日本趨同,引起日本媒體的普遍關注。尤其李登輝的媚日、親日的言論和活動,以及加強對日「務實外交」等,更加劇了日本人的「臺灣情結」。日本作家司馬遼太郎寫作出版的《臺灣紀行》,公開為日本在臺的殖民統治唱頌歌,竟成為日本十大暢銷書之一,反映了日本人對昔日臺灣主權的戀棧。2000年,日本右翼漫畫家小林吉則的連環漫畫書《臺灣論》在臺灣出版。此書公然歪曲歷史,混淆是非,美化殖民侵略,為日本軍國主義招魂,為「臺獨」勢力叫好,受到海峽兩岸中國人的同聲譴責。而在臺灣,日據時期的「皇民化教育」也培養出一批像李登輝那樣的親日派精英,他們也具有很深的「日本情結」。如李登輝認為自己20歲之前是日本人,甚至反對日本就過去的侵略戰爭向中國道歉。呂秀蓮身上具有雙重日本血統,她不時為日本殖民者評功擺好,散布什麼「把臺灣割讓給日本,是臺灣人的『幸福』」等謬論。這兩種「情結」結合在一起,使日本提升對臺灣關係具有深厚的感情基礎,對臺灣有更多的認同。

第四,1990年代以來日本在對華關係上頻頻打「臺灣牌」,也與日本國內政治變化密切相關。1990年代以來,日本國內政治趨於保守化、右傾化。修改戰後和平憲法的呼聲很高,主要是針對第9條關於禁止日本擁有一支常規軍隊和剝奪其宣布戰爭的權利。近來日本不少人又在鼓吹日本要成為「普通國家」,實際上是追求外交、政治和軍事的大國化。日本國內右翼勢力不斷否認第二次世界大戰期間日本的侵略歷史和戰爭罪行;日美安保體制的重新定義;1999年8月日

本國會正式通過國旗國歌法,把象徵日本侵略亞洲歷史的「日之丸」和「君之代」作為國旗和國歌;不少日本政治家、學者以及媒體不斷地鼓噪「中國威脅論」等等,都是日本國內右翼勢力抬頭的表現。在對華關係上,1990年代以來,尤其是最近幾年,日本一改1970、1980年代的低姿態,在臺灣問題上,在中國核實驗問題上等,對中國採取強硬立場。同時,日本國內政治的變化,政界和財界的新老交替,使原來主張發展中日友好的力量受到削弱;在臺灣「務實外交」的作用下,日本國內的親臺勢力力量有所發展。如原來親臺勢力的主力是自民黨,1993年以後,親臺勢力擴展到公明黨、民社黨等〔18〕。以此來看,隨著日本國內政治的變化,臺灣被用作一張牌,被納入到日本對華戰略的一個重要環節。

此外,日本在臺灣有十分重要的經濟利益。現在,日本是臺灣最大的進口國和最大的投資國。日臺經濟關係近年來的發展,在很大程度上反映了日臺大財團關係的進一步密切,這對日臺政治關係的發展有推動作用。同時日本在臺灣的這種重要的經濟利益,也使日本有些人不願意兩岸實現統一,擔心統一會使其經濟利益遭受損失。

三、中日在臺灣問題上存在著衝突的隱憂

在中日關係中,臺灣問題不是孤立的。日本對臺政策是其整個對華戰略的一個重要組成部分,而日本對華戰略更多地受到日本對中日關係戰略定位的影響。

1972年中日邦交正常化以後,雙方並未受意識形態和社會制度的影響和制約,而是基於歷史教訓,著眼於兩國未來的長遠利益,積極推動中日關係的發展。當時中日雙方對相互關係的戰略定位是「世代友好」。這樣,中日在發展友好關係過程中儘管也不時出現一些問題,但雙方能夠本著相互合作、相互體諒的態度,為發展世代友好而共同努力。

冷戰結束後,一方面,中日兩國關係發展的基礎和環境發生了重大變化。過去,兩國都曾面臨蘇聯霸權主義和軍事擴張的威脅,這也是雙方發展關係的戰略合作基礎。冷戰後,隨著蘇聯的解體,中日之間的這個戰略合作基礎消失了,兩

國關係處於新的調整階段。雙方關係中的問題凸現起來,發展友好合作關係遇到的阻力明顯增大,分歧點逐漸增多,摩擦面很廣,臺灣問題只是其中的一個方面。另一方面,隨著中國的崛起,綜合國力的不斷增強,日本日益疑懼中國的發展,並受美國對華戰略的影響,在協調對華關係的同時,也出現將中國視為「競爭對手」和「潛在威脅」的傾向。自1990年代以來,日本始終存在「中國威脅論」的輿論。近年來,這種輿論更加發展,不僅軍事領域,能源、糧食、人口、環境等等,均被視為對日構成「威脅」。這樣,日本對華關係的戰略定位出現重大變化,在強調「重視發展友好關係」的同時,對華也增加了視為「對手」的成分和防範的心理。

同時我們看到,冷戰後,日本國內政治出現很大變化,其中最主要的就是右傾化思潮有所發展。日本政界不斷有人公然為侵略歷史翻案,美化侵略罪行的反動思潮出現公開化、擴大化和組織化的趨勢。日本歷屆內閣不能有效抑制這股勢力,甚至有的內閣成員還成為這股勢力的代言人。日本不能正確認識過去的侵略歷史,有著多方面的原因。戰後日本對軍國主義的清算極不徹底,「皇國史觀」根深蒂固,成為右傾化的重要歷史根源。同時,隨著日本成為經濟大國,一些人的「日本民族優越感」再度抬頭,「新國家主義」和大國意識膨脹。日本政治右傾化的發展,會對中日關係產生消極的影響。隨著右傾化的發展,修改和平憲法,擴充軍備,便成為必然走勢。隨著中國的崛起,日本的危機感、壓力感會增大,防範意識會進一步增強,會更多地利用臺灣問題牽制和遏制中國。

從臺灣方面來看,臺灣當局企圖「聯合日本制衡大陸」的傾向也較明顯。陳水扁在2000年12月27日會見日本「日華關係研究會」代表時聲稱,「面對中國擴充軍備、增加國防預算,並在大陸沿海布置飛彈,『中』日兩『國』應針對此一威脅,共同體認,只有進一步分工、合作,才能維持臺海和平及亞太安全與穩定。」並稱,「『中華民國』新政府會在既有的良好基礎上,進一步增強與提升對日關係。」〔19〕這表明,為了制約中國大陸解決臺灣問題,臺灣當局與日本的合作會加強,臺灣問題對中日關係的影響會進一步加大。

臺灣問題有可能成為未來中日矛盾和衝突的交匯處。對中國而言,「臺灣分

大陸對臺研究精粹：政治篇

離主義活動已經嚴重干擾我國現代化建設的國際環境，給我國的現代化建設增加了巨大的經濟和政治壓力」；另一方面，外部勢力長期利用臺灣問題牽制我國，也嚴重干擾我國現代化建設的進程，「臺灣問題已成為中國崛起路上的絆腳石」。〔20〕因此，儘快解決臺灣問題，實現兩岸的統一，不僅是12億中國人的共同心願，也十分有利於維護我國的經濟利益、政治利益和安全利益。而對日本而言，兩岸統一，其要面對一個更加強大、繁榮的中國，受到更大的壓力，日本感到其在臺的經濟利益會受到制約和影響，其安全利益受到威脅，日本也從此失去了遏制中國的一個重要「棋子」。因此，1998年6月，日本前駐泰國大使岡山崎彥曾以臺灣問題為中心，撰文分析「中國威脅論」，主張日本應更加關注臺灣的現狀和前景〔21〕。實際上，「從戰略觀點出發，日本不願看到中國順利實現兩岸統一而變得更加強大。」〔22〕

從地緣政治角度看，臺灣對日本有著更大的重要性。在侵略中國的歷史中，日本正是先占領了臺灣，然後一步一步地染指中國大陸，實施著「吞併中國」的計畫。在日本看來，兩岸的分裂不僅有利於維護日本的安全利益、經濟利益和地緣政治利益，同時也有利於制約中美關係的發展，在中美日三角關係中掌握有利於日本的平衡。況且，日本有過50年殖民臺灣的歷史，對臺灣有著深厚的「情結」。所以，在臺灣問題上，日本更傾向於「不統不獨」，統，日本要面對一個崛起的中國而感到巨大的威脅；獨，根據日美安保體制，日本有可能捲入戰爭，這也是日本不希望出現的。因此1994日本戰略研究中心出版的《生存於世的安全保障》一書提出，對臺海問題，日本「將以半永久性地維持現狀為前提」，企圖透過臺灣問題來長期牽制中國大陸。

冷戰後日本不斷提高軍費開支，推行品質建軍，致力於裝備現代化，軍力不斷提升。2000年12月，日本內閣通過2001年度「五年中期防衛整備計畫」，決定在未來5年要部署有導彈及直升機的空母型護衛艦、神盾艦、空中加油機等最新設備，日本自衛隊的裝備更加精良和現代化〔23〕。近來，日本執政三黨還公然宣稱要提交設立「國防部」的議案；日本防衛廳宣布要購進兩艘萬噸級「驅逐艦」。在人類剛剛邁入新世紀的時候，日本「邁向軍事強國」的暗流不斷湧動，引起亞洲國家的高度警惕。同時，日本還強化了日美同盟，完成修改《日美

防衛合作指針》，並通過相關法案。日美合作的範圍有所擴大，從「日本有事」轉為概念含混的「日本周邊有事」。日本國內也不斷有政要叫囂「日本周邊」覆蓋臺灣海峽，假如中國大陸以武力統一臺灣，那麼就威脅到日本的國家安全，日本就要出兵臺灣。日本也積極與美國合作研發戰區導彈防禦系統（TMD），加速走向軍事大國的步伐。近來，日本在亞太地區的聯合軍事演習也比較頻繁，並有明顯的針對中國的意味。日本已經明顯地把臺灣問題與遏制中國的崛起聯繫起來，與東亞安全聯繫起來，與日本的切身利益聯繫起來，在臺灣問題上中日之間存在著利益衝突。

隨著中國的進一步崛起，美日把中國視為「對手」的傾向會進一步加強。同時，在進入新世紀的時候，美日兩國的國內政治都出現了一些變化。美國大選後，共和黨小布希上臺。儘管中美關係的基礎不會發生大的變化，但在美國外交決策層和思想庫中，要求在美日、美中關係中側重加強美日關係的呼聲日益升高的傾向值得關注。在美國國內形成的「接觸加遏制」的對華政策主流共識中，遏制的傾向會更濃一些。日本經過最近的內閣改組，18位的內閣成員中，有11位是「日華關係懇談會」的成員，而另外有3位也對臺灣非常親近。隨著日本向政治大國化、軍事大國化的不斷邁進，日本在臺灣問題上有可能動作更大一些，捲入更深一些，中日在臺灣問題上存在著衝突的隱憂。

由於歷史和地緣政治的原因，臺灣問題在中日關係中相當敏感，在中日關係中處於非常重要的地位。在1970年代，正是由於日本充分尊重和理解中方的「一個中國」的原則立場，承諾不與臺灣發生官方關係，才使中日建交成為可能，並使中日關係得到順利發展。在臺灣問題上，中日雙方的共識及日本對中國主權和領土完整的尊重是兩國關係得以健康發展的重要基礎。

隨著1990年代以來「臺獨」勢力的發展，隨著東亞地區另一大熱點朝鮮半島局勢的逐步緩和，臺灣問題變得更加突出了。在臺灣問題上，日本只有真正遵守《中日和平友好條約》，不干涉中國的內政，不製造麻煩和障礙，才能保證和促進中日關係的穩定健康發展。臺灣問題在中日關係中十分重要和敏感，說到底，日本在臺灣問題上的立場、態度、作法，關係到把一個什麼樣的中日關係帶

入到21世紀的問題，關係到中日關係的未來走向。

注釋：

〔1〕張宏毅：《現代國際關係發展史》，北京師範大學出版社，1993年12月第1版，第381頁。

〔2〕光華寮是坐落在日本京都市的一所5層樓房，二戰後曾用作中國留學生宿舍，屬中國國有財產。1986年2月，京都地方法院將「光華寮」判給臺灣當局。雖經中國政府多次交涉，日本政府仍以「日本三權分立，政府不能干涉司法」為托詞，預設司法當局製造「兩個中國」活動。

〔3〕陳峰君主編：《冷戰後亞太國際關係》，新華出版社，1999年7月第1版，第153頁。

〔4〕〔美〕羅德里克・麥克法誇爾、費正清主編《中華人民共和國史》，上海人民出版社，1992年10月第1版，第973頁。

〔5〕臺灣《中央日報》，2000年1月25日。

〔6〕劉德久等：《解讀臺灣》，九洲圖書出版社，2000年2月第1版，第207頁。

〔7〕參見《臺灣研究論壇》1995年第2期，第16-17頁。

〔8〕臺灣《自立晚報》2000年6月12日。

〔9〕劉江永：《彷徨的日本》，天津人民出版社，2000年10月第1版，第317頁。

〔10〕香港《文匯報》，2000年10月28日。

〔11〕參見劉江永：《彷徨中的日本》，天津人民出版社，2000年10月第1版，第317頁。

〔12〕〔日〕宇野重昭：《中國的崛起及其對日美的影響》，載《中國的發展與21世紀的國際格局》，中國社會科學出版社，1998年12月第1版，第95頁。

〔13〕《國際政治研究》，2000年第3期，第116-117頁。

〔14〕參見《和平與發展》，2000年第2期，第19頁。

〔15〕〔日〕本澤二郎：《日本政界的「臺灣幫」》，上海人民出版社，2000年5月第1版，第7頁。

〔16〕王逸舟：《全球化時代的國際安全》，上海人民出版社，1999年12月第1版，第465頁。

〔17〕參見《現代臺灣研究》，1998年第3期，第35頁。

〔18〕〔日〕本澤二郎：《日本政界的「臺灣幫」》，上海譯文出版社，2000年5月第1版，第78頁。

〔19〕鳳凰網2000年12月27日。

〔20〕閻學通：《美國霸權與中國安全》，天津人民出版社，2000年3月第1版，第238頁，第189頁。

〔21〕〔日〕《讀賣新聞》，1998年6月1日。轉引自《日本學刊》，1999年第2期，第11頁。

〔22〕〔日〕緒方貞子：《戰後日中、美中關係》，東京大學出版會1992年，第185-186頁。轉引自蔣立峰主編《中日關係三論》，黑龍江教育出版社，1996年11月第1版，第217頁。

〔23〕臺灣《中國時報》，2001年1月2日。

國家圖書館出版品預行編目(CIP)資料

大陸對臺研究精粹：政治篇 / 孫雲 編著. -- 第一版.
-- 臺北市：崧燁文化, 2019.01
　　面 ；　公分
POD版

ISBN 978-957-681-805-9(平裝)

1.臺灣政治

573.07　　　　108000862

書　名：大陸對臺研究精粹：政治篇
作　者：孫雲 編著
發行人：黃振庭
出版者：崧博出版事業有限公司
發行者：崧燁文化事業有限公司
E-mail：sonbookservice@gmail.com
粉絲頁　　　　　網　址
地　址：台北市中正區重慶南路一段六十一號八樓 815 室
8F.-815, No.61, Sec. 1, Chongqing S. Rd., Zhongzheng Dist., Taipei City 100, Taiwan (R.O.C.)
電　話：(02)2370-3310　傳　真：(02) 2370-3210
總經銷：紅螞蟻圖書有限公司
地　址：台北市內湖區舊宗路二段 121 巷 19 號
電　話：02-2795-3656　傳真：02-2795-4100　網址：
印　刷：京峯彩色印刷有限公司（京峰數位）

　　本書版權為九州出版社所有授權崧博出版事業股份有限公司獨家發行電子書及繁體書繁體字版。若有其他相關權利及授權需求請與本公司聯繫。

定價：600 元

發行日期：2019 年 01 月第一版

◎ 本書以POD印製發行